내리주석설교
사도행전1

내리주석설교
사도행전1

허남길 목사 설교

• 추천 •

이억주 목사

심하보 목사

임다윗 목사

문서사역
종려가지

추천사 1

한국교회언론회 대표. 전 칼빈대 교수. 대석교회 담임

이억주 목사

존경하는 허남길 목사님의 또 한 권의 보석이 세상에 출현하게 됨을 진심으로 반기며 추천의 말씀을 드리게 됨을 영광으로 생각합니다.

이 책이 얼마나 귀한 선물인가는 독자들께서 이 책을 일독하고 나서 기꺼이 동의 하실 것이라고 믿습니다. 그 이유는 제가 목사님의 귀한 선물을 찬찬히 읽으면서 큰 감명을 받았기 때문입니다.

사도행전은 〈성령 행전〉이라는 별명이 있는 성경으로, 전도자들이 성령의 충만하심을 입고, 성령의 인도하심으로, 주 예수님의 언약의 말씀(마 28:18-20) "예수께서 나아와 말씀하여 이르시되 하늘과 땅의 모든 권세를 내게 주셨으니 그러므로 너희는 가서 모든 민족을 제자로 삼아 아버지와 아들과 성령의 이름으로 세례를 베풀고 내가 너희에게 분부한 모든 것을 가르쳐 지키게 하라 볼지어다 내가 세상 끝 날까지 너희와 항상 함께 있으리라 하시니라"을 따라서 헌신, 충성, 희생으로 써 내려간 복음 전파의 역사를 현장에 있는 것처럼 전하고 있어서, 이 책을 읽는 이들로 하여금 하나님의 은혜의 역사를 느끼고 감동하게 될 것입니다.

저자의 성경 해석과 주석의 통찰력이 어디서 기인한 것인가를 부럽게 생각합니다. 아무래도 성경의 저자이신 성령께서 목사님께 영적 감화를 주셔서 지혜와 전도자의 헌신의 마음과 주님의 교회를 사랑하는 마음에 덧입혀 주신 은혜가 아니겠는가를 생각합니다.

저자의 설교 말씀 중에(제8강) 힘 있고 설득력 있는 말씀 "전도자 사도의 복음을 들은 이들이 마음에 찔려 우리가 어찌할꼬" 이 말씀을 읽으면서, 듣는 이들도 마음에 찔려, 그러면 "우리들은 어찌할꼬"라는 고백을 하지 않을 수 없겠다는 생각이 듭니다.

따라서 본 책은 읽는 이들로 하여금 복음의 헌신자가 되게 하는 힘을 지니고 있다고 믿게 됩니다. 그러므로 본서가 다시 한 번 성령행전의 역사(役使)를 갈망하는 한국교회에 새로운 역사(歷史)의 길이 되기를 진심으로 소망하고 추천합니다.

참으로 귀한 선물을 주신 저자에게 한 독자로서 심심한 감사의 말씀을 다시 한 번 전하지 않을 수 없습니다. 진심으로 고맙습니다.

2024년 6월

추천사 2

서울기독교총연합회 대표회장, 예수교장로회 총회장,
청소년마약예방운동본부 회장, 은평제일교회 원로 목사
심하보 목사

허남길 목사님께서 쓰신 사도행전 설교집은 또 한 권의 설교집이 아니라는 것을 자랑스럽게 말씀드립니다. 예수님을 인격적으로 체험하신 분이 사도행전의 설교를 사용하여 자기 고백을 하셨습니다.

설교집을 받아들면 그 내용에 시선을 갖는데, 허 목사님의 설교는 예수님을 만난 이야기입니다.

사도행전은 사도들의 복음서라고 하겠는데, 허 목사님은 설교를 통해서 예수님을 주님으로 만난 자신을 전하면서, 우리에게도 주님을 만나도록 해주는 안내서를 쓰셨습니다.

이 책에 수록된 설교들은 책으로 엮어진 신앙문서가 아니라 저자의 복음서라는 느낌을 받게 해주어 우리가 그의 복음서를 읽기 원하는 마음에서 한국교회에 추천합니다.

저는 그의 설교에서 저자를 존경하게 되었고, 그에게 성경을 열어주신 하나님을 사랑하게 되었습니다. 하나님께서 세상을 얼마나 사랑하시는지를 그는 설교를 통해서 우리에게 증언해 주었습니다. 교회가 가져야 될 비전이 생명 사랑에 있음을 강조해주고 있는 그의 설교는 한 번으로 그치지 않고, 읊조리면서 들어야 될 메시지라고 여깁니다.

평소에 존경하던 허 목사님이라서 그의 설교집 출간을 반갑게 여겼는데, 설교 한 편, 한 편을 읽으면서 허 목사님 자신이 오늘에, 사도행전을 써내려 가시고 계신다고 동의하게 되었습니다. 그의 삶을 보여주고 있는 설교는 우리에게도 큰 은혜입니다.

계속해서 허 목사님의 강단을 응원하겠습니다.

2024년 6월

추천사 3

교회와경찰중앙협의회 대표회장, 전 경기도기독교총연합회 대표회장, 충만한교회 담임

임다윗 목사

'내리주석설교 사도행전1'의 원고초록을 읽으면서 먼저 제목이 독특하다고 여겨졌습니다. 성경을 가지고 설교를 한다면 누구라도 본문에서 주제를 찾아내서 그에 따른 말씀을 강론하는데, 저자의 방식은 말씀을 말씀으로 풀어내어 도전을 주었습니다.

그런데 허 목사님의 설교는 본문을 해석한다기보다는 말씀으로 신앙의 내용을 설명해 주는 것이어서 제가 직접 성경의 저자로부터 말씀을 듣는 기분이었습니다.

사실, 이렇게 설교를 한다는 것은 성경 전체에 대한 신앙적인 고백을 갖고 있어야 하며, 성경의 본문을 전체적으로 통찰하지 않고서는 진술하기가 여간 어렵다고 봅니다. 저자의 설교는 말씀에 대한 저자 자신의 신앙고백이라는 것을 확인하게 해줍니다. '이런 것이야.'가 아니라 그 말씀에서 증거 되고 있는 신앙의 내용을 저자의 고백으로 풀어내어 '이렇게 되기를 원한다.'는 사랑 깊은 소망을 설교라는 형식으로 전하고 있습니다.

저자의 설교는 섬기고 있는 양무리에게 권면하는 저자의 사랑을 보여주고 있다고 여깁니다. 성경의 지식을 전달하려고 설교를 하는 것이 아니라 성경의 본문으로 성도에게 호소하는 목회자의 심정을 엿보게 합니다.

저자로부터 설교를 받는 온누리교회의 성도들은 허 목사님으로부터 사랑을 전달받고 있다고 여깁니다. 한 말씀의 설교에서 자신이 성도를 얼마나 사랑하는지를 다 고백하고 있습니다.

설교자의 가슴을 전해주고 있는 그의 설교를 한국교회와 성도들에게 추천합니다.

양무리를 인도하는 목사로서 회중이 된 성도들이 자기와 함께 살아가기를 원하는 그의 심정이 바로 교회를 향한 사랑이라고 깨달아 감격스럽게 합니다.

저자의 설교를 대하게 되어, 하나님께 영광을 돌립니다.

2024년 6월

머리말

이 책은 코로나19가 극심하던 시절에 주로 선포되고 글로 옮겨졌습니다. 이 책은 아주 특별한 책입니다.

사도행전의 초대 교회 역사를 보면, 핍박 가운데에서도 말씀이 흥왕해서 복음이 증거될 뿐만 아니라 안디옥 교회는 최초로 선교사를 파송하는 놀라운 역사가 일어났습니다. 사도행전 1장부터 12장까지는 예루살렘 교회를 중심으로 예루살렘 온 유대 사마리아까지, 때로는 고넬료같은 이방인에게도 복음 전하는 역사가 있습니다.

13장부터 28장까지는 안디옥교회를 중심으로 이방인들과 로마에까지 복음이 증거되는 역사가 있게 됩니다. 여기에서 중요한 것은 그 역사의 밑바탕에 예루살렘 교회가 있다는 것입니다. 거기는 예수님께 직접 은혜 받고 훈련 받은 사도들이 여러 명이 있습니다. 그런데 안디옥 교회는 바나바와 사울을 통해서 은혜가 쌓이게 된 교회인데 나중에는 더 크게 쓰임 받게 됩니다.

하나님은 믿음이 좋다고 다 쓰시는 것이 아닙니다. 믿음은 좋아야 되지만 그 사람의 마음과 눈과 관점과 생각에 따라서 하나님의 역사는 달라집니다. 믿음으로 말하면 예루살렘 교회를 따라갈 수 있는 교회가 없습니다. 그런데 이 예루살렘 교회는 예수님이 부활하셔서 "모든 족속에게, 만민에게, 땅 끝까지 가라"는 명령을 했음에도 늘 유대인에게 복음 전하는 그 생각이 바뀌지 않았습니다.

사도행전의 성령행전입니다. 하나님이 능력이 없어서가 아니라 우리의 하나님 안에서의 믿음이 없기 때문에 우리 안에서 성령이 역사하지 않습니다. 예수를 믿고 내가 온갖 섬김과 봉사를 하고 정기적으로 예배를 드린다 해도 내 생각과 마음이 바뀌지 않으면 거기까지밖에 역사하지 않습니다.

하나님은 예루살렘 교회를 거기까지만 사용하셨습니다. 그런데 안디옥 교회에 있는 사람들은 스데반의 환란을 통해서 흩어져서 예루살렘에서부터 모인 사람들이 기초가 되었습니다. 그런데 그들은 헬라인에게도 복음을 전파하며 주의 손이 함께 하셔서 주의 뜻을 알고 유대인들뿐만 아니라 이방인들에게도 그리고 땅 끝까지 복음 전한 것이 주의 뜻임을 알았습니다.

하나님은 생각이 바뀌어 있는 사람들을 세계 선교를 위해 쓰십니다. 우리의 생각이 바뀌지 않으면 하나님이 쓰지 않으십니다. 내가 아무리 잘 믿는다고 하고 고함치고 기도를 아무리 열심히 해도 우리 생각이 바뀌고 예수 믿는 믿음의 세계로 들어가야 합니다.

기도도 해야 되지만 하나님의 뜻대로 우리가 마음을 열고 생각을 바꾸고 관점과 목적을 바꿔야 합니다. 그래야 하나님께서 우리를 사용할 수가 있습니다. 여러분 아멘 그런 은혜가 있기를 주의 이름으로 축복합니다. 여전히 내 가족만 잘 믿고 우리 교회만 잘 되고 우리 지역만 잘 되고 우리나라만 잘 되면 된다는 그런 생각 가진 사람과 교회는 더 이상 나갈 수 없습니다.

하나님의 뜻은 내가 은혜 받았으면 내 이웃이 은혜 받고 다른 사람이 은혜 받고 복을 받아야 되고 이 민족이 받아야 되고 북한 땅에, 그리고 전 세계에 복음이 증거되는 것이 하나님의 뜻이고 소원입니다. 이런 마음을 우리 성도들이 가지고 있으면 하나님은 우리 교회를 들어서 안디옥 교회같이 사용하실 줄 믿습니다. 나뿐만 아니고 다른 사람까지, 더 나아가서는 온 땅까지 하나님의 뜻을 이루는 마음을 가진 자녀가 되어야 하나님은 그 자녀를 붙들고 일하시는 줄 믿습니다.

　본서를 통하여 온누리교회가 사도행전의 역사를 따라가면서 성령에 온전히 사로잡히는 교회가 되길 기도하면서 이 책을 정리합니다. 주님의 은혜가 모든 독자들께 함께 하시길 기도합니다. 이 책을 위해 수고해주신 모든 분들께 진심으로 감사 드립니다.

양산에서 허남길 목사

차 례

추천사 1 · 이억주 목사 ………………………… 6
추천사 2 · 심하보 목사 ………………………… 8
추천사 3 · 임다윗 목사 ………………………… 10
머리말 ……………………………………… 12

1강_ 행 1:1-2(1) ………………………… 19
2강_ 행 1:1-2(2) ………………………… 30
3강_ 행 1:3-5 …………………………… 42
4강_ 행 1:6-11 ………………………… 55
5강_ 행 1:12-26 ………………………… 66
6강_ 행 2:1-13 ………………………… 78
7강_ 행 2:14-36 ………………………… 90
8강_ 행 2:37-47 ………………………… 100
9강_ 행 3:1-10 ………………………… 111
10강_ 행 3:11-26 ………………………… 121
11강_ 행 4:1-12 ………………………… 133
12강_ 행 4:13-22 ………………………… 144

13강 _ 행 4:23-31 ·················· 154

14강 _ 행 4:32-37 ·················· 165

15강 _ 행 5:1-11 ·················· 178

16강 _ 행 5:12-16 ·················· 190

17강 _ 행 5:17-32 ·················· 202

18강 _ 행 5:33-42 ·················· 213

19강 _ 행 6:1-7 ·················· 224

20강 _ 행 6:8-15 ·················· 235

21강 _ 행 7:1-53 ·················· 246

22강 _ 행 7:54-60 ·················· 257

23강 _ 행 8:1-8 ·················· 268

24강 _ 행 8:9-25 ·················· 278

25강 _ 행 8:26-40 ·················· 289

26강 _ 행 9:1-9 ·················· 300

27강 _ 행 9:10-19 ·················· 310

28강 _ 행 9:20-25 ·················· 319

29강 _ 행 9:26-31 ·················· 330

30강 _ 행 9:32-43 ·················· 341

31강 _ 행 10:1-23 ········· 353

32강 _ 행 10:24-48 ········· 364

33강 _ 행 11:1-18 ········· 375

34강 _ 행 11:19-30 ········· 386

35강 _ 행 11:24-26 ········· 397

36강 _ 행 12:1-19 ········· 408

37강 _ 행 12:20-25 ········· 420

38강 _ 행 13:1-12 ········· 431

39강 _ 행 13:13-41 ········· 443

40강 _ 행 13:42-52 ········· 454

41강 _ 행 14:1-7 ········· 465

42강 _ 행 14:8-28 ········· 477

1강 | 행1:1~2(1)

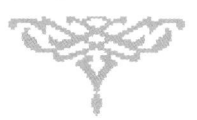

성경을 다른 말로는 구약, 신약이라고 말합니다. '약속들'이란 말입니다. 올드테스트먼트, 뉴테스트먼트. 무슨 약속을 말합니까? 구약성경에는 "그리스도께서 여자의 후손으로 오신다"(창 3:15)고 약속되어 있습니다. 우리가 믿는 그리스도는 반드시 누구에게서 나셔야 돼요? 처녀의 몸에서 탄생하셔야 됩니다. 남자가 아닌 여자의 후손으로 동정녀에게서 나신 분만 그리스도가 되심을 믿으시기 바랍니다.

그리스도는 이 땅에 처녀의 몸에서 나셨을 뿐만 아니라 또 고난을 받으시고 죽으신다고 예언되어 있습니다. 구약 시대에 속죄 받기 위해서 양을 잡아서 피를 뿌리고 속죄제를 드립니다. 그 양은 오실 그리스도의 모형인 줄 믿으시기 바랍니다. 그는 아브라함의 후손으로 오신다고 했고 모세에게는 나와 같은 선지자로 온다고 했고 다윗에게는 "왕의 후손으로 오신다"고 반복해서 약속되어 있는 것이 구약의 내용입니다.

요한복음 5장 39절에 예수님께서 바리새인들에게 말씀하십니다.

"너희가 성경에서 영생을 얻는 줄 알고 성경을 상고하거니와 이 성경은 나에 대하여 증거하는 것이니라."

예수님 당시에는 신약성경이 없었습니다. 그때는 구약성경만 성경입니다. 그 구약의 모든 성경에 '그리스도께서 오신다'고 약속한 것이 주 내용입니다. 구약성경에도 윤리에 대한 가르침, 부모에 관한 공경법, 그리고 사회에서 살 때 행할 많은 법들부터 하나님을 어떻게 섬길지에 관한 다른 내용들이 많이 있습니다. 그러나 구약성경에서 제일 중요한 약속이 있다면 '그리스도께서 오신다'는 약속입니다. 할렐루야! 그래서 사건들을 통해서, 방주를 통해서, 제사를 통해서, 성전을 통해서, 선지자들을 통해서 혹은 시편의 다윗을 통해서, 모세의 율법을 통해서 자주 이 분, 그리스도께서 오신다고 예언했습니다.

예수님이 부활하신 이후에 하신 일을 기록한 누가복음 24장에 "예수께서 제자들에게 모세와 선지자의 글로 시작하여 모든 성경에 쓴 바 자기에 관한 것을" 자세히 설명하셨다(27절)고 했는데, 이때 말씀하신 '모세의 글'은 '모세오경'입니다.

모세오경은 창세기, 출애굽기, 레위기, 민수기, 신명기 이 다섯 권을 말합니다. 또 '선지자의 글'이라고 하면 이사야로부터 말라기까지 많은 선지자를 통해서 기록된 글인데, 이사야서에는 '그가 오면 고난 받고 찔리고 우리를 위해서 죽으실 것'(사 53장)이라고 예언되어 있습니다. 말라기에는 '여호와의 크고 두려운 날이 이르기 전에 내가 선지자 엘리야를 너희에게 보내리니'(4:5)라고 예언 되어 있습니다.

예수 그리스도를 알고 바르게 믿고 또 그 믿음이 커지는 것이 왜 그렇게 중요할까요? 똑같이 예수 믿는 사람이라고 해도 예수님을 어떻게 알고 믿느냐에 따라서 기도 응답도 달라지고, 하나님이 함께 하는 것도 달라지고, 또 믿음의 역사도 달라지며, 전도의 열매도 달라지고 모든 게 달라지기 때문입니다. 똑같은 예수님을 믿어도 그 사람이 예수님을 어떻게 알고 믿느냐에 따라서 하나님의 역사가 달라지기 때문에 예수님을 더 아는 하나님의 은혜와 복이 있기를 주의 이름으로 축복합니다.

교회를 처음 다니는 사람이 교회에 오면 아주 혼란할 만한 단어가 있습니다. 예수님을 하나님이라고 그랬다가 하나님 아들이라고도 하며 그리스도라고 했다가 길이라고 하는가 하면 반석이라고 했다가 생명이라고도 합니다. 어느 것이 진짜일까 저도 예수 처음 믿을 때 참 많이 혼란스러웠어요.

예수님을 바로 알고 말씀을 바로 이해하기 위해서는 하나님이 어떤 분인지 알아야 합니다. 우리 하나님은 전능하신 하나님 한 분이신 하나님, 거룩하신 하나님 우리를 사랑하시고 구원하시는 하나님인 줄 믿습니다. 그 하나님의 존재를 '삼위일체'라고 그럽니다. 삼위일체라는 말은 하나님 아버지가 계시고 하나님 아들이 계시고 성령 하나님이 계신다는 것인데, 우리가 기도할 때 "아버지 하나님!" 이렇게 하나님을 부릅니다. 아들 하나님에게는 '하나님의 아들'이라고 말합니다.

성령도 하나님이십니다. 이렇게 셋인데 셋이 아니고 하나이신 한 분이십니다. "오직 여호와는 하나이신 하나님이시니라."(유 1:25) 하나님은 한 분인데 삼위가 있어요. 그런데 우리가 이것을 머리로 이해할 수 있습니까? 셋이 어떻게 하나가 되고 하나가 어떻게 셋이 되나요. 아무리 연구해도 알 수가 없습니다. 부부끼리도 이해 못하는 우리 머리 가지고 천지를 만드시고 만물을 주관하시고 바다의 고기와 산의 짐승들과 수 없는 인생들을 살리고 죽이시고 발걸음마다 인도하신 그 하나님을 우리가 어떻게 이해할 수가 있습니까. 그래서 하나님은 우리가 이해하는 분이 아니고 믿어야 할 분이십니다. 할렐루야!

아기가 부모에게서 태어나자마자 '우리 아빠 맞아요? DNA 검사해 볼까요?' 합니까? 그냥 아빠, 엄마를 믿는 것입니다. 믿음으로 알아지고 나중에 증거가 되는 것이지요. 그래서 삼위일체라는 것도 내 머리로 이해하려 하지 말고 삼위일체 하나님이 여호와이시고 창조주이시고 사랑의 하나님이시며 우리를 구원한 분인 줄 믿으시기 바랍니다.

여러분이 성경을 읽거나 설교를 듣거나 암송할 때, 여러분의 머리로 성경을 자꾸 알려고 하면 나중에는 불신앙이라는 열매가 납니다. 내 머리로 성경을 잡고 이해하려고 덤비면서 내 편에서 시작하면 불신앙이 됩니다.

처녀가 아들을 낳았다는 것이 어떻게 이해 됩니까? 죽었다가 살아났다는 것, 예수님이 물 위를 걸으셨다는 것이 어떻게 이해가 됩니까? 성경에는 이해할 수 없는 사건으로 가득합니다. 왜요? 사람이 한 것이 아니고 하나님이 그렇게 하셨기 때문입니다. 우리에게 그렇게 하라는 것이 아니고 하나님이 그렇게 하셨습니다. 사람은 참으로 악하고 불신하기를 좋아하여 내가 안 되면 하나님도 안 된다고 믿습니다. 내가 안 되면 다른 사람도 안 된다고 믿습니다. 내가 안 되는데 다른 사람이 하면 왜 그러냐고 말합니다.

인간은 못해도 하나님은 하실 수 있습니다. 그래서 우리가 성경을 읽고 듣고 암송할 때 하나님의 말씀을 대하는 마음으로 해야 합니다. "하나님! 오늘 내가 하나님의 말씀을 듣게 하옵소서. 오늘 설교 중에 하나님 말씀을 듣게 하옵소서. 암송 중에 하나님 말씀을 듣게 하옵소서." 이것이 신앙이 됩니다.

우리가 믿음으로 말씀을 들을 때 그 말씀을 통해 하나님께서 우리에게 믿음을 주고, 치료하고, 변화시키고, 우리를 인도하십니다. 하나님의 말씀은 살아 있어서 활동력이 있습니다. 능력이 있어 영과 혼과 심령과 관절을 찔러 쪼개기까지 합니다. 그래서 말씀 들을 때에 구원받는 사람이 생기고 마음에 찔려서 회개하는 사람이 생기고 힘을 얻어 치료받는 사람, 변화 받는 사람이 생기게 됩니다. 우리의 노력이 아니고 하나님의 말씀이 살아 있기 때문에 그런 줄 믿습니다. 그래서 우리가 성경을 읽거나 대할 때 우리가 이해하려고 하지 말고 하나님의 음성으로 듣기를 바랍니다.

삼위일체 하나님은 내가 이해하려고 한다고 이해 되는 것이 아닙니다. 우리가 믿는 여호와 하나님은 성부, 성자, 성령 삼위가 한 분이신 하나님이십니다. 성자 아들 하나님이 이 땅에 오셨기 때문에 우리가 예수님을 하나님의 아들이라고 말합니다. 그가 하나님이시기 때문에 예수님을 하나님이라고 말합니다. 그래서 설교자가 예수님을 향하여 하나님의 아들이라 할 때가 있고 하나님이라고 할 때가 있습니다. 또 그를 그리스도라고 말할 때가 있습니다. 왜요?

하나님의 아들이 이 땅에 성령으로 동정녀에게 잉태되어서 이 땅에 사람으로 오셨습니다. 하나님의 말씀이 사람이 되셨습니다. "말씀이 육신이 되어 우리 가운데 거하시매."(요 1:14a) 하나님이 사람으로 오신 분을 그리스도라고 합니다. 죄 없이 이 땅에 오셔야 우리의 구주가 되는 줄 믿습니다. 하나님이시고 사람인 분이라야 하나님과 우리를 화평케 하실 수 있습니다. 인간이 하나님께 죄를 지음으로 하나님과 원수가 되었습니다. 관계가 깨어졌습니다. 하나님은 거룩하고 공의로우시기 때문에 이 관계가 회복하기 위해서는 누군가 하나님 앞에 죗값을 지불해야만 화해가 되는 겁니다. 죄의 삯은 사망입니다. 사망이라는 것은 영적 죽음, 육신적 죽음, 지옥 가는 것까지 합해서 사망이라고 그럽니다.

"기록된 바 의인은 없나니 하나도 없으며."(롬 3:10)
"모든 사람이 죄를 범하였으매 하나님의 영광에 이르지 못하더니."(롬 3:23)

우리 모두는 죄인이기 때문에 거룩한 하나님 앞에는 눈꼽 만한 죄도 다 드러나게 되고, 그 죄 때문에도 구원 받을 수 없는 존재입니다. 내가 다른 사람보다 좀 더 착하게 살고 죄를 적게 지었기 때문에 나는 구원 받았다고요? 아니올시다. 눈꼽만큼도! 한 번만 죄를 지어도 하나님은 거룩하시고 하나님 나라는 거룩한 곳이기 때문에 어떤 사람도 갈 수 있는 곳이 아닙니다. 이 죄 때문에 사망과 저주와 사탄의 저주 가운데 있는 우리가 구원받기 위해서는 죗값을 하나님께 지불해야 되는데 지불할 수가 없어요. 그래서 죄 없으신 사람이 필요한 겁니다.

예수 그리스도는 하나님이면서 죄 없는 사람으로 우리를 위해서 대신 그 죄를 속죄하셨습니다. '속죄했다'는 말은 '하나 되게 하셨다'는 뜻입니다. 예수 그리스도를 통해서 하나님과 우리를 화목 되게 하시고 하나 되게 하신 줄 믿으시기 바랍니다. 그래서 예수께서 우리를 대신해서 죽으셔서 대속하셨습니다.

예수님이 십자가에 돌아가실 때 성전 휘장이 위에서부터 아래로 찢어졌다는 말은 '하나님 만나는 길이 열렸다, 예수님을 통해서 하나님과 인간이 화목하는 길이 열렸다'는 것입니다. 그래서 예수 믿을 때 하나님과 화목 되었기 때문에 하나님을 '아바 아버지'라 부릅니다.

예수께서 사탄의 머리를 깨뜨리고 승리하셨기 때문에 그리스도는 하나님이셔야 될 이유입니다. 지금도 예수 이름으로 귀신이 떠나가고 기도 응답이 오고, 예수 이름으로 성령이 우리에게 오신다는 말은 그분은 부활하여 살아 계신다는 뜻인 줄 믿으시기 바랍니다.

그러니까 하나님이면서 죄 없는 사람으로써 우리 대신 죽으시고 또 죄 없으시기 때문에 다시 살아나신 분이 예수 그리스도이십니다. 그래서 '예수님은 하나님의 아들이시요 그리스도이십니다' 이렇게 신앙고백을 해야 되는데 이것을 진짜로 믿고 신앙 고백하는 사람을 '증인'이라고 합니다.

마태복음 16장에 "주는 그리스도시요 살아계신 하나님의 아들이십니다" 라고 베드로가 고백했을 때 "바요나 시몬아, 네가 복이 있는 자로다. 이를 알게 한 이는 네가 아니고 네 속에 계시는 아버지시니라 이제부터 이 반석 위에 내 교회를 내가 세우리라. 음부의 권세가 이기지 못하리라" 하시면서 "천국 열쇠를 주겠다" 하셨습니다.

여기에서 '반석'이라는 말이 있는데, 원어로는 '페트라'란 말입니다. 페트라는 반석이란 뜻으로 중성 명사요 믿음이란 말입니다. 천주교인은 이것을 '페트로스'로 해석했어요. 남성 명사입니다. 그래서 천주교는 일대 교황이 베드로라고 말합니다. 그 다음 교황은 베드로의 후계자라고 말합니다. 틀린 것입니다. 누구든지 예수님을 하나님 아들 그리스도로 믿는 자를 통해서 주님께서 주님의 교회를 세웁니다. 우리가 교회를 세우는 것이 아닙니다.

그렇게 베드로의 고백과 약속이 오고 간 다음에 예수님의 고난과 죽음에 대해서 말씀하셨습니다. 그때 베드로는 "주님, 그럴 수 없습니다, 절대로 그런 일이 없어야 됩니다"라고 말했고, 예수님은 베드로를 향하여 "사탄아, 내 뒤로 물러가라" 하셨고 베드로에게 약속이 이루어지지 않습니다.

주님이 약속했는데 왜 약속이 이루어지지 않죠? 베드로는 예수님을 믿기는 했지만 진짜 증인으로 믿은 건 아닙니다. 예수님이 십자가 지시고 돌아가실 때 제자들은 다 도망가고 고기 잡으러 갔습니다. 예수님이 "내가 삼일 만에 살아나리라"고 여러 번 말씀했지만 제자들은 믿을 수가 없었습니다. 왜요? 세상에서는 그런 일이 없었기 때문에 믿을 수가 없었습니다. 그래서 다 도망갔는데 부활하신 예수님이 성경상 11번 제자들에게 나타나셨습니다.

문이 닫힌 곳에 나타나서 "성령을 받으라" 하셨고, 도마에게 나타나기도 하셨습니다. 그런데도 마태복음 28장에 보면 "아직까지 의심하는 사람들도 있더라"(17절)고 말씀하십니다. 이 제자들에게 40일 동안 부활하신 예수님이 날마다 하나님 말씀을 가르치신 이후에 "오직 성령이 너희에게 임하시면 너희가 권능을 받을 것이다"라고 약속하시고 그 후에 오순절에 마가 다락방에서 성령이 충만히 임하십니다. 그때 비로소 저들은 증인이 된 것입니다.

그때부터 제자들을 통하여, 예수님을 하나님의 아들 그리스도 믿는 자를 통하여 복음이 증거되고, 구원의 역사가 일어나고, 귀신이 떠나가고, 교회가 세워지고 약속한 주님의 약속이 이루어짐을 믿으시기 바랍니다. 진짜로 믿는다는 것에 관해 제가 여러 번 설명 드렸습니다.

오늘은 이런 예로 설명을 드립니다. 여성이 결혼을 해서 임신을 했습니다. 만삭되어서 해산을 합니다. 너무너무 큰 고통 속에 해산을 합니다. 너무 힘들었지만 아기 낳고 나니까 위로가 되고 힘이 됩니다. 아기를 낳고 젖을 먹일 때 젖이 나가는 느낌을 가집니다. 엄마가 아기를 보면서 얼마나 행복한지 그건 낳아보고 젖 먹여보고 키워본 여성만 압니다. 이게 진짜로 아는 것입니다. 말로 듣는 것은 아는 것이 아닙니다.

여러분, 예수님은 전능하시고 천지를 지으신 하나님이시라고 안다고 하지만 머리로는 진짜로 아는 것이 아닙니다. 그는 그리스도시요 죽었다가 살아 지금 함께 계십니다. 진짜로 알아야 됩니다. 그때 '증인'이라고 그럽니다. 증인이 되면 하나님의 역사가 우리 가운데 성취되기 시작합니다. 응답이 달라집니다. 보는 것이 달라집니다. 느낌이 달라집니다. 성경을 보는 것이 달라집니다. 왜 그러냐 하면, 똑같은 성경이지만 우리 믿음에 따라서 깨닫고 느껴지고 응답받는 것이 다르기 때문입니다.

그래서 예수님을 정말로 하나님 아들 그리스도로 믿으면 성경에 궁금했던 것, 이해가 안 되던 것이 다 이해 되기 시작합니다. 여러분, 저도 그런 과정을 겪고 경험을 했지 않겠습니까.

저는 목사가 되면 다 되는 줄 알았습니다. 목사가 됐는데도 여전히 기도 응답이 잘 안 되고 성경은 여전히 이해가 잘 안 되는 것이 많습니다. 성취도 안 되고 전도도 안 되고 신앙생활이 잘 안 되더라고요. 하나님께서 저를 낮추시고, 전도 현장에서 눈을 열어주시고, 말씀 이루시고 성취되게 하시면서 조금씩 매일매일 새 은혜를 주시더니 예수님은 천지를 만드신 하나님인 줄 정말로 알게 되었습니다.

배에서 힘이 올라오는데 신기했습니다. 이튿날 하나님께서 십자가의 사건은 교리가 아니고 역사적 사실이라는 것을 알게 하셨습니다. 그 길은 하나님 만나는 길이요 사탄의 머리가 깨어지고 우리 모든 죄가 십자가에 도말하신 길입니다. 3일 만에 부활하셔서 지금 살아계신다는 사실을 경험하고 나니까 '이게 정말 사실이었구나!' 하고 믿어지면서 기도하면 주님이 응답하시고 시행하신다는 믿음이 생깁니다. 편안해집니다.

그 사실을 알고 나니까 말씀이 이루어지기 시작합니다. 귀신이 떠나갑니다. 하나님의 역사가 일어납니다. 성경이 사실이었고, 성경이 실재였습니다. 사랑하는 여러분 예수님을 진짜로 알고 믿는 은혜가 있기를 주의 이름으로 축복합니다.

그래야 우리가 성경이 사실인 것과 성경이 이루어지고 하나님이 살아계셔서 우리 발걸음과 만남 속에 말씀 가운데 함께 하심을 경험하면서 살아갈

수 있습니다. 사도들이 예수님 부활한 증인이 되기 전에는 다 도망갔습니다. 부활한 예수를 만나고 성령 충만 받고 나서는 잡혀갔을 때에도 죽음을 두려워하지 않았습니다.

베드로와 요한은 사도행전 4장에서 이렇게 말합니다.

"다른 이로써는 구원을 받을 수 없나니 천하 사람 중에 구원을 받을 만한 다른 이름을 우리에게 주신 일이 없음이라"(12절)
"하나님 앞에서 너희의 말을 듣는 것이 하나님의 말씀을 듣는 것보다 옳은가 판단하라"(19절)

그 뒤 베드로는 죽음을 전혀 두려워하지 않고 복음을 전할 수 있었고 그 이후 많은 사람들이 "예수님은 하나님의 아들입니다, 죽었다가 부활하셔서 지금도 살아계십니다" 라고 증거하면서 순교했습니다.

여러분, 순교라는 것은 내가 결심을 한다고 되는 게 아닙니다. 결심은 변합니다. 아프고 힘들고 어려우면 변합니다. 마음을 믿지 마세요. 마음은 변하는 것입니다. 마음은 환경에 따라 내 이익에 따라서, 말에 따라 생각에 따라서 변하는 것입니다.

그리스도의 증인이 되면 흔들림이 없습니다. 그리스도의 증인이 되면 어떤 환경 속에서도 어떤 사람 가운데서도 누구에게서도 흔들림 없이 "주는 그리스도시요 살아계신 하나님의 아들입니다, 다른 이름으로는 구원 얻을 이름이 없습니다, 오직 예수만 길이요 진리요 생명입니다" 라고 고백하면서 전도합니다. 그리고 기도합니다.

그런 사람에게 영혼의 열매가 맺힙니다. 기도에 응답이 있습니다. 임마누엘의 역사가 일어납니다. 하나님이 함께하시기 때문에 감사하고 기뻐하면서 살아갑니다. 절망하지 않습니다. 하나님을 기도하면서 의지합니다. 하나님의 인도를 받습니다. 이런 사람은 세상이 감당할 수 없다고 말했습니다. 사람들 보기에는 비천해 보이지만 고상합니다. 아무것도 없어 보이지만 많은 사람을 부요케 하는 사람입니다. 핍박을 받는 것 같지만 그는 진정한 자유인입니다.

모든 분이 예수 그리스도를 진실로 믿는 증인이 되시기를 예수님의 이름으로 축복합니다.

2강 | 행 1:1~2(2)

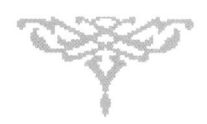

사도행전의 기록자는 누가복음을 기록한 의사 누가(Luke)라고 합니다. 많은 증거가 있습니다만 가장 분명한 몇 가지를 살펴보면 누가복음 1장 1~3절에서 볼 수 있습니다.

"우리 중에 이루어진 사실에 대하여 처음부터 목격자와 말씀의 일꾼 된 자들이 전하여 준 그대로 내력을 저술하려고 붓을 든 사람이 많은지라 그 모든 일을 근원부터 자세히 미루어 살핀 나도 데오빌로 각하에게 차례대로 써 보내는 것이 좋은 줄 알았노니."

이렇게 자신을 소개하는 사람이 누가입니다.

여러분, 성경을 읽을 때 사실로 믿기를 주님의 이름으로 축복합니다.

늘 말씀드리지만 성경은 이해하는 책이 아닙니다. 믿음의 책인 줄 믿으시기 바랍니다. 믿는 방법은 마음을 열고 어린 아이같이 '아멘'하고 받아들이는 겁니다. 그럴 때 성경을 이해하게 되고, 그 성경을 행할 때 더 많이 깨달아지는 줄 믿습니다. 누가가 데오빌로 각하에게 두 번째 편지를 썼습니다.

1절, "데오빌로여 내가 먼저 쓴 글에는 무릇 예수께서 행하시며 가르치시기를 시작하심부터."

'먼저 쓴 글'을 언급했는데 그게 누가복음입니다. 그 먼저 쓴 글과 수신자가 동일합니다. 이런 의미에서 사도행전의 기록자는 의사 누가일 것이라고 믿는 것입니다.

"무릇 예수께서 행하시며 가르치기를 시작하심부터"라는 말씀을 다음의 말씀들을 통해 더 분명하게 살펴봅니다.

누가복음 24장 49절, "볼지어다 내가 내 아버지께서 약속하신 것을 너희에게 보내리니 너희는 위로부터 능력을 입혀 올 때까지 이 성에 머물라 하시니라."
사도행전 1장 4절, "사도와 함께 모이사 그들에게 분부하여 이르시되 예루살렘을 떠나지 말고 내게 들은 바 아버지께 약속한 것을 기다리라."

누가복음에서 말한 '약속하신 것'과 사도행전에 '약속하신 것을 기다리라' 하신 것이 연결되며, 동일한 맥락으로 기록되어 있음을 봅니다. 이 모든 것을 통해 볼 때, 사도행전의 기록자는 누가임을 알 수 있습니다.

다른 복음서에 보면, 마태복음 28장에서는 부활하신 예수님을 만난 제자들에게 "그러므로 너희는 가서 모든 민족을 제자로 삼아 아버지와 아들과 성령의 이름으로 세례를 베풀고 내가 너희에게 분부한 모든 것을 가르쳐 지키게 하라 볼지어다 내가 세상 끝날까지 너희와 항상 함께 있으리라"(19-20절) 하신 말씀으로 마태복음이 끝납니다.

마가복음은 16장 15절에 "또 이르시되 너희는 온 천하에 다니며 만민에게 복음을 전파하라"고 하면서 마무리합니다.

요한복음 21장 15절에는 예수님이 사랑하는 베드로를 찾아오셔서 "요한의 아들 시몬아 네가 이 사람들보다 나를 더 사랑하느냐" 하시며 같은 질문을 두 번 더 하십니다. 베드로는 대답합니다. "내가 주님을 사랑하는 줄 주님께서 아시나이다" 하자 그 대답에 주님께서 연거푸 "내 양을 치라, 내 양을 먹이라" 하십니다. 누구 양이요? 예수 그리스도의 양입니다. 어떤 목사님들은 성도가 목사의 양이라는데, 목사가 양을 낳은 적이 없습니다. 그리스도의 양입니다. 목사는 청지기죠.

이렇게 요한복음은 "내 어린 양을 먹이라, 양을 치라, 양을 먹이라" 하시고 끝이 납니다. 그런데 누가복음에는 그런 목양의 위임이 없고 "약속을 기다리라" 하며 끝납니다. 그러면서 사도행전에서 또 "약속한 것이 오신다"고 예언하면서 예수님이 부활하신 후 40일 동안 11 제자와 함께 합니다. 그러면서 "사십 일 동안 그들에게 보이시며 하나님 나라의 일을 말씀하시니라."(3절)고 기록합니다.

성경을 자세히 들여다보면 예수님이 공생애를 사시고 복음을 전파하실 때 "회개하라 천국이 가까웠느니라"고 말씀하신 것을 알 수 있습니다. 3년 동안 예수님이 전하신 말씀이 하나님 나라의 말씀인 줄 믿으시기 바랍니다.

이런 말씀들을 통해서 볼 때 주님의 공생애 3년 동안 사도들이 이해하지 못하고 믿지 못했던 것을 부활 후 40일 동안에 더 자세히 말씀해주셨습니다. 그리고 40일 이후에 예수님께서 승천하십니다.

승천하기 직전에 말씀하시기를 "오직 성령이 너에게 임하시면 너희가 권능을 받고 예루살렘과 온 유대와 사마리아 땅 끝까지 이르러 내 증인이 되리라"(8절) 이렇게 약속하십니다. 이 구절이 사도행전의 가장 중요한 절이고 요절입니다. 그 말씀대로 지금도 복음이 증거 되고 있는 줄 믿습니다.

그때부터 사도행전이 시작됩니다. 그래서 사도행전을 다른 말로는 '성령행전'이라 말하기도 합니다. 그 이유는 사도들의 행적과 사역과 전도와 양육이 기록된 것 같지만 조금 더 신앙적으로 자세히 들여다 보면 그 주인공은 사도들이 아니라 하나님의 성령이 사도들을 사용하셔서 일한 것인 줄 믿습니다.

사도행전 8장에 보면 빌립이 예루살렘에서 가사로 내려가서 구스 내시에게 복음을 전할 때 빌립이 스스로 한 것이 아니라 하나님의 성령이 "내려가라"고 한 명령대로 한 것이었습니다. 사도행전 10장에 보면, "욥바의 가죽 세공업자 고넬료의 집에 베드로가 있는데 그 집에 가서 그를 모셔다가 말씀을 들으라" 해서 사람을 보내서 베드로를 모시고 왔습니다.

당시 베드로가 아직도 유대적 사상이 많았는데 고넬료는 이방인이었기 때문에 베드로가 가지 않을 줄 알고 하늘에서 보자기가 내려오는 환상을 통해 베드로에게 "부정한 짐승을 잡아 먹으라" 합니다. 그래서 베드로가 깨닫고 '하나님이 거룩하다면 거룩하다' 생각하고 가서 복음을 전했더니 고넬료의 집에 성령의 충만한 역사가 일어났습니다. 베드로가 고넬료의 집을 찾아간 게 아닙니다. 하나님의 사자와 성령의 역사로 일어난 일인 줄 믿습니다.

이런 이야기는 사도행전 전체에 있습니다. 그래서 사도행전을 다른 말로 '성령행전'이라고 합니다. 하나님은 성령을 통해서 교회를 세우고 양육하고 제자 삼고 말씀을 성취하는 데 누구를 사용하십니까?

여러분, 똑같이 예수 믿는데 하나님은 왜 나를 사용하지 않으십니까? 내가 뭐 배운 게 없어서 그렇습니까, 못 생겨서 그렇습니까, 열심이 없습니까? 물론 뜻도 포함할 수는 있겠지만 아니에요. 예수님이 쓰는 사람 가운데는 무식한 사람도 있고, 대머리도 있고, 가난한 사람도 있고, 부자도 있고, 배운 사람도 있고 다양한데 그게 기준이 아닙니다.

예수님을 정말로 믿는 '증인'인가가 기준입니다. 못 배워도 괜찮고 가난해도, 키가 작아도 커도 상관없습니다. 그런 것은 기준이 될 수 없습니다. 마태복음 16장에 보면, "주는 그리스도시요 살아계신 하나님의 아들이십니다" 하고 베드로가 고백했을 때 예수님이 칭찬하십니다. "바요나 시몬아, 네가 복이 있는 자로다. 이를 알게 한 이는 네가 아니고 네 속에 계시는 아버지시니라"고 하시며 중요한 약속을 하십니다. 그것은 바로, "믿음의 신앙 고백 위에 내 교회를 내가 세우리라"는 것입니다. 주님은 베드로에게 "음부의 권세가 이기지 못하리라, 천국의 열쇠를 주리라"고 말씀하십니다.

여러분, 교회는 주님이 세우는 것입니다. 목사가 세우는 것도, 장로님이 세우는 것도 아니고, 성도가 주인 되는 것도 아닙니다. 교회는 그리스도께서 피로 값 주고 세우는 것인 줄 믿습니다.

우리를 통해서 복음이 증거 되고, 교회로 사람이 더해지며 셀교회가 이루어지고 분가가 됩니다. 교회가 성장하고 선교하고 것은 누구를 통해서요? 증인을 통해서입니다. 베드로가 믿음을 고백하고 칭찬 받고 약속은 받았는데 하나님이 베드로를 사용하지 않습니다.

언제 그 일이 일어납니까? 부활하신 예수님을 만난 제자들이 성령 충만 받을 때 그들을 통해서 교회가 세워지고 사탄의 나라가 무너지고 교회의 권세가 나타나고 그리스도의 권세가 나타납니다.

여러분, 마태복음 16장에 "주는 그리스도시요 살아계신 하나님의 아들이십니다"라고 고백한 그가 예수님을 안 믿었다고 생각합니까? 믿었습니다.

일제 시대 때 평양에서 총회가 열렸을 때 신사 참배를 가결했습니다. 일본 순사들이 총칼을 가지고 예배당 안에 들어섰어요. 신사(神社)를 갖다 놓고 먼저 신사에게 참배하고 예배드리라고 할 때 그 신사 참배에 반대하면 바로 잡아갔습니다. 그래서 총회는 그 신사 참배가 우상숭배가 아니라고 결의했습니다. 그때 '아니요' 하고 반대한 사람이 주기철 목사님이셨고 잡혀가서 감옥 생활을 하다가 결국 순교했습니다. 해방 후에 그것을 가결한 목사님들이 다 회개했다면서 다시 목회를 했어요. 그 사람들이 예수 안 믿었다고 볼 수는 없습니다.

그런데 그 사람들이 예수님을 부인했다고요. 베드로는 "생명의 말씀이 주께 있으니 우리가 어디로 가리이까, 다 부인할지언정 나는 부인하지 않겠나이다" 했습니다. 그런데 그런 베드로가 예수님을 부인했습니다. 부활한 예수님을 목격하고 성령 충만 받은 제자들은 복음을 전하면서 순교하면서도 주님을 부인하지 않았습니다.

우리가 어떻게든 믿음을 지키기로 결심하는 것이 중요하지만 그 결심 가지고는 믿음을 지킬 수 없습니다. 예를 들어, 우리를 잡아가서 이빨 뽑고 손톱 밑에 창을 찔러 대고 못 위를 걸어 다니라고 한다면 우리 마음이 어떻겠습니까. '내가 예수님을 부인한다고 해서 예수님을 안 믿는 것도 아니고 일단 부인하고 살고 보자' 이런 마음 생기지 않겠습니까? 우리 장로님들 고개를 끄덕끄덕 하시는데 결심 가지고 믿음 지킬 수 있는 게 아닙니다.

예수님을 진짜로 알고 믿는 증인이 되고, 성령 충만해야만 우리가 믿음을 지키고 이겨나가는 줄 믿습니다. 예수님을 믿되 종교인으로 대강 믿지 마시고 진짜 믿으세요. 여러분, 예수님이 하나님의 아들인 그리스도라는 증거는 성경에 굉장히 많이 있습니다. 그중 가장 중요한 증거는 부활인 줄 믿으시기 바랍니다.

물 위를 걸으신 것도 사람이 할 수 있는 일이 아닙니다. 풍랑을 잠잠케 하신 것도 하나님만이 할 수 있고 죽은 나사로를 살리는 것도 하나님만이 하실 수 있습니다. 앉은뱅이가 일어나고 귀머거리가 듣고 벙어리가 말을 하고 귀신이 떠나갑니다. 이 모든 일이 그리스도만 할 수 있는 일이지만 수없이 듣고 보고 경험한 제자들도 예수님을 부인했지만 예수님의 부활을 목격한 제자들은 확실하게 변화됐습니다.

여러분, 예수님을 전능하신 천지를 만드신 하나님으로, 그리스도로 믿는 그 사람에게 성령의 충만함을 주심을 믿으시기 바랍니다. 그 사람으로서 복음이 증거 되고 음부의 권세가 이기지 못하고 천국 열쇠의 역사들이 일어나게 되는 줄 믿습니다.

제가 은혜를 받고 보니까 너무 감사하고 모든 우리 성도님들도 이런 신앙생활하면서 이런 복을 받으면 좋겠습니다. 제가 육 칠 년부터 지금도 예수님을 전하고 그 마음으로 성경을 계속 전했더니 교회는 부흥하고 성도는 은혜 받는다고 하는데 제가 볼 때 어떤 사람은 제자가 되었다 싶은 생각이 안 들었습니다. 그래서 제가 고민에 빠졌습니다.

우리 성도들이 예수님의 참 제자가 되어 증인 되라고 그렇게 예수만을 외쳐왔는데 왜 안 될까 하는 생각이 들었습니다. 어느 날 기도하던 중에 '예수님은 어떻게 하셨을까' 하는 의문이 제게 생겼습니다. 그게 7년 만에 든 생각입니다. 예수님은 어떻게 하셨을까를 생각하면서 다시 성경을 읽기 시작했습니다.

그러던 중 마태복음을 보다가 저는 너무 큰 충격을 받았습니다. 예수님은 제자들로 하여금 그리스도의 증인이 되게 하는데 저 같이 안 했다는 사실을 발견했습니다. 저는 설교하고 성경만 가르치고 배우게 했었습니다. 예수님은 사역 초기에 바로 제자를 부르시고 함께 사셨더라고요. 사시면서 말씀을 가르치고 함께 전도하면서 "전도해보라" 하시고, "귀신을 쫓아내보라" 하시고, 또 함께 기도하고 기도를 가르치셨습니다. 저는 충격을 받았습니다.

그래서 고민하던 중에 성경을 보니까 "날마다"라고 말씀합니다. 그래서 이름을 '날마다'라고 해봤는데 어감이 이상해서 '영적 가족'이라 했다가 '가정'이라 했다가 온 세계가 공동적으로 쓰는 이름인 '셀'(cell)이라고 쓰기 시작했습니다.

여러분, 셀교회는 단순한 구역이 아닙니다. 셀은 그리스도를 알아가는 가장 좋은 장소입니다. 그 속에서 예수 그리스도가 증거 되어지고, 함께 기도하고, 각자의 삶 속에서도 그리스도가 증거 되어지고 구원받아 공동체 속에서 하나님이 함께 하는 삶을 경험해야 우리가 계속적으로 예수님을 알아가는 증인이 되는 것입니다.

우리 삶의 최고 목적은 부자 되는 것이 아닙니다. 높은 자리에 있는 것도 아니고 그리스도의 증인이 되는 겁니다. 예수님도 "가서 모든 사람을 부자로 만들어라, 가서 권력을 가지게 하라, 인기 있는 자가 되게 하라"고 말씀하신 적이 없습니다. "너희는 가서 모든 족속으로 제자를 삼으라"고 말씀하십니다.

교회에 얼마나 많은 사람이 모이냐도 중요합니다. 그러나 더 중요한 것이 있습니다. 성도들이 얼마나 그리스도의 증인이 되었느냐가 중요합니다. 아무리 숫자가 많이 모여도 그리스도의 증인이 없으면 그 시대가 지나가면 거기는 무너져 버립니다. 그러나 수는 적더라도 증인 된 사람이 있으면 그 사람을 통해서 민족과 세계를 살리는 일을 하시는 것이 하나님의 방법입니다. 그래서 예수님께서는 수십 명, 수백 명을 제자로 삼은 것이 아니라 소수를 제자로 삼아서 "가서 다시 제자 삼으라"고 말씀하시는 것입니다.

저는 우리 성도들이 종교 중 하나를 믿는 것이 아니라, 예수님은 천지를 만드신 자신의 하나님이요 자신의 주요 이 땅에 성령으로 이 땅에 오셔서 자신을 위해서 죽으시고 부활하시고 자신 속에 자신의 주인으로, 자신의 하나님으로 계신 그 사실을 실제로 믿는 살아 있는 사람들이 되기를 소원합니다.

하나님께서 함께 하셔서 내가 하지 않는 일을 하십니다. 내가 할 수 없는 일에 주님이 역사하십니다. 치료하시고 변화시키십니다. 이때 우리가 할 수 있는 고백은 우리가 한 것이 아니고 모든 것이 주님의 은혜라고 고백합니다.

바울이 얼마나 많은 열매들을 맺었습니까. 우리는 늘 대단하다고 말합니다. 그러나 바울은 자신은 대단한 사람이 아니고 죄인의 괴수이며 만삭 되어 태어나지 못한 자 같은 자신의 존재가 하나님의 은혜라고 고백합니다. 저는 바울 같은 사람이 절대 될 수 없습니다. 제가 저를 알고 있습니다.

우리가 분명히 알아야 할 사실 한 가지가 있습니다. 우리 교회에 믿지 않는 사람이 많이 와서 믿고, 우상숭배를 버리고 자라서 선교하는 삶으로 변화 되는 것은 목사의 능력이 아닙니다. 하나님의 은혜입니다. 가서 구원 받는 사람이 생기는 것도 제 능력이 아닙니다.

여러분, 사람은 사람을 살릴 수가 없습니다. 치료할 수도 없습니다. 오직 주님의 역사입니다. 이 예수님의 부활을 목격한 제자들에게 비로소 "가라"고 말씀하시고 성령 충만한 제자를 통해서 주님께서 교회를 세워 나갑니다. 마태복음 16장의 약속을 이루어가십니다.

저는 예수님을 믿고 교회를 알고부터 우리 교회뿐만 아니고 모든 교회를 참으로 소중히 여기게 됐습니다. 예수 믿는 여러분은 교회를 소중히 여기시기 바랍니다. 교회가 목사나 장로나 성도들이 모여서 건축해서 만들어지지 않습니다. 예수 그리스도를 믿는 믿음 위에, 그 믿는 사람을 통해서 주의 교회를 세워가는 것입니다.

교회는 음부의 권세가 이기지 못하는 곳이며, 이 세상의 어두움과 사탄의 세력을 이기는 유일한 곳이 교회입니다. 정치 세력이 사탄을 이긴 적이 없고 대학이 사탄을 이긴 적이 없고 어떤 기업체가 사탄을 이긴 적이 없습니다. 오직 교회만이 사탄을 이기는 유일한 공동체입니다. 그 교회에 우리가 속해 있다는 걸 아셔야 됩니다. 주님께서 교회에 하늘과 땅에 있는 권세를 주신다면 우리가 땅에서 매면 하늘에서도 매일 것이고 땅에서 풀면 하늘에서도 풀릴 것입니다.

여러분, 교회는 사람이 모여서 만들고 세울 수 있는 것이 아닙니다. 평생 살아가면서 교회에 덕을 끼치는 성도 되시기 바랍니다. 교회에 걸림이 되고, 해가 되고, 남을 시험 주는 자가 되고, 넘어뜨리는 자가 되지 마시기 바랍니다.

교회를 핍박하고 교회를 없이 하기 위해서 갖은 노력을 썼던 모든 나라는 다 무너졌습니다. 로마가 무너지고 공산주의가 무너지고 일본이 무너지고 북한이 저렇게 비참하게 되었습니다. 교회를 대적한 나라나 개인이 승리한 적 없습니다. 왜요? 교회가 그리스도를 못 믿기 때문에 그렇습니다.

지금도 나라든지 어느 정부든지, 어느 개인이나 단체든지 교회를 무너뜨리는 전략을 쓰면 반드시 무너집니다. 하나님이 대적하십니다. 그래서 우리 교회뿐 아니라 이웃 교회라 할지라도, 세계 어느 교회라 할지라도 교회를 돕는 자 되시기 바랍니다. 세우는 자 되시기 바랍니다.

교회에서 성도를 욕하고 비판하거나 어느 목사님을 비판하지 마세요. 하나님이 세우신 목사, 주님이 세우신 성도를 우리가 무슨 권세로 무슨 자격으로 비판합니까. 하나님이 세우신 교회를 비판하는 것은 자기가 하나님보다 더 대단한 존재라고 말하는 것과 같습니다. 평생을 살면서 성도끼리 비방하고 비판하고 욕하고 목사나 장로들이 이러니 저러니 하지 마세요. 주님께 맡기세요. 주님이 알고 계십니다.

우리 한 사람이 신앙생활 잘 하기도 바쁘고 못하는 게 많은데 남까지 뭐 그렇게 간섭하고 할 말이 그리 많습니까. 은혜 받고 예수님 더 많이 알아가는 데 집중하는 성도가 되시길 바랍니다.

사도행전은 예수님이 성령으로 오셔서 함께하시는 사실을 기록한 성경인 줄 믿으시기 바랍니다. 사도행전의 특징 중의 하나는 사도행전은 미완성 책이라는 것입니다. 사도행전 28장 30, 31절 말씀에, "바울이 온 이태를 자기 셋집에 머물면서 자기에게 오는 사람을 다 영접하고 하나님의 나라를 전파하며 주 예수 그리스도에 관한 모든 것을 담대하게 거침없이 가르치더라" 하며 사도행전이 끝납니다. 어떤 인사가 없습니다. 고린도서나 다른 성경에 보면 축복하고 인사하는데 사도행전은 끝이 나지 않습니다. 그 이유는 예수님 오실 때까지 사도행전이 예수 증언을 통해서 계속 되어지고 있는 줄 믿으시기 바랍니다. 저는 주님이 세우신 교회가 주님 오는 날까지 이 사도행전 속에 계속되어지는 것처럼 우리 교회가 그렇게 되기를 소원합니다. 저와 여러분이 그런 믿음을 가지면 하나님이 우리를 붙들고 사용하셔서 하나님의 일을 하시는 줄 믿습니다.

1, 2절, "데오빌로여 내가 먼저 쓴 글에는 무릇 예수께서 행하시며 가르치시기를 시작하심부터 그가 택하신 사도들에게 성령으로 명하시고 승천하신 날까지의 일을 기록하였노라."

이 두 구절 가운데 누가복음의 내용 전체가 다 들어 있습니다. 그 안에는 예수님의 탄생, 마리아에게 한 가말리엘의 말씀, 천사들의 찬양, 예수님의 탄생, 예수님이 세례 받으심, 마귀에게 시험 받으심, 표적과 기사를 나타내심, 십자가와 죽음과 부활 승천까지 이 두 구절 속에 누가복음이 다 들어가 있고 좀 넓게는 복음서 안에 있는 예수님이 다 들어가 있습니다.

복음서의 예수님을 믿으세요. 복음서에 있는 예수님을 하나님의 그리스도로 믿는 사람이 사도행전에 나오는 예수님을 더 알 수 있고 믿게 되는 줄 믿습니다. 그런 의미에서는 사도행전에 나오는 예수님을 알기 위해서는 복음서의 예수님을 믿을 때 이런 은혜와 응답이 있다는 걸 우리가 알아야 될 줄 믿습니다.

소원을 가지세요. "하나님! 내가 예수님을 하나님 아들 그리스도로 진짜 믿고 경험하기를 원합니다." 이런 소원 말입니다. 설교만 듣고 성경만 읽고 배운다고 되는 게 아닙니다. 해보셔야 돼요. 가서 전도해 보고, 귀신 떠나가는 것을 보고, 그리고 구원받는 것을 봐야 합니다. 예수 이름으로 치료받는 것을 봐야 하고 예수님이 지금 살아계시는 것을 봐야 합니다. 기도하면서 하나님이 역사하시는 것을 보고 이런 것들을 체험해 가면서 조금씩 조금씩 더 예수님을 알아가다가 예수님의 증인이 되는 것입니다! 어느 날 증인이 되기는 하지만 하루 아침에 되는 것은 아닙니다.

여러분, 거기에 우리 신앙의 초점을 맞추셔야 됩니다. 그 다음에 주님이 우리를 사용하셔서 일하십니다. 예수님을 잘 모르면서, 내가 그렇게 분명한 신앙이 없으면서 뭔가 자꾸 일을 해서 하나님을 기쁘게 하는 자가 아니라 하나님은 하나님 알기를 원하십니다.

3강 | 행 1:3~5

예수님은 지상에 3년 동안 계시면서 말씀을 전하시고 병든 자를 치료하시고 귀신을 쫓아내시고 죽은 자를 살리시고, 자신이 그리스도라는 증거를 많이 하시고 죽으시고 부활하셔서 승천하셨습니다.

승천하신 이후 이 땅에 다시 성령으로 오시는데 거기까지 가기 전에 부활하신 예수님께서 이 지상에 사십일 동안 계셨습니다. 그래서 부활하신 예수님의 사십일 사역에 대한 말씀인데 오늘 본문은 사실은 8절까지가 이 지상에 40일 동안 계시면서 하신 사역이지만 내용이 엄청 쓸게 많아서 5절까지 잘랐습니다.

> 3절, "그가 고난 받으신 후에 또한 그들에게 확실한 많은 증거로 친히 살아 계심을 나타내사 사십 일 동안 그들에게 보이시며 하나님 나라의 일을 말씀하시니라."

그리스도는 이 땅에 오시면 고난 받으시고 죽는다고 예언되어 있습니다. 구약성경에도 그 말씀들이 굉장히 많이 있습니다. 여러분, 구약에 도피성이라는 것이 있습니다. 도피성은 사람이 고의로 범죄한 사람을 위한 것이 아닌 부지중에 범죄한 사람을 위한 것입니다. 구약시대 때는 눈은 눈, 이는 이 입니다. 예를 들어, 제가 이 사람을 죽였다고 하면 이 사람의 자녀가 저를 죽여도 죄가 안 됩니다. 그렇게 죄를 법으로만 따졌습니다.

어떤 사람이 친구랑 나무를 하러 산에 갔는데 도끼를 가지고 이렇게 나무를 패다가 도끼 자루가 빠져서 앞에 있는 사람의 머리를 쳐서 죽였어요. 그럼 살인죄가 되죠? 그러면 그 자녀가 자기 죽인 아버지를 죽인 사람을 죽이려고 쫓아올 거 아닙니까. 그럼 어딘가로 도망을 가야 하는데 가장 가까이 있는 도피성으로 들어갑니다. 그 도피성 안에만 들어가면 죽일 수가 없습니다. 그래서 그 자녀들은 도피성 바깥에서 기다리고 있겠죠. '나오기만 해봐 넌 죽는다.' 그런데 나가요, 안 나가요? 안 나가죠. 그런데 어떤 사건이 있은 후에 나가면 죄가 되지 않습니다. 만약 그때 도피성을 나간 그 사람을 죽이면 살인죄가 됩니다. 그런데, 그 해 대제사장이 죽은 이후에 나가면 해방이 되어서 그 죄의 형벌을 받지 않습니다.

그 대제사장은 히브리서 7장에 나오는 '멜기세덱의 반차를 따르는 영원한 제사장'입니다. 누구의 모형인가요? 바로 예수 그리스도의 모형입니다. 그리스도가 십자가에 죽으시고 믿는 자가 죄에서 해방되는 것을 예표하고 있습니다. 이미 구약에서 예표하고 있습니다. 또 모든 제사의 법에는 양을 잡아서 피를 흘려야 그 죄에서 해방됩니다. 생명은 어디 있습니까? 머리에 있습니까, 심장에 있습니까? 성경은 피에 있다고 그럽니다. 손가락 하나가 잘려도 피가 다 빠지면 죽어요. 양팔이 잘려도 지혈되면 삽니다. 그래서 예수님이 우리를 위해서 피 흘리셨다는 말씀은 '예수님이 우리를 위해서 죽으셨다' 그 말입니다.

히브리서 9장 22절에, "피 흘림이 없는즉 죄사함이 없느니라"고 말씀합니다. 왜 자꾸 그리스도께서 오시면 고난 받고 죽으신다고 말씀합니까? 우리가 하나님을 알아야 합니다. 하나님은 거룩하신 분이고 사랑이신 분이십니다. 거룩하다는 것은 죄가 없으시다는 말씀입니다. 그런데 하나님 앞에서 죄 없는 사람은 아무도 없습니다. "모든 사람은 죄를 범하였으며 하나님의 영광에 이르지 못하더니"(롬 3:23)라는 말씀은 진리입니다. 우리끼리 서로를 보며 '착하다 착하다' 한다 해도 그것은 우리끼리 하는 이야기입니다.

하나님 앞에는 죄가 좀 더 많고 적고의 차이지 논란이 하나도 없습니다. 하나님의 법은 죄의 삯은 사망입니다. 사망은 영적 죽음, 육신 죽음, 지옥입니다. 어떤 사람도 거기서 나올 수가 없습니다. 인간이 아무리 착해도 죄인인 이유는 아무리 착해도 죄를 짓기 때문입니다. 모두가 죄인이라서 스스로 하나님 앞에 의롭게 될 사람이 없습니다. 그래서 하나님이 죄 없으신 하나님의 아들을 이 땅에 보내는 방법을 택하셨습니다. 그 아들이 바로 하나님의 성령으로 동정녀에게서 나신 줄 믿습니다.

예수님께서 인류의 모든 죄를 위해서 대신 죽으신 것을 '대속했다'고 말합니다. 대신 하나님의 공의 앞에 죄 값을 지불하신 것입니다. 그래서 구원이라는 것은 열심히 노력하거나 거룩해서가 아니고 믿음으로 얻게 되는 것입니다.

아브라함이 의로워서가 아니고 믿음으로 구원받고, 구약에도 믿음으로 구원받고 지금도 우리가 믿음으로 구원 받습니다. 그 이유는 믿음이라는 것은 '내가 그분을 믿는다' 그런 것이 아닙니다. 예수님이 "내 살을 먹고 내 피를 마신 자라야 생명이 있고 내 피와 내 살을 먹지 않으면 나와 상관이 없느니라"(요 6:53)고 하신 말씀은 예수를 믿는다는 것은 예수님의 살과 피를 먹듯이 내가 그분을 영접해서 그분이 나와 하나가 되는 것을 말하는 것인 줄 믿으시기 바랍니다. 아멘.

하나님이 공의로우시기 때문에 이 하나님의 공의 앞에 우리 죗값을 지불하기 위해서 죄 없는 사람이 필요한 것인 줄 믿습니다. 근데 사람이 없습니다. 모두가 다 같은 죄인이기 때문입니다. 하나님의 아들 그리스도가 '거룩하다, 죄 없다'는 말은 그분이 하나님의 형상이라는 뜻입니다. 이 지상에 하나님의 형상을 가진 분은 두 사람입니다. 곧 아담과 예수님은 태어날 때부터 하나님의 형상으로 태어났습니다. 그 후에 아담은 범죄했습니다. 다른 점은 아담은 땅에서 났습니다. 피조물이라는 뜻입니다. 그리스도는 하늘에서 오신 분인 줄 믿습니다. 아담은 살아 있는 영혼의 사람이지만 예수님은 살려주는 영이 되셨습니다. 제 말이 아니고 고린도전서 15장에 있는 말씀입니다.(45절) 아담과 예수님은 같지만 다릅니다.

반드시 우리의 죄를 대신해서 죄 없는 자가 죽어야 되는데 죄 없다는 증거로 예수님이 3일 만에 살아나신 줄 믿습니다. 이런 분만이 우리의 구주가 되십니다. 여러분! 세상 사람들은 기독교를 종교 중에 하나라고 말합니다. 틀렸습니다. 기독교만 '그리스도께서 죽으셨다가 살아나셨고 그분을 나의 구주로 믿어야만 구원 받는다' 이렇게 말씀합니다. 많은 종교들은 착하게 하면 좋은 데 가고 복받는다고 가르칩니다. 그것이 거짓말입니다. 인간으로서 진짜 착하게 살 수 있는 사람은 아무도 없습니다.

아담이 지음 받을 때 하나님의 형상으로 지음 받았는데 아담이 범죄한 후 아이를 낳았을 때는 하나님의 형상이 아닌 아담의 형상을 낳았습니다. 이것은 창세기 5장에 있는 말씀입니다. 아담 이후 모든 사람은 다 아담의 형상입니다. 그 모든 사람이 '원죄'를 지닌 것입니다.

어떤 분은 이렇게 말할 수 있습니다. '목사님, 우리는 아담과 함께 선악과를 안 따먹었는데요?' 그 답은 '아담이 따먹었을 때 나도 동의해서 함께 따먹었다' 이것이 성경이 가르치는 것입니다. 인류의 대표가 아담이고 예수님도 인류의 대표입니다. 어떤 사람은 '예수님 한 분이 돌아가셨는데 어떻게 인류가 다 구원받을 수 있느냐?'고 질문할 수 있습니다. 인류의 대표로 예수님께서 십자가에서 승리하셨기 때문에 누구든지 그와 연합하는 자는 죄에서 해방되는 줄 믿습니다.

내가 아담과 같이 죄를 범했지만 예수님이 대표해서 십자가에서 하나님의 공의 앞에 죄를 지불함으로 예수님의 부활과 함께, 내가 예수님 믿고 내 안에 예수님을 모실 때 새로운 피조물로 거듭나서 하나님의 자녀로 태어난 것인 줄 믿습니다. "이전 것은 지나갔으니 보라 새것이 되었도다."(고후 5:17) '새 것'이라는 말은 '카이네'라고 하는데 그것은 그냥 '새 옷을 입었다'는 그런 뜻이 아닙니다. 현대 용어로 말하면 화학적인 변화입니다. 물리적 변화로 나무를 가지고 나무 의자를 만들어서 새 의자가 됐다는 그런 변화가 아니라, 물이 포도주가 되는 역사입니다. 죄인이 의인 되는 역사, 지옥 갈 사람이 천국 가게 되고, 마귀 권세 안에 있던 사람이 하나님의 자녀 되는 것이 '새로운 피조물'인 줄 믿습니다.

그런데, 왜 예수 그리스도께서 오셔서 죽으셔야만 했을까요? 하나님의 공의 앞에 아들을 보내서 죽게까지 한 것이 하나님의 사랑입니다. 그래서 하나님의 사랑과 하나님의 공의가 한 장소에서 성취된 것이 십자가입니다. 십자가의 부활이 없었다면 십자가도 의미가 없는 것입니다. 기독교 복음의 핵심은 십자가와 부활입니다. 그래서 오늘 본문에도 그가 고난 받으신 후에 그들에게 확실한 많은 증거로 친히 살아계심을 나타내셨다고 합니다.

> 4~5절, "사도와 함께 모이사 그들에게 분부하여 이르시되 예루살렘을 떠나지 말고 내게서 들은 바 아버지께서 약속하신 것을 기다리라 요한은 물로 세례를 베풀었으나 너희는 몇 날이 못되어 성령으로 세례를 받으리라 하셨느니라."

예수님이 부활하셔서 제자들에게 나타나셔서 말씀하셨고, 가르치기도 하셨습니다. 예수님의 부활의 가장 주관적인 증거는 우리 속에 성령이 계신다는 것입니다. 만약 여러분 속에 성령이 계시지 않으면 우리는 예수님을 주(主)라 시인할 수가 없습니다. 그리고 말씀 들을 때 깨달음도 없고 기도 응답도 없고 성령의 감화 감동도 없습니다. 불쌍한 자가 됩니다. 성령이 계신다는 것은 그는 부활하셨다는 증거인 줄 믿습니다. 예수님은 부활하셔서 그냥 승천하신 것이 아니고 지상에 40일 계시면서 지상 사역을 하셨습니다. 40일 동안 그들에게 보이시며 하나님 나라의 일을 말씀하셨습니다. 이것이 얼마나 어마어마한 사건인지 여러분 생각해 보셔야 됩니다.

유대인에게 있어서 아브라함, 모세, 다윗, 엘리야, 이사야 등은 대단한 인물들입니다. 그 이름만 들어도 오금이 저리고 떨릴 정도로 위대한 인물들이며 그들이 조상입니다. 그래서 예수님이 마태복음 16장에서 '사람들이 나를 누구라 하느냐?'고 물으신 것입니다. 대답은 '더러는 세례 요한, 더러는 엘리야, 예레미야나 또 다른 선지자 중 하나라 합니다'고 대답합니다. 다른 사람들이 볼 때 예수님은 아주 대단한, 그 조상들이 위대하게 보는 선지자 같은 사람입니다. 그때 주님은 물으십니다. '너희는 나를 누구라 하느냐?' 베드로가 대답합니다. '주는 그리스도시요 살아계신 하나님의 아들이시니이다.'

그들이 그렇게 위대하게 보는 조상 아브라함에 관해 예수님은 요한복음 8장 56절에 이렇게 말씀하십니다. '너희 조상 아브라함은 나의 때 볼 것을 즐거워하다가 보고 기뻐하였느니라 예수 그리스도께서 오시기 전에 이미 아브라함은 그리스도께서 이 땅에 오실 것을 보고 너무너무 즐거워하고 기뻐했다'는 것입니다.

그러면 아브라함은 그리스도를 믿었습니까, 안 믿었습니까? 그리스도를 믿었습니다. 신명기 18장 15절을 보십시오. "네 하나님 여호와께서 너희 가운데 네 형제 중에서 너를 위하여 나와 같은 선지자 하나를 일으키시리니 너희는 그의 말을 들을지니라." 모세가 말하기를 '그리스도는 나와 같은 선지자로 올 것이니 너희는 그 말을 들으라'는 뜻입니다.

위대한 선지자가 많습니다. 이사야도 있고 예레미야도, 에스겔도 있고, 다니엘도 있는데 굳이 모세는 그리스도는 나와 같은 선지자라고 말씀하십니다. 이유가 무엇입니까? 하나님의 선지자로서 백성에게 계명을 준 선지자는 모세와 예수님밖에 없습니다. 하나님의 계명을 받아서 모세는 계명을 백성에게 주었습니다. 그전에는 계명이 없었습니다. 모세 이후에 하나님의 말씀의 법을 통해서 하나님을 법대로 섬기는 계명이 오게 됐는데 백성들이 그 계명을 잘못 이해했습니다.

그뒤 예수님이 오셔서 새 계명을 주셨습니다.(요 13:34) 새 계명이 사실은 모세가 준 계명과 내용은 동일한데 유대인이 이해하지 못했습니다. 그 새 계명은 하나님 사랑, 이웃 사랑인 줄 믿으시기 바랍니다. 예수님 오시기 천오백 년 전에 모세는 '그리스도는 선지자로 온다'고 믿었습니다. 그런데 이 사람들은 다윗은 천 년 전에 그리스도는 부활한다고 했고, 이사야는 그리스도는 오시면 고난을 받을 것이라고 예언했습니다. 말라기는 그는 엘리야의 심령으로 오시는 분이라고 했습니다.

그러니까 유대인들이 볼 때는 아브라함이나 모세, 혹은 예레미야나 엘리야 모두 대단한 인물인데, 사실 그들이 대단했던 것은 그들이 그리스도를 그렇게 알고 믿고 예언한 것으로 하나님께 쓰임받았기 때문입니다. 제자들은 3년 동안 예수님과 함께 있었던 결과 예수님은 아브라함이나 모세 같은 그런 선지자가 아니고 그리스도, 즉 우리를 위해서 오시기로 수천 년 동안 우리 조상들로부터, 선지자들로부터 예언되었던 바로 그 분임을 이 제자들이 만난 것입니다. 얼마나 놀라운 사건입니까. 부활하신 예수님을 만나보고 '이 분은 하나님께서 수천 년 동안 우리 조상들을 통해서 보내겠다고 약속하신 바로 그분이구나' 했던 것입니다.

여러분, 모세가 가시나무 불꽃 가운데서 하나님을 경험할 때 하나님께서 이렇게 말씀하십니다. "나는 너희 조상의 하나님 곧 아브라함의 하나님 이삭의 하나님 야곱의 하나님이로라."(출 3:6) 그 조상의 하나님께서 말씀하신 그 그리스도를 제자들은 3년 동안 만나서 함께 살았고, 부활하신 후에도 40일 동안 예수님으로부터 날마다 하나님 나라의 일을 들었습니다. 지금 어떤 분위기가 마가 다락방에 있다는 것을 여러분은 아셔야 됩니다.

여러분! 영어를 전혀 모르는 사람인데 1년간 집중적으로 영어 공부를 하는 사람과 영어를 10년 동안 했는데 잠깐 좀 잘못하다가 한 달간 집중적으로 연습하는 사람이 있다면 둘 중 누가 더 잘할까요? 한 달 집중공부 한 사람이 훨씬 더 많이 성장합니다. 예수님의 제자들은 3년 동안 예수님의 말씀을 듣고 표적을 보고 따라다니며 함께 살면서 하나님 아들, 그리스도이심을 깨닫고 십자가의 죽음과 부활을 목격했습니다. 성경에 보면 그래도 의심하는 제자가 있었습니다. 그 제자들에게 부활하신 예수님이 날마다 하나님 나라의 말씀을 하셨습니다.

제자들은 자기들 앞에 나타나신 그분이 자기들에게 하나님 나라의 일을 말씀하시며 죽으시고 부활하신 전능하시고 천지를 만드신 하나님이심을 믿는 것에는 전혀 의심이 없었습니다. 이 분이 수천 년 동안 우리 조상들을 통해 오실 것이 예언 되었던 그분이고 자기들과 3년간 함께하시며 기적을 일으키셨던 바로 그분임을 믿었습니다. 그래서 부활하신 후의 예수님의 지상 사역이 매우 중요합니다.

예수님의 제자들이 3년 동안 예수님을 따라 다니고 말씀을 들었지만 믿지 못하고 깨닫지 못한 것도 많이 있습니다. 그중에 하나가 예수님께서 "저 성전을 헐라 내가 삼일 만에 일으키리라" 하신 말씀입니다. 바리새인들도 제자들도 이해를 못했습니다. '46년 동안 지은 이 거룩한 성전을 모독하는도다, 하나님의 이름을 망령되이 하는도다' 하면서 예수님을 잡아가서 죽이는 데 앞장섰습니다. 제자들도 몰랐는데 나중에 성령충만 받고 성경을 기록할 때 "그러나 예수는 성전된 자기 육체를 가리켜 말씀하신 것이라"(요 2:21)고 썼습니다.

제자들은 3년 동안 깨닫지 못했는데 부활하신 예수님과의 40일간 함께 있으면서 깨닫고는 주를 위해서 목숨을 걸 수 있었습니다. 믿음이 흔들리지 않고 부활이나 천국에 대해서도 의심 없이 예수님을 하나님 아들 그리스도로 믿고 예수님 승천 이후에 남은 생애를 드릴 수 있었습니다.

그리고, 그 40일 이후에 열흘이 왜 필요했습니까? 11 제자에게 40일 동안 말씀하셨지만 마가 다락방에는 약 120명이 있었습니다. 여러분, 예수님의 오병이어 사건 때 떡을 먹은 장정 남자 5천 명이 생각나십니까? 우리가 합리적으로 생각할 때 이 120명이 그때 떡 얻어먹었던 사람들이 아닐까요? 여러분들이 '아니다' 하면 나도 할 말은 없지만, 이렇게 생각할 수 있습니다. '떡 얻어먹은 사람들이 와 있었구나, 예수님의 표적을 본 사람들이구나, 나사로가 살아난 사건을 봤든지 들은 사람이구나.'

고린도전서 15장에서 500여 명이 일시에 예수님의 부활을 목격했다고 했는데, 이 120명이 그 500명 중에서 나왔을 것이라고 보는 것이 맞습니다. 그렇게 확실한 믿음을 가지고 있던 중에 부활하신 예수님이 승천하신 후 열흘 동안 이 120명이 날마다 예수 그리스도를 증거했다는 것을 아셔야 됩니다. 그래서 그 열흘 동안 이 120명은 예수님은 전능하신 하나님이요 이 땅에 오신 그리스도라는 사실에 대한 분명한 믿음을 가지고 예수님이 주신 약속을 믿고 소원을 가진 사람들입니다.

여러분, 예수님의 일을 하는 데 소원을 두지 마시고, 예수님을 더 아는 데 소원을 두시기 바랍니다. 예수님을 알고 믿어야 예수님의 일을 할 수 있습니다. 예수님도 잘 모르면서 자꾸 일만 하면 무슨 일을 합니까? 열심히 일은 하는데 하나님의 일에 방해거리가 되고 걸림돌이 되고 잘못하게 되는 겁니다. 예수님을 알고 예수님의 뜻을 따라서 일을 해야 하나님의 일이 되는 것입니다.

제가 튀르키예를 다니면서 사도 바울의 그림 그린 것을 보면서 위로가 됐습니다. 바울이 키가 작고 대머리더라고요. '키 작아도 되는구나, 대머리여도 되는구나' 생각하면서 바울 안에 계신 예수님이나 제 안에 계신 예수님은 똑같은데 하나님이 쓰시는 것은 다르다는 생각을 했습니다. 그 시대뿐만 아니라 지금도 바울의 영향을 전 세계가 받고 있는데 저는 그냥 하나님의 은혜로 조금 하나님의 일을 할 뿐입니다. 제가 예수님을 구주로 영접하고 교회 다닐 때 예수님을 좀 더 알았고, 신학을 하면서 예수님을 더 많이 알게 되었습니다.

전도하면서, 하나님의 역사를 경험하면서 예수님은 정말 천지를 만드신 하나님으로 이 땅에 오신 그리스도라는 것을 내가 알고 믿었습니다. 그 예수님 권세의 풍성함, 능력의 풍성함과 부유함을 알아가면서 하나님이 내게 주신 응답은 다릅니다. 여러분이 똑같이 예수 믿는다 해도 다릅니다. 믿음에 따라서 응답이 다르고 역사가 다르고 하나님이 함께하는 임마누엘이 달라지는 겁니다. 그래서 바울은 편지 쓸 때마다 '네가 무슨 일 하라고 하지 않고 예수님 알기를 원하노라, 그 넓이와 깊이와 높이와 길이가 어떤지 알기를 원하고, 그 풍성을 알기를 원한다'고 했습니다. 사랑하는 여러분, 예수님 알기를 축복합니다.

사랑하는 여러분, 마음에 예수님을 정말 알기를 소원하시기 바랍니다. 부자 되는 것, 높은 자리 가는 것, 명예를 얻는 것, 인기 끄는 것 소원하지 마시고 예수님 알아가는 것을 최고로 소원하시기 바랍니다. 바울은 자신이 모든 것을 배설물로 여김은 그리스도를 아는 지식이 가장 고상하기 때문이라고 했습니다.(빌 3:8)

지혜자 솔로몬은 잠언 2장 4~5절에서 "은을 구하는 것 같이 그것을 구하며 감추어진 보배를 찾는 것 같이 그것을 찾으면 여호와 경외하기를 깨달으며 하나님을 알게 되리니" 라고 말씀했습니다. 여호와 경외하기를 깨닫고 하나님을 알게 되지 못하는 것은 공부를 안 해서 그런 것이 아니고 마음이 별로 없기 때문입니다. 다른 데 마음이 있어서 그렇습니다. 내가 정말 예수 알기를 간절히 소원하면 말씀 들을 때 깨달아집니다. 기도할 때 깨달아지고 성경 볼 때 깨달아집니다. 함께 모일 때 깨달아집니다. 우리가 함께 할 때 하나님의 역사가 있게 됩니다.

여러분, 하나님으로 이 땅에 오셔서 죽으시고 부활하신 분은 예수님 밖에 없습니다. 그래서 오직 구원의 길은 예수님밖에 없다는 것입니다. "다른 이름으로는 구원을 얻을 수 없나니 천하 인간에 구원을 받을 만한 다른 이름을 우리에게 주신 일이" 없습니다.(행 4:12) 아멘!

요한복음 14장 6절에 "내가 곧 길이요 진리요 생명이니 나로 말미암지 않고는 아버지께로 올 자가 없느니라" 하셨는데, 우리 말로 '길이요 진리'라고 되어 있는데 정관사가 원문에는 있습니다. '나만 그 길이요, 나만 그 진리요, 나만 그 생명이다'라는 뜻입니다. 여기에서 말하는 생명 곧 '조에'는 이 육신의 생명이 아닙니다. 영원한 생명입니다. 다른 생명은 없다는 뜻입니다. 수천 년 동안 길이라고 말한 그 길이 바로 예수님 자신이라는 뜻입니다. 그래서 예수님을 진짜 아는 사람은 예수님만 길이요 예수님만 진리라는 것을 믿습니다. 예수 믿어도 절에 가면 되고 예수 믿어도 뭐 하면 되는 그 사람은 예수 안 믿는 사람입니다. 그럴 수가 없습니다.

예수 믿는 우리에게는 예수님의 냄새가 나야 합니다. 예수 믿으면서 예수님 향기가 안 나는데 그게 무슨 예수 믿는 거예요? 여러분, 예수 믿는 것이 뭔지 알아야 합니다. 예수의 증인 된 이 사도들이 완전합니까? 아무리 예수의 증인 되어도 또 실수하고 넘어지고 자빠집니다. 베드로는 대사도입니다. 그런데 나중에 바울에게 책망을 듣습니다.

그러면 어떻게 해야 됩니까? 성령 충만해야 됩니다. 성령 충만한 사람은 첫째 반드시 예수의 증인이 됩니다. 왜요? 성령 충만한 사람은 예수 충만한 사람이기 때문입니다. 성령충만하다는 말을 쉽게 사용하지 마세요. 성령 충만하다면서 욕하고 싸우고 난리가 났습니다. 성령 충만은 예수 증인에게 주신 주님의 약속입니다. 예수님이 언제 성령이 임한다고 했나요? 사십일 동안 함께 있던 제자들에게 말씀하신 것입니다. 부르시고 금방 하신 게 아니라고요.

성령충만하면 그 다음에 소원을 가지게 됩니다. 예수 그리스도를 전하는 소원, 영혼 구원의 소원을 가지게 됩니다. 부자 되는 소원 가지고 성령 충만 아무리 목이 터져라 외쳐도 성령 충만 안 됩니다. 왜 안 되느냐고요? 약속이 아니기 때문입니다. 성경 말씀에 그런 약속이 없습니다. 영혼 구원에 대한 소원을 가지고 함께 모여야 됩니다.

   분리하지 않고 함께 모여서 오직 기도했더니 성령이 충만하게 임하시고, 성령의 역사를 통해서 복음이 증거 되어지고 말씀이 성취되어지고 기적과 표적이 나타났습니다. 하나님 살아계심이 우리 삶에 함께했습니다. 예수님이 부활하신 후 지상 사역 사십일이 너무 중요한데 여러분, 정말 예수님을 그렇게 알고 믿는 소원 가지시기를 주님의 이름으로 축복합니다.

4강 | 행 1:6~11

　예수님을 믿을 때 우리는 성령을 받습니다. 이것이 얼마나 크고 놀라운 하나님의 축복인지를 조금 살펴보는 것이 중요합니다. 하나님이 처음 사람 아담과 하와를 만드시고 코에 생기를 불어넣으셨습니다. 그 생기는 숨입니다. 후우 하는 숨입니다. 숨을 불어넣었더니 생명이 살아 있는 영혼의 사람이 되었습니다. 이것을 보고 '하나님의 형상'이라고 했어요.

　하나님과 교통하고 죄가 없는, 하나님과 함께 있어 늘 행복하고 선악과만 따먹지 않았으면 영원하도록 지음 받은 존재입니다. 그런데 하나님의 말씀을 불순종하고 불신앙하고 선악과를 따먹고 범죄했습니다. 이 선악과를 따먹고 범죄했다는 것은 윤리 문제, 수준 문제, 노력 문제도 아니고 하나님과 관계를 깨버린 것입니다. 파괴되었고, 하나님을 떠나버렸습니다. 이것을 보고 영적 죽음이라고 합니다. 하나님이 원래 사람을 만드실 때 하나님의 생기를 불어넣으셨습니다. 그런데 하나님께 범죄하고 나니까 하나님의 영이 떠나버렸습니다.

　에베소서 2장 1절에 "허물과 죄로 죽었던 너희를"이라고 했습니다. 우리가 가끔 기도할 때 죽을 뻔 했고 지옥 갈 뻔 했다고 하는데 그것이 아닙니다. 예수 안 믿는 사람은 죽었고, 지옥 가게 돼 있고, 심판 아래 있고, 심판을 영원히 받는 것인 줄 믿습니다. 그래서 이 상태를 로마서 5장 10절에는 "하나님과 원수된 우리"라고 표현합니다.

그런데 구원은 하나님과 우리가 화목 되는 것입니다. 하나 되는 것, 그래서 예수님이 화목 제물이 되셨다고 합니다. 하나님을 떠난 인간이 왜 하나님과 원수가 되었습니까? 하나님이 지으신 인간이 원수 마귀 권세 안에 들어갔기 때문입니다. 이것을 보고 모든 믿지 않는 사람은 공중 권세 잡은 자를 따랐다고 말합니다. 사도 바울은 우리 모두가 다 그 가운데 있었다고 말합니다.

유대인들도 예수 믿지 않으면 모두 마귀 권세 아래에 있습니다. 왜 마귀를 공중 권세 잡은 자라 합니까? 요한계시록 12장에 보면 천사 중에 미가엘이 있습니다. 군대장관 천사장이라고도 합니다. 요한계시록 12장 7~9절에 보면, "하늘에 전쟁이 있으니 미가엘과 그의 사자들이 용과 더불어 싸울새 용과 그의 사자들도 싸우나 이기지 못하여 다시 하늘에서 그들이 있을 곳을 얻지 못한지라. 큰 용이 내쫓기니 옛 뱀 곧 마귀라고도 하고 사탄이라고도 하며 온 천하를 꾀는 자라 그가 땅으로 내쫓기니 그의 사자들도 그와 함께 내쫓기니라"고 기록되어 있습니다.

큰 용이 마귀인데 예수님, 하나님과 싸운 것이 아니고 천사장과 싸운 것입니다. 이 예수님이 지상에 계실 때도 귀신과 싸운 게 아니고 쫓아내셨습니다. 명령하시면 그대로 되는 분이 예수 그리스도인 줄 믿습니다.

옛 뱀, 아담과 하와에게 와서 미혹하던 그 뱀입니다. 용이라고도 하고 마귀라고 하고, 사탄이라고 하며 온 천하를 꾀던 자입니다. 그래서 하늘에서 내쫓겨서 공중에 다닙니다. 거기에 같이 쫓겨난 3분의 1의 마귀를 따르는 귀신들이 있습니다. 그것들이 우리가 말하는 귀신입니다. 사람이 죽을 때 그 영혼이 귀신 되는 것이 아닙니다. 마귀의 부하들이 하늘에서 내쫓겨서 이 사람에게 들어갔다가 저 사람에게 들어갔다 나왔다 해서 자꾸 속입니다. 이게 귀신의 역할입니다.

그래서 공중에 다니면서 모든 불신자를 장악하고 있기 때문에 세상 임금이라고 했습니다. 모든 불신자의 세상 신이라고 그랬습니다. 이게 마귀입니다. 그럼 예수 믿으면 어떻게 됩니까? 하나님의 성령이 우리에게 오십니다. 우리가 회개하여 각각 예수 그리스도의 이름으로 세례를 받고 죄 사함을 받으면 성령의 선물을 받습니다.(행 2:38)

하나님의 영, 예수의 영, 진리의 영이신 성령이 우리에게 오시면 어떤 사탄이나 귀신의 세력도 떠나가버립니다. 하나님은 빛이시기 때문에 그에게는 어둠이 조금도 없으시다고 했습니다.(요일 1:5) 빛이 비추이면 어둠이 이기지 못합니다. 그래서 예수님 믿을 때 성령을 우리가 받았다는 것은 하나님이 주시는 최고의 선물을 받은 것을 의미합니다.

선물의 가치는 누가 주느냐와 어떤 선물이냐에 있습니다. 성령은 하나님께서 주신 선물입니다. 대통령이 주고 왕이 주는 선물이 아니라 천지를 만드신 하나님이 주셨기 때문에, 그리고 은과 금이 아니라 영원한 생명을 주는 성령을 선물로 주셨기 때문에 최고의 선물인 줄 믿습니다.

예수님이 요한복음 14장 16~17절에 "내가 아버지께 구하겠으니 그가 또 다른 보혜사를 너희에게 주사 영원토록 너희와 함께 있게 하리니 그는 진리의 영이라 세상은 능히 그를 받지 못하나니 이는 그를 보지도 못하고 알지도 못함이라 그러나 너희는 그를 아나니 그는 너희와 함께 거하심이요 또 너희 속에 계시겠음이라" 하셨습니다.

육신으로 예수님이 이 땅에 계실 때는 일부분의 사람들과 12 제자, 70인

제자, 500여 제자 등과 함께 하셨지만 지금은 성령이 모든 믿는 자들 속에 함께 거하시는 줄 믿으시기 바랍니다. 그래서 세례 요한은 '누구든지 회개하고 예수님께 돌아오라'고 하며 물로 주는 세례, 즉 회개의 세례를 주었지만 예수 그리스도께서 주신 세례는 성령의 세례입니다. 우리가 예수 그리스도를 믿을 때 성령이 오십니다. 할렐루야! 예수님을 통해서 구원받게 되는 줄 믿습니다.

요한복음 1장 29절부터 34절에 보면 이렇게 말합니다.

"이튿날 요한이 예수께서 자기에게 나아오심을 보고 이르되 보라 세상 죄를 지고 가는 하나님의 어린 양이로다. 내가 전에 말하기를 내 뒤에 오는 사람이 있는데 나보다 앞선 것은 그가 나보다 먼저 계심이라 한 것이 이 사람을 가리킴이라. 나도 그를 알지 못하였으나 내가 와서 물로 세례를 베푸는 것은 그를 이스라엘에 나타내려 함이라 하니라. 요한이 또 증언하여 이르되 내가 보매 성령이 비둘기 같이 하늘로부터 내려와서 그의 위에 머물렀더라. 나도 그를 알지 못하였으나 나를 보내어 물로 세례를 베풀라 하신 그이가 나에게 말씀하시되 성령이 내려서 누구 위에든지 머무는 것을 보거든 그가 곧 성령으로 세례를 베푸는 이인 줄 알라 하셨기에 나도 보고 그가 하나님의 아들이심을 증언하였노라 하니라."

여러분이 예수 믿고 성령이 여러분 안에 계시면 예수님이 하나님 아들 그리스도임을 증거하는 줄 믿습니다 아멘. 성령이 우리에게 오신 것은 놀라운 일입니다. 예수 그리스도께서 이 땅에 오신 것은 영원한 분이 시간 속에 들어온 것입니다. 영이신 창조자가 피조물인 사람의 몸으로 오신 것입니다. 거룩한 분이 죄인의 모습으로 온 것이 예수님의 탄생입니다.

할렐루야! 그리고 그 예수님이 우리를 위해서 죄를 대신해서 죽으시고 다시 살아나셨습니다. 그리고 승천하셔서 하나님 우편에 계시는데 하나님 우편에 계시다는 말은 시간 속에 역사 속에 계신 분이 다시 영원한 곳으로 가셨다, 본래의 모습으로 가셨다는 뜻입니다. 피조물의 모습으로 있다가 다시 창조주의 모습으로 가신 것입니다. 죄인의 모습이었다가 영이신 하나님의 모습으로 가신 사건인 줄 믿으시기 바랍니다.

그리고 그 완전하시고 영원하신 성령이 우리 속에 계시다는 말은 전능하신 하나님이 우리 속에 계신다는 뜻입니다. 거룩한 분, 영원한 분이 우리 속에 계시다는 것이 성령이 우리에게 계시는 것을 말합니다. 그러므로 하나님이 우리에게 주신 가장 큰 복은 성령을 우리에게 주신 것인 줄 믿습니다.

예수님께서 세례 요한에게 "여자가 낳은 자 중에 세례 요한보다 큰 이가 일어남이 없도다 그러나 천국에서는 극히 작은 자라도 그보다 크니라"(마 11:11)고 말씀하셨습니다. 무슨 뜻입니까? 유대인에게 있어서 아브라함, 모세, 다윗, 이사야 같은 사람들은 대단합니다. 그런데 그 모든 사람보다 세례 요한이 더 큰 자라고 하셨습니다.

왜 그런지 아십니까? 성경의 기준은 돈이 많고 권력이 있고 높은 자리에 있는 것이 아니라, 누가 예수님과 가까운가 하는 것이며, 그것이 축복의 기준입니다. 아브라함, 모세, 다윗 같은 사람들은 오실 그리스도를 바라봤지만 세례 요한은 그리스도를 만났습니다. 그리고 그 그리스도를 증거했습니다. 주의 길을 곧게 하는 역할을 했습니다.(요 1:23) 그래서 어떤 사람보다도 세례 요한이 더 복을 받고 큰 자라고 예수님께서 말씀하셨습니다. 그런데 '천국에서는 가장 작다'는 말은 신약시대의 예수 믿는 사람들보다는 작다는 뜻입니다. 세례 요한이 그렇게 위대한 하나님의 일꾼이지만 우리보다 작다고 하십니다.

우리가 세례 요한보다 아주 훌륭합니까, 대단합니까? 아닙니다. 축복의 기준은 공부를 얼마나 많이 했느냐, 얼마나 잘 생겼느냐가 아니라 예수 그리스도와 하나 되어 있느냐 하는 것입니다. 우리는 부족하고 모자라지만 거룩하신 하나님의 아들이 우리 속에 계시고 함께 계십니다. 할렐루야! 주님이 우리와 함께 하시고 그분이 우리 삶의 주인이 되시는 것입니다. 세례 요한은 성령 충만 받지 않았지만 우리에게는 성령이 있습니다. 물론 세례 요한이 어머니 뱃속에 있을 때부터 성령 충만했다고 기록합니다. 단지 오순절 마가 다락방에서 받은 성령 충만이 아니라는 뜻일 뿐입니다.

여러분, 그래서 우리가 얼마나 큰 복을 받았습니까. 우리가 예수 믿고 구원받고 성령이 충만히 임했다는 것은 세상의 어떤 것보다도 최고의 복을 받은 줄 알고 사시기를 바랍니다. 조금 가난하고 조금 못 배우고 조금 업신여김을 당한다고 하나 '하나님 내가 왜 이렇습니까, 나는 예수 믿는데 왜 이렇게 힘들고 어렵고 가난하고 상처가 많습니까 하나님' 이런 말 하지 마시기 바랍니다. 예수님이 여러분 안에 계시는데 가난해지면 그 가난이 복입니다. 예수 믿는데 핍박 받으면 그 핍박이 복입니다. 예수 믿는데 사람에게 높아지면 그 높아지는 게 복입니다. 기준은 세상 것이 아니고 예수 그리스도이십니다. 하나님 나라를 위해 박해를 받으면 천국이 그들의 것입니다.(마 5:10)

마태복음 10장 29~30절에는, "나와 복음을 위하여 집이나 형제나 자매나 어머니나 아버지나 자식이나 전토를 버린 자는 현세에 있어 집과 형제와 자매와 어머니와 자식과 전토를 백 배나 받되 박해를 겸하여 받고 내세에 영생을 받지 못할 자가 없느니라"고 말씀하십니다. 그래서 우리가 세상에 어떤 것보다 예수 믿고 예수님 바라보고 따라가는 성도 되시기를 주의 이름으로 축복합니다.

우리가 주님을 믿으면 일도 하고 봉사도 해야 되고 전도도 해야 합니다.

그러나 그것이 믿음의 기준이 아닙니다. 믿음의 기준은 예수님이 내 안에서 나의 왕, 나의 하나님으로 늘 인정받는 것입니다. 모든 중요한 결정을 예수님께 맡기는 사람이 믿음이 좋은 사람입니다. 내 힘으로 열심히 하고 내 이름으로 노력하고 내 머리로 하는 것이 아니라 주님이 주인 되시는 것입니다. 내 모든 삶에 주님이 결정하도록 말입니다. 할렐루야! 그게 믿음이 좋은 상태입니다.

당시 부활하신 예수님을 만난 제자들은 그분이 하나님이신 그리스도라고 조금도 의심하지 않고 믿었습니다. 그럼에도 이들의 생각과 마음은 딴 곳에 있었습니다. 저와 여러분이 아무리 예수님을 확실히 알고 믿는다 해도 성령 충만을 받아야 합니다. 성령의 감화감동, 인도를 따라가야만 승리하는 줄 믿으시기 바랍니다. 내가 믿음이 좋다고 내 생각으로 가서는 세상을 이길 수 없습니다.

예수님의 증인들인 사도들인데도 그들의 관심은 이스라엘이 로마에서 해방되어서 평화로운 육신의 나라, 잘 사는 나라, 자유롭고 풍성하게 사는 나라로 회복 되는 것에 관심이 있었습니다. 그러나 예수님의 관심은 거기에 있지 않습니다.

6~8절, "그들이 모였을 때에 예수께 여쭈어 이르되 주께서 이스라엘 나라를 회복하심이 이 때니이까 하니 이르시되 때와 시기는 아버지께서 자기의 권한에 두셨으니 너희가 알 바 아니요 오직 성령이 너희에게 임하시면 너희가 권능을 받고 예루살렘과 온 유대와 사마리아와 땅 끝까지 이르러 내 증인이 되리라 하시니라."

당시 무리의 관심은 이스라엘이 회복하는 시기였습니다. 그런데 주님은 "때와 시기는 아버지께서 자기의 권한에 두셨다, 너희는 알 바가 아니다"고 하며 그것은 하나님이 하실 일이라고 말씀하십니다. 하나님의 주권이라는 뜻입니다. 사랑하는 여러분, 주님의 관심대로 성령 충만 받는 것에 관심을 두시기 바랍니다. 그것이 내 소원이 되고 나를 통해서 또 다른 영혼이 구원받는 것이 내 소원이 되는 그런 마음으로 기도할 때 모든 것 하나님이 필요하시면 주실 것입니다.

'목사님 안 주시면 어떻게 합니까?'라고 질문하시는 분이 있는데, 안 주시면 안 주시는 것이 복이고, 하나님이 오라면 가는 것입니다. 하나님 아직 오지 말라고 했는데 자기 주권으로 죽고 그러지 말고 오라면 가고 살아라 하시면 살고 그러면 됩니다. 그것은 하나님의 주권입니다. 헛된 데 돈 쓰지 않고 알뜰하게 쓰는데도 가난하다 그러면 가난한 데 하나님의 뜻이 있는 것입니다. 그런데 아무 데나 헛된 데 쓰고 노름하며 탕진했기 때문에 가난하다 한다면 그것은 자신의 잘못입니다. 우리는 오직 하나님의 일은 하나님의 주권에 있고 하나님이 하실 것임을 믿어야 합니다.

여러분, 사람으로서 누릴 최고의 복은 성령이 오는 것입니다. 구원입니다. 그리고 성령 받은 사람의 최고의 복은 성령 충만한 것입니다. 옷은 비싼 거 안 입는다 할지라도 성령 충만 받아서 그 사람을 통해서 하나님이 함께 하시는 역사가 일어나면 그 사람이 최고 복을 받은 것입니다.

사도 바울은 육신적으로 그렇게 편하지 않았습니다. 우리보다 훨씬 고생되었습니다. 가는 곳마다 죽음의 위험, 물의 위험, 불의 위험, 핍박의 위험, 태장의 위험, 가난의 위험, 굶주림이 늘 따라다녔습니다. 근데 우리는 바울을 너무너무 좋아하고 바울같이 되기를 원하는데 진짜 바울같이 되기를 원합니다.

여러분, 우리의 신앙이 실제의 삶과 괴리가 자주 있으면 안 됩니다. 정말 그런 믿음을 가졌다면 그런 삶을 살아야 되는 것이지 말만 '바울 바울' 하고 살기는 자기 마음대로 사는 것은 안 된다는 것입니다. 바울은 딴 것 다 제치고 성령 충만 받아서 한 영혼 구원을 위해서 일평생 산 사람입니다.

"내가 달려갈 길과 주 예수께 받은 사명 곧 하나님의 은혜의 복음을 증언하는 일을 마치려 함에는 나의 생명조차 조금도 귀한 것으로 여기지 아니하노라."(행 20:24)

이런 바울이 가는 곳마다 주님이 함께하셨고 기도에 응답하셨고, 능력과 역사가 나타났습니다. 우리는 이렇게 살지 않으면서 늘 달라고, 능력 나타나게 해달라고 기도합니다. 뭔가 안 맞는 거잖아요. 그래서 제가 자꾸 진짜 믿으라고 합니다. 진짜 믿으면 살아계신 하나님, 지금도 우리와 함께 살아계신 예수님이 성경대로 이루시고 역사하시고 응답하실 줄 믿습니다.

교회를 세운 목적은 영혼의 구원에 있습니다. 사랑하는 여러분, 우리의 소원은 성령 충만 받아서 하나님의 일에 쓰임 받는 데 있어야 되는 것입니다. 성령 충만하면 은사도 나타나고 성령의 열매도 일어납니다. 그러나 성령 충만에 가장 중요한 것은 증인이 되는 것입니다. 예수님이 이 땅에 오신 목적이 구원을 위해서 오셨습니다.

예수님 믿고 성령 충만하다는 증거는 무엇입니까?

첫째, 마음에 영혼 구원의 소원이 생깁니다. 성령 충만은 당연히 예수님 닮게 되어 있고, 예수님의 소원이 내 소원 되게 돼 있습니다. 그래야 신앙생활 제대로 하는 것입니다. 그러면 먹고 살고 할 것들 다 주님이 하시는 줄 믿으시기 바랍니다. 사도들이 복음 전하러 다닌다고 굶주렸다는 말 한마디도 없습니다. 그대신 그들에겐 영혼 구원의 소원이 끝없이 일어났습니다. 여러운 곳에 갈 때마다 하나님은 기적을 주시고 은혜로 응답을 주셨습니다.

주님은 말씀을 마치시고 그들이 보는 데서 올리워져 가셨는데 구름이 그를 가려 보이지 않게 했다고 했습니다. 즉 승천하셨습니다. '승천'은 무엇을 의미합니까? 영원한 시간, 영원한 세계로 하나님의 자리로, 다시 거룩하신 하나님으로 돌아가신 것입니다. 아멘.

둘째, 모이기를 힘씁니다. 사도행전 2장에서 성령이 충만하게 임했는데 왜 마가 다락방에서 일어났는지 그 배경을 말해주고 있는 곳이 사도행전 1장입니다. 거기에는 예수의 증인들이 모여 있었습니다. 혼자 있을 때가 아니고 한 곳에 모일 때 그 모임 가운데 성령이 임하는 줄 믿으시기 바랍니다.

히브리서 10장 25절에는 "그날이 가까울수록, 예수님 재림 날이 가까울 수록 모이기를 폐하는 어떤 사람들 같이 하지 말고 더욱 모이기를 힘쓰라"고 했습니다. 어떻게든 모여야 합니다. 셀교회로 모이고 주일 예배로 모이고 모여서 믿음이 회복되기를 주의 이름으로 축복합니다.

셋째, 성령 충만하기를 간절히 사모하는 마음이 있습니다. 성령 충만을 사모하십시오. 그 모인 사람들이 복음 전하는 사명을 위해 간절히 뜨거운 마음으로 기도한 줄 믿습니다. 마지막에는 '오로지 기도함이라'고 말합니다. 셀교회가 이런 마음과 믿음을 가지고 전적으로 기도하면 구원받을 사람을 예비해 놓으시고 만나게 하십니다. 이런 의미에서 셀은 교회입니다. 성령 충만하면 그 셀을 통해서 하나님의 구원의 역사가 일어나게 될 줄 믿습니다.

여기에 성령이 충만하게 임했습니다. 이런 배경이 아무것도 없으면 성령 충만할 수가 없습니다. 그래서 사도행전 1장을 지나 2장의 마가 다락방에 성령이 충만하게 임하게 하신 줄 믿습니다.

10~11절, "올라가실 때에 제자들이 자세히 하늘을 쳐다보고 있는데 흰 옷 입은 두 사람이 그들 곁에 서서 이르되 갈릴리 사람들아 어찌하여 서서 하늘을 쳐다보느냐 너희 가운데서 하늘로 올려지신 이 예수는 하늘로 가심을 본 그대로 오시리라 하였느니라."

예수 그리스도의 재림으로 모든 구원 사역이 끝날 것을 믿습니다. 우리가 요한계시록을 보면 '핍박도 있고 환란도 있지만 끝까지 믿음을 지키는 자는 복이 있도다'고 말하고 있습니다. 요즘 QR코드라는 것을 가지고 베리칩처럼 '그거 맞으면 666 맞고 지옥 간다' 하면서 불안해 하는 분들이 계십니다. 그런 성도님께는 저는 이렇게 말합니다. '그런 말 믿지 말고 성경을 믿으세요.'

성경에는 뭐라고 되어 있나요? '예수님 믿으면 구원 받고 예수님 안 믿으면 구원 못 받는다'고 쓰여 있습니다. 베리칩을 하나도 안 맞아도 예수 안 믿으면 구원 못 받습니다. 몸에 뭐가 있다 할지라도 예수 믿으면 구원 받습니다. 예수 믿는 것은 영적인데 예수 믿는 순간 성령이 우리에게 오십니다.

시대가 참 혼란하고 어렵습니다. 그럴수록 성경으로 돌아와서 성경적 믿음을 가지고 믿어야 됩니다. 성경에 없는 말 가지고 불안해 하지 마시기 바랍니다. 성경 말씀을 꼭 믿기를 주의 이름으로 축원합니다.

혹시 여러분이 예수 믿고 성령이 오셨는데 핍박 견디지 못해서 뭐 하나 몸에 박았다 치면 구원 받겠어요, 안 받겠어요? '너 뭐 하나 박았네? 예수 믿어도 구원 안 되겠다' 하나님께서 이러시겠어요? 기준이 예수님이십니다. 복잡한 생각하지 마시기 바랍니다. 내 안에 예수님이 계시면 끝까지 믿음을 지켜나가시기 바랍니다. 그것이 구원의 길입니다. 할렐루야!

5강 | 행 1:12-26

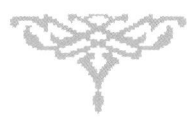

    신약 교회의 시작이 예루살렘 교회입니다. 일반적으로 예루살렘 교회가 마가 다락방, 곧 마가의 집의 다락방에서 시작되었다고 봅니다. 우리나라의 다락방은 방을 들어가서 어떤 조그마한 방을 말하는데 유대인들이 쓰는 다락방은 이층 슬라브같은 그런 집입니다. 그런데 어떻게 그 다락방에 120명이 들어왔을까 생각하는데 관점이 조금 틀립니다. 여기에 모인 사람들이 어떤 신앙을 가졌고 또 어떤 부류의 사람인가 본문에 아주 자세히 말씀하고 있습니다.

    12~14절, "제자들이 감람원이라 하는 산으로부터 예루살렘에 돌아오니 이 산은 예루살렘에서 가까워 안식일에 가기 알맞은 길이라. 들어가 그들이 유하는 다락방으로 올라가니 베드로, 요한, 야고보, 안드레와 빌립, 도마와 바돌로매, 마태와 및 알패오의 아들 야고보, 셀롯인 시몬, 야고보의 아들 유다가 다 거기 있어 여자들과 예수의 어머니 마리아와 예수의 아우들과 더불어 마음을 같이하여 오로지 기도에 힘쓰니라."

    우리가 보는 두 그룹의 사람들이 있습니다. 예수님의 제자들, 여자들과 예수님의 어머니, 그리고 예수님의 아우들이 한 그룹이고, 다른 한 그룹은 함께 모인 120명의 그룹입니다. 당시 예수님의 열 한 제자는 어떤 믿음을 경험하고 있었겠습니까? 부활하신 예수님께서 40일 동안 그들과 날마다 하나님 나라에 대한 말씀을 나누고 대화도 하면서 함께 하셨을 것입니다. 그래서 그들은 천지를 만드신 영이신 하나님이 육신의 모양으로 이 땅에 오셔서 우리를 위해서 죽으시고 부활하신 그리스도이심을 믿는 믿음이 확실했습니다.

4절에 보면, 예수님께서 그들과 함께 40일을 계시다가 마지막 부분이 되었을 때 '예루살렘을 떠나지 말고 내게서 들은 바 아버지께서 약속한 것을 기다리라'고 명령하십니다. 그 약속이 예수 믿는 자에게 성령 하나님의 영의 충만함을 주신다는 약속입니다. 그 말씀을 하시고 예수님께서 승천하십니다.

부활하신 예수님과 40일 동안 있는 것도 경험할 수 없는 엄청나고 놀라운 경험이고 또 예수님을 분명히 아는 신앙인데 예수님의 승천까지도 목격을 했어요. 그리고 승천할 때 구름이 가려 보이지 않을 때에, 천사들이 갈릴리 사람들아 예수님의 제자들이 대부분 조금 촌지방의 어부들로서 갈릴리 출신들이 많았습니다. 그런 그들에게 그들이 본 그대로 예수님은 다시 오신다고 하시며 재림에 대한 약속을 분명하게 하셨습니다. 그리고 그들은 부활한 예수님을 만나서 사십일 동안 말씀을 배우고 대화도 하고 얼굴도 뵙고 천지를 만드신 하나님이 사람으로 오신 하나님의 아들 그리스도라는 분명한 믿음을 가지고 있었고 승천도 보았고, 재림에 대한 약속도 받았습니다. 그들이 정신을 차린 것입니다.

여러분, 생각해 보세요. 사람이 승천할 수가 있습니까? 그리스도께서 하나님의 아들이심으로 승천하시는 것을 보고 너무 영광스럽고 큰 위엄의 놀라운 사건을 본 것입니다. 여러분이 보았다면 어땠을까요? 그때 천사들의 말에 정신을 차렸습니다. '갈릴리 사람들아 왜 하늘만 쳐다보고 정신없이 그리 있느냐 이 예수님은 다시 오실 것이다.' 그 말씀은, '예수님이 그동안 너희들에게 명령하고 사명을 준 것을 잘 감당해라, 반드시 예수님은 다시 오신다, 다시 오시기 때문에 예수님의 명령을 기억하고 예수님의 믿음을 지키라'는 뜻이었습니다.

정신을 차려보니까 예수님의 약속이 기억이 났습니다. 그래서 "예루살렘으로 가자" 하면서 예루살렘으로 다시 돌아가고 있었습니다. 12절에서 보듯이 제자들이 감람원이라는 산으로부터 예루살렘에 돌아오니 이 산은 예루살렘에서 가까워 안식일 가기 알맞은 길이라이라고 합니다. 성지 순례를 가면 예수님 승천 기념교회가 있습니다. 언덕에 높이 있습니다. 그리고 예루살렘은 깊은 계곡에 있는데 그 계곡을 지나 반대편에 마가 다락방이 있습니다. 예수님이 승천하신 그곳에서 내려와서 안식일에 마가 다락방으로 가기에 알맞은 길이라고 했습니다.

그들이 유하는 다락방으로 올라갑니다. 베드로, 요한, 야고보, 안드레와 빌립 도마와 바돌로매, 마태와 및 알패오의 아들 야고보, 셀롯인 시몬, 야고보의 아들 유다가 다 거기 있었다고 합니다. 그러면 열한 제자가 그 마가 다락방에 다 있었다는 뜻입니다. 그리고 또 여자들과 예수님께 치료받고 귀신이 떠나가고 병 고침 받은 사람들, 은혜 받고 구원받은 사람들, 예수님이 십자가에서 돌아가실 때 끝까지 따라가고 부활을 목격한 여자들, 예수의 어머니도 거기 있었습니다.

예수의 어머니는 어떤 분이죠? 마리아는 인류 가운데 가장 복 있는 여자가 아닌가 생각합니다. 왜요? 그리스도를 잉태한 배가 얼마나 복이 있겠습니까? 그런데 이 그리스도를 잉태할 때 천사가 와서 '네가 잉태한 것은 성령으로 된 것'이라고 했습니다.

주께서 보내신 천사가 말합니다. '네가 잉태한 것은 하나님의 성령으로 된 것이니 두려워하지 말라.' 그 말은 마리아가 굉장히 두려워하고 있었다는 뜻입니다. 천사의 그 말을 듣고 평안을 얻고 하나님의 은혜로 그리스도를 해산하게 되었습니다.

'내 육신의 아들 예수는 그리스도다.' 그래서 마리아는 가나 혼인 잔치에서 연회장 하인들에게 '시키는 대로 순종하라'고 했습니다. 그리고 끝까지 따라간 그 어머니의 모습을 우리가 보게 됩니다. 그러니까 이 마리아는 예수님은 하나님의 아들이시라는 사실을 너무 분명하게 아는 사람이었을 것이라 볼 수 있습니다.

또 그 다락방에는 예수님의 아우들도 있었습니다. 인간적으로 예수님은 요셉과 마리아 사이에서 육신적으로는 요셉의 아들은 아니지만 가장 먼저 태어난 아들입니다. 그 뒤에 야고보를 포함한 동생들이 있었습니다. 동생들이 태어나 보니까 형님이 있었습니다. 예수 형님도 육신을 가졌기 때문에 '키가 자랐다'고 했습니다. 또 아버지를 따라 목수 일도 하셨습니다. 동생들은 그를 형님이라고 불렀을 것입니다.

아버지의 약속, 확실한 믿음 속에서 다락방에 모인 그들은 오로지 기도에 힘썼습니다. 본문에 기도하는 모습이 두 군데 나타나는데 첫째는 마가의 다락방에서 예수님의 제자들과 여자들과 아우들 마리아와 함께 기도할 때 예수님의 약속을 믿고 기도합니다. 우리가 기도할 때 하나님의 약속을 믿고 기도하는 기도가 믿음의 기도인 줄 믿습니다. 내가 목표를 세워놓고 기도한 것이 아니라 하나님이 주시는 약속 그것을 붙들고 기도합니다. 말씀과 함께 하면서 성령이 충만했을 때 우리에게 꿈과 비전을 주시는데 그 꿈은 내가 꾼 개꿈이 아니고 하나님이 성령으로 주시는 비전으로서의 꿈을 말하는 것입니다.

둘째는 가룟 유다가 떠나간 후에 사도의 직분을 대신할 사람을 뽑기 위해서 그들 중에 유스도라는 사람과 맛디아 두 사람을 먼저 뽑아서 기도했습니다. '뭇 사람의 마음을 아시는 주여. 이 둘 중에 누가 주님이 택하신 바 된 사람입니까?' 하나님의 뜻을 구하기 위하여 그들은 기도했습니다.

사랑하는 여러분, 우리도 어떤 일을 할 때 하나님의 뜻을 위하여 기도하시기 바랍니다. 내가 목표를 세워놓고 '이것 해주세요' 하는 기도보다 '주의 뜻이라면 내가 어느 길이라도 가겠습니다' 하는 기도를 말합니다. '주'(主)라는 말은 '큐리오스'입니다. 주인(lord)라는 말입니다.

여러분, 기도할 때 '주여' 하는데, 예수님의 이름이 '주여'가 아닙니다. '주인이여' 하는 말입니다. 하나님이십니다. 나를 다스리는 자입니다. 그분의 뜻을 구하면 응답이 있습니다. '하나님의 뜻대로 구하라'고 했습니다. 하나님의 뜻이 우리에게 가장 선하고 복되고 우리를 가장 사랑하신다는 뜻이고 축복되다는 뜻입니다. 그래서 선하신 하나님을 믿을 때 우리가 하나님의 뜻을 구할 수 있고 따라갈 수 있습니다. 그럴 때 우리가 간절히 기도할 수 있습니다.

저도 수십 년 목회해 오면서 교회가 어려울 때가 얼마나 많았겠습니까. 위기도, 개인적인 어려움, 성도들의 어려움, 교회적인 어려움도 있었습니다. 그때 상황을 분간하고 판단할 때 '하나님, 어느 것이 주의 뜻입니까?' 하면서 저는 이렇게 많이 기도합니다. '하나님, 주님의 뜻이면 제게 지금 목회하지 말라고 하시면 안 하겠습니다, 죽으라면 죽겠습니다, 주님의 뜻이면 온 성도가 다 나간다고 해도 그 길을 가겠습니다, 주님의 뜻을 따라가겠습니다.' 이렇게 기도했을 때 하나님의 인도를 받았고, 하나님은 교회에 은혜를 주셨고, 성도들에게 또 저에게 은혜와 복을 주셨습니다.

저는 어떤 좋은 생각보다도 하나님의 뜻이 가장 선하고 복된 것임을 믿습니다. 그래서 우리가 좋은 것 좋게 해달라고만 기도하지 말고 하나님의 뜻을 구하는 기도를 해야 합니다. 그것이 응답 받는 기도요 가장 복된 기도인 줄 믿습니다.

> 15절, "모인 무리의 수가 약 백이십 명이나 되더라 그 때에 베드로가 그 형제들 가운데 일어서서 이르되"

모인 120명을 우리가 언뜻 보면 열한 제자가 있고 또 70인 제자가 그중에 있다고 보고, 예수 그리스도의 부활을 일시에 목격했던 500여 명의 형제들도 생각한다면, 예수님이 친히 가르친 제자들과 칠십인 제자들 가족들 중에와 확실하게 믿는 특별한 사람들과 부활을 목격한 사람들이 그 마가 다락방에 모여 있었다고 볼 수 있습니다. 어쨌든 그 120명은 40일 동안 예수님으로부터 은혜를 받았고, 예수 그리스도의 하나님 아들 그리스도 되심과 성령의 약속을 확실히 믿는 사람들이라 봅니다. 마가 다락방에 모인 사람들의 신앙이 어떠했는지를 우리가 알 수 있겠습니다.

> 16절, "형제들아 성령이 다윗의 입을 통하여 예수 잡는 자들의 길잡이가 된 유다를 가리켜 미리 말씀하신 성경이 응하였으니 마땅하도다."

그들에게 열한 제자의 수에 더할 한 사람을 위해 기도할 때, 베드로가 그 형제 가운데 일어서서 말할 때, '성령이 다윗의 입을 통하여 예수 잡은 자들의 길잡이가 된 유다를 가리켜 미리 말씀하신 성이 응하였으니 마땅하도다'

라고 말합니다. 그런데, 성령이 다윗의 입을 통하여 미리 말씀하신 성경이 응했다고 했습니다. 시편에는 주로 다윗의 기록이 많습니다. 여러분, 모든 성경은 하나님의 성령에 감동된 것입니다. 모세가 기록한 모세의 왕도 하나님이 모세에게 성령 충만해서 기록하게 하심을 믿으시기 바랍니다. 신약성경도 마찬가지입니다.

그러면 성경의 내용도 배경도 알기 위해 배워야 되지만 가장 중요한 것은 성령 충만할 때 성경을 자세히 이해하게 되는 것입니다. 내 생각이나 지식이나 경험을 가지고 하면 안 됩니다.

단군신화가 있습니다. 단군이니까 우리 민족은 열두 지파 중에서 사라진 단 지파일 거라 말합니다. 그렇게 해석하면 안 됩니다. 한글로 갖다붙이면서 마음대로 해석하면 안 됩니다.

> 17~19절, "이 사람은 본래 우리 수 가운데 참여하여 이 직무의 한 부분을 맡았던 자라 (이 사람이 불의의 삯으로 밭을 사고 후에 몸이 곤두박질하여 배가 터져 창자가 다 흘러 나온지라 이 일이 예루살렘에 사는 모든 사람에게 알리어져 그들의 말로는 그 밭을 아겔다마라 하니 이는 피밭이라는 뜻이라)."

가룟 유다가 예수님을 팔고 죽어서 배가 터져서 창자가 다 흘러나올 것이다, 또 다른 사람이 직분을 취할 것이라는 내용이 이미 천년 전에 예언되어 있었습니다. 이 말씀이 예수님께 성취되었다는 말은 예수님은 인류를 구원하신 유일하신 하나님의 아들 그리스도이심을 증거하는 줄 믿으시기 바랍니다.

기독교는 종교 중에 하나이거나 또 다른 종교보다 조금 나은 종교가 아닙니다. 오직 하나님이 한 분인 것같이 구주도 한 분입니다. 할렐루야! 하나님이 한 분이신데 많은 종교를 만들었다고요? 아니에요. 하나님이 한 분이기 때문에 이 땅에 구주를 보낸 분도 한 분밖에 없습니다. "다른 사람으로는 구원을 얻을 수 없나니 천하 인간에 구원 얻을 만한 다른 이름을 우리에게 주신 일이 없음이니라."(행 4:22) 베드로가 설교하면서 선포한 내용입니다.

예수님을 믿고 전하는 사람들이 구약시대나 신약시대에 예수님 밖에 구주가 없다 하니까 핍박 받고 고난 받고 죽기도 하고 감옥에 가기도 했습니다. 그러나 그들이 믿음을 끝까지 지켰습니다. 믿음을 지키지 못한 가룟 유다는 비참한 사람이 됐는데 예수님은 가룟 유다는 "처음부터 믿지 아니했다"고 말씀하십니다.(요 6:64)

가룟 유다가 마음에 찔려서 제사장에게 가서 돈을 주면서 물려달라고 하니까 '네가 팔았으니까 네가 담당하라'고 합니다. 그러니까 견딜 수 없어서 목을 매달아 자살했습니다. 그런데 끈이 떨어져서 땅에 떨어지니까 배가 터져서 피밭이 되었다고 합니다. 정말 비참하죠. 구원 못 받은 것도 비참한데 삶도 참 비참했습니다.

여러분, 예수 믿다가 안 믿을 수는 없습니다. 그러나 교회 다니다가 안 믿을 수는 있습니다. 혹시 예수님 안 믿고 교회 다닌 분 있으시면 예수님을 구주로 믿으시기를 바랍니다. 그래야 하나님의 자녀가 됩니다.

제가 늘 말씀드리지만, 우리 집에 딸이 있는데 딸의 친구가 우리 집에서 이십 년 살았다고 해서 내 딸이 됩니까? 아닙니다. 100년 살아도 안 됩니다. 교회를 아무리 오래 다녀도 하나님 자녀 되는 것이 아닙니다. 예수님을 나의 하나님 나의 구주로 마음에 영접하는 순간 단 하루도 교회에 다니지 않아도 하나님의 자녀가 됩니다. 내 자녀가 아이를 낳았는데 키울 수가 없어서 낳자마자 그 아이를 다른 사람에게 보내서 20년 동안 자랐다고 했을 때 그 아이가 내 자녀입니까, 아닙니까? 그래도 내 자녀입니다. 바꿀 수 없는 것입니다. 그래서 믿음으로 구원 얻는다고 말씀하시는 줄 믿습니다.

20절, "시편에 기록하였으되 그의 거처를 황폐하게 하시며 거기 거하는 자가 없게 하소서 하였고 또 일렀으되 그의 직분을 타인이 취하게 하소서 하였도다."

이 말씀이 시편 69편과 108편에 있는데 살펴봅니다. "그들의 거처가 황폐하게 하시며 그들의 장막에 사는 자가 없게 하소서." 예수 그리스도께서 오시기 천 년 전에 이미 예언된 말씀입니다. '그의 연수를 짧게 하셔서 빨리 죽었다' 그 말입니다. 그의 직분을 타인이 빼앗게 하셨습니다. 가룟 유다가 비참하게 죽을 뿐 아니라 빨리 죽고 그 직분도 타인에게 뺏긴다고 이미 예언되었는데 그 예언이 성취된 것이라고 베드로가 설교한 것입니다.

많은 사람들이 가룟 유다가 저렇게 죽고 그 밭이 피밭이라 불리는 것도 예언돼 있는데, 이것이 우연한 일이 아닙니다. 우리가 믿는 예수님은 하나님의 아들 그리스도이시고 그 말씀대로 이루고 계심을 말씀이 전한 줄 믿습니다.

21~23절, "이러하므로 요한의 세례로부터 우리 가운데서 올려져 가신 날까지 주 예수께서 우리 가운데 출입하실 때에 항상 우리와 함께 다니던 사람 중에 하나를 세워 우리와 더불어 예수께서 부활하심을 증언할 사람이 되게 하여야 하리라 하거늘 그들이 두 사람을 내세우니 하나는 바사바라고도 하고 별명은 유스도라고 하는 요셉이요 하나는 맛디아라."

베드로는 이 설교를 하면서 또 한 사람을 증거하여 세웁니다. 이러므로 요한의 세례로부터 예수님이 우리 가운데 승천하시기 전까지 항상 자신들과 함께 다니던 사람 중에 하나를 세워 사도의 자격을 주겠다는 것입니다. 세례 요한으로부터 예수님이 세례 받는 것을 목격하고 예수님과 늘 함께 하며, 예수님의 마지막 현장에 있다가 십자가의 죽음과 부활과 승천할 때까지 늘 함께 있는 자가 사도입니다. 가룟 유다 빼고 열한 제자라고 생각하는데 그 외에 또 두 사람이 더 있었습니다. 요셉과 맛디아였습니다.

우리가 알고 있는 예수님의 제자는 12명이었는데 예수님께서 가룟 유다가 가면 누군가 한 사람을 세우기 위해서 또 두 사람을 함께 데리고 다녔습니다. 우리 식으로 표현하면 예수님의 제자 후보가 두 사람이 있었다는 것입니다. 그래서 평소에 예수님의 공동체는 15명이라 하는 근거를 생각해봅니다.

그런데 또 한 사람을 사도를 세우는 목적이 무엇일까요? 예수 그리스도의 부활을 증언할 자로 세우기 위해서라고 말씀하십니다. 사랑하는 성도 여러분, 예수님을 믿을 때 예수님의 증인 되도록 믿기를 바랍니다. 진짜 믿는 사람이라면 하나님의 살아계심을 진짜 믿는 만큼 하나님의 역사를 경험하고 체험하게 되는 줄 믿습니다.

24~26절, "그들이 기도하여 이르되 뭇 사람의 마음을 아시는 주여 이 두 사람 중에 누가 주님께 택하신 바 되어 봉사와 및 사도의 직무를 대신할 자인지를 보이시옵소서 유다는 이 직무를 버리고 제 곳으로 갔나이다 하고 제비 뽑아 맛디아를 얻으니 그가 열한 사도의 수에 들어가니라."

그들이 맡은 사명은 무엇이었습니까? 예수님의 부활을 증언하는 것과 봉사와 사도의 직무입니다. 직분을 맡은 사람은 감투도 아니고 명예도 아닙니다. 권력을 행사하는 것도 아닙니다. 주님의 일을 섬기는 자로서 복음 전하는 자로서 초대교회 사도들과 집사님들, 그리고 모든 섬기는 사람들은 그 교회를 섬길 뿐만 아니라 모두 전도자였습니다. 우리 교회 직분자들이 많습니다. 섬기는 것은 잘하는데 복음 전하는 자로 사역하는 사람은 극소수입니다. 복음 전도의 사명을 감당하는 것이 더 중요하다는 것을 아셔야 됩니다.

가룟 유다가 떠나고 굳이 12명의 제자를 만들기 위해서 천 년 전에 예언한 대로 맛디아를 뽑아서 사도의 수에 넣었습니다. 그 이유가 정확하게 성경에 나와 있지 있으니까 말씀드릴 수가 없습니다만 열두 명과 120명의 숫자와 연관시켜 볼 수 있습니다. 주님이 열두 제자를 부르셨을 때 그들 중에 5명, 6명이 사역자 되는 것이 주의 뜻이 아닙니다. 12명 모두 사역자가 되는 것이 주님의 뜻입니다.

마가 다락방에 약 120명이 되는 사람 중에 50명만 사역자가 되는 것이 아니고 120명 모두 주님의 사역자가 되는 것이 주의 뜻입니다. 가서 모든 족속으로 제자를 삼는 것이 주님의 뜻입니다. 3천 명 5천 명인 큰 무리의 제자가 예루살렘에 모여 들었는데 3천 명 중에 천 명만 일꾼이 되는 게 아니었습니다. 삼천 명 모두 하나님의 일꾼으로 전도자가 되는 것인 줄 믿습니다.

우리 교회로 예를 들면, 현재의 셀 인도자들만 인도자로 머무는 것이 아니라 모든 셀마다 속해 있는 모든 셀원들이 하나님의 일꾼으로, 모든 사람들이 셀 인도자가 되는 것이 하나님의 뜻입니다. 그래서 여러분들이 지금 셀 인도자를 하지 않는다 할지라도 '하나님, 제가 일평생 셀 인도자로 섬기다가 천국 가게 하옵소서' 그렇게 기도하지 마시고 모두가 셀 인도자로 살다가 천국 가는 것에 대한 소원을 가지고 믿음 생활 하셔야 합니다.

우리가 불신자를 전도해서 그 사람이 셀에 들어가서 가르침을 받고 배워서 그 사람이 자라서 또 다른 사람들을 그 셀에 인도하여 가르치게 된다면 우리는 증인이 된 것입니다. 여러분이 전도해서 제자가 돼서 제자가 또 다른 데 가서 셀을 인도해서 또 다른 제자가 일어나면 이제는 그게 제자가 된 것입니다.

여러분, 당장 사역자가 다 되라는 말이 아니라 적어도 소원을 가지세요. 셀 인도자가 얼마나 어렵고 힘든지 제가 압니다. 기도해줘야지, 들어줘야지, 섬겨줘야지, 힘들고 어렵습니다. 인간적으로 보면 하기 싫지만 그것이 복입니다. 그러면서 주님을 생각하고 기도하면서 은혜를 받고, 아파하고 가슴이 시리면서 주님의 위로를 받고 주님의 십자가를 알아가게 되는데 그것이 복입니다.

여러분 다 사역자 되는 복을 누리시기 바랍니다.

6강 | 행 2:1~13

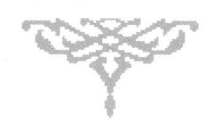

성경에 "성령이 오신다, 성령이 내주하신다. 성령이 충만하신다"는 것을 기록합니다. 그런데 성령 세례와 성령 충만은 다릅니다.

성령 세례는 예수님 믿을 때에 하나님의 성령이 우리에게 오셔서 하나님의 자녀 되는 것을 말합니다. 이것은 평생에 한 번만 있습니다. 한 번 성령이 오시면 떠나지 않습니다. 성령 세례는 단회적이지만 성령 충만함은 성령 받은 자에게 성령이 충만한 것을 말합니다. '충만'이란 말은 넘친다는 말이며, 물을 컵에 부으면 넘치는 것과 같은 상태를 성령 충만이라고 할 수 있습니다. 우리가 조금 더 논리적으로 말하면 성령이 우리의 생각이나 마음이나 의지나 감정이나 목적이나 뜻을 성령이 완전히 주관하는 것입니다. 내 주관이 아니라 성령이 우리를 주관하는 것입니다.

성령 충만해야 전도가 되어지고, 성령 충만해야 사탄을 이기게 되고, 성령 충만해야 세상을 이기게 됩니다. 세상 임금이 마귀이기 때문에 우리의 지혜나 노력, 열심 가지고는 세상을 이기지 못합니다. 세상에서 권력이 있고 돈 많이 있다고 마귀를 이겼다는 소문은 들은 적이 없습니다. 마귀를 이기는 유일한 길은 성령 충만입니다. 할렐루야.

1절, "오순절 날이 이미 이르매 그들이 다 같이 한 곳에 모였더니."

성령 충만한 그리스도의 부활의 증인들이 한 마음으로 모여서 성령 충만하기를 소원하고 복음 전하기를 소원해서 간절히 기도할 때 성령 충만하게 되는 것입니다. 성령 충만은 연속적인 상태를 말합니다. 예배드릴 때만 성령 충만한 상태가 아니라 계속적으로 성령 충만해야 열매가 일어나고 변화가 일어나고 치유가 일어납니다. 은혜 받다가 돌아가 버리면 이런 변화가 일어나지 않습니다.

성령이 계신 사람은 예수님을 하나님의 아들로 믿습니다. 예수님이 동정녀 마리아에게 성령으로 잉태되어서 죄 없이 이 땅에 오신 하나님임을 믿습니다. 그분은 우리의 죄를 위해서 십자가에 죽으실 뿐만 아니라 죄 없기 때문에 하나님이 다시 살리셔서 승천하시고 믿는 자 속에, 우리 안에 계심을 믿는 것입니다. 이것이 예수의 영이 아니면 될 수가 없는 말입니다. 고린도전서 12장 3절 말씀에 "그러므로 내가 너에게 알리노니 하나님의 영으로 말하는 자는 누구든지 예수를 저주할 자라 하지 아니하고 또 성령으로 아니하고는 누구든지 예수를 주시라 할 수 없느니라" 했습니다.

어떤 사람이 교회에 다니기도 하고 복음을 들었는데도 절대로 안 믿어진다고 하면 그 사람의 논리는 맞습니다. 왜 안 믿습니까? 성령이 안 계셔서 그렇습니다. 그래서, '당신 예수 믿습니까, 예수님이 계십니까?" 했을 때 '안 계십니다' 하면 그 사람 예수 믿는 사람 아닙니다. 그냥 교회 다니는 사람일 수 있습니다.

사도들이 마가 다락방에서 성령 충만 받기 전에 예수 믿었어요, 안 믿었어요? 안 믿었습니다. 그것이 그렇게 어렵습니까? 베드로가 '주는 그리스도시요 살아계시는 하나님의 아들입니다' 하고 고백할 수 있었던 것은 그에게 성령이 계셔서 가능했다고 예수님이 말씀하셨습니다. 그러면 베드로는 마가 다락방에서 성령 충만 받기 전에 이미 예수 믿는 사람이었습니다. 우리도 예수님을 진실로 주와 주님으로 영접했으면 우리는 예수 믿는 사람, 성령 세례 받은 사람입니다.

오늘 본문은 성령이 충만하게 임하는 현장인 줄 믿습니다. 오순절 날이 이르렀습니다. 유대에게는 세 명절이 있습니다. 유월절, 오순절, 그리고 수장절이라고 하는 맥추수감사절입니다. 오순절은 유월절 지난 50일째라고 오순절이라고 합니다. 일곱 주일 지난다고 해서 칠칠절이라고도 합니다. 처음 곡식을 거둔다고 해서 초실절이라고도 하고, 밀을 거두어서 떡을 만들어 드린다고 해서 맥추절이라고도 합니다.

하나님의 계획은 오순절에 복음 전하고 구원하기를 원하셨습니다. '디아스포라'(diaspora)라는 말씀 들으셨죠? 유대인들이 바벨론 포로 이후에 각 나라로 흩어져서 사는데 이 명절에는 남자들이 예루살렘으로 모여들었습니다. 하나님께 예배드리고 하나님께 나아가기 위해서 모여드는데 그때 그들을 성령 충만하게 해서 폭발적인 복음이 그들을 통해서 세계 곳곳에 전파되게 하기 위한 하나님의 계획인 줄 믿으시기 바랍니다.

바울이 전도하러 가는데 막 쉬려고만 찾아다닌 것이 아니라 늘 로마를 가기를 원했어요. 저자에 가기도 하고 서원을 가기도 하고 그런데 왜 로마를 가게 됐냐 거기에서 복음 전도해야 전 세계에 퍼져나간다고 바울이 로마 가기를 소원했던 이유는 복음 때문에 집값 올라간다가 아니고, 아이들 교육 때문에 아니고, 바울은 복음 때문에 로마를 소원했던 것입니다. 어떤 분들은 서울 강남을 소원한다는데 왜냐하면 첫째 집값 올라 가고 둘째 우리 집 아이 공부 잘할까 싶어서, 전부 다 육신적이지요. 그러면서 성령 충만 주옵소서 이러면 안 돼죠. 하나님의 성령이 너는 양산 살아라 하면 감사하게 살아야 되요. 자 그래서 한 곳에 그들이 다 한 곳에 아주 중요한 말씀이야, 장소 상 한 곳이 아니고 이 한 곳에는 어떤 사람 부활의 증인들이 모였어요. 전도에 소원 가진 사람들이 모여 성령 충만하기를 소원 가지고 오로지 기도하는 사람들이 모인 게 이 한 곳입니다. 이것이 셀교회입니다.

우리 온누리 교회 또 여러분 셀교회를 어떤 것보다 소중하고 중요하게 여기시기 바랍니다. 다른 모든 것은 은사고 다른 모든 것은 지엽적인 겁니다. 교회는 그리스도의 몸입니다. 교회 중심으로 모든 걸 하셔야 된다 그 말은 교회로 이사오라 그 말이 아니에요. 교회의 덕을 끼치기 위해서 교회의 덕을 세우기 위해서 하나님의 영광을 위해서 하나님이 우리를 먹고 살게 안 하실 이유가 없어 이 세상에 승리하게 하는 것인 줄 믿습니다. 교회를 핍박했다. 반드시 망합니다. 나라든지 정권이든지 개인이든지 단체든지 역사 속에 한 번도 교회를 무너뜨리고 핍박하기 위해서 애쓰면 어떤 사람도 온전한 적 한 번도 없어요. 하나님을 대적하기 때문에 그렇습니다. 여러분은, 평생 살면서 우리 교회에 보면 어느 교회든 비판하지 마세요. 어느 목사님이든 어느 성도든 욕하지 마세요. 성도가 교회예요. 우리는 그럴 권한이 없어요. 꼭 그러면 기도해주고 하나님께 맡기세요. 하나님 김 집사 저 말 잘 안 듣습니다. '손 좀 봐주세요' 그러지 마시고 맡기세요. 여러분이 가가지고 뭐 이렇더니 저렇더니 소문 내고 다니지 마시고 하나님 앞에 교회 덕을 세우라고 하십니다.

2~3절, "홀연히 하늘로부터 급하고 강한 바람 같은 소리가 있어 그들이 앉은 온 집에 가득하며 마치 불의 혀처럼 갈라지는 것들이 그들에게 보여 각 사람 위에 하나씩 임하여 있더니."

첫째, 성령의 충만한 역사는 바람 같은데 돌풍 같습니다. 귀에 들리도록 급하고 강한 바람 같은 것이 지나간지도 모릅니다. 그런데 이 성령 충만한 역사가 귀에 들릴 만큼 성경상, 기독교의 역사상 이 마가 다락방의 성령의 역사만큼 강하게 일어난 곳은 지금까지는 없습니다. 엄청난 강한 바람 같은 소리가 들렸습니다.

요한복음 3장 8절 말씀에는 "바람이 임의로 불매 너희가 그 소리를 들어도 어디서 와서 어디로 가는지 알지 못하느니 성령으로 난 사람도 다 이러하니라"고 합니다. 예수 믿을 때 성령으로 거듭나 성령 세례 받을 때 어떻습니까? 바람이 임으로 부는 것 같습니다. 그렇지만 성령이 내게 오면 기쁨이 생기고 감사가 생기며 즐거움이 생기고 예배드리고 싶고 사랑하고 싶고 전도하고 싶습니다. 그리고 변화가 일어납니다. 바람의 능력입니다. 그 현장에서 강한 바람 같은 성령 충만한 역사가 들리듯이 있었다는 것입니다.

둘째, 성령의 역사가 불의 혀 같이 임하는데 그것은 하나님의 임재를 의미합니다. 불도 하나님의 임재를 의미합니다. 여러분, 나무에 불 피워보셨지요? 불 피우면 불이 올라갔다가 내려갔다 합니다. 이게 불의 혀입니다. 그런데 눈에 보이도록 성령의 역사가 강하게 불의 혀 같이 막 임했다는 것입니다. 강한 성령의 역사를 나타내고 있습니다.

구약시대 때는 특별한 사람에게 성령의 임하시고 특별한 성령의 충만한 역사가 있었습니다. 그런데 이때는 사도들에게만 성령 충만이 임한 것이 아니고 거기에 똑같은 믿음을 가진 모든 자에게 성령 충만이 임한 줄 믿습니다. 신약 시대에는 목사에게만 아니라 사도같은 믿음을 가진 모든 자에게 성령의 충만함이 임했습니다. 이것을 보고 신학적으로 '만인제사장'이라고 말합니다.

우리가 죄를 지었을 때 하나님께 스스로 나아갑니다. 또 다른 사람에게 복음 전해서 그 사람이 예수님 믿고 구원받으면 속죄가 일어납니다. 이것이 제사장의 역할입니다. 목사는 제사장이 아닙니다. 저도 제사장, 여러분도 제사장입니다. 목사는 청지기입니다. 하나님의 일을 맡아서 성도들을 가르치고 기도해 주고, 때로는 책망하고 위로하고 세워주며 하나님의 양무리를 대신 돌보는 청지기라고 그럽니다. 그래서 여러분이 머리 아플 때 스스로 하나님께 가십시오. 여러분은 제사장입니다.

4절, "그들이 다 성령의 충만함을 받고 성령이 말하게 하심을 따라 다른 언어들로 말하기를 시작하니라."

사도행전 11장 21~23절에는 "주의 손이 그들과 함께하시매 수많은 사람들이 믿고 주께 돌아오더라"고 기록합니다. '주의 손'은 무엇일까요? 스데반의 순교로 인해 사람들이 겁이 나서 도망갑니다. 그리고 이어지는 큰 박해로 인해 사도들 외에는 다 흩어져 사마리아, 베니게, 구브로, 소아시아 안디옥까지 갑니다.

그렇게 흩어지면서 몇 사람은 헬라인에게도 복음을 전했지만 대부분의 예수 믿는 유대인들은 유대인에게만 복음을 전했습니다. 왜 그랬을까요? 유대인들에게는 선민사상이 있습니다. '우리 유대인만 구원받지 이방인들은 지옥 가야 된다'고 생각했습니다. 그래서 이방인에게 전도 안 합니다. 그런데 하나님은 모든 사람이 구원받기를 원하십니다. 예수님은 모든 민족에게, 만민에게 가라고 명령하셨습니다.

그래서 성령 충만 받은 사람은 자기나 자기 집만 잘 믿으면 된다는 그런 생각을 하지 않습니다. 성령 충만한 사람은 나뿐만 아니라 우리 성도들, 우리 민족이 잘 믿고 전 세계에 복음 전하는 이런 마음을 갖습니다. 나만 복 받으려는 것 그것 아닙니다. 성령은 그러지 않으십니다.

예루살렘교회를 넘어 안디옥에 까지 이르러 헬라인에게까지 복음을 전할 때 주의 손이 함께 하셨습니다. 어느 나라든 예수 믿으면 우리는 한 형제요 한 자매입니다. 어느 나라 어느 민족에게 가서도 예수님이 계십니다. 인종이 달라도 그들 안에 성령이 계십니다. 그리고 그들도 말씀 들으면서 울면서 은혜를 받습니다. 성령 충만한 사람은 다 같은 마음을 갖습니다.

육신적인 생각은 하나님을 기쁘시게 할 수 없고, 성령 충만한 사람이 하나님을 기쁘시게 합니다. 유대인들이 도망가서도 유대인에게 복음 전했더니 역사하셨고, 헬라인에게도 복음을 전했더니 주의 손이 그들과 함께 하셨습니다.

저는 예수 믿고 목회하면서 강한 바람 같은 성령의 소리를 못 들었습니다. 눈으로 보이듯이 성령이 불에 혀같이 갈라지는 그런 것을 못 봤습니다. 그러나 그 역사는 상상으로 본 것이 아닙니다. 육신의 귀와 눈으로 들리고 보는 성령의 역사입니다. 저는 그런 것은 못 봤지만 주의 손이 함께하시고 은혜를 부어주신 것은 경험했습니다. 제가 은혜를 받고 나니까 교회에 나오는 사람, 구원받는 사람, 치료를 경험하는 사람들과 하나님이 함께하시더라고요.

정말 우리가 예수 믿고 성령 충만을 소원하면 하나님이 우리에게 성령 충만을 경험하게 하십니다. 왜 성령 충만하지 않을까요? 내가 원하지 않아서 그렇습니다. 말은 원하는데 마음으로는 원하지 않습니다. 하나님은 우리의 중심을 보십니다. 성령 충만의 가장 확실한 증거는 펄쩍펄쩍 뛰는 것도, 자빠지는 것도 아닙니다. 전도의 열매가 맺혀야 됩니다.

성령이 임하시면 예루살렘, 온 유대와 사마리아, 땅끝까지 이르러 주님의 증인이 된다고 했습니다. 전도 열매가 잘 안 맺히는 데 성령 충만하다고 하지 마세요. 그건 거짓말입니다. 성령 충만하면 구원의 역사가 일어나게 돼 있습니다. 그것은 주님의 약속입니다. 우리가 성령 충만해서 집과 지역 그리고 직장이 복음화하는 데 쓰임받기를 바랍니다.

전도는 내가 하는 것이 아니고 하나님이 하십니다. 그냥 있으면 만나게 하시고 하나님이 하십니다. 나는 가만히 있는데 전도가 됩니다 "목사님, 나는 가만 있는데 왜 아무것도 안 됩니까?" 물으시려면 그것은 주님께 물으시기를 바랍니다.

또 다른 성령 충만의 역사를 보십시오. 그들이 다 성령 충만을 받고 성령이 말하게 하심을 따라 다른 언어로 말하기 시작합니다. 성경의 방언에는 두 가지로 나옵니다. 오늘 본문의 방언은 말씀을 전했더니 각자의 나라 말로 들렸습니다. 소위 대인 방언이라는 것입니다. 고린도전서 14장에 방언이 나오는데 기도할 때 하는 방언입니다. 다른 사람이나 교회에 덕을 끼치는 것은 아닙니다.

고린도전서 14장 1~6절 말씀 중에서 1절, "사랑을 추구하며" 했습니다. 고린도전서 12장에서 은사를 말하는데 병 고치는 은사부터 믿음의 은사를 말합니다. 그런데 은사 중 그보다 더 귀한 은사를 말하는데 그것이 13장에 나오는 사랑입니다. "천사의 말을 할지라도 사랑이 없으면 울리는 꽹과리가 되고 산을 옮길만한 능력이 있다 할지라도 사랑이 없으면 아무것도 아니라"고 했습니다. 여러분, 병 고치는 은사, 능력 행하는 은사, 산을 옮길 만한 은사가 있어도 더 중요한 것은 사랑이라고 했습니다. 하나님을 사랑하고 성도를 사랑하고 불신자를 사랑하는 것이 그 어떤 은사보다도 가장 귀하다고 성경에서 말씀하고 있습니다.

그리고 14장에 넘어가면서 "사랑을 추구하며 신령한 것을 사모하되" 그 다음에 특별한 은사가 있는데 방언을 말하는 자입니다. 그들은 "사람에게 하지 아니하고 하나님께 하며 이는 알아듣는 자가 없고 영으로 비밀을 말함이라 그러나 예언하는 자는 사람에게 말하여 덕을 세우며 권면하며 위로하는 것이라"(2~3절)고 했습니다.

방언하는 기도는 다른 사람에게 도움이 안 됩니다. 자기에게 유익하다는 것입니다. 예언은 두 가지 곧, 하나님의 말씀 전하는 것과 또 특별한 은혜로 하나님의 뜻을 전하는 것 그것은 다른 사람에게 유익이 되고 교회의 덕이 되었습니다.

> 고린도전서 14장 4~6절, "방언을 말하는 자는 자기의 덕을 세우고 예언하는 자는 교회의 덕을 세우나니 나는 너희가 다 방언 말하기를 원하나 특별히 예언하기를 원하노라 만일 방언을 말하는 자가 통역하여 교회의 덕을 세우지 아니하면 예언하는 자만 못하니라 그런즉 형제들아 내가 너희에게 나아가서 방언으로 말하고 계시나 지식이나 예언이나 가르치는 것으로 말하지 아니하면 너희에게 무엇이 유익하리요."

그러니까 방언하는 사람은 방언하는 기도를 그냥 하시고, 방언 못하는 사람은 그 사람을 무시하지 마십시오. 그리고 '방언은 최고다, 방언만 성령의 역사다' 이렇게 하지 마시기 바랍니다. 방언은 사람, 곧 자기에게 유익한 것이지 남이나 교회에 덕을 끼치는 것이 아닙니다. 중요한 것은 교회에 덕을 끼치는 것입니다.

모든 은사는 교회에 덕을 끼치기 위하여 준 것입니다. 교회는 은사가 아닙니다. 그리스도의 몸입니다. 고린도전서 14장 12절에, "그러므로 너희도 영적인 것을 사모하는 자인즉 교회의 덕을 세우기 위하여 그것이 풍성하기를 구하라"고 했습니다. 우리가 무엇인가 결정해야 될 때 이것이 교회의 덕이 되느냐 덕이 되지 않느냐, 은혜가 되느냐 안 되느냐 이것을 보셔야 합니다. 법으로 따져서 잘 했다, 못했다를 따지는 것은 굉장히 수준이 낮은 신앙입니다.

율법이 우리를 구원하였으면 은혜가 오지 않습니다. 율법이 할 수 없기 때문에 하나님의 은혜인 예수 그리스도께서 이 땅에 오신 줄 믿습니다. 그러므로 우리가 가정에서도 그렇고 교회에서도, 어디든지 법으로만 따지는 사람은 수준이 아주 낮은 사람입니다.

한 예를 들어서 볼 때, 남편의 도리가 있고 아내의 도리가 있습니다. 남편의 도리만 들면 남편 역할 다 했다고 사는 사람이 있는가 하면, 남편의 도리를 다 하면서도 가족을 사랑하고 약한 사람을 도와주고 배려하는 사람이 있다면 그것이 더 수준 높은 것입니다. 은혜와 사랑이 더 수준 높은 것입니다. 저는 여러분의 신앙이 법에 묶여 있는 신앙이 되지 말고 은혜의 신앙이 되기를 원합니다.

많은 사람이 법을 말하는데 그것은 율법입니다. 모세입니다. 은혜는 예수 그리스도를 통해서 이 땅에 왔습니다. 은혜가 되지 않기 때문에 율법으로 하는 것입니다. 은혜로 사시기를 주의 이름으로 축복합니다. 그래야 교회에 덕을 세우는 것입니다.

고린도전서 14장 19절에, "그러나 교회에서 네가 남을 가르치기 위하여 깨달은 마음으로 다섯 마디 말을 하는 것이 일만 마디 방언으로 말하는 것보다 나으니라"고 합니다. 방언은 자기에게만 유익 되지 남에게 유익을 안 준다고 하는 것입니다. 그러나 말씀을 전하는 일은 남에게 유익이 됩니다. 그래서 바울은 교회에서 다른 사람에게 유익이 되고 다른 사람을 살리고 세우는 일에 덕이 되기 때문에 그것이 더 낫다는 말씀을 한 것입니다.

본문에 있는 방언은 은사적 방언이 아니라는 걸 아셔야 됩니다. 하나님의 말씀을 전할 때 주신 특별한 은혜입니다.

5~12절, "그 때에 경건한 유대인들이 천하 각국으로부터 와서 예루살렘에 머물러 있더니 이 소리가 나매 큰 무리가 모여 각각 자기의 방언으로 제자들이 말하는 것을 듣고 소동하여 다 놀라 신기하게 여겨 이르되 보라 이 말하는 사람들이 다 갈릴리 사람이 아니냐 우리가 우리 각 사람이 난 곳 방언으로 듣게 되는 것이 어찌 됨이냐 우리는 바대인과 메대인과 엘람인과 또 메소보다미아, 유대와 갑바도기아, 본도와 아시아, 브루기아와 밤빌리아, 애굽과 및 구레네에 가까운 리비야 여러 지방에 사는 사람들과 로마로부터 온 나그네 곧 유대인과 유대교에 들어온 사람들과 그레데인과 아라비아인들이라 우리가 다 우리의 각 언어로 하나님의 큰 일을 말함을 듣는도다 하고 다 놀라며 당황하여 서로 이르되 이 어찌 된 일이냐 하며."

많은 사람들이 명절에 모여 있는데 거기에서 폭풍 같은 바람 소리가 나고 불을 혀같이 갈라지는 역사가 있었습니다. 제자들이 은혜를 받아 말씀을 전하니까 각자 자기 말로 들렸습니다. 여러분, 그 현장에 있다고 생각해 보십시오. 얼마나 놀랐을까요? 한 두 나라도 아니고, 바대인과 메대인과 엘람인과 메소보다미아인들이 각각 자기 나라의 말로 다 들렸다고 합니다. 9절에 보면 갑바도기야가 나옵니다.

오늘 예루살렘에서 복음을 들은 사람들이 거기서 은혜 받고 각자 지역으로 가서 예수 믿는다고 우리가 볼 수 있습니다. 거기 있는 사람들이 각자 다른 나라에서 온 경건한 사람들이 듣고 하나님의 큰 일을 보았습니다. 어떻게 이런 일이 있을 수가 있을까 하고 당황하면서도 은혜 받고 예수님을 주로 믿고 돌아갔습니다.

13절, "또 어떤 이들은 조롱하여 이르되 그들이 새 술에 취하였다 하더라."

여러분, 하나님의 말씀을 전하고 들을 때에 두 가지 일이 일어납니다. 구원 받고 은혜 받는 사람도 일어나고, 조롱하고 비판하는 사람도 일어납니다. 이상하게 생각하지 마세요. 여러분이 주의 일을 할 때 은혜 받고 기도해 주고 함께하는 사람도 있고 비판하는 사람도 있습니다. 이상하게 생각하지 마세요. 그 길이 하나님의 뜻이고 하나님이 기뻐하는 일이라면 어떤 비판에도 우리는 가야 하고 어떤 어려운 일에도 가야 됩니다. 그래야 성령 충만이 계속 됩니다.

진리 안에서, 하나님의 말씀 안에서 성령 충만 받은 사람으로 사시기를 주의 이름으로 축복합니다.

7강 | 행 2:14~36

사도들은 그리스도의 죽음, 부활도 예언한 대로 지금 살아계심을 증거했습니다. 우리도 이 성경을 그리스도 예수 중심으로 보셔야만 바르게 보는 것입니다. 우리가 복음을 전할 때도 내가 생각한 것을 전하는 것이 아니고 성경에서 예언한 대로 성취되신 그분이 지금 살아계시는 예수 그리스도이시며 그분이 지금도 우리 속에서 함께 하시고 기도에 응답하시는 분이심을 전하는 것입니다.

우리가 믿는 예수님은 2천년 전 성경 속에 계시는 예수님이실 뿐 아니라 지금 살아계셔서 우리와 함께 하시는 예수 그리스도이심을 전하는 것입니다. 그리고 그 예수님이 하나님의 아들 그리스도이시고 유일한 분이기 때문에 누구든지 그를 믿는 자마다 구원 받는다는 보편적 구원의 초청을 합니다.

'누구든지 예수 믿으면 구원받습니다.' 사도들이 그렇게 전했기 때문에 저도 목회하는 날까지 그렇게 예수님을 전하는 것인 줄 믿습니다.

마가의 다락방에 성령의 충만한 역사가 일어났습니다. 귀로 들을 만큼 바람에 폭풍 같은 소리가 들리고, 눈에 보일 만큼 불의 혀같이 갈라지는 역사가 일어나고, 방언을 하는데 각 나라 말로 다 들렸습니다. 그때 성령이 충만했던 베드로가 예수님을 전했습니다.

14절, "베드로가 열한 사도와 함께 서서 소리를 높여 이르되 유대인들과 예루살렘에 사는 모든 사람들아 때가 제 삼 시니 너희 생각과 같이 이 사람들이 취한 것이 아니라."

대상자가 예루살렘에 사는 유대인들과 디에스포라로 흩어져 있다가 명절에 돌아온 유대인들, 그리고 개종한 사람들이었습니다. 이방인이지만 예루살렘에 온 하나님을 경외하는 사람들도 포함되어 있었을 것입니다. 그들을 향해 하나님의 큰 일을 외치는 것입니다.

제 3시라면 이른 오전을 말하는 것이므로 술에 취한 상태가 아니었을 것이므로 술에 취해서 이런 일이 일어난 것은 아닌데, 무엇인가 큰 일이 일어났다고 말하는 것입니다.

16~17절, "이는 곧 선지자 요엘을 통하여 말씀하신 것이니 일렀으되 하나님이 말씀하시기를 말세에 내가 내 영을 모든 육체에 부어 주리니 너희의 자녀들은 예언할 것이요 너희의 젊은이들은 환상을 보고 너희의 늙은이들은 꿈을 꾸리라."

하나님께서 말세에 자신의 영, 성령을 모든 육체에 부어주신다고 말씀하십니다. 예수님의 초림 때부터 재림 때까지를 말세라고 그럽니다. 성령을 육체에 부어주신다는 말은 예수님을 구주로 영접할 때 성령이 우리에게 임하신다는 뜻입니다. 보통 '마음에 임한다'는 것을 좀 더 정확하게 말하면 성령이 우리 육체에 임하는 줄 믿으시기 바랍니다. 성령이 육체에 임할 때 우리 육체가 하나님의 성전이 되는 것입니다.(고전 3:16-17)

여러분, 구약시대 사람들이 성전이라고 하면 건축물을 말합니다. 이것은 오실 그리스도의 예표입니다. 그래서 예수님께서 그 성전을 향하여 "이 성전을 헐라 내가 삼일 동안에 일으키리라"(요 2:19) 하셨는데, "예수는 성전된 자기 육체를 가리켜 말씀하신 것이라"(요 2:21)고 기록합니다. 실체가 오면 모형은 필요없습니다. 건물 성전은 필요가 없으니까 무너뜨리라고 하신 것입니다.

중세 시대 때 '성전을 회복하자' 해서 십자가 전쟁이 일어나 수 없는 사람이 죽었습니다. 잘못된 전쟁이었습니다. 지금도 많은 사람들이 건물로서의 성전을 세우고 있는데 의미가 없습니다. 지금은 그것이 성전이 아니고 예수님이 성령으로 계시는 우리가 성전이에요. 하나님의 성전, 이 성전은 성소이고, 지성소에는 법궤가 있고 그룹이 있는 곳입니다. 그런데 그 지성소를 '라오스'라고 그랬는데 "너희 몸이 하나님의 성전이다"라고 할 때는 쓰는 말입니다.

우리는 정확하게 하나님의 지성소입니다. "그러므로 너희 몸을 하나님이 기뻐하시는 거룩한 산 제물로 드리라."(롬 12:1) 하나님의 지성소가 되었기 때문에 몸을 거룩하게 드리라고 말씀하시는 것입니다. "성전이 거룩하니 너희가 거룩함이니라." 우리가 살면서 '항상 성령이 내 안에 계셔서 내 몸이 거룩한 하나님의 성전이구나' 하는 것을 기억하기를 주의 이름으로 축복합니다.

성령이 임할 때 꿈에 보고 예언하는 것이 아니라 하나님의 말씀을 전하는 자가 됨을 믿으시기 바랍니다. 젊은이들이 환상을 보고 나이 든 사람들이 꿈을 꿉니다. 이것은 정신병 있는 사람이 환청 듣고 환상 보는 것을 말하는 것이 아닙니다. 하나님이 주시는 진정한 꿈은, 비전은 하나님의 나라입니다. 그리고 복음 전함으로 하나님의 나라가 이 땅의 곳곳에 이루어지는 것이 우리의 진정한 꿈인 줄 믿으시기 바랍니다. 그래서 이 땅에 꿈이 있지만 이 땅의 꿈은 언젠가는 없어지는 것입니다. 영원한 꿈이 있습니다. 하나님의 나라입니다.

성령 충만하게 되면 충만할수록 이 땅이 아니라 하나님 나라의 영원한 비전을 바라보게 되고 이 땅에 복음 전하는 꿈을 꾸게 될 줄 믿으시기 바랍니다. 어느 사람이 나는 성령 충만한데 하나님 나라에 관심 없다고 한다면 성령 충만한 것이 아닙니다.

나는 성령 충만한데 전도는 관심이 없다, 나는 잘 사는 데만 관심이 있다면 절대로 성령 충만한 것 아닙니다. 이유는 성령은 하나님의 영이고 성령 충만하면 하나님의 마음과 가치관을 가지게 되기 때문입니다. 이 땅에 우리가 잘 사는 것도 중요하지만 하나님의 뜻은 우리가 구원받는 것이고 모든 민족이 복음화 되어 모든 사람이 구원 받고 하나님의 의를 행하는 것입니다. 그리고 서로 사랑하고, 섬기며, 돕고, 하나님의 영광이 되는 것인 줄 믿으시기 바랍니다. 이것이 하나님의 뜻입니다. 그러기 위해서 때로는 실력도 경제도 필요하고, 건강도 필요하니까 하나님이 주시는 것이지 그것이 목적이 아닙니다. 성령 충만하면 주님을 닮아가는 줄 믿으시기 바랍니다.

성령 충만한데 다른 사람을 정죄하고 욕하고 비판하고 갈라지고 싸우고 한다면 그 사람은 성령 충만한 것이 아닙니다. 예수 잘 믿는다 하면서 남에게 상처 주고 비판한다면 예수 잘 믿는 것 아닙니다. 예수 잘 믿는 것은 예수님을 닮아가는 것입니다. 예수 잘 믿는 것은 하나님의 마음을 닮아가는 것입니다.

하나님의 말씀 앞에서 나를 내려놓을 때 나를 바라보고 진단할 수 있습니다. 거기까지 가야 무슨 고침을 받든지 성장하든지 하겠죠. 그래서 진정한 복은 세상 것을 받아 누리는 것이 아니라 마음입니다. 마음이 가난한 자, 청결한 자, 온유한 자, 의에 주리고 목마른 자가 되는 그런 축복을 받으시길 주의 이름으로 축원합니다.

요엘은 누구에게 주님의 영을 부어준다고 했나요? 남종과 여종입니다. 종은 '둘로스'라는 말인데 노예입니다. 왜 하나님께서는 믿는 모든 자에게 성령의 충만을 주겠다고 하지 않고 남종과 여종이라고 그럽니까? 종은 인격적 존재가 아니었습니다. 종은 자기 의사를 말할 수가 없습니다. 당시 종은 재산과 같았습니다. 주인이 가라면 가고 오라면 오고 주인 마음대로 움직이는 존재입니다. 무슨 뜻이냐면, 하나님의 성령을 간절히 사모하고 그 성령에 절대적으로 순종하는 자에게 성령을 충만히 주신다는 것입니다.

하나님은 인격적 하나님이십니다. 하나님은 우리에게 성령 충만 주시기를 원하시지만 내 뜻대로, 내 생각대로, 내 고집대로, 내 목적대로 하는 사람에게는 주시지 않습니다. 여러분이 진심으로 성령 충만하기를 원하면 하나님을 믿으세요. 우리가 그분을 믿을 때 성령 충만을 사모하게 되고, 그래서 성령 충만할 때 우리가 그분에게 순종하게 됩니다. 하나님은 모든 사람이 구원받기를 원하지만 믿지 않는 자에게는 하나님도 구원할 방법이 없습니다. 누구든지 믿음으로 구원받기 때문에 그런 줄 믿으시기를 바랍니다.

그러므로 우리가 성령 충만하기를 원하면 하나님의 모든 것에 내가 순종하기를 원해야 합니다. 하나님은 우리 중심을 보시는 분입니다. 우리가 성령 충만을 싫어하기 때문에 하나님이 은혜 주시지 않고 성령 충만 주시지 않는 것입니다.

제 간증을 합니다. 제가 목사 초년생일 때 하나님의 뜻대로 해달라는 기도를 못했습니다. 왜 그랬을까요? 마음 속에 '늘 하나님은 하나님 자기 뜻대로만 살라고 하시는구나, 나는 내 뜻대로 언제 하란 말인가' 이런 생각이 내게 있었습니다. 하나님을 잘 모르니까 그랬지요. 그 후에 내 뜻대로 행했던 것이 모두 실패로 끝나고, 나를 어렵게 만들고 불행하게 만든다는 것을 확인하고 나서 '하나님이 나보다 선하시구나, 하나님의 계획이 나에게 가장 복이구나, 하나님이 나를 자신보다 더 사랑하시구나' 하는 마음이 들자 하나님을 향하여 마음이 열리더라고요. 지금은 그 하나님을 믿습니다.

내가 하는 어떤 계획보다 하나님이 하신 일이 옳은 것을 믿습니다. 그래서 '하나님이 다스려 주시옵소서, 충만케 하여 주시옵소서, 우리 교회 주님이 주인이십니다, 주님이 통치하여 주시옵소서' 이런 기도를 거리낌 없이 간절한 마음으로 드릴 수 있는 것입니다.

19~21절, "또 내가 위로 하늘에서는 기사를 아래로 땅에서는 징조를 베풀리니 곧 피와 불과 연기로다 주의 크고 영화로운 날이 이르기 전에 해가 변하여 어두워지고 달이 변하여 피가 되리라 누구든지 주의 이름을 부르는 자는 구원을 받으리라 하였느니라."

하나님은 역사의 주인이시니까 공산주의 시대가 있은 적이 있습니다. 그것을 허락하신 분이 하나님이십니다. 나라가 굉장히 여러 가지로 어렵습니다. 힘듭니다. 허락하신 분이 하나님이십니다. 하나님이 그렇게 만들었다는 말이 아닙니다. 하나님은 악한 자를 들어서 악하게 사용하십니다. 그러나 무엇이든 하나님의 허락 없이는 되는 일이 없습니다. 참새 두 마리가 한 앗사리온에 팔려간다 할지라도 하나님이 허락이 없으면 안 되는 것입니다. 그러면 왜 이런 일이 일어납니까?

어떤 목사님은, '나라가 없으면 교회가 없다' 하시던데 틀린 말입니다. 나라는 없어도 교회는 있습니다. 초대 교회는 나라가 없었지만 교회가 있었고 복음을 지켰습니다. 일제 시대 때 나라가 없었지만 교회가 있었고, 핍박과 순교가 있었지만 교회를 통해서 복음이 증거되었습니다. 예수님은 십자가에서 죽으심을 통해서 나라를 세운 것이 아니라 교회를 세웠습니다.

그러면 왜 우리가 공산주의와 차별금지법은 안 된다고 말하며 반대하고 기도합니까? 교회가 나라 밑에 있지 않습니다. 우리는 무슨 일이 있어도 하나님의 공의와 창조질서에 위배 되는 사상이나 제도를 인정할 수 없습니다. 온 우주적 교회는 세계 안에 있는 주님의 교회입니다. 그러므로 교회를 위해서 주님은 일을 하시는 것입니다. 우리의 생각을 바꾸신 역사의 주인이 주님이십니다.

하나님의 교회가 복음을 깨닫고 복음을 전하고 선교하고 주의 뜻에 합당하다면 편안히 살 수 있도록 하나님이 하실 것입니다. 먼저 기독교인들이 예수님께 돌아오고 교만과 세상 욕심을 버리고 불신자같이 이방인같이 생활하지 말고, 믿는 자같이 신앙생활 하면 하나님이 지켜주실 줄 믿으시기 바랍니다. 하나님의 뜻은 구원받게 하는 것인 줄 믿으시기 바랍니다.

22~24절, "이스라엘 사람들아 이 말을 들으라 너희도 아는 바와 같이 하나님께서 나사렛 예수로 큰 권능과 기사와 표적을 너희 가운데서 베푸사 너희 앞에서 그를 증언하셨느니라 그가 하나님께서 정하신 뜻과 미리 아신 대로 내준 바 되었거늘 너희가 법 없는 자들의 손을 빌려 못 박아 죽였으나 하나님께서 그를 사망의 고통에서 풀어 살리셨으니 이는 그가 사망에 매여 있을 수 없었음이라."

예수 그리스도께서 왜 죽음에 묶여 있을 수 없고 부활하셨습니까? 그는 죄가 없기 때문에 사망 가운데 있을 수가 없었던 것입니다. 예수님은 죄가 없으십니다. 원죄도 자범죄도 없으시다는 증거로 살아나셔서 부활의 첫 열매가 되신 줄 믿습니다. 예수님의 부활은 역사적 사실입니다. 혹시라도 여러분이 예수님이 인류의 죄를 위해서 죽으시고 3일 만에 역사적으로 살아나셨다는 것을 잘 믿지 않고 있다면 여러분의 믿음은 온전하지 않습니다.

그분은 부활하셨을 뿐만 아니라 그분을 나의 주 나의 하나님으로 영접할 때 성령으로 우리와 함께하심을 믿는 것이 바른 신앙입니다. 성령께서 실제로 우리 속에 계셔서 믿는 자에게 주시는 표적과 응답과 역사가 일어나는 줄 믿습니다. 진심으로 예수님을 나의 주로 믿고 그 은혜에 감사하고 내가 주를 위해서 그런 가난한 심령으로 주 앞에 나오면 다 은혜 주십니다. 간절하고 가난한 마음으로 주님을 믿기를 주의 이름으로 축복합니다.

> 25~29절, "다윗이 그를 가리켜 이르되 내가 항상 내 앞에 계신 주를 뵈었음이여 나로 요동하지 않게 하기 위하여 그가 내 우편에 계시도다 그러므로 내 마음이 기뻐하였고 내 혀도 즐거워하였으며 육체도 희망에 거하리니 이는 내 영혼을 음부에 버리지 아니하시며 주의 거룩한 자로 썩음을 당하지 않게 하실 것임이로다 주께서 생명의 길을 내게 보이셨으니 주 앞에서 내게 기쁨이 충만하게 하시리로다 하였으므로 형제들아 내가 조상 다윗에 대하여 담대히 말할 수 있노니 다윗이 죽어 장사되어 그 묘가 오늘까지 우리 중에 있도다."

천 년 전에 다윗이 성령 충만해서 그리스도를 증거한 것입니다. 비록 예수님이 십자가에서 돌아가시지만 절망이 아니라 부활을 소망하면서 기뻐하고 찬송하고 마음이 편안했다는 것입니다. 다윗은 공상 인물이 아닙니다. 지금도 무덤이 있는 역사적이고 실제적인 사람인데 성령 충만할 때 그리스도에 대해서 그렇게 예언했다는 것입니다.

> 30~31절, "그는 선지자라 하나님이 이미 맹세하사 그 자손 중에서 한 사람을 그 위에 앉게 하리라 하심을 알고 미리 본 고로 그리스도의 부활을 말하되 그가 음부에 버림이 되지 않고 그의 육신이 썩음을 당하지 아니하시리라 하더니."

다윗은 천년 후에 오실 그리스도가 부활할 것을 믿었는데, 지금 우리는 그분을 마음에 모시고 있습니다. 모시고도 안 믿으면 더 나쁜 것입니다. 믿으시기를 주의 이름으로 축복합니다.

많은 사람들이 신앙을 느낌 신학, 하나님이 계시는 것 같다. 응답하니까, 하나님이 역사하시는 것 같다. 하나님이 지켜주는 것 같다. 이렇게 믿어요. 그렇게 믿으면 안 됩니다. 그렇게 믿지 마세요. 말씀에 의지하여 믿으세요.

하나님이 내게 함께하는 것 같지 않지만 성경에 하나님이 우리와 함께 한다니까 하나님 나는 안 같게 느끼지만 주님은 나와 함께 하심을 믿습니다. 이렇게 믿어야 돼요. 응답이 없고 핍박이 있고 힘든 일이 있고 고난이 있지만 하나님 그렇지만 주님이 나와 함께하시기 때문에 하나님이 지켜주실 줄 믿습니다. 이렇게 믿어야 그게 바른 신앙이에요.

내 주관적인 느낌이나 생각이나 응답을 보고 하나님을 믿는 것이 아니라, 중심의 신앙이 되시기 바랍니다. '이 눈에 아무 증거 아니 뵈어도 믿음만을 가지고서 늘 걸으며!' 말씀이 내게 있기 때문에, 하나님의 말씀으로 내게 약속하셨습니다. 두 세 사람이 모이는 곳에 주님도 거기에 함께하겠다(마 18:20)고 하셨습니다.

지금 이 시간 눈에 보이지 않지만 하나님이 우리와 함께 하심을 믿으시기 바랍니다. 우리의 예배와 찬양을 받으시고 우리의 헌금을 받으심을 믿으시기 바랍니다. 그 앞에 내가 예배하고 있다는 것과 하나님이 그 마음을 아시는 줄 믿으시기 바랍니다.

다윗같이 그 말씀에 의한 신앙이 돼야 흔들림이 없습니다.

"내가 사망의 음침한 골짜기를 다닐지라도 내가 해를 두려워하지 않을 것은 주께서 나와 함께 하심이니라."(시 23:4)

사랑하는 성도 여러분, 간절히 부탁드립니다. 현상을 보고 느낌을 보고 환경을 보고 믿지 마시고 말씀을 믿으시기 바랍니다. 하나님은 어떤 상황에서도 영원히 우리를 떠나시지 않으십니다. 우리에게 승리를 주실 것입니다.

할렐루야. 그런 주님을 우리가 믿는 것입니다.

32~36절, "이 예수를 하나님이 살리신지라 우리가 다 이 일에 증인이로다 하나님이 오른손으로 예수를 높이시매 그가 약속하신 성령을 아버지께 받아서 너희가 보고 듣는 이것을 부어주셨느니라 다윗은 하늘에 올라가지 못하였으나 친히 말하여 이르되 주께서 내 주에게 말씀하시기를 내가 네 원수로 네 발등상이 되게 하기까지 너는 내 우편에 앉아 있으라 하셨도다 하였으니 그런즉 이스라엘 온 집은 확실히 알지니 너희가 십자가에 못 박은 이 예수를 하나님이 주와 그리스도가 되게 하셨느니라 하니라."

성령의 충만한 현상을 말했는데 베드로의 설교의 목적은 '왜 성령이 임했느냐, 예수님은 하나님 아들 그리스도이시고 그분이 부활하셔서 지금 그분을 통해서 성령이 오셨다'고 예수님을 증거한 것입니다. 여러분, 우리가 복음을 전할 때 이렇게 성경을 통해 예수님을 설명하는 것이 아니고 증거해야 됩니다. 말씀이 살아 있음을 예수님이 살아서 역사하심을 증거하신 성경을 읽을 때 그리스도 중심으로 읽으셔야 합니다. 누구든지 예수 믿으면 구원받는 복음을 증거하면서 일평생 성령이 충만한 교회와 성도가 되어서 주께 쓰임받기를 바랍니다.

8강 | 행 2:37~47

베드로의 설교가 끝난 후에 회중 가운데 놀라운 변화가 일어납니다. 성령의 충만함과 함께 그들의 심령에 변화가 일어난 것입니다.

37절, "그들이 이 말을 듣고 마음에 찔려 베드로와 다른 사도들에게 물어 이르되 형제들아 우리가 어찌할꼬 하거늘."

베드로는 성령의 말하게 하심을 따라 전한 그 일에 관하여 선포합니다. '이 사람들이 새 술에 취한 것이 아니고 요엘서 2장의 예언이 성취된 것이다, 말세에 남종과 여종에게 성령을 부어주시려는 그 육체에 부어지는 그 약속이 성취된 것이다, 나사렛 예수 그리스도가 하나님 아들 그리스도이시다, 다윗의 예언을 통해서 그는 성경대로 오실 뿐만 아니고 죽었다가 삼일 만에 부활하신 분이시고 그 약속대로 예수 그리스도를 통해서 성령을 부어주신 것이다, 누구든지 예수 그리스도를 믿으면 구원받는다, 이 예수님을 법 없는 자들의 손을 빌려서 십자가에 못 박아 죽인 것이다, 이 예수님이 우리의 죄를 위해서 죽으신 것이다.'

이 설교를 듣고 그들이 마음에 찔렸다고 했습니다. 마음에 찔린다는 것은 날카롭게 쏜다, 혹은 세차게 때린다, 기절 시킨다는 뜻입니다. 설교를 들을 때 믿지 않은 사람이 가슴이 찔려서 '아, 내가 죄인이구나' 하며 회개하고 예수 믿으면 구원받는 줄 믿습니다. 성도라 할지라도 하나님의 말씀을 읽을 때나 설교를 들을 때 마음에 찔림이 있고 마음이 아프고 주님의 은혜가 깨달아지면 그것은 복입니다.

사랑하는 여러분, 우리가 마음에 찔려 회개하면 누구든지 예수 믿고 구원 받는 줄 믿습니다.

38절, "베드로가 이르되 너희가 회개하여 각각 예수 그리스도의 이름으로 세례를 받고 죄 사함을 받으라 그리하면 성령의 선물을 받으리니."

'회개한다'라는 말은 '두 번 생각한다'는 뜻이 있습니다. 첫 번째 생각한 것이 잘못된 줄 알고 마음을 고친다는 뜻입니다. 다시 말하면, 믿지 않을 때 생각과 마음을 버리고 새로운 마음을 갖는 것입니다. '아, 내가 죄인이구나, 예수님은 나의 주 나의 하나님이시구나, 하나님은 살아계시고 전능하신 분이시구나' 하고 그 예수님을 구주로 영접하는 것을 말합니다. 방향의 변화입니다. 세상적인 마음으로 가던 사람이 하나님께로 마음을 돌이켜 내 중심의 삶에서 주님 중심의 삶으로 전환하는 것 그것이 회개입니다.

그러므로 그 회개는 마음의 변화뿐만 아니고 삶의 변화를 가져오기 때문에 회개는 온전한 변화를 말합니다. 회개하고 예수 믿으면 성령이 우리 안에 오셔서 우리의 마음과 생각을 변화시키십니다. 그래서 주님이 원하시는 것을 좋아하게 될 줄 믿습니다.

여러분, 예수님을 믿는데 안 변한다면 그것은 최고의 기적입니다. 베드로, 바울 같은 사람도 변하고, 깡패 같은 사람도 예수님을 믿으면 변합니다. 하나님의 성령이 우리에게 오신다는 것은 본질적 변화입니다. 영이 변하면 마음이 변하고 생각이 변하고 생각이 변화되어야 삶이 변합니다. 누구든지 예수를 믿고 '나는 구원을 받았다' 하면서 예수 믿기 전의 생각이나 가치관이나 방향, 그리고 그 습관을 그대로 가지고 있으면서 예수 믿는다고, 예배 드리고 찬양한다면 얼마든지 종교생활 할 수 있겠지요. 그런데 진실로 내가 예수 믿으면 하나님의 성령의 감화 감동과 깨달음이 있고 그 가르침을 통해서 변화되는 줄 믿으시기 바랍니다.

이렇게 변화되는 것이 특별한 일이 아니고 당연한 것입니다. 영이 바뀌었는데 삶이 어떻게 안 변합니까? 성령을 선물로 받았으니 우리의 마음과 생각, 목적이나 관점이 변화되는 것이 당연한 일이고 또 우리의 믿음이 성장되어지는 것도 당연한 일입니다.

예수 믿는 것은 종교 중 하나를 믿는 것이 아니라 생명인 줄 믿습니다. 생명은 변화되어 가는 것입니다. 저와 여러분이 신앙을 자신이 자주 점검하셔야 됩니다. '내 신앙이 지금 성장하고 있느냐, 내 신앙이 주님을 따라가고 있느냐, 성령의 열매가 맺어지느냐, 예수님을 닮아가고 있느냐.' 예수 믿는 사람을 그리스도의 편지라고 했고 그리스도의 향기라고 했습니다. 예수 믿는 사람이 꼭 불신자같이 구린내가 나고 죄의 냄새가 난다면 그것은 옳지 않습니다. 그리스도의 향기가 나는 저와 여러분이 돼야 될 줄 믿습니다.

> 39~40절, "이 약속은 너희와 너희 자녀와 모든 먼 데 사람 곧 주 우리 하나님이 얼마든지 부르시는 자들에게 하신 것이라 하고 또 여러 말로 확증하며 권하여 이르되 너희가 이 패역한 세대에서 구원을 받으라 하니."

유대인들은 그리스도는 자기 민족을 위해서만 왔다고 생각했습니다. 그런데 성령 충만 받고 나니까 그리스도는 유대인만 아니라 모든 먼 데 있는 사람, 누구에게나 구원 받을 구주가 된다는 것입니다. 우리도 우리 지역, 우리 대한민국뿐만 아니라 전 세계에 복음을 전하는 꿈과 비전을 가지는 것은 그리스도인이 마땅히 갖는 마음인 줄 믿습니다.

사도행전 4장 12절에 "다른 이로써는 구원을 받을 수 없나니 천하 사람 중에 구원을 받을 만한 다른 이름을 우리에게 주신 일이 없음이니라" 했습니다. 온 천하 인류에게 구원 받을 이름은 한 분이신 예수 그리스도밖에 없는 줄 믿습니다. 그래서 우리는 이 믿음을 지켜나가야 되는 것입니다.

아울러 우리는 차별금지법 혹은 동성애를 수용해서는 안 됩니다. 목사, 신학자라는 이름으로 '동성연애 괜찮다, 차별금지법 괜찮다' 하는 사람들이 나타납니다. 그 죄를 어쩌려고 그러는지 모르겠어요. 저는 좀 무식하고 답답한 사람이라서 그런지 몰라도 성경이 하나님의 말씀인 줄 믿습니다. 성경 외에는 하나님의 말씀이 없고 진리가 없습니다. 성경 말씀대로 믿고 성경 말씀대로 전하고 성경 말씀대로 가르치고 행해야 합니다. 이것이 우리가 가야 할 길인 줄 믿습니다.

그때 당시에도 예수 믿지 않고 예수를 이단이라고 하면서 예수님을 비방하고 하나님을 망령되이 일컬으며 거짓을 말하고 비판하던 사람들이 많았습니다. 요즘 시대에도 마찬가지입니다. 그리고, 죄를 죄라고 하지 않고 하나님을 대적하는 패역한 시대입니다. 예수님의 재림 시간이 가까워질수록 이 패역한 일들은 자꾸만 더 일어납니다. 하나님의 권위에 도전합니다. 교회를 욕합니다. 그러나, 교회는 예수 그리스도께서 피로 값주고 사신 그리스도의 몸입니다. 예수님은 하늘과 땅의 권세가 가지신 주님이십니다.

소돔 고모라 시대에 동성연애를 하고 부끄러워하지 않고 오히려 롯을 죽이려 했습니다. 노아 홍수 때 초대교회 당시도 여자와 남자들이 순리를 거스려 역리로 썼습니다. 여자가 여자와 더불어 부끄러운 일을 하고 남자와 남자들이 부끄러운 일을 했던 것이 패역한 것입니다. 오히려 죄인이 그리스도를 십자가에 못 박았습니다. 패역한 시대입니다. 앞으로도 이런 일은 많이 일어날 것을 알아야 됩니다.

그러나 이런 시대라 할지라도 누구든지 회개하고 예수 믿으면 하나님이 용서해 주시고 구원 주시는 줄 믿습니다. "이 패역한 세대에서 구원을 받으라"는 외침이 귀에 들립니다.

사랑하는 성도 여러분, 성경 말씀을 읽고 믿으시고 세상의 말에 귀를 줄이시기 바랍니다. 세상의 뉴스에, 세상 사람들의 학문과 세상 사람들의 말에 귀를 조금 줄이시고, 하나님의 말씀을 많이 읽고 들으시기를 바랍니다.

무슨 이야기를 많이 듣느냐에 따라 그것을 쫓아가게 됩니다. 세상 이야기를 많이 들으면 자꾸만 성경을 무시하고 세상 말을 자꾸 더 듣게 되고, 사람 말을 더 들으면 그 사람들 말을 더 따라가게 됩니다. 우리가 매일 성경 읽고 기도하고 성경을 살펴야 될 이유는 이런 패역한 세대에서 흔들리지 않고 믿음을 지켜나가는 길이 성경 말씀에 있기 때문입니다.

셀교회에서 함께 기도하고 말씀에 뿌리 내리고 흔들리지 않게 해야 합니다. 끝까지 믿음을 지켜야 되기 때문입니다. 인간은 이 땅에서의 삶이 전부가 아닙니다. 잠깐 나그네의 인생을 살다가 영원한 하나님 나라로 가거나 지옥으로 갑니다. 이 세상을 위하여 어리석게 살지 마시기 바랍니다. 잠깐 살다 가는 인생입니다. 세상을 쫓아가지 마시고 하나님의 말씀에 뿌리를 내리면서 말씀을 지켜나가는 삶, 좁은 길로 가는 성도가 되기를 주의 이름으로 축복합니다.

"너희는 세상의 빛이다, 소금이다" 말씀합니다. 기독교인으로 어느 시대든 살아가는 것이 쉽지 않았습니다. 편하기만 하지 않았습니다. 불이익도, 고난도 당하고, 핍박도 당할 때가 많이 있었지만 믿음을 지키는 그 사람들을 통해서 지금까지 전 세계에 복음이 증거되어졌습니다. 우리도 이 믿음을 다음 세대에 반드시 물려줘야 될 줄 믿습니다. 이것을 물려주지 않는다면 하나님께 엄청난 책망을 받을 것입니다.

41절, "그 말을 받은 사람들은 세례를 받으매 이 날에 신도의 수가 삼천이나 더하더라."

이 말씀에 관해 여러 가지 견해가 있습니다. 어떤 분은 당시에 베드로가 설교하는 데 '3천 명이 한꺼번에 다 들었다'고 말합니다. 에베소에는 야외임에도 음향 효과가 좋아서 밑에서 한 사람이 말하면 삼천 명이 들을 수 있는 만큼의 그런 연극장도 있습니다. 또 생각해 보면, 하나님의 성령의 역사로 각 나라 말로 들었는데 하나님의 역사로 마이크도 스피커도 없었지만 삼천 명 이상 듣게 할 수 있었을 것입니다. 다른 하나의 견해는 베드로의 설교를 3천 명이 한 자리에서 다 들었다기보다는 각자 셀교회로 모여서 그 말씀을 듣고 믿고 회개하고 세례 받았을 것이라는 것입니다. 이해가 됩니다.

또 하나의 문제가 있습니다. 삼천 명이 어떻게 세례를 받았을 것인가 학자들이 두 가지를 이야기합니다. 그때 옆에 강이 많았다 그래서 그 강에 가서 받았을 것이다, 아니면 약식 세례로 머리에 물을 뿌리는 세례를 행했을 것이라는 것입니다. 안 봐서 모르죠. 우리 교회도 세례줄 때 머리에 물을 뿌리는 의식을 하지만 약식 세례죠. 장사지낸 바 되는 것이라면 물에 잠겨야 되는 거 아닙니까? 어디에서 모였든 어떤 식으로 세례를 주었든 하루에 3천 명이 주님께로 돌아왔고 그들에게 세례를 주었다는 것입니다.

제가 왜 당시 셀교회 형식을 말하느냐 하면, 42절부터 47절까지 사도들의 셀교회가 바로 나오기 때문입니다. 각자 이 집, 저 집에서 셀로 모여 삼천 명이 은혜 받고 세례 받은 전체 모임으로 보는 것입니다.

> 42절, "그들이 사도의 가르침을 받아 서로 교제하고 떡을 떼며 오로지 기도하기를 힘쓰니라 사람마다 두려워하는데."

제가 중국의 어떤 지역에서 사역하는데 그곳에 가정교회가 있었습니다. 공안(경찰)이 잡으러 와서 다른 성으로 도망가서 성경공부를 인도했습니다. 그때 그 사람들이 자기 교회가 4만 명이나 된다고 했습니다. 교회 건물이 없었습니다. 그런데 4만명이 조직이 돼 있다고 했습니다. 절대로 흔들리지 않고 흩어지지 않는다고 했습니다. 그 말 듣고 깜짝 놀랐습니다. '아, 이게 가능하구나.'

예배당 건물이 없이도 5천 명의 큰 무리가 모여서 예루살렘 교회가 되고 안디옥 교회가 되었습니다. 루디아의 집에서, 브리스길라의 집에서, 각각 집에서 모여 예배 드리지만 그것이 하나의 연관성을 가질 수 있음을 보았습니다.

그들은 사도의 가르침을 받았습니다. 예수님이 이 땅에 계실 때 직접 사도들에게 말씀을 가르치셨습니다. 부활하신 이후에도 마가 다락방에서 예수님이 직접 가르쳤습니다. 그것을 사도들에게 위임하셨는데 그들은 예수 그리스도의 부활의 증인이었고 성령 충만 받은 사람들입니다. 이런 사람들이 하나님의 말씀을 전할 자격이 있는 사람들인 줄 믿습니다.

저는 우리 교회 셀 인도자들과 중직자들이 예수 그리스도의 부활의 증인이 되고 성령 충만 받은 분들이 되기를 소원합니다. 다른 것도 잘 해야 되겠지만 예수님을 바로 믿으며 예수로 충만하는 것이 제일 중요한 것입니다. 세상에서 좀 부족하다 할지라도 예수 충만하지 않는다면 다른 것은 아무리 잘해도 소용이 없습니다. 왜 3년 동안 예수님이 제자들에게 증인이 되도록 훈련하셨겠습니까?

우리는 예수를 믿는 믿음의 비밀이 있어야 됩니다. 그것이 우리에게 가장 중요한 것입니다. 그 다음에 초대교회가 집사를 뽑았던 것처럼 행정이 필요할 때가 있습니다. 행정이 하나님을 향한 믿음보다 먼저 가면 되지 않습니다. 행정은 항상 하나님 뒤에 따라와야 됩니다. 예수님이 가고 행정이 따라와야 됩니다. 그러나 행정은 세상에서 하는 일입니다. 우리 교회의 머리는 예수 그리스도인 줄 믿습니다.

이 사도들이 말씀을 전하지만 사실은 주의 성령께서 역사하셔서 성령의 감화 감동으로 말씀을 전하는 줄 믿으시기 바랍니다. 예루살렘 교회는 집사 7명을 안수 집사로 뽑았는데 사실은 그들이 다 사역자로서 주님 앞에 복음을 전한 사람들이었고 순교한 사람도 여러 명이 됩니다. 우리 중직자들도 복음 전도자가 되기를 소원하시기 바랍니다. 예수 믿고 복음 전도자가 되는 것이 중직자가 해야 될 가장 중요한 일입니다.

그들이 사도의 가르침을 받아 서로 교제하며 떡을 떼며 오로지 기도하기를 힘썼다고 했습니다. 초대교회 셀입니다. 셀에서 예수 그리스도가 증거되어지고 함께 기도하고 삶을 나누고 함께 모여서 늘 셀교회에는 다음의 4가지가 있어야 합니다. 그리스도의 말씀이 증거되어지고, 함께 모여야 하고, 주의 사랑으로 나눔이 있어야 하고, 그리고 함께 기도해야 합니다. 그냥 기도가 아니고 '오로지' 기도였습니다.

나눔은 자기 것을 자기 것으로 여기지 않았습니다. 마음이 좋고 풍부해서가 아니라 하나님의 성령의 충만을 받고 나니까 생각과 인식이 달라졌습니다. '이 물질이 내 것이 아니구나, 주의 것이구나, 그래서 많은 것은 약한 사람에게 나누라는 것이구나' 이렇게 깨달아진 것입니다. 나눌 때 자기 것을 주는 것이 아니라 주의 것을 나누게 된 줄 믿으시기 바랍니다. 그런 믿음이 없이 어찌 어찌 우리가 나눌 수 있습니까?

여러분, 저와 여러분의 생명이 주의 것입니다. 저와 여러분의 물질은 주의 것입니다. 저와 여러분의 은사가 주의 것입니다. 다 주님의 것입니다. 내 것이라고 생각하는 그때부터 우리는 불신앙하게 되고 하나님께 큰 죄를 짓는 것입니다. 주님의 것이기에 결정을 주님이 하도록 하셔야 되지 않습니까.

여러분, 성령 충만하면 내 것이 내 것이 아니고 주의 것이라는 것을 알게 될 줄 믿습니다. 그때 우리가 셀 위해서 나누게 되고, 자기 것을 주장하지 않게 되고, 섬겨서 감사하게 되고, 하나님 은혜에 감사하게 됩니다. 나누면 적어지는 것이 아니라 더 많이 풍성해짐을 믿으시기 바랍니다. 아멘.

형식과 순서에 따라 드리는 예배가 아니라 하나님의 성령이 주관하는 예배가 되어서 하나님이 주시는 감화 감동을 받습니다. 그러고 나니까 내 것이 내 것이 아니고 서로 나누게 됩니다. 오로지 주님 바라보면서 기도하게 되니 성령이 충만해지면서 사람마다 두려워합니다. 왜 그렇습니까? 하나님의 성령이 역사하시니까, 하나님이 임재하시니까 그렇습니다.

예루살렘교회는 하나님의 성령이 충만했기 때문에 사람들이 두려워했습니다.

> 43절, "사람마다 두려워하는데 사도들로 말미암아 기사와 표적이 많이 나타나니."

예루살렘교회 사도들의 셀교회에 하나님께서 역사하셨다는 겁니다. 우리 교회뿐만 아니고 모든 셀교회에 하나님의 임재를 통해서 기도 응답과 치료와 표적과 증거와 기적이 일어나게 되기를 주의 이름으로 축복합니다. 제 개인적인 소원은 우리 셀교회가 이런 교회가 되기를 원합니다. 그러면 대한민국을 살리고 세계를 살리는 역사도 일어나게 될 줄 믿습니다.

44~46절, "믿는 사람이 다 함께 있어 모든 물건을 서로 통용하고 또 재산과 소유를 팔아 각 사람의 필요를 따라 나눠 주며 날마다 마음을 같이하여 성전에 모이기를 힘쓰고 집에서 떡을 떼며 기쁨과 순전한 마음으로 음식을 먹고."

제가 말씀드렸어요. 셀교회에서는 다음 두 가지를 기억합니다. 첫째, 우리는 인간적 사랑이 아니라 내게 있는 모든 것은 주의 것이고 하나님이 나누고 함께하라고 주셨다는 믿음이 있습니다. 둘째, 하나님을 사랑하고 교회를 사랑하는 마음이 있습니다. 성도를 사랑하는 마음이 있어야 나눌 수가 있습니다. 아깝게 여기고 괜히 했다 후회스러우면 할 수가 없는 것이죠. 나눈 다음에 더 큰 기쁨이 있었습니다. 더 큰 감사가 있었습니다.

47절, "하나님을 찬미하며 또 온 백성에게 칭송을 받으니 주께서 구원 받는 사람을 날마다 더하게 하시니라."

아주 중요한 말씀입니다. 많은 사람이 고백합니다. 열심히 전도는 하는데 전도가 잘 안 된다고요. 하나님이 역사하지 않으니까 전도가 잘 안 되는 것입니다. 전도의 중요한 모체는 개인이 아니고 셀교회입니다. 셀교회가 전도하는 영적 가정이며 양육하는 영적 가정입니다. 응답받는 영적 가정입니다.

셀교회에 가서 함께 용서하세요. 함께 사랑하세요. 용납하세요. 함께 내놓고 기도하세요. 함께 하세요. 셀교회가 든든히 서가야만 어떤 시대에 어떤 어려운 사건이 일어난다 할지라도 끝까지 믿음을 지켜나가게 될 줄 믿습니다. 개인 한 사람, 한 사람만 있으면 다 무너집니다.

"세 겹 줄은 끊어지지 아니하느니라."(전 4:12)

완전한 인간은 하나도 없습니다. 그러므로 모든 셀교회가, 모든 교회가 하나 되어서 신앙을 지켜 나가고 믿음을 지켜나가고 복음 전해야 될 것입니다. 교회의 머리는 예수님이십니다. 셀교회, 교회 주인은 예수 그리스도이십니다. 여러분이 셀교회로 모일 때마다 항상 마음으로 입으로 예수님을 인정하시기 바랍니다. 그분께 우리가 예배하고 그분의 말씀을 듣고 그 예수 이름으로 함께 모였고 예수님께 오로지 기도할 때 셀교회가 초대 교회 같은 축복된 교회가 될 줄 믿습니다. 이런 축복이 있기를 예수님의 이름으로 축원합니다.

9강 | 행 3:1~10

　예수님은 지금도 살아계십니다. 할렐루야! 사도행전 2장에 성령 충만한 역사가 일어났습니다. 바람 같은, 불의 혀같이 갈라지고 각 나라 말로 듣는 방언의 역사도 일어났습니다. 그리고 때로는 그 사건을 보고 '술 취했나?' 의심하는 자들에게 베드로는 설교를 통해 '그것이 요엘서 2장의 예언이다, 이 성령이 오신 것은 나사렛 예수 그리스도를 통해서 오신 것이다' 하고 예수님을 증거했습니다.

　그 후에 초대교회의 최초의 셀교회 모습을 봅니다. 사도행전 2장 1절 이하에 보면 사도의 가르침을 받아 서로 교제하며 떡을 떼며 오로지 기도하기를 힘썼다고 했습니다. 그리고 셀교회 모습이 나오고 그다음에 나면서부터 걷지 못한 사람이 고침받는 일이 일어납니다. 그 기적을 통해서 예수님은 하나님 아들 그리스도이시고 지금도 살아계시고 그 사건을 통해서 많은 사람들이 예수 믿고 돌아오는 역사가 일어나게 된 줄 믿습니다.

　1절, "제 구 시 기도 시간에 베드로와 요한이 성전에 올라갈새."

　제 9시 기도 시간에 유대인들은 하루에 세 번씩 의무적이고 습관적으로 기도를 합니다. 본문의 제 구시는 오후 3시입니다. 그래서 우리도 시간 정해놓고 기도하는 것은 굉장히 중요하고 축복된 일입니다. 사람은 그냥 두면 잘 잊어버립니다. 그리고 기도는 하나님과의 교통이요 하나님의 성령이 역사하는 약속을 이루는 시간입니다. 하나님이 일하시기 때문에 기도 시간은 기적의 시간, 전도의 문이 열리는 시간, 사탄의 나라가 무너지는 시간, 하나님이 함께하는 시간인 줄 믿습니다.

최초의 셀교회인 마가의 다락방에 모여서 기도할 때 성령 충만한 역사, 놀라운 하나님의 기적의 역사들이 일어났습니다. 사도행전 10장에 보면, 고넬료는 이방인이지만 기도하는 중에 하나님이 주의 사자를 보내고, 욥바에서 베드로를 보내서 말씀을 듣게 했고, 온 가정이 다 구원받는 역사가 있었습니다. 바울 공동체가 빌립보에 갔을 때 기도처가 있는가 찾다가 루디아를 만났고, 그 루디아의 집에서 빌립보 교회가 시작되었습니다. 기도 시간은 하나님이 일하는 시간인 줄 믿습니다.

그냥 기도하지 말고 '이 시간, 주님이 살아계셔서 우리의 기도를 들으시고 시행하구나' 하는 믿음으로 기도하시기를 바랍니다. 저도 옛날에는 그냥 기도했는데 예수님은 하나님 아들 그리스도라는 것을 사실 역사적 사건으로 믿고 예수님이 십자가에 죽으셨다가 살아나시고 지금 살아계시다는 것을 사실로 믿고 나니까 기도할 때마다 하나님이, 지금 예수님이 살아계셔서 나의 기도를 들으시고 시행하고 계시구나 하는 믿음으로 기도하게 되었습니다. 그러니까 하나님의 응답이 달랐습니다. 그래서 여러분들도 살아계신 예수님 우리의 기도를 들으시고 응답하신 예수님을 믿고 기도하시기 바랍니다.

예수님께서 "내 이름으로 기도하면 내가 행하리라"(요 14:13, 14) 하셨고, "지금까지는 너희가 내 이름으로 아무 것도 구하지 아니하였으나 구하라 그리하면 받으리니 너희 기쁨이 충만하리라"(요 16:24) 하셨습니다. 예수님의 이름으로 기도할 때 놀라운 역사들이 일어났는데 지금 우리가 기도해야 될 때인 줄 믿습니다. 우리 교회도, 한국 교회도, 이 나라도, 선교 지역도, 다음 세대도 다 어렵지만 기도하지 않고 있는 것은 성도로서 죄를 짓는 것입니다.

2절, "나면서 못 걷게 된 이를 사람들이 메고 오니 이는 성전에 들어가는 사람들에게 구걸하기 위하여 날마다 미문이라는 성전 문에 두는 자라."

기도 시간에 놀라운 역사가 일어났습니다. 당시만 하더라도 예배가 마가 다락방에서, 성전에서 드렸고, 안식일에도 모이고 주일도 모였습니다. 사도행전을 자세히 읽어 보면, 사도행전 마지막에 가서는 안식일에 모이지 않습니다. 성전에 올라가는 일도 없습니다.

셀교회에서 모이고, 또 안식일이 아닌 주의 날에 모입니다. 할렐루야! 어떤 사람들은 일요일이라고 부르는데, 주일입니다. 주의 날입니다. 그래서 우리가 주의 날, 예수님이 부활하신 날에 모이는데 초대 교회에서도 주의 날이라고 했습니다.

여기 나면서 못 걷게 된 사람이 있습니다. 앉은뱅이라는 표현이 혹시 불편한 분들에게 상처가 될까 싶어서 이렇게 번역했는지 몰라도 옛날 역본에는 앉은뱅이라고 했습니다. 우리가 이해하기는 그것이 더 훨씬 이해하기 쉽습니다. 왜냐하면 나면서부터 앉은뱅이라면 태어나면서부터 전혀 걸어본 적이 없는 사람으로 이해가 됩니다.

유대인들은 눈이 하나 없든지 못 걷는다든지 하면 하나님의 성전에 들어갈 수가 없습니다. 그래서 성전에도 못 들어가고 취직도 못하고 농사일도 못하니까 구걸하면서 살게 되는 것입니다. 구약적인 개념이 있어서 하나님께 드려지는 좋은 흠이 없어야 된다고 해서 그랬던 것입니다.

나면서부터 앉은뱅이가 사람들에게 얼마나 멸시를 받고 천대 받았겠습니까. 저주 받아서 그렇다고 하면 부모나 본인은 마음이 얼마나 상처가 되었겠습니까. 그런데 그래도 죽을 수는 없잖아요. 이런 앉은뱅이를 주님은 일으켜서 하나님의 자녀로 새로운 삶을 살게 하시고, 복음을 전파하는 그리스도의 증인이 되게 하시는 놀라운 복을 받게 하신 줄 믿습니다.

예수님 안에서는 과거에 어떤 일을 하던 사람이든지 과거를 묻지 않습니다. "이전 것은 지나갔으니 보라 새것이 되었도다."(고후 5:17) 무식해도 돈이 없어도 복음 전할 수 있고, 다리가 불편해도 복음 전할 수 있고 예수 믿을 수 있고 하나님의 은혜를 누리고 응답받을 수 있습니다. 복음이야말로 최고로 위대한 것입니다. 할렐루야.

> 3~5절, "그가 베드로와 요한이 성전에 들어가려 함을 보고 구걸하거늘 베드로가 요한과 더불어 주목하여 이르되 우리를 보라 하니 그가 그들에게서 무엇을 얻을까 하여 바라보거늘."

베드로와 요한이 성전에 들어가려 할 때 그 사람은 한 푼이라도 더 얻기 위해서 구걸했을 것입니다. 그런데 베드로와 요한이 더불어 주목하여 보면서 '우리를 보라' 합니다. 베드로와 요한은 매 년 성전에 들어가면서 이 앉은뱅이를 보았을 것입니다. 사도행전 4장 22절에 보면 그의 나이가 약 40세가 된다고 했으니까 10살 때부터 앉아 있었다면 삼십 년을 앉아 있었습니다. 그렇다면 수많은 이스라엘 사람들이 다 봤을 것이고, 베드로, 요한도 어쩌면 그전에 동전 하나 던져주었을 것입니다. 그런데 베드로와 요한이 성령이 충만하고 나니까 보는 게 달라졌습니다. 이 사람에게는 은과 금이 필요한 것이 아니고, 나사렛 예수가 필요하다고 생각했을 것입니다.

여러분, 성도는 성령 충만해야 생각이 달라지고, 보는 것과 행동이 달라지고 말이 달라집니다. 성령 충만하지 않으면 육신적인 사람이 됩니다. 방법이 없어요. 그래서 "오직 성령 충만을 받으라"(엡 5:18)고 말씀합니다.

가정에서 부부 중 한 쪽이 성령 충만하면 싸우게 됩니다. 싸워서 성령 충만한 쪽으로 인도 받아야 합니다. 육신 충만한 쪽으로 인도 받으면 망합니다. 싸우는 것을 두려워하지 마세요. 자녀가 성령 충만하다면 부모가 그쪽으로 따라가야 하고, 부모가 성령 충만하다면 자녀는 그쪽으로 따라가야 하고, 남편이 성령 충만하면 아내는 그 남편 따라가야 합니다. 왜요? 성령이 하나님이시기 때문입니다.

교회서든 사회에서든 성령 충만 하지 않으면 말하지 마시기 바랍니다. 안 그러면 자꾸 육신적인 말을 하고 틀린 말을 하게 됩니다. 성령 충만하지 않는 사람일수록 말이 많습니다. 성령 충만하면 정말 은혜 되는 말, 덕스러운 말, 하나님께 영광 돌리는 말을 합니다. 그래서 성령 충만한 성도가 되어야 될 줄 믿습니다.

베드로, 요한이 성령 충만하고 나니까 평소에 앉아 있던 이 앉은뱅이에 대해 하나님의 구원 계획이 있음을 보았습니다. 그래서 '우리를 주목하여 보라'는 말은 집중하여 계속 보는 상태를 말하는 것입니다. 그 앉은뱅이가 그들에게 무엇을 얻을까 하여 바라봅니다.

> 6절, "베드로가 이르되 은과 금은 내게 없거니와 내게 있는 이것을 네게 주노니 나사렛 예수 그리스도의 이름으로 일어나 걸으라 하고."

하나님이 우리에게 주신 그리스도는 최고의 축복이요, 최고의 응답임을 믿으시기 바랍니다. 은과 금은 잠깐 필요하지만 이 땅을 떠날 때 소용이 없습니다. 잘못하면 그것 때문에 죄를 많이 짓게 됩니다. 은과 금 때문에 다투고 싸우게 됩니다. 그러나 예수 그리스도의 이름은 우리를 모든 죄에서 해방시킵니다. 하나님의 나라를 약속한 이름, 이 땅에 살면서도 성령이 우리와 함께 하셔서 늘 지키고 인도하시고 위로하시고 응답 주시는 이름, 이런 이름은 '예수'밖에 없습니다. 그래서 성령 충만한 베드로와 요한이 그를 봤을 때 그에게 필요한 것은 돈 몇 푼이 아니라 예수 그리스도임을 본 것입니다.

예수 믿는 것을 부끄러워 하는 사람들이 주변에 있는데 그러지 말고 예수 믿는 것이 가장 자랑스럽고 복된 일을 증거하고 당당하게 사시기를 주의 이름으로 축복합니다. 하나님의 뜻은 첫째로 기독교인이 회개하고 돌아오는 것이고, 이 뜻을 통해서 불신자들이 하나님께 돌아와 구원받는 것 또한 하나님의 뜻입니다. 세상 사람 말 다 믿고 거기에 홀딱 넘어가지 마시고 우리가 하나님 앞에서 정신을 차려서 믿음 중심으로 보고 나아가야 될 줄 믿습니다. 그래서 어려운 때일 수록 예수님을 자랑하고 예수님을 높이는 그런 성도가 되시기 바랍니다.

욕 먹어도 당당하세요. '나 예수 믿는 사람이고 하나님은 살아계십니다, 하나님은 이런 분이십니다, 내가 이렇게 살았는데 예수님 믿고 이렇게 변화됐습니다' 하면서 당당하시기 바랍니다.

7절, "오른손을 잡아 일으키니 발과 발목이 곧 힘을 얻고."

오른손을 잡아 일으킨 것은 베드로에게 하나님께서 나면서부터 걷지 못한 그 사람을 고치신다는 확실한 믿음이 있기 때문에 한 행동이었습니다. 안 그러면 그렇게 할 수 없습니다. 그리고 발목은 의학적 용어입니다. 누가는 의사입니다. 의사가 볼 때, 평생 동안 앉아 있던 사람이 발과 발목에 힘을 얻어서 뛰기도 하고 걷기도 했다는 것은 하나님이 살아 계시는 것을 보여준 기적이며 의술로서는 도무지 있을 수 없는 일이라는 뜻입니다.

당시에도 앉은뱅이들이 많이 있었을 것인데 왜 이 앉은뱅이를 하나님이 일으키셨느냐? 첫째로, 이 앉은뱅이의 중심을 보셨기 때문입니다. 앉은뱅이는 많은 사람들이 성전에 들어가는 것을 보면서 '나도 한번 하나님께 예배 드리고 싶은데, 한번 찬송하고 싶은데 갈 수가 없어, 나는 안 돼, 나는 저주받은 인간이야, 천시 당하고 멸시 당하고 그래도 죽을 수 없어서 구걸해서 먹고 사는데, 그러나 꼭 건강한 몸으로 성전에 들어가서 다른 사람처럼 하나님께 예배하고 싶다'는 소원을 가졌을 것입니다. 이 간절한 마음의 소원을 보시고 하나님께서 일하신 것이라 믿습니다. 그 증거는 그가 일어나자마자 성전으로 들어가며 찬미한 것입니다. 사람이 자기가 제일 먼저 하고 싶은 것을 일어나자마자 하게 되는 것입니다. 춤추고 싶은 사람은 춤 집에 가고 짜장면 먹고 싶은 사람은 짜장면 집에 갑니다. 그런데 이 사람은 일어나자마자 성전으로 뛰어가면서 걸으면서 하나님을 찬미했습니다.

여러분, 그가 얼마나 기뻐했는지 제 경험을 보니 이해가 됩니다. 제가 예수님을 믿고 나니까 너무 기뻐서 걷지를 못했습니다. 그냥 걸어 다닐 수가 없어 뛰어 다녔습니다. 이 앉은뱅이가 얼마나 기쁘겠는지 예수 그리스도의 이름으로, 하나님의 능력으로 일어나서 너무너무 기뻐서 뛰면서 걸어가면서 이렇게 외쳤을 것입니다.

'나도 이제 성전에 들어가서 예배할 수 있어요, 나도 이제 성전에서 하나님을 찬미할 수 있어요, 나도 이제 저주에서 해방되어 이제 복 받았어요!' 이 중심을 보시고 이 앉은뱅이를 치료하신 줄 믿습니다.

　많은 사람들이 있지만 누가 은혜를 받습니까? 어린 아이같이 겸손하고 낮고 순수한 사람이 은혜 받습니다. 낮은 자에게는 은혜를 주시지만 교만한 자는 물리치십니다. 낮은 사람은 항상 은혜가 됩니다. 하늘을 봐도 은혜가 되고 무엇을 봐도 은혜가 되는 사람이 겸손한 사람입니다. 교만한 사람은 뭐든지 열 받습니다. 목사가 되고 장로가 되어서도 이것도 저것도 전부 다 잘못 된 것만 보입니다. 전부 다 비방하고 욕하고 분리하고 싸웁니다. 교만한 사람이예요. 교만하면 '나는 안 그렇다, 나는 겸손하다' 하는데 그런 열매들이 나타납니다.

　교만한 사람의 특징은 자신이 교만한 줄 모르는 겁니다. 불쌍한 거지요. 여러분, 주위에 그런 일이 일어난다면 '나는 교만하구나' 진단하셔야 됩니다. 그리고 회개하고 겸손해져야 됩니다. 겸손한 사람은 평생 기도하면서도 평생토록 낮아져서 하나님을 경외하고 성도들을 사랑하고 존경하고 불신자를 겸손히 섬깁니다. '이런 사람 되게 해주옵소서, 평생 겸손해서 은혜 받는 사람 되게 해주옵소서' 그렇게 기도하시기 바랍니다. 이 앉은뱅이는 마음의 중심이 하나님께 은혜 받을 사람이기 때문에 그 많은 사람들 중에서 이 사람이 하나님께 구원받고 치료 받은 줄 믿습니다.

　둘째로, 예루살렘과 온 이스라엘에 복음을 전해야 되는 사람이기 때문입니다. 이 사람이 성전 미문에 앉아 있어서 유명해졌습니다. 세상에 모르는 사람이 없습니다. 그러니 이 사람이 예수 믿고 일어나 걸었다 하면 그 예수님의 이름이 온 이스라엘에 퍼져 나가게 되어 있습니다. 그래서 세상에서 가난해도 되고 못 배워도 되고 인기 없어도 되고 다 괜찮습니다. 그런데 아주 유명한 사람인데 예수님을 안 믿던 사람이 예수 믿고 변했다 하면 복음이 더 잘 증거됩니다. 아는 사람이 많아서 그렇습니다.

그러니까 인기 있는 연예인이 진짜 예수 잘 믿고 변하면 전도하기가 좋은 이유가 그것입니다. 그럼 돈 없고 가난하다고 그건 못하느냐 그런 뜻은 아닙니다. 나면서부터 걷지 못한 사람은 사실은 못 걸어서 그렇지 유명해진 것입니다. 이 사람이 예수의 이름으로 일어났다는 것은 예수님이 하나님의 아들 그리스도이시고 살아계시다는 것이 증거되는 중요한 메시지이기 때문에 하나님이 이 사람을 치료하신 줄 믿습니다.

8절, "뛰어 서서 걸으며 그들과 함께 성전으로 들어가면서 걷기도 하고 뛰기도 하며 하나님을 찬송하니."

하나님께서 이렇게 해서 이 앉은뱅이를 치료하는 것이 하나님의 은혜지만 그 목적이 아니라 이 일을 통해서 예수 그리스도를 증거하고 살아계심을 증거하는 것이 하나님의 뜻이 있음을 믿습니다.

이후에 보면, 유대인들이 앉은뱅이를 왜 일으켰냐고 시비를 걸었습니다. 베드로가 앉은뱅이를 일으킨 이 선한 일에서 사실은 앉은뱅이를 일으켰기 때문에 시비 거는 것이 아닙니다. 예루살렘에 사는 유대인들이 다 아는 나면서부터 사십 년 동안 앉은뱅이였던 사람이 일어났다는 것은 엄청난 일이었습니다. 그 당시에 예수님을 이단이다, 제자들이 죽은 예수를 훔쳐가고는 부활했다고 거짓말을 한다는 등 온갖 유언비어가 있던 때였습니다. 그런데 나사렛 예수 이름으로 그 사람이 일어났다는 것은 예수님은 하나님의 아들 그리스도이시고 지금도 살아계신다는 사실이 증거되었던 초대 교회에 아주 중요한 메시지였고 중요한 사건이었기 때문에 자꾸 시비를 건 것이었습니다.

여러분, 예수님은 하나님의 아들 그리스도입니다. 다른 이름으로는 구원받을 길이 없습니다. 지금도 살아계셔서 우리 예배를 받으시고 기도를 받으시고 우리의 발걸음 속에 전도의 열매를 맺게 하시는 줄 믿습니다. 성령 충만하기를 소원하시고 영혼 구원에 소원을 주고 기도할 때 하나님은 그런 사람에게 역사하셔서 하나님의 뜻을 이루는 줄 믿습니다.

> 9~10절, "모든 백성이 그 걷는 것과 하나님을 찬송함을 보고 그가 본래 성전 미문에 앉아 구걸하던 사람인 줄 알고 그에게 일어난 일로 인하여 심히 놀랍게 여기며 놀라니라."

저 사람은 사십 년 동안 앉아 있는 사람인데 이건 놀라운 일이다. 하나님이 살아 계신다, 예수님은 하나님 아들이시다, 지금도 살아계시는구나.

사랑하는 여러분 살아계신 예수님 믿는 성도가 되시기 바랍니다. 예배당 안에 예배드릴 때만 살아계신 것이 아니라 우리 가정에서도 직장에서도 삶 속에서도 그 살아계신 예수님 믿고 기도하고 주님 따르고 예수님 자랑하고 이런 신앙되기를 주 예수의 이름으로 축복합니다.

10강 | 행 3:11~26

베드로의 설교에 특징이 있습니다. 마가의 다락방에서 일어난 성령 충만한 놀라운 표적과 기사와 함께 예수님을 전했습니다. 예수님은 하나님의 아들 그리스도이십니다. 지금 살아계십니다. 사도행전 3장에 보면 나면서부터 걷지 못하는 사람, 약 40세가 됐고 성전의 미문에서 구걸하던 사람인데, "은과 금은 없지만 나사렛 예수의 이름으로 일어나 걸어라" 하는 이 선포를 통해서 뛰며 걸으며 찬미하면서 성전에 들어갔습니다.

이 사건을 통해서 예수님은 하나님의 아들 그리스도이심이 증거 되었습니다. 내가 무슨 능력으로 한 것이 아니고 예수 이름으로 일어났습니다. "예수님 지금도 살아계십니다!" 이렇게 증거했습니다.

이 말씀 속에서 우리가 기억해야 될 것은 베드로는 하나님의 기적과 역사와 응답을 보고 기적에 초점을 맞추지 않고 배후에 일하시는 예수 그리스도를 보고 증거했다는 것입니다. 저와 여러분이 기도에서 응답 받고 복음 전하다가 귀신이 떠나가고 또 때로는 하나님의 역사가 일어난다 할지라도 '응답받았습니다, 하나님이 지금 복을 주셨습니다'라고 하는 것보다 배후에 예수님이 살아계셔서 일하시고 역사하심을 믿게 되시기를 바랍니다.

11절, "나은 사람이 베드로와 요한을 붙잡으니 모든 백성이 크게 놀라며 달려 나아가 솔로몬의 행각이라 불리우는 행각에 모이거늘."

병 나은 사람이 어떤 사람이었습니까? 나면서부터 걷지 못하던 약 40세 되는 사람입니다. 이 사람이 얼마나 걸어 다니고 싶었겠습니까. 이 사람이 얼마나 성전에 들어가고 싶었겠습니까. 이 사람이 얼마나 직장에 다니고 싶고, 놀러 다니고 싶었겠습니까. 그런데 아무것도 할 수가 없었습니다. 마음은 있지만 아무것도 할 수 없었는데 이 사람이 어느 날 베드로와 요한을 통해서 일어났습니다. 성전에 들어갈 수 있었습니다. 걸을 수 있었습니다. 뛰어 다닐 수 있었습니다.

얼마나 기쁘고 감사했겠어요. 만약 우리가 이 환경이 된다면 우리도 우리를 낫게 해준 분을 잡고 고마움을 표했겠지요. 이 사람이 너무 감사해서 베드로, 요한을 붙들었습니다. 사람들이 볼 때, 이 사람은 성전 미문에 수십 년 동안 앉아 있던 걷지 못한 그 사람인데 고참 받았다고 사람들이 모여들기 시작했습니다.

솔로몬의 행각이라고 그랬죠. 성전의 동쪽 벽에 있는 돌 기둥이 한 8 내지 9m가 되고, 162개나 되는 기둥 위에 백향목으로 지붕을 이었는데 그걸 행각이라고 그럽니다. 많은 사람들이 거기 와서 대화하기도 하고 놀기도 하는 곳인데 예수님께서도 이곳에서 거니셨다고 성경은 말합니다.(요 10:23)

> 12절, "베드로가 이것을 보고 백성에게 말하되 이스라엘 사람들아 이 일을 왜 놀랍게 여기느냐 우리 개인의 권능과 경건으로 이 사람을 걷게 한 것처럼 왜 우리를 주목하느냐."

어떤 사람이 복음 전할 때 귀신이 떠나가고 병이 낫고 하면 '와, 대단한 목사님이시다, 대단한 능력이 있다' 합니다. 이것은 잘못입니다. 사람은 그럴 능력이 없습니다. 모든 사람은 다 죄인입니다.

오직 예수 그리스도 이름으로 그 일이 일어날 수 있습니다.

참과 거짓의 차이가 무엇입니까? 거짓은 이렇게 말합니다. '나는 능력 있는 사람이고 내가 기도하면 앉은뱅이도 일어나고 세상에 있는 모든 앉은뱅이는 내게로 오라.' 이것이 거짓말하는 가짜입니다. 진짜는 내가 아니라고 말합니다. '우리는 그런 능력이 없습니다, 살아계신 예수 그리스도께서 치료하셨습니다.' 베드로가 지금 그렇게 말합니다. '왜 놀랍게 여깁니까? 우리 개인의 권능과 경건으로 이 사람을 걷게 한 것처럼 왜 우리를 주목합니까? 당신들은 우리를 대단한 사람같이 보는데 우리가 무슨 권능과 경험이 있는 줄 아십니까? 그게 아닙니다, 나사렛 예수 이름으로 이 사람이 낫게 되었습니다.'

사랑하는 여러분, 예수님 믿고 예수님 자랑하는 성도가 되시기 바랍니다. 여러분이 충성하고, 헌신하고, 봉사하고, 어떤 일을 했다 할지라도 '내가 기도 많이 하고 내가 열심히 했어'라고 하지 마시고 '하나님이 나에게 이런 은혜 주셔서 감사합니다, 헌신할 수 있어서 너무너무 감사하고 하나님께 헌금할 수 있고 복음 전할 수 있어서 감사합니다' 라고 겸손히 주의 이름을 높이시기 바랍니다.

하나님을 그냥 하나님이라 하지 않고, 아브라함과 이삭과 야곱의 하나님, 언약의 하나님, 약속의 하나님께서 그리스도를 보내겠다고 약속한 그 약속대로 오신 분이 나사렛 예수님입니다. 여러분 하나님은 말씀하지 않고 일하는 법이 없습니다. 일하시기 전에 말씀을 먼저 주십니다. 성경은 하나님의 약속인 줄 믿으시기 바랍니다.

13절, "아브라함과 이삭과 야곱의 하나님 곧 우리 조상의 하나님이 그의 종 예수를 영화롭게 하셨느니라."

그 약속의 하나님이 그리스도를 보낸다고 하셨고 그 그리스도는 고난의 종으로 이 땅에 와서 고난 받는다고 예언돼 있습니다. 예수님을 하나님의 아들이라고 그러더니 왜 또 종이라고 그럽니까? 성경에는 그리스도를 고난의 종으로 비유할 때가 많습니다.

이사야 42장 1절 말씀에, "내가 붙드는 나의 종, 내 마음에 기뻐하는 자 곧 내가 택한 사람을 보라 내가 나의 영을 그에게 주었은즉 그가 이방에 정의를 베풀리라"고 합니다. 하나님께서 택한 사람, 누구입니까? 오실 그리스도를 말씀하시는 것입니다.

빌립보서 2장에 보면 예수님은 이 땅에 오시기 전에 그는 하나님과 하나님의 본체이셨는데 하나님과 동등 됨을 취할 것으로 여기지 않으셨다고 했습니다. 그 말의 뜻은 무엇인가요? 하나님과 동등하셨는데 낮아지셔서 사람과 같이 되셨고 죽기까지 복종하셨으니 곧 십자가에 죽으심이라 하나님은 그를 다시 살리사 높이 올려서 하나님 우편에 모든 이름 위에 이름이 무릎 위에 꿇게 하시고 그리스도를 영화롭게 하신 줄 믿습니다.(빌 2:6-8)

> 13~15절, "너희가 그를 넘겨 주고 빌라도가 놓아 주기로 결의한 것을 너희가 그 앞에서 거부하였으니 너희가 거룩하고 의로운 이를 거부하고 도리어 살인한 사람을 놓아 주기를 구하여 생명의 주를 죽였도다."

이때까지는 유대인들이 예수님이 어떤 분인지 잘 몰랐습니다. 빌라도가 예수님을 놓아주기로 했는데 그들이 외쳐서 그들이 못 박아 죽인 그 나사렛 예수 이름으로 이 사람이 지금 나은 것을 말합니다. 이 나사렛 예수는 하나님이 선지자를 통해서 보낸 약속한 그분이시라는 것입니다. 그 말을 들을 때 하나님의 성령에 감동 받은 사람은 찔리지 않았겠습니까. "바로 너희들이 죽이라고 했던 그 나사렛 예수 이름으로 이 사람이 일어나 걸었느니라."

15절, "그러나 하나님이 죽은 자 가운데서 그를 살리셨으니 우리가 이 일에 증인이라."

증인이란 말은 '마르투스'란 말인데 직접 보고 들은 사실을 목숨 걸고 말하는 사람입니다. 베드로는 '예수님은 하나님의 아들이며 십자가에 죽으시고 부활하셨으며 그 일에 우리가 증인이다.' 저와 여러분도 예수님을 그렇게 믿기 바랍니다.

증인은 직접 본 사람입니다. 사도 요한은 요한일서 1장 1절에 말하기를, "태초부터 있는 생명의 말씀에 관하여는 우리가 들은 바요 눈으로 본 바요 자세히 보고 우리의 손으로 만진 바라" 했는데 그렇게 '예수님은 천지를 만드신 하나님이 성령으로 잉태해서 이 땅에 오신 하나님이요 또 인류를 구원하기 위해서 이 땅에 죄 없는 사람으로 오신 사람이요 우리의 죄를 위해서 십자가에 죽으실 뿐만 아니라 삼일 만에 살아나신 분이시며 지금 내 안에 계십니다' 하고 본 것같이 만진 것같이 들은 것 같이 정확하고 분명하게 말씀 전할 수 있는 증인이 되기를 주의 이름으로 축복합니다. 하나님은 이런 일꾼을 세워서 전 세계에 복음 전하기를 원합니다.

16절, "그 이름을 믿으므로 그 이름이 너희가 보고 아는 이 사람을 성하게 하였나니 예수로 말미암아 난 믿음이 너희 모든 사람 앞에서 이같이 완전히 낫게 하였느니라."

'그 이름'이 우리가 기도할 때 '예수 이름으로 기도하고 마칠 때 붙이는 그 이름'을 뜻하는 것이 아닙니다. 그 이름은 그분을 믿는 것입니다. 예수님은 하나님이신 그리스도라는 사실을 믿는 믿음입니다. 그 이름을 믿는 믿음으로 그 사람이 낫게 되었다는 것입니다. 우리가 십자가에 못 박은 그 예수가 하나님의 아들인 그리스도이시고, 그 예수로 말미암아 난 믿음이 우리를 낫게 할 수 있음도 말씀하고 있습니다.

믿음은 하나님께서 우리에게 주신 선물인 줄 믿으시기 바랍니다.

"너희가 믿음으로 말미암아 구원을 얻었나니 이것이 너희에게서 난 것이 아니요 하나님의 선물이라"(엡 2:8)

또 그 믿음이 우리에게 왔을 때에 우리는 예배를 통해서 성경을 통해서 기도를 통해서 말씀을 실천함을 통해서 믿음이 성장하는 것입니다. 믿음이 성장해서 증인이 되기를 주의 이름으로 축복합니다.

17~18절, "형제들아 너희가 알지 못하여서 그리하였으며 너희 관리들도 그리한 줄 아노라 그러나 하나님이 모든 선지자의 입을 통하여 자기의 그리스도께서 고난 받으실 일을 미리 알게 하신 것을 이와 같이 이루셨느니라."

이미 구약성경에서 그리스도는 고난의 주로 예언돼 있다는 것입니다. 이사야서 53장 7절 말씀 보십시다. "그가 곤욕을 당하여 괴로울 때에도 그의 입을 열지 아니하였음이여 마치 도수장으로 끌려 가는 어린 양과 털 깎는 자 앞에서 잠잠한 양 같이 그의 입을 열지 아니하였도다." 이미 그리스도는 고난의 주로 예언되어 있기 때문에 그가 고난당하고 멸시 당한 것은 성경적이다, 그들 알지 못해서 주를 멸시했고 십자가에 못 박으라고 말했는데 사실은 예언돼 있는 말씀이었다는 것입니다.

19~20절, "그러므로 너희가 회개하고 돌이켜 너희 죄 없이 함을 받으라 이같이

하면 새롭게 되는 날이 주 앞으로부터 이를 것이요 또 주께서 너희를 위하여 예정하신 그리스도 곧 예수를 보내시리니."

'회개하고 돌이키고 생각과 마음을 바꾸고 예수님을 주로 영접하는 것이 진정한 회개인 줄 믿으시기 바랍니다. 회개하여 예수님을 믿으면 새로운 날, 예수 믿고 하나님의 자녀 되는 새로운 날이 이를 줄 믿으시기 바랍니다. "이전 것은 지나갔으니 보라 새것이 되었도다"(고후 5:17) 우리가 그렇게 하여 새로운 하나님의 자녀가 된 줄 믿습니다.

자녀가 되어 마음이 변하면 세상이 전부 다 다르게 보입니다. 세상이 하나님이 하신 걸 보게 되고, 하나님의 사랑을 보게 됩니다. 하나님의 능력과 하나님의 은혜를 알게 됩니다. 할렐루야.

인간이 화단에 핀 꽃을 가꾸면 하나님은 온천지 만물의 피조물과 바다 물고기까지 다 키우십니다. 이런 하나님을 대적하면 됩니까. 그 하나님의 위대하심과 능력은 한이 없으심을 믿습니다. 하나님이 우리를 새롭게 하셔서 새로운 피조물인 하나님의 자녀로 살게 하여 주시고, 또 주께서 우릴 위하여 예정하신 예수를 보내셨습니다. 주님은 다시 오실 줄 믿으시기 바랍니다.

초대 교회 성도들이 예수님 오신다는 재림 신앙을 가지고 산 것처럼 우리도 예수님 재림 신앙을 믿고 사시기를 바랍니다. 이 세상이 다 없어지기 전에 반드시 예수님은 재림하십니다. 그것을 우리가 확실히 알고 믿을 때 우리가 무엇을 위해서 살고 무엇을 하며 살아야 될 것인가 답이 나오는 것입니다.

주님의 재림에 대한 신앙이 없으면 우리는 세상에 빠져 살 수밖에 없습니다. 그러나 주님의 재림을 우리가 믿을 때 우리는 무엇을 어떻게 살아야 될 것인가, 무엇이 중요한가 하는 것을 알게 되고, 이 세상이 중요한 것이 아니라 영원한 삶이 중요한 것을 알게 되는 줄 믿습니다.

21절, "하나님이 영원 전부터 거룩한 선지자들의 입을 통하여 말씀하신 바 만물을 회복하실 때까지는 하늘이 마땅히 그를 받아 두리라."

만물이 회복한다는 것은 옛날로 돌아간다는 말이 아니라 새롭게 회복되는 것을 말하는 줄 믿습니다. 우리는 예수 그리스도를 통해서 아담으로 돌아가는 것이 아니라 하나님의 자녀가 되어 하나님 나라를 상속받게 되었습니다. 만물을 또한 새롭게 할 줄 믿습니다. 로마서 8장 19절 21절에는 "피조물이 고대하는 바는 하나님의 아들들이 나타나는 것이니 피조물이 허무한데 굴복하는 것은 자기의 뜻이 아니오 오직 굴복하게 하신 이로 말미암음이니라"고 했습니다. 이 모든 피조물도 하나님의 아들이 다시 와서 모든 것을 회복하기를 원하신다는 것입니다.

여러분, 이 땅에 있는 나무와 짐승들, 그리고 모든 만물이 저주 받았어요. 누구 때문에요? 사람 때문에. 인간이 죄를 짓고 나니까 저주 받아서 땅에 가시덤불과 엉겅퀴가 나고 짐승들도 저주를 받았습니다. 그러니까 우리가 길 가다가 꽃을 보고 나무를 보면 이렇게 말해야 합니다. '미안하다, 나 때문에 미안하다' 개나 소를 보고도 '나 때문에 네가 고생이 많다.'

우리 인간 때문에 만물이 저주 아래 있지만 그 모든 피조물도 주님 재림과 함께 회복되기를 원하시고, 예수님은 우리 인간만 구원해서 새롭게 하시는 것이 아니라 만물을 회복하시고, 이 지상에 있는 모든 땅은 간 곳이 없고 새 하늘과 새 땅이 신부가 신랑을 위해 단장함같이 내려온다고 했습니다.

예수 이름은 위대한 이름입니다. 한 사람 구원받는 이름이 아니라 우리를 새롭게 할 이름이며 만물을 새롭게 할 이름인 줄 믿으시기 바랍니다. 우리가 그분을 주로 믿으니 얼마나 놀라운 은혜요 기적입니까.

22절, "모세가 말하되 주 하나님이 너희를 위하여 너희 형제 가운데서 나 같은 선지자 하나를 세울 것이니 너희가 무엇이든지 그의 모든 말을 들을 것이라."

그리스도가 올 것인데 그리스도는 나 같은 선지자로 올 것이라고 모세가 말했습니다. 왜 모세가 그리스도를 자신 같은 선지자라고 그랬을까요? 많은 선지자가 있지만 계명을 준 선지자는 모세와 예수 그리스도이십니다. 모세는 시내산에서 하나님께 받아서 백성들에게 계명을 주었는데 후에 그리스도가 오면 새 계명을 주실 것이라는 것입니다. 그대로 오셔서 예수님은 새 계명을 주셨습니다. 저와 여러분이 주로 믿는 그분이 나사렛 예수 그리스도이십니다. 할렐루야! 어떤 상황에서도 믿음을 굳건히 지키고 확실한 믿음에 가하시기를 바랍니다.

23절, "누구든지 그 선지자의 말을 듣지 아니하는 자는 백성 중에서 멸망 받으리라 하였고."

여러분, 예수님의 말씀을 듣는 자는 구원 받고 죄 용서받고 새롭게 되지만 예수님의 말씀을 거부하고 받지 않으면 멸망합니다. 사람 망한다 말이 아니고 지옥 간다는 말입니다. 우리를 구원하는 주의 이름을 부르는 자마다 구원을 얻으리라. 할렐루야.

"영접하는 자 곧 그 이름을 믿는 자들에게는 하나님의 자녀가 되는 권세를 주셨으니."(요 1:12)

예수 이름으로 어떤 과거의 허물과 죄도 다 씻어주고 미래의 모든 것도 우리 주님 나라에 갈 때까지 주님은 우리를 하나님의 자녀로서 함께하실 것입니다. 그러나 예수님 안 믿고 구원받을 사람이 없습니다. 죄 용서받을 사람이 없습니다. 하나님 나라에 갈 사람이 없습니다. 하나님의 자녀가 되어야 하나님 나라에 가는데 예수 외에는 자녀 되는 길이 없습니다.

> "다른 이름으로서는 구원을 받을 수 없나니 천하 인간에게 구원을 받을 만한 다른 이름을 우리에게 주신 일이 없음이니라."(행 4:12)

하나님 아버지께서 인간을 구원하기 위해서 주신 이름은 '나사렛 예수 그리스도' 외에는 없습니다. 다른 이름이 없습니다. 속지 마시기 바랍니다. 우리 신앙은 종교 중에 하나가 아닙니다. 기독교는 복음이고 생명입니다. 그러기 때문에 핍박을 받고 어려움이 있고 순교하더라도 우리 선조들은 믿음을 지켜 나갔던 것입니다.

> 24절, "또한 사무엘부터 이어 말한 모든 선지자도 이때를 가리켜 말하였느니라."

구약의 모든 선지자가 오실 그리스도에게 딱 맞춰서 오신다, 오신다 예언했는데 그분이 지금 오신 것입니다. 그분의 이름으로 앉아 있던 사람, 40년 동안 걷지 못한 사람이 일어났습니다. 저와 여러분이 구원 받아서 마음의 성령이 온 것은 누구 이름이요? 예수님의 이름, 우리가 응답받을 이름, 예수 그리스도의 이름으로 우리가 이 세상에 살면서 하나님의 보호와 은혜를 받습니다. 그러므로 예수 이름으로 그 예수님 자랑하고 전하며 사는 것이 옳은 일인 줄 믿습니다.

> 25절, "너희는 선지자들의 자손이요 또 하나님이 너희 조상과 더불어 세우신 언약의 자손이라 아브라함에게 이르시기를 땅 위의 모든 족속이 너의 씨로 말미암

아 복을 받으리라 하셨으니."

우리는 아브라함과 같은 언약의 자손이 되었습니다. 아브라함에게는 두 아내가 있습니다. 사라와 하갈이 있는데 하갈이 낳은 아들 육신의 아들 이스마엘이 있습니다. 남자와 여자가 결혼해서 애기 낳은 것은 육신의 자녀가 됩니다. 이 육신의 자녀로서는 하나님 나라에 갈 수가 없어요. 이삭같은 언약의 자녀라야 됩니다.

그런데 하나님은 사라가 90세 때 아들을 주셨습니다. 하나님이 약속한 대로 하나님의 능력으로 아들을 주셨는데 이것을 보고 약속의 자녀라고 합니다. 예수님을 믿을 때 이삭과 같은 약속의 자녀가 되는 줄 믿습니다. 그래서 예수 믿을 때 우리가 아브라함을 '아버지 아브라함'이라고 하는 이유는 예수 믿고 구원받은 약속의 자녀가 되었습니다. 육신으로서는 있을 수 없는 일입니다.

우리는 언약의 자손입니다.

"아브라함에게 이르기를 땅의 모든 족속이 네 씨로 말미암아 복을 얻을 것이라"(창 12:3, 28:14)

여기에서 말하는 '씨'는 단수입니다. 예수 그리스도입니다. '예수 믿고 복 받으세요' 하는 것은 '예수 믿고 부자 되세요, 병 나으세요, 자식 잘 되세요' 하는 그런 뜻이 아닙니다. 그것은 '하나님의 자녀 되세요' 하는 것입니다. 하나님의 자녀 되는 것이 최고의 복인 줄 믿으시기 바랍니다.

신분이 변화되었어요. 그러면 그 안에 다 있는 것입니다. 예수님을 주셔서 우리에게 다 주셨기 때문에 이제는 기도함으로 응답받는 것입니다. 할렐루야! 우리가 하나님의 자녀 된 것은 다 받은 것입니다. 아무것도 안 받은 것

같이 생각하지 말고, 예수 믿고 구원 받아서 하나님 자녀가 되면 다 주시니까 그 하나님께 감사하면서 사시기 바랍니다.

예수 믿고 받는 복이 구원입니다. 최고의 복입니다. 그래서 '예수님 믿고 복 받으세요' 하는 말을 할 때 우리는 '하나님 믿고 자유자가 되었구나' 하는 생각을 해야 합니다. 부자 되는 것은 좋지만 자녀 되는 것과 부자 되는 것이 비교가 됩니까.

> 26절, "하나님이 그 종을 세워 복 주시려고 너희에게 먼저 보내사 너희로 하여금 너에게 각각 그 악함을 버리게 하셨느니라."

예수 믿는 것은 악함을 버리는 겁니다. 모든 악은 하나님을 떠나는 데서부터 시작합니다. 모든 선은 하나님을 경외하면서부터 시작되는 줄 믿으시기 바랍니다.

그 위로부터 오는 자는 첫째 성결하고, 하나님을 경외하는 사람은 악을 떠나게 돼 있습니다. 그러나 죄를 가까이 하면 하나님을 자꾸 떠나게 돼 있습니다.

하나님을 경외하는 사람은 악을 떠나게 돼 있습니다. 하나님을 경외하는 사람은 선을 좋아하게 돼 있습니다. 그 열매가 사랑하게 되고 섬기게 되고 선한 열매가 가득하게 돼 있습니다. 하나님이 거룩하신 분이기 때문에 그렇습니다. 여러분, 예수 믿는 사람은 악을 떠나 선을 향하여 가는 것인 줄 믿으시기 바랍니다.

여러분의 생활에 힘내서 승리하시기를 주의 이름으로 축복합니다.

11강 | 행 4:1~12

성령 충만하고 방언의 역사 또 불의 혀 같은 역사 바람 같은 역사가 일어나고 사도행전 3장에 나면서부터 걷지 못하는 약 40세 되는 사람이 주 예수 이름으로 일어나 걷는 사건에 대하여서 많은 사람들이, 야 이건 보통 일이 아니다, 하나님의 은혜와 능력이다 하고 솔로몬의 행각에 모여서 사도들의 설교를 듣고 5천 명이나 되는 많은 사람들이 예수를 믿고 군집을 하니까 비상이 걸린 겁니다.

정치하는 사람들은 사람이 많이 모이고 세력이 있으면 비상이 걸립니다. 그래서 특히 로마는 유대인들이 많이 모이는 걸 싫어했습니다. 그래서 산헤드린 공회가 전체에 모여서 모였단 말은 굉장히 중요한 사건으로 지금 다루기 위해서 모여서 그 일에 사도들에게 질문하고 사도들은 복음을 전하는 내용이 오늘 본문의 내용입니다.

1~2절, "사도들이 백성에게 말할 때 제사장과 성전 맡은 자와 사두개인들이 이르러 예수 안에 죽은 자의 부활이 있다고 백성을 가르치고 전함을 싫어하여."

여러분, 성령이 강하게 역사하고 복음이 증거 될수록 마귀도 열심히 일합니다. 성도가 기도하지 않고 예배드리지 않고 전도하지 않으면 마귀는 쉬고 있습니다. 그러나 성도가 기도하면 비상이 걸립니다. 예배 열심히 드리고 전도하면 마귀는 비상이 걸려서 핍박이 일어납니다.

초대 교회도 그랬고, 14억 인구에서 10분의 1이나 되는 사람이 성도인 중국에서도 그렇습니다. 시진핑이 교회를 불태우고, 부수고, 예배를 드리지 못하도록 억압을 하고 선교사들을 다 내쫓는 것을 언뜻 보면 시진핑이 하는 것 같은데 사실은 마귀의 역사입니다. 마귀의 목적은 예수님을 전하지 못하도록, 예배 못 드리도록, 기도 못하도록, 전도 못하게 하는 것입니다. 왜요? 예수 믿으면 구원받거든요. 그래서 모세가 이 땅에 태어날 때 바로가 모세를 죽이려고 했지만 사실은 그 배후 조종자는 마귀입니다.

예수님이 탄생했을 때 헤롯 왕이 어린 아이들을 죽이려고 했지만 사실은 마귀가 헤롯이라는 사람을 통해서 예수님을 죽이려고 했습니다. 예수님을 십자가에 못 박으면 이제 끝난 줄 알았는데 제자들이 더 열심히 해서 복음을 전하니까 비상이 걸렸습니다.

교회가 불같이 일어나는 것을 싫어하는 두 부류의 사람들이 있습니다. 첫째는, 당시 종교 지도자들이었습니다. 사두개인들, 주로 여기에서 제사장들, 바리새인들, 성경을 가르치는 선생들, 장로들입니다. 이런 종교 지도자들이 하나님을 믿고 예수를 믿어야 되는데 오히려 예수 믿는 사람을 핍박합니다. 여러분 신앙인이 되세요. 종교인이 되면 하나님을 대적하게 됩니다. 형식과 의식을 추구하는 종교인이 되지 말고 진짜로 예수 믿는 믿음의 사람 되시기를 주의 이름으로 축복합니다.

제사장은 성전 맡은 자로 구약에는 하나님의 전을 맡은 자였고, 성전 맡은 자의 대장은 당시에 대제사장 다음가는 직으로 굉장히 힘이 있었습니다. 그리고 사두개인들은 영혼의 존재도, 부활도, 내세도 안 믿습니다. 이 사두개인들은 지금 현재로 말하면 꼭 자유주의 신학자 같습니다. 신학을 하고 목사가 되고 설교하고 기도한다고 하는데, 예수님의 동정녀 탄생같은 것을 안 믿고 부활도 천국도 안 믿는 이런 사람들이 목사라고 하고 있습니다. 제가 말하기는 어렵지만 목사라고 해서 다 믿지 마시기 바랍니다. 목사 중에서 동정녀 탄생을 안 믿는 목사도 있습니다. 부활을 안 믿는 목사도 있고, 종교 다원주의 목사도 있습니다. 성경을 하나님의 말씀으로 믿고 전하는 사람의 말을 들어야 합니다.

나면서부터 40년 동안 걷지 못하는 사람이 일어난 것은 부활하신 예수 그리스도의 이름으로 된 것임을 믿습니다. 그 예수 믿으면 우리도 부활의 소망이 있습니다. 할렐루야. 그런데 사두개인들은 부활의 소망 그것을 너무 싫어합니다. 예수를 죽이면 끝인 줄 알았는데 제자들이 더 일어나서 복음을 전하고 또 부활을 전하고, 백성들은 여기 저기에서 모여드니까 시기가 일어난 것입니다.

둘째는, 당시의 정치 지도자들이었습니다. 로마하고 합작해서 그래도 먹고 사는 사람들입니다. 로마는 많이 모이는 것을 제일 싫어하기 때문에 그 눈치를 보기도 해서 모여서 이 사람들을 지금 재판하려는 것입니다.

3~4절. "그들을 잡으매 날이 이미 저물었으므로 이튿날까지 가두었으나 말씀을 들은 사람 중에 믿는 자가 많으니 남자의 수가 약 오천이나 되었더라."

유대인들은 재판할 때 밤에는 하지 않습니다. 가둬 놨다가 아침에 재판합니다. 가둬 놨는데 보니까 말씀을 듣는 사람 중에 믿는 자가 많아서 남자가 약 5천명이나 되었습니다. 주님을 바라보는 것이 그리스도인입니다. 어렵고 힘들고 핍박받고 고난이 올수록 예수님 더 바라보시기 바랍니다. 그럴수록 주를 위해서 사는 그리스도인들 되시기를 예수님의 이름으로 축복합니다. 생각을 바꾸셔야 됩니다. 그럴수록 더 복음을 전해야 됩니다. '목사님, 교회 오는 것도 근근이 왔는데 이런 시대에 복음을 어떻게 전합니까?' 하는 분이 있다면 틀린 생각입니다.

로마서 8장 35절에 "누가 우리를 그리스도의 사랑에서 끊으리요 환난이나 곤고나 박해나 기근이나 적신이나 위험이나 칼이랴" 했습니다. 그런 믿음을 가진 사람이면 비대면 예배 드린다고 믿음이 떨어지고 흔들려서 교회를 떠나게 됩니다. 그건 아닙니다. 그럴수록 더 열심히 예배드리고 기도하고 더 열심히 좋은 방법으로 모이고 그래서 믿음이 성장돼야 될 줄 믿습니다.

이번 주에도 제가 교역자의 보고를 받아보니까 어떤 셀에서는 이럴수록 더 전도를 계획하고 기도하고 전도 대상자를 위해 기도하고 만났는데 예수 믿고 영접한 사람 생기고 위로받는 사람도 있고, 힘을 얻었다고 합니다. 예수 믿지 않은 사람은 요즘 바깥에도 못 나가고 애들 집 안에서 키우고 하니까 우울하대요. 너무 답답하고 힘들대요. 그래서 오히려 위로하고 복음 전하고 했더니 더 좋아하더래요. 속지 마세요.

여러분, 직장에서는 사회에서 요즘 예수 믿는다면 눈총을 준대요. 속지 마세요. 당당하게 나 예수 믿는 사람이고요. 예수 믿기 전에는 내가 이랬는데 예수 믿고 나니까 내가 건강하게 되고 예수 믿고 나니까 내가 평강하게 되고 예수 믿고 나니까 기도해서 하나님이 응답을 받고 나는 하늘에 소망이 있고 나는 예수 믿는 사람입니다. 당당하시기 바랍니다. 직장에서든 학교에서 어디든지 이럴 때일수록 예수 믿는 사람이 표가 나야 됩니다. 거꾸로 하면 안 됩니다. 예수 믿는다면서 약삭 빠르게 하고 거짓말하고 사기치고 나쁜 짓 하면서 예수 믿는다 이러지 마세요.

이럴수록 겸손이 생기고 사랑하고 이럴수록 진실하고 사람 이럴수록 배려하고 일하면서 '나 예수 믿는 사람입니다' 이래야 하나님이 영광 받으시고 복음이 증거될 거 아닙니까. 예수님 전한다고 핍박하고 전하지 못하게 하고 감옥에 집어넣고 죽이고 이러는데 예루살렘 교회도 베드로의 설교를 듣고 더 많은 사람이 믿고 주께 돌아왔습니다.

환경이 우리 신앙을 무너뜨릴 수가 없습니다. 신앙은 환경을 이기는 것입니다. 신앙은 어떤 정치 권세도 이기는 것입니다. 신앙은 어떤 환경도 초월하는 것입니다.

예수 믿는 믿음이 협박에 의해서 꺾이고 그래서 불의한 일에 순종해서는 안됩니다. 만약에 이 시대에 회사에서나 학교에서 그런 일이 있다면 그들이 불의를 행하는 것입니다. 그것이 만약 정부의 지시라면 정부가 악한 일을 하는 것입니다. 종교의 자유는 우리 국민의 권리입니다. 교회 다닌다고 직장 오지 마라 학교 오지 마라 한다면 그것은 엄청나게 법에 위배되는 것입니다. 성도 여러분, 예수님 안에서 자유하시기를 바랍니다. 당당하시기를 바랍니다.

한국교회가 정신을 차리고 분명한 믿음을 가지고 이럴 때일수록 더 주님을 바라보고 더 주님을 위해서 살고 기도해야 합니다. 주를 위해서 산다는 것은 내가 예수 믿는 것 때문에 고난과 핍박을 당하고 손해를 보고 불이익을 당하고, 내가 양보하면서 어려움을 당해도 예수 믿는 믿음을 지켜 나가야 합니다. 신앙은 예수님 때문에 부자가 되고 예수님 때문에 사람들에게 인기 얻고 권력을 가지는 그런 것이 아닙니다. 그것은 예수님을 이용하는 것이지요. 우리는 예수 믿는 사람이지 예수님을 이용하는 사람이 아닙니다.

예수 믿는 성도 되시기 바랍니다. 이럴 때일수록 주를 위해서 살고 전도의 기회로 삼읍시다. 왜요? 사람들이 더 갈급하기 때문에 사람들 어렵기 때문입니다. 이럴 때일수록 모이기를 힘써야 합니다. 모이기를 폐하는 어떤 사람의 습관과 같이 하지 말고 그날이 가까울수록 예수님 재림할 날이 가까울수록 핍박 날이 가까울수록 더욱 모이기를 힘써야 합니다. 그래야만 신앙으로 이기고 승리하는 것입니다. 할렐루야! 그 모범이 초대 초대교회 사람들이잖아요. 핍박이 있다고 안 하는 것이 아닙니다. 방법을 다르게 할 뿐입니다.

> 5~6절, "이튿날 관리들과 장로들과 서기관들이 예루살렘에 모였는데 대제사장 안나스와 가야바와 요한과 알렉산더와 및 대제사장의 문중이 다 참여하여."

산헤드린 공회는 로마에서 사형 선고 외에는 민사, 형사, 종교 재판 등의 모든 권한을 다 가지고 있습니다. 나면서부터 걷지 못했던 그 사람이 일어난 이 사건에 대해서 이 사람들이 왜 이렇게 많이 모였습니까? 그들에겐 이 사건이 너무너무 중요한 일이었습니다. 사탄은 교회가 커지고 부흥되는 것을 싫어한다는 것을 아셔야 됩니다. 그래서 우리는 반대로 더 주님 앞에 나아가야 될 줄 믿습니다.

> 7절, "사도들을 가운데 세우고 묻되 너희가 무슨 권세와 누구의 이름으로 이 일을 행하였느냐."

함정이 있습니다. '무슨 권세로 했느냐' 했을 때 '예수 이름의 권세로 했다' 하면 올무에 걸립니다. 왜요? 예수님이 자신이 왕이라고 했을 때 유대인들은 가이사 외에는 왕이 없다고 했습니다. 그래서 예수님을 로마인의 반역

자요 죄인으로 몰아서 십자가에 못 박아 죽인 것입니다. 예수 이름으로 했다 하면 그렇게 올무에 빠지게 하는 겁니다. 한편, '무슨 권세로 했느냐?' 물을 때 '하나님의 권세로 했다' 하면 예수님에게 한 것처럼 하나님의 이름을 망령되이 일컫는다는 죄명을 씌웁니다.

올무를 놓기 위해서 당시 로마에서는 마술하는 사람을 사형했다고 합니다. 불신자 입장에서 보면 40년 동안 못 걷던 사람을 수술한 것도 아닌데 어떻게 걷고 뛰었느냐, 이해가 안 됩니다. 그러니까 우리가 지혜롭게 복음 전하고 증인이 되어야 합니다.

8~9절, "이에 베드로가 성령이 충만하여 이르되 백성의 관리들과 장로들아 만일 병자에게 행한 착한 일에 대하여 이 사람이 어떻게 구원을 받았느냐고 오늘 우리에게 질문한다면."

예수님이 잡혀간 후에 조그마한 계집종 하나가 베드로를 보고 '제사장님, 저 사람도 예수님의 제자입니다' 할 때 베드로는 강력히 부인합니다. 세 번째는 저주하면서까지 부인했습니다. 그 베드로가 성령 충만하고 나니까 산헤드린 공회 앞에서 담대히 예수님을 전하는 사람이 되었습니다.

우리가 이 시대를 이겨 나가는 유일한 길은 성령 충만뿐입니다. 그래서 '예수님은 하나님 아들 그리스도입니다, 그분 외에는 구주가 없습니다'라고 늘 외칠 수 있는 것입니다. 예수님 안 믿는 사람에겐 성령 충만은 없습니다. 조그마한 계집종 앞에서 벌벌 떨던 베드로가 성령 충만하니까 권력 가진 사람들 앞에서 당당하고 담대하게 말할 수 있게 된 것입니다.

온누리의 성도 여러분, 대한민국에 예수 믿는 성도 여러분, 성령 충만 받고 담대하시기를 바랍니다. 눌리고 좌절하고 우울하고 힘 빠지고 부정적인

이야기하지 말고 성령 충만해서 '나 예수 믿는 사람입니다, 예수님은 지금도 살아계십니다, 기도하면 응답 주시고 지금도 우리와 함께 하십니다' 하며 담대하게 예수님을 말하는 사람이 돼야 이 민족과 세계를 살리지 않겠습니까. 불신자하고 똑같이 우리도 힘 빠지고 환경에 묶여서 불안하고 초조하게 살 수는 없습니다.

지금의 환경이 없어지면 또 다른 환경에 묶이게 되어 있습니다. 변화된 나쁜 환경은 계속 옵니다. 우리는 예수 믿는 믿음으로 담대하게 모든 환경을 이기고 승리하는 성도 되기를 주의 이름으로 축복합니다.

오늘의 이 말씀에서처럼, 그 병자에 대한 착한 일에 대하여 이 사람이 어떻게 구원을 받았냐고 오늘 우리에게 질문한다면 여러분들은 어떻게 대답하시겠습니까? '이 사람이 일어난 것은 남을 해치는 일도 악한 일도 아니다, 평생 걷지 못한 사람이 일어난 이 선한 일에 대해서 왜 시비를 거느냐? 그 시비를 건다면 내가 이야기하겠다' 라고 당당히 말할 수 있으시겠습니까?

> 10절, "너희와 모든 이스라엘 백성들은 알라 너희가 십자가에 못 박고 하나님이 죽은 자 가운데서 살리신 나사렛 예수 그리스도의 이름으로 이 사람이 건강하게 되어 너희 앞에 섰느니라."

지금 시비 걸고 틈을 봐서 잡아가려는 사람들 앞에 서서 말하는 이 당당함을 보십시오. '이 사람은 태어나서부터 앉아 있던 사람 아니냐, 내가 무슨 그런 능력이 있다고 생각하느냐, 예수님은 하나님 아들 그리스도이시고 지금 살아계시는 분이시다, 그 이름으로 건강하게 되었느니라!' 할렐루야! 이런 확실한 믿음이 있는 성도가 되시기 바랍니다.

이런 시대일수록 우리는 주님을 더 바라봐야 되고 더 주를 위해서 살고 복음 전하는 기회를 찾는 것이 그리스도인의 관점입니다. 어떤 환경도 어떤 방해도 그리스도인의 신앙을 막을 수가 없습니다. 그럴수록 더욱 견고하고 단단해지고 주님을 바라보는 것이 생명의 특징입니다. 그럴수록 희미해지고 기도도 안 하고 내 생각 가득하고 세상이 가득한 것은 그리스도인으로서 할 일이 아닙니다.

11절, "이 예수는 너희 건축자들의 버린 돌로서 집 모퉁이의 머릿돌이 되었느니라."

건축하는 사람들은 조금이라도 쓸 만한 돌들은 모아놓습니다. 그런데 도무지 쓸모 없다 하면 버립니다. 사람들이 볼 때 예수님은 도무지 쓸모없는 사람이고 나사렛에서 목수일 하고 이단의 괴수고 이세상에는 흠모할 만한 것이 아무것도 없는 사람입니다. 사람들이 필요 없을 때 버려서 십자가에 못 박아 죽였지만 그는 버린 돌이 아니라 집 모퉁이의 머리돌이 되었습니다. 머릿돌은 건축하는 데 모든 건물이 연결돼 있는 돌입니다. 머릿돌이 빠지면 집이 무너집니다. 우리 신앙의 머릿돌은 예수 그리스도입니다. 예수 이름 믿고 구원 받고 예수 이름으로 기도하고 예수 이름으로 찬양하고 예수 이름으로 권세가 나타나고 예수 이름으로 하나님의 풍성이 오고 예수 이름으로 전도하고 예수 이름으로 하나님이 함께 하시고 예수 이름으로 예배 드립니다.

시편 118편 22, 23절 말씀에, "건축자가 버린 돌이 집 모퉁이의 머릿돌이 되었나니 이는 여호와께서 행하신 것이요 우리 눈에 기이한 바로다" 라고 했습니다. 베드로가 담대히 외칩니다. '너희들이 십자가에 못 박은 그 예수가 건축자가 버린 그 돌로 예언했던 그 대로 집모퉁이의 머릿돌이 되셨다, 그의 이름

으로 그 병자가 일어나 걸었느니라.'

내게 조금 불이익이 되고 내가 핍박 받는다고 희미해지는 그런 신앙은 예수 믿는 신앙이 아닙니다. 예수 믿는 신앙은 어려운 환경일수록, 핍박이 오고 고난이 올수록 더 예수님 믿고 바라보고 나아가며 승리하는 신앙입니다. 이런 믿음의 성도 되시기를 주의 이름으로 축복합니다.

> 12절, "다른 이로써는 구원을 받을 수 없나니 천하 사람 중에 구원을 받을 만한 다른 이름을 우리에게 주신 일이 없음이라 하였더라."

누가 성령으로 잉태하셨습니까? 누가 처녀의 몸에서 나셨습니까? 누가 우리의 죄를 위해서 죽으셨습니까? 누가 죽은 자 가운데서 다시 살아나셨습니까 이런 분은 예수님밖에 없습니다. 예수님 외에 그저 다른 이름을 주신 일이 없습니다.

여러분, 성경은 사람이 똑같지 않다고 말하고 있습니다. 저는 좀 키가 적잖습니다. 평등하려면 키 큰 사람 다리 짤라 버려야 되고 머리도 똑같이 잘라야 합니다. 키 작은 사람은 키 작은 사람대로 하나님께 중요한 존재이며 법 앞에 평등합니다. 돈 있는 사람 없는 사람, 권력 있는 사람 없는 사람이 다 법 앞에 평등할 수 있습니까?

법 앞에 열심히 노력한 사람은 더 많이 갖고 게으른 사람은 적게 갖고, 기도하는 사람은 응답 받고 기도 안하는 사람은 응답 못 받습니다. 예수 믿는 사람은 구원받고 안 믿는 사람은 구원 못 받습니다. 이것이 하나님의 뜻입니다.

사회주의, 공산주의는 '하나님이 없다, 신앙은 아편이다' 하는 데서 시작하는데 기독교가 어떻게 그것을 용납합니까? 성도는 하나님의 말씀을 믿어야지 사상을 믿어서는 안 됩니다. 세상 철학, 관습이나 문화를 믿는 게 아니라 성경 말씀을 믿는 것입니다. 예수님 외에는 구주가 없습니다.

여러분, 예수만 구원이란 말은 독선이 아닙니다. 잘 아셔야 됩니다. 하나님이 한 분으로서 유일하십니다. 구주가 한 분이시라는 것은 유일하다는 겁니다. 독선이 아닙니다. 늘 말씀드리지만 '아버지가 한 분이다' 이것이 왜 독선입니까? 그러면 아버지가 많아야 됩니까? 아버지는 한 분이세요. 유일하신 분이십니다. 그와 같이 하나님 아버지도 한 분이고 구주도 한 분이라고 믿는 것이 독선일 수 없습니다.

그래서 예수 믿는 사람은 예수님 잘못 믿으면 독선자가 됩니다. 겸손히 사랑하면서 복음의 사람이 되어야 합니다. 내가 잘나서 구원받은 것이 아니라 하나님의 은혜로 구원받은 것과 같이 믿지 않는 사람도 누구든지 예수 믿으면 우리와 같은 하나님의 자녀가 되는 것입니다.

하나님은 우리에게 구원 얻을 만한 이름을 예수님 밖에 주신 적이 없습니다. 그러므로 우리는 이럴 때일수록 더 예수님을 바라보아야 됩니다. 예수님 위해서 살아야 됩니다. 이럴수록 복음 전하면서 사는 성도 되시기를 주의 이름으로 축복합니다.

12강 | 행 4:13-22

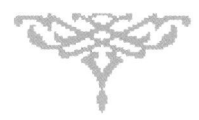

마태복음 16장에 보면 예수님께서 제자들에게 "너희들은 나를 누구라 하느냐?"는 질문에 베드로가 "주는 그리스도시요 살아계신 하나님의 아들이시니이다"라고 고백합니다.

예수님이 "바요나 시몬아, 네가 복이 있는 자로다"라고 칭찬하시며 "너의 그 고백 위에 내 교회를 세울 것이다"고 약속하셨고, "음부의 권세가 이기지 못할 것이며 천국의 열쇠를 주겠노라"고 하셨습니다. 성경에는 이때부터 예수님께서 고난과 죽음에 대해서 제자들에게 말씀하셨다고 했습니다.

그런데 그전에는 예수님이 그 말씀을 안 하십니다. 왜냐하면 감당할 믿음이 제자들에게 없었기 때문입니다. 예수님이 고난과 죽음에 대해서 말씀하시니까 그 말씀을 들은 베드로는 '그럴 수 없습니다, 절대로 그럴 수 없습니다'라고 하자 예수님께서 "사탄아, 내 뒤로 물러가라. 너는 나를 넘어지게 하는 자로다, 너는 하나님의 일을 생각지 않고 사람의 일을 생각하는도다"라고 했습니다.

사람의 논리로 말하면 베드로는 참 좋은 제자입니다. 선생님께서 고난받고 죽으시러 간다는데 '네, 잘 돌아가십시오' 할 제자가 어디 있겠습니까? 당연히 그럴 수 없습니다. 인간적으로는 맞는 말인데 그리스도는 이 땅에 오신 목적이 죽으심을 통해서 우리를 구원하기 위해서 오신 것입니다.

"너는 나를 넘어지게 하는 자로다 네가 하나님의 일을 생각하지 아니하고 도리어

사람의 일을 생각하는도다."(마 16:23b)

여러분, 사람의 논리에는 맞는 것 같지만 하나님께는 안 맞는 게 있고, 사람의 논리에는 맞지 않지만 바로 하나님의 말씀인 것이 있습니다. 이것을 분별할 수 있는 성도가 되시기 바랍니다. 그러면 믿음이 깨어 있는 살아 있는 믿음이 됩니다. 예배를 드리고 기도하는 것도, 봉사하는 것, 헌금하는 것도 의식적이고 형식적이고 아름답게 잘 하는데 모두 습관적으로 한다면 그는 종교인입니다. 종교인은 사람을 두려워하고 사람의 생각으로 종교 생활하지만 결국 하나님의 일을 방해하고 대적하는 경우가 되어 버립니다.

참된 신앙은 매일매일 하나님과 교제하고 교통하며 기도에 응답 받고, 말씀에 순종하고 어렵고 힘든 가운데 하나님이 함께하시는 것을 경험하면서 확실한 증거가 있는 신앙, 그리고 사람들에게 담대히 예수님을 전할 수 있는 삶입니다. 저와 여러분은 종교인이 되지 말고 신앙인이 되기를 주의 이름으로 축복합니다.

13절, "그들이 베드로와 요한이 담대하게 말함을 보고."

'그들'이라면 산헤드린 공회의원입니다. 이들은 사두개인이요 바리새인이요 장로들이요 제사장들이요 종교적 지도자들입니다. 많은 사람들이 볼 때는 존경할 만하고 훌륭하고 하나님을 잘 믿는다 생각하고 성경도 잘 가르친다고 생각하고 규범도 잘 지킨다고 생각했겠지만 그들은 종교인입니다. 그래서 오히려 복음을 전하는 사도들을 핍박하고 협박하고 경고하는 일을 하게 된 것입니다.

목사가 매일매일 하나님과 교제하지 않고 교통이 없으면 설교하는 종교인이 됩니다. 성경 지식과 과거에 경험했던 것, 응답받은 것 그것만 이야기하게 됩니다. 설교를 하는 것 같지만 그는 하나님 앞에 종교인입니다. 특히 예수님을 오래 믿고 중직자가 된 사람들은 형식적이고 습관적이고 숙달된 종교인 신앙생활을 하지 마시고, 매일매일 자신을 쳐 복종하면서 매일매일 주님 앞에 나아가 주님과 교통하고 교제하는 살아 있는 신앙인이 되시기를 바랍니다.

> 13~14절, "그들이 베드로와 요한이 담대하게 말함을 보고 그들을 본래 학문 없는 범인으로 알았다가 이상히 여기며 또 전에 예수와 함께 있던 줄도 알고 또 병 나은 사람이 그들과 함께 서 있는 것을 보고 비난할 말이 없는지라 이 산헤드린 공회 사람들이 베드로와 요한이 담대하게 말함을 보고 그들을 본래 학문 없는 범인으로 알았다가 이상히 이기며 또 전에 예수와 함께 있던 줄도 알고 또 병 나은 사람이 그들과 함께 서 있는 것을 보고 비난할 말이 없는지라."

산헤드린 공회 사람들이 사도들이 복음 전할 때 증거가 있는 것을 보고 반박할 말이 없습니다. 첫째는 사도들이 담대하게 논리 정연하게 복음을 전한 것 때문입니다. 둘째는 나면서부터 걷지 못하는 사람이 예수 이름으로 나아서 옆에 서 있는 증거를 보니까 할 말이 없습니다. 셋째는 많은 사람들이 사도들의 설교를 듣고 믿고 따르기 때문에 사람들을 두려워해서 할 말이 없습니다.

여러분, 여러분은 누구 앞에 서든지 어떤 상황에서든지 사람들에게 담대하게 '예수님은 하나님 아들 그리스도입니다, 그 증거가 여기 있습니다, 예수 믿지 않던 내가 예수 믿고 이런 증거가 있습니다' 하고 담대히 증거하는 믿음이 되기를 소원하시기 바랍니다. 내가 부자 되는 것보다 높은 자리 가는 것보다 사람에게 인기를 얻는 것보다 더 중요한 것은 내가 예수 믿는 사람으로서의 증거가 있어야 됩니다.

언젠가 제가 거리를 지나가는데 약 장수가 약을 파는데 가짜인데 정말 진짜 같이 말하고 담대히 말하는 것을 보면서 하나님께 기도했습니다. '하나님 나 좀 진짜 같이 말하게 해주면 안 됩니까?' 그리고 제가 생각해보니 예수님이 처녀의 몸에서 탄생하셨다는 말을 했을 때 사람들이 말도 안 되는 소리라고 안 믿을 것 같았어요. 의학적으로, 생리적으로 맞다고 인정할 것 같지도 않았습니다. '예수님이 죽었다가 살아났습니다'라고 하려니까 사람들이 안 믿을 것 같았습니다. 그러니까 할 말이 없는 거예요. 그러다 보니 진짜인데 진짜 같이 말을 못하는 거예요.

그리고 7~8년이 지나 하나님이 은혜를 주셔서 예수님이 전능하신 하나님이요 영이시고 성경대로 동정녀에게 나셨고 성경대로 십자가에 죽으시고 성경대로 살아나셨고 내 안에 계신다는 걸 하나님의 은혜로 믿게 되었습니다. 그러니까 내 안에 크게 바뀐 것이 있습니다. 저 사람은 절에 가서 구원 못 받겠구나 해서 복음 전해야 되고, 저 사람은 놀러 다녀서 구원 못 받겠으니 전도해야 되고, 저 사람은 돈 많고 권력이 있는데 지옥 가겠구나 싶어서 전도해야 되고, 이렇게 모든 사람이 전도의 대상으로 보이기 시작했습니다. 그리고 말도 안 되는 복음을 증거하고 사실로 말할 수 있게 되었습니다. 그때부터 하나님께서 많은 증거를 주시기 시작하셨습니다.

여러분, 혹시 증거가 없어서 담대하지 못합니까? 하나님께서 증거를 안 주신 것이 아니고 우리의 믿음이 약해서입니다. 진짜 믿으시면 성경대로 증거를 주십니다. 그 하나님의 은혜로 믿고 나니까 교회가 변화되고 성도가 변화되고 가만히 있는데 전도의 문이 열리고 말씀이 성취되고 귀신이 떠나가고 하나님이 역사하시고, 그래서 누구든지 어디서든지 누구 앞에서든지 담대하게 '예수님은 하나님의 아들 그리스도입니다, 지금 살아계십니다, 증거가 있습니다' 라고 말하게 되었습니다. 여러분, 부자 되기를 소원하기보다 '하나님, 나에게 담대히 예수님을 전할 수 있는 증거를 주시옵소서' 하는 기도를 하시기 바랍니다.

산헤드린 공회 회원들이 볼 때에 베드로와 요한은 평범한 사람들이었습니다. 그들이 특별히 더 나은 교육을 받은 것도 아니고 성경 가르치는 자격이 있는 것도 아닌 평범한 어부들인데 말씀 전하는 것을 보니까 논리가 정연합니다.

가끔 제가 세미나를 인도할 때 사람들에게 "복음은 논리적이 아닙니다." 이렇게 말합니다. 처녀가 아들을 낳은 것, 예수님이 부활하신 것이 논리적이냐고 질문할 수 있지만, 그것은 사실이기 때문에 논리적으로 증거할 수 있습니다. 세상의 논리로 전하는 것이 아니라 하나님이 함께하는 말씀의 사실을 전할 수가 있습니다. 그랬더니 반박할 말이 없습니다. 사실이니까 그 증거가 여기 있습니다.

나면서 앉은뱅이가 된 40대의 사람이 저기 서 있지 않습니까. 증거가 있어야 담대해집니다. 우리 모두도 예수 믿는 증거가 여기 있습니다. 나는 과거에 성격이 이랬는데 예수 믿고 이렇게 변했습니다. 병이 나았습니다. 나는 영적인 문제가 있었는데 이렇게 응답 받았습니다. 회복됐습니다. 하나님은 살아계십니다. 이렇게 분명한 증거가 있는 사람이 되시기를 바랍니다. 그리고 분명하게 예수님이 어떤 분인지 깨닫고 믿어서 예수님을 증거할 수 있는 사람이 되어야 합니다.

제가 어떤 큰 병원에 성경공부 인도를 다닐 때의 일입니다. 기획실에 있는 분이 '목사님, 저는 기도 응답이 안 됩니다' 라고 말해서 '예수님 믿으십니까?' 했더니 '예' 합니다. 예수님이 마음에 계시냐고 했더니 그렇다고 했고, 예수님이 전능하신 하나님이신 줄 믿느냐고 하니까 '아니요'라고 말했습니다. 저는 '당신은 그리스도인이 아닙니다'라고 하면서 예수님이 하나님이라는 것을 증거하기 시작했습니다. 성경의 실제적인 증거인 예수가 하나님인 줄 믿으면서 예수 그리스도를 구주로 영접하고 나면 그날부터 그 사람이 달라집니다. 삶이 달라지고 기도가 달라집니다. 그가 속한 모임이 달라집니다.

우리 자신의 믿음을 점검해야 됩니다. 내가 정말 예수님을 하나님 아들 그리스도로, 나의 주 나의 하나님으로 믿는가? 내가 그 주님 앞에 예배드리고 기도하고 교통하며 확실한 증거가 있는가? 스스로 그렇게 점검해야 합니다. '우리 자식들도 믿겠지, 예배드리면 복 주시겠지, 기도하면 응답 주시겠지, 안 주시면 내가 하면 되지' 이런 믿음 가지고는 안 됩니다. 확실한 믿음이 있어야 됩니다.

베드로도 과거에 예수님을 믿었지만 성령 충만 받고 증인이 되고 나니까 담대히 복음 전하는 사람이 된 줄 믿습니다.

15~16절, "명하여 공회에서 나가라 하고 서로 의논하여 이르되 이 사람들을 어떻게 할까 그들로 말미암아 유명한 표적 나타난 것이 예루살렘에 사는 모든 사람에게 알려졌으니 우리도 부인할 수 없는지라."

할 말이 없으니까 "나가라"로 하고는 의논합니다. 종교인은 사람을 두려워합니다. 그러나 신앙인은 하나님을 두려워합니다. 우리가 이 어려울 때일수록 개인적으로, 교회적으로 또는 국가적으로 어려울수록 더 주님을 바라보고 더 예배에 집중하고 더 모이기를 힘쓰고 더 전도하는 것이 기독교의 특징입니다. 어려울수록 나태해지고, 믿음이 떨어지는 것은 안 됩니다.

개인의 어려움이나 환란, 교회나 국가적으로 어려울수록 주님을 더 바라보면 그것이 기회가 됩니다. 응답의 기회, 하나님을 경험하는 기회, 축복의 통로가 되는 줄 믿으시기 바랍니다. 한 번도 안 그런 적이 없습니다.

사람들이 기독교에 대해서 굉장히 부정적으로 비판하고 기독교인들은 부끄럽다고 합니다. 그 말에 속지 마세요. 이럴수록 서로 사랑하며 선한 열매를 가득 맺으며 불신자와 구별되어서 더 착하게 선으로 악을 이기시기 바랍니다. 이럴수록 담대하게 예수님은 그리스도라고 전하면 승리합니다.

기죽고 모이기를 폐하고 기도도 안 하고 약해지고 이러면 진짜로 무너지는 것입니다. 언제 기독교가 그런 적이 있었습니까? 죽음 앞에서도 담대히 복음 전하고 믿고 예배드렸더니 하나님은 더 크게 역사하신 줄 믿습니다.

앞으로 어떤 어려운 시대가 올지 모른다는 생각이 있어서 제가 교역자들에게, 셀 인도자들에게 말씀을 드렸습니다. 셀에 속하지 않는 사람들은 전부 다 파악해서 셀에 전부 속하게 하라고요. 다 준비되면 몇 개월에 한 번씩 예배당에 오더라도 평소에 셀 중심의 예배를 드리겠다, 셀에서 모여서 그대로 예배를 드리겠다, 만약 유튜브로 예배드릴 수 없는 상황이 오면 인쇄물에 적힌 말씀으로 모든 셀에서 예배를 드리겠다, 초대 교회와 핍박받은 중국과 이란, 또는 북한의 성도들처럼 가정에서 전부 다 예배를 드리겠다 했습니다.

주님 오실 때까지 모이기를 폐할 수 없고, 기도하고 전도하는 것을 폐할 수 없습니다. 만약 북한과 같은 상황이 되어 예배를 공적으로 함께 못드리게 되면 집으로 확 퍼져나가서 주님 올 때까지 예배드리고 승리할 수 있도록 훈련이 필요하다는 생각입니다. 지금은 그 훈련하기에 적합한 때입니다.

17~18절, "이것이 민간에 더 퍼지지 못하게 그들을 위협하여 이 후에는 이 이름으로 아무에게도 말하지 말게 하자 하고 그들을 불러 경고하여 도무지 예수의 이름으로 말하지도 말고 가르치지도 말라 하니."

언뜻 보면 사람이 말하는 것 같고, 제도가 말하는 같지만 사탄이 하는 짓입니다. '예수 믿지 마라, 모이지 마라, 전도하지 마라, 가르치지 마라, 기도하지 마라' 모든 것이 마귀가 하는 말입니다. 하나님은 "모이기를 힘써라, 예배해라, 기도해라, 전도해라" 하십니다.

요즘 '포괄적 차별금지법'이라는 것이 있는데 언뜻 보면 얼마나 좋은 말인지 몰라요. 마귀는 꼭 좋은 말을 가지고 속입니다. 차별하지 말자는 말이 얼마나 그럴 듯하게 들립니까. 그런데 '예수만 전하지 마라 예수만 구주가 아니다' 이 말의 목적이 무엇입니까? 예수 전하지 못하게, 가르치지 못하게 하는 것입니다. 그것이 사탄의 전략입니다.

산헤드린 공회 회원, 그 종교 지도자들이 '예수 이름 전하지 말고 가르치지 말라' 했을 때 그것만 안 하면 안 잡아갑니다. 편안합니다. 나만 예수 믿고 가만히 앉아 있으면 순교할 이유도 없습니다. 혹시 여러분 나만 예수 믿고 전도 안 하고 아무것도 안 하고 있으면 된다고 생각하십니까? 마귀 전략입니다. 예배 시간이 다양하기 때문에 여러분이 할 수 있는 대로 모이고 예배드리고 기도하고 전도하는 것이 하나님의 뜻입니다.

공산주의 나라는 18세까지 교회 못 나갑니다. 자기 아이라도 고등학교 3학년까지는 교회를 못 다니게 합니다. 왜요? 예수 이름으로 다음 세대에 가르치지 못하게 하려는 것입니다. 그렇게 사탄이 하는 것입니다. "어린아이를 내게 오는 것을 금하지 말라"(마 19:14) 주님의 말씀입니다. 어릴 때부터 복음 전해서 예수 믿게 해야 합니다. 주님의 명령입니다. 하나님의 말씀인지 사탄의 말인지 구분할 수 있는 성도가 되셔야 합니다. 비판을 두려워하지 말고 그럴수록 선을 행하면서 하나님의 말씀 지켜나가는 성도가 되시기를 바랍니다.

> 19~20절, "베드로와 요한이 대답하여 이르되 하나님 앞에서 너희 말을 듣는 것이 하나님 말씀 듣는 것보다 옳은가 판단하라 우리는 보고 들은 것을 말하지 아니할 수 없다 하니."

산헤드린 공회 사람들은 종교 지도자들입니다. 하나님을 믿는다 하고 성경을 가르친다 하고 사람들에게 존경을 받고 권세가 있는 사람들입니다. 그 사람 앞에서 베드로와 요한이 선포합니다. '예수 그리스도는 여러분이 죽였지만 하나님이 살리셨고 지금 이 나면서부터 앉아 있는 사람이 나은 것은 하나님이 고치신 것이다. 예수 이름으로 고치신 것이다. 예수님이 복음을 전하라 하셨다. 당신들도 하나님을 믿는다면서 하나님 앞에서 무엇이 옳은가를 판단하라. 우리는 보고 들은 것을 말하지 아니할 수 없노라!'

여러분, 예수님이 살아계신다는 것, 하나님의 아들 그리스도라는 것을 보고 들은 것을 말하지 아니할 수 없다고 담대히 전하는 우리가 되어야 합니다. 그냥 교회 다니는 사람이 아니라 증인이 되어야 합니다. 교회에 수가 많이 모이는 것도 중요하지만 더 중요한 것은 예수 믿는 성도로서 보고 들은 것을 말하지 않을 수 없다고 증거하는 담대한 전도자가 되는 것이 더 중요한 주님의 뜻입니다.

그런 전도자가 어려운 것이 아닙니다. 정말 간절한 마음으로 예수님을 알기 원하고 기도함으로 증거를 갖기를 원하고 복음 전하기를 원하면 그 사람에게 이런 은혜를 주십니다. 사도행전 16장에 루디아라는 옷감 장수는 평범한 여인이지만 은혜 받고 나니까 빌립보 교회를 세우는 축복을 받았습니다. 브리스길라 부부는 천막 만드는 사람으로서 아주 평범한 사람이었습니다. 은혜 받고 나니까 대전도자가 됐습니다.

우리는 다 평범합니다. 베드로, 요한도 평범합니다. 예수님을 확실히 믿고 성령 충만 받고 나니까 하나님이 쓰시는 축복의 전도자가 되었습니다. 우리가 그런 확실한 믿음 위에 서서 '보고 들은 것을 전하지 않을 수 없다'는 증거 있는 전도자가 되기를 원하는 것이 하나님의 뜻입니다. 여기에 마음을 가지고 사시기 바랍니다.

> 21~22절, "관리들이 백성들 때문에 그들을 어떻게 처벌할지 방법을 찾지 못하고 다시 위협하여 놓아 주었으니 이는 모든 사람이 그 된 일을 보고 하나님께 영광을 돌림이라 이 표적으로 병 나은 사람은 사십여 세나 되었더라."

사람들이 모두 하나님께 영광을 돌리니까 사람을 두려워하고 눈치 보는 산헤드린 공회 사람이 말 못합니다. 병 나은 사람이 사십여세나 되었다고 했는데 누가는 의사입니다. 의사가 보니까 이건 하나님의 능력이요 은혜로 치료받았다는 증거가 있는 것이었습니다.

사랑하는 여러분, 항상 사람 앞에서가 아니라 하나님 앞에서 신앙생활 하셔야 합니다. 그러려면 매일매일 주님과 교통하고 주님 앞에서 말씀을 믿고 지키며 선한 열매를 맺으며, 복음 전하며 매일 기도하는 사람으로 살아가기를 주의 이름으로 축복합니다.

13강 | 행 4:23~31

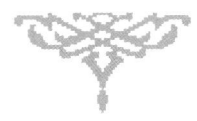

　본문 가운데 초대교회 사도들과 성도들의 중요한 믿음 몇 가지가 나타나 있습니다. 첫째로는, 하나님은 전능하시고 창조자이시며 모든 역사의 주관자이심을 믿는 신앙이었습니다. 우리가 믿는 우리 속에 함께 계신 하나님은 천지를 만드신 하나님이시며, 어떤 사람도 다 눈동자같이 아시고, 또 승리를 주시는 하나님이신 줄 믿으시기 바랍니다. 둘째로는, 초대교회는 많은 사람들이 일어나 예수님을 대적하고 하나님을 대적하고 악행을 하고 그렇지만 결국 역사의 주인 되시는 하나님이 승리하시고 하나님의 뜻대로 역사는 움직인다는 믿음이었습니다. 셋째로는, 어떤 어려움과 악한 것들이 복음 전파를 방해하고 핍박하고 주님을 거역한다 할지라도 그 모든 것을 통해서도 하나님은 하나님의 뜻을 이루고 계신다는 믿음입니다.

　개인적으로도 우리가 어렵고 힘들고 좌절할 때 '하나님, 왜 이러십니까?' 하는 관점이 아니라 '하나님, 이 일을 통해서도 하나님께서 우리에 대한 또 우리의 가정과 교회에 시대에 대한 뜻을 이루고 계심을 믿습니다' 하는 믿음의 관점이 있어야 됩니다. 그리고 기도를 통해서 하나님이 살아계시고 어떤 환경 속에서도 응답하시는 하나님이신 줄 믿으시기 바랍니다. 그 하나님을 믿고 살아계신 주님을 믿고 또 예수님의 부활과 우리의 부활과 새 안식을 믿을 때 우리의 신앙은 항상 어디에서든지 담대한 신앙을 가질 수 있습니다.

23절, "사도들이 놓이매 그 동료에게 가서 제사장들과 장로들의 말을 다 알리니."

산헤드린 공회에서는 제자들을 재판하고 협박하고 경고도 했습니다. '예수님을 전하지 마라, 예수 이름으로 가르치지도 마라' 했지만 아무리 들어봐도 반박할 말이 없었습니다. 나면서부터 앉은뱅이 되었다가 주 예수 이름으로 일어나 걷는 사람이 옆에 증거로 있고 많은 백성들이 사도들의 설교를 듣고 믿고 따라가기 때문에 하나님 앞에서나 사람 앞에서 어찌할 수 없기 때문에 사도들을 협박했습니다. 그렇지만 그런 분위기 가운데 베드로는 "우리가 하나님 앞에서 사람 말 듣는 것이 옳은가 하나님 말씀 듣는 것이 옳은가 판단하라. 우리는 보고 들은 것을 말하지 않을 수 없노라" 했고, 그 베드로가 마가 다락방 모인 동료들 앞에서 그 이야기도 소상히 다 했을 것이라 믿습니다. 이 보고를 받은 성도들의 마음이 어떻겠습니까. 그들이 듣고 한 마음으로 기도하며 복음 전하는 데 하나가 된 믿음으로 승리한 줄 믿습니다.

기독교는 위기가 있을 때마다 기도로, 믿음으로 하나 되어지고 복음 전함으로 하나 되어지는 생명의 종교입니다. 핍박 가운데 기독교가 무너진 적은 한 번도 없습니다. 로마 시대에는 지금보다도 더 상상할 수 없을 만큼의 위기와 두려움 가운데 믿음을 지키고 그 믿음으로 승리한 줄 믿습니다.

기독교 신앙은 환경에 영향을 받는 것이 아니라 환경을 다스리고 환경을 이겨나가는 것입니다. 이 정도가지고 힘 빠지고 어렵고 힘들다, 전도가 안 된다, 기도 못하겠다 하는 마음들은 다 불신앙에서 나오는 겁니다. 이럴수록 기도하고 어려울수록 본문에서처럼 한 마음으로 기도하는 것입니다.

한 마음으로 하나님께 소리를 높여 이르되 소리를 높이면 다른 사람도 다 알아요. 잡혀갈지 몰라요. 그런데 사도들의 보고를 듣고 간증을 듣고 나니까 용기가 생긴 겁니다.

> 24절, "그들이 듣고 한마음으로 하나님께 소리를 높여 이르되 대주재여 천지와 바다와 그 가운데 만물을 지은 이시요."

사도들이 저렇게 담대히 복음을 전하는데 하나님이 지켜주셔서 우리가 돌아왔다, 우리도 담대함을 가지고 그런 마음으로 기도하자 그래서 담대한 마음이 들어서 소리를 높여 간절히 기도합니다. "하나님이여, 우리의 형편을 아시고 우리의 사정을 아시고 우리의 처지를 아시는 하나님이여" 하고 간절히 하나님께만 부르짖는 신앙이 되시기 바랍니다.

어떤 환경 앞에서도 하나님께 간절히 기도하면 하나님은 사람의 길이 아니라 하나님의 길을 여시고 하나님의 방법으로 구원의 은혜를 베풀어주십니다. 이것을 경험해야 우리의 신앙이 살아있는 신앙, 기도하는 신앙, 하나님을 의지하는 신앙, 하나님과 교통하는 신앙이 될 줄 믿습니다.

제가 개척교회를 할 때 너무 힘들었습니다. 이러지도 못하고 저러지도 못하고, 아무리 방법을 찾아도 방법이 없었습니다. 그러자 누군가 내게 이렇게 말하는 듯 했습니다. '너는 목사 안 될 사람이 목사 된 모양이다, 하나님이 널 목사 시킨 게 아니고 네가 자꾸 하고 싶어서 된 모양이다, 너는 목회할 아이가 아닌 모양이다, 너 같은 건 목회할 자격도 없다.' 얼마나 힘이 빠집니까. 그렇다고 아침에 일어나서 '오늘부터 교회 문 닫습니다' 라고 써붙여 놓을 수도 없고 참 답답했습니다. 우리가 신학교에서 배울 때는 교회는 한번 개척하면 문을 못 닫는다고 배웠습니다. 이럴 수도 없고 저럴 수도 없으니 기도밖에 할 것이 없었습니다. 기도하는 중에 하나님이 제게 이런 마음을 주셨습니다. '내가 네 사정 다 알고 있다.' 하나님은 해결도 응답 주시지 않는데 하나님이 제 마음을 안다는 그 한 가지만으로도 엄청난 힘이 되고 숨통이 트이고 위로가 되었습니다.

하나님께서 내 마음을, 내 사정을 알고 계신다는 것이 내 마음에 진짜로 느껴졌습니다. '아, 하나님이 알고 계시구나!' 여러분, 때로는 하나님도 모르실 것 같고 남편도, 아내도, 자식도 모를 것 같고 이 세상에 나만 혼자 있는 것 같은 외롭고 힘들어서 방법이 없을 때가 있습니다. 그런데, 속지 마세요. 하나님은 알고 계십니다. 그 하나님의 우리의 구원의 길이십니다. 응답 주시는 하나님인 줄 믿습니다. 그걸 믿을 때 하나님을 향하여 간절한 기도를 드릴 수 있습니다. 하나님께만 소망이 있습니다. 다른 방법이 없습니다.

이들이 소리 높여 하나님을 어떻게 믿었습니까? '대 주제여 천지와 바다와 그 가운데 만물을 지으신 이시요' 하나님은 천지 만물을 지으시고 만물 안에서 승리하시고 우리가 앉고 서는 것을 아시고 악한 자들의 권세를 알고 계시며 핍박하는 자를 다 알고 계시고 그 모든 것을 다스리시는 분, 주권을 가지신 분임을 믿는 믿음이 있었습니다. 멀리 계시지 않습니다. 우리 안에 계시는 분이십니다. 할렐루야!

우리 안에 계신 하나님이 그런 분이세요. 염려하지 마세요. 두려워하지 마세요. 담대하세요. 우리는 어떤 일 가운데 있어도 소망이 있습니다. 역사의 주인이시고 창조주가 우리와 함께 계시기 때문입니다. 초대 교회 사도와 성도들은 그 핍박과 어려움과 협박 가운데서도 대주재이신 하나님, 천지를 만드신 하나님, 그 하나님께 기도한 것입니다.

25~26절, "또 주의 종 우리 조상 다윗의 입을 통하여 성령으로 말씀하시기를 어찌하여 열방이 분노하며 족속들이 허사를 경영하였고 세상의 군왕들이 나서며 관리들이 함께 모여 주와 그의 그리스도를 대적하도다 하신 이로소이다."

시편 2편 1절에 있는 말씀을 그대로 인용했습니다. 그런데 사도들이 성령 충만해서 다윗이 쓴 글이 하나님의 말씀이라 믿었습니다.

여러분, 구약성경이 하나님의 말씀인 줄 믿으시기 바랍니다. 신약성경이 하나님의 말씀인 줄 믿으시기 바랍니다. 그 말씀대로 성취되고 구원받고 이루어지고 역사가 일어납니다. 사람 말은 사람의 말일 뿐이지 영원히 변치 않는 유일한 말씀은 하나님의 말씀입니다.

어떤 사람은 아멘 해놓고 가서 잘 안 믿어요. 아멘 안 하고 안 믿는 것보다는 낫지만 그래도 우리 삶과 어떤 사상이나 어떤 정치적인 이야기나 어떤 과학적인 이야기나 어떤 지시적인 이야기가 맞는 것이 아니라 성경 말씀이 하나님의 말씀인 줄 믿으시기를 바랍니다.

여기에 '열방이 분노한다'는 표현이 있습니다. 이것은 '길들이지 않는 말이 땅을 박차고 뛰어다니는 모습'을 말합니다. 그 말은 권세를 가진 왕같은 권력을 가진 사람들이 자기 마음과 방법을 다해서 하나님을 대적하는 모습입니다. 아무리 왕들이 있고 권력이 있고 하나님을 대적한다 할지라도 하나님의 역사 안에 있고 하나님은 그것을 다스리는 분이십니다.

이것을 초대교회 성도들이 믿은 것입니다. 로마가 세계를 지배할 때 로마 권력이 모든 것을 다스렸습니다. 누가 하나님이 다스린다고 생각했겠습니까. 그러나 하나님은 그 로마도 다스리고 계시는 분이라는 것을 성도들은 믿었습니다. 하나님은 그 모든 역사에, 주권자가 되십니다. 어떤 권력도 어떤 나라도 예수님을 대적하여 잠깐 이기는 것 같지만 반드시 무너지고 망합니다. 본문에도 세상의 군왕들이 나서며 관리들이 함께 모여 주와 그의 그리스도를 대적하지만 하늘에 계신 이가 웃으심이여 주께서 그들을 비웃으십니다.(시 2:4) 하나님은 천지 만물을 만드시고 주관하시는 하나님인 줄 믿습니다. 그분이 우리의 아버지가 되십니다.

> 27~28절, "과연 헤롯과 본디오 빌라도는 이방인과 이스라엘 백성과 합세하여 하나님께서 기름 부으신 거룩한 종 예수를 거슬러 하나님의 권능과 뜻대로 이루려고 예정하신 그것을 행하려고 이 성에 모였나이다."

초대교회 성도들과 사도들의 신앙은 그들이 권력을 가지고 예수님을 십자가에 못박아 죽이고, 그들을 핍박했지만 그것까지도 하나님의 뜻을 이루는 하나님의 방법으로 받아들였습니다. 어떤 사람이 핍박 가운데서 '하나님은 왜 잠잠히 계십니까? 어디 가셨습니까? 왜 기도에 응답하지 않으십니까? 이러면 기독교는 다 망합니다' 라고 한다면 그것은 불신앙에서 하는 말입니다. 세상에 어떤 사람이 방해한다 할지라도 주의 복음은 땅끝까지 증거 될 줄 믿습니다.

약해 보이고 죽은 자 같으나 많은 사람을 살리는 것이 복음입니다. 약해 보이지만 부활의 능력을 가지고 있습니다. 바울은 그리스도인들을 근심하는 자 같으나 항상 기뻐하고 가난한 자 같으나 많은 사람을 부요하게 하고 아무 것도 없는 자 같으나 모든 것을 가진 자로 묘사하고 있습니다.(고후 6:10)

앞으로 얼마나 많은 핍박이 일어나고 죽음과 위기가 있고 핍박이 있을지 상상을 못합니다. 그런 중에서도 이 모든 것을 통해서 주의 뜻을 이루기 위해서 이 성에 모였습니다. 그들이 성에 모인 목적이 무엇입니까? 예수님 잡고 예수님을 십자가에 못 받고 죽이고 예수 믿는 사람을 잡기 위해서, 사람들은 핍박하기 위해서 모인 것입니다. 예수님을 십자가에 못박아 죽이기 위해서 모였습니다. 그러나 사도들은 성령 충만해서 하나님의 뜻을 이루기 위해서 여기에 모여 있습니다.

그래서 여러분, 어떤 나라나 정권도 하나님 일을 방해할 수 없습니다. 마귀는 가룟 유다 마음 속에 들어가서 예수님을 십자가에 못 박도록 팔게 했습니다. 이제 예수님이 죽으면 아무것도 할 수 없으리라고 생각했습니다. 그게 마귀의 수준입니다. 그러나 예수님은 죽음을 통해서 죽음을 이기시고 우리의 부활의 생명이 되심을 믿습니다. 죽음을 통해서 사탄을 이기시고 하늘과 땅의 모든 권세를 가지신 그리스도가 되십니다. 죽음을 통해서 하나님 만나는 길을 열어놓으신 우리의 구주가 되심을 믿으시기 바랍니다. 할렐루야! 그런 믿음을 가지고 두려워하지 마시고 어디서든지 담대하게 예수님을 높이고 자랑하는 자 되시기 바랍니다.

29절a, "주여 이제도 그들을 위협함을 굽어보시옵고."

그런 상황 속에 함께 모여서 '하나님, 지금도 우리의 모든 사정을 굽어 살펴보시옵소서' 하는 기도를 합니다. 그 말은 '자세히, 세밀히 보아주시옵소서' 하는 것입니다. 하나님은 우리의 모든 앉고 일어섬을 아십니다. 오늘도 예배를 제대로 드리는지 그냥 앉아 있는지 하나님은 압니다.

우리가 어려움 당할 때 '하나님, 왜 이러세요' 하지 마시고 '하나님, 내 사정을 알고 계심을 믿습니다, 내 사정 가운데 하나님의 뜻을 이루기를 원합니다'라고 기도하십시오. 이 초대 교회 사도들과 성도들의 기도를 들어보십시오.

29b절, "또 종들로 하여금 담대히 하나님의 말씀을 전하게 하여 주시오며."

많은 사람들이 이런 어려움을 겪으면 그 어려움에서 건져달라는 기도를 당연히 할 텐데 그 기도는 안 하고 '하나님이여, 우리의 사정을 살펴보시고 담대히 이런 환경 가운데서도 복음을 전하게 하여 주시옵소서'라고 하는 기도가 참된 믿음의 기도입니다.

어려운 상태일수록 복음 전할 수 있도록 문을 열어달라는 기도, 복음 전할 마음을 주시고 구원의 역사가 있게 해달라는 기도, 그것이 먼저입니다. 그런 기도를 들으시고 하나님이 역사하지 않겠습니까. 우리의 마음에 오래 살 소원보다 영혼 구원에 대한 소원이 있어야 됩니다. 이들은 예수님의 부활을 목격하고 믿던 사람들이었기 때문에, 천국 가는 것을 확실히 알고 있었기 때문에 죽고 사는 데 문제가 없어진 것입니다. 그러니 한 명이라도 구원하는 데 이들의 소원이 있었던 것입니다.

제가 뇌경색으로 응급실에 가 있다가 일반 병실과 중환자실 사이 병실에서 한 3일 입원해 있으면서 약물로 막힌 거 뚫는다고 그러다가 8일 만에 퇴원을 했습니다. 퇴원은 했는데 좀 어지럽고 걷는 것도 좀 불편했습니다. 그때 제 마음에 죽고 사는 건 하나님께 있는 것이고, 나는 구원받았으니 부활할 것이고, 내가 이 시간 무엇을 해야 될 것인가 하는 마음이 들었습니다.

주일에 뉴라이프와 청년회 예배를 드렸습니다. 왜 사람들이 많이 모이는 3부 예배의 설교를 하지 않고 몇 명 앉아 있지 않는 뉴라이프에 가서 말씀을 전했겠습니까. 그날 불신자가 와서 복음을 듣지 못하고 가서 영원히 교회 못 다닌다면 그 사람은 구원을 못 받잖아요. 그날 구원 받아야 될 사람이 거기에 있기 때문에 제가 거기 가서 복음 전하고 젊은이들이 귀중하기 때문에 거기 가서 복음 전했습니다. 한 명이라도 더 구원받는 게 하나님이 기뻐하는 것이기 때문에 예배 때 여러 명이 예수님을 영접하고 구원받았습니다.

사랑하는 여러분, 예수님은 우리의 구원이십니다. 무엇을 믿고 무엇을 추구하면서 살아갑니까. 사도들에겐 죽고 사는 것이나 우리 환경이 변화되는 것이 문제가 아니라 어떤 환경 속에서도 믿음으로 이겨나가며 담대하게 예수님 전하는 것이 신앙이었습니다. 이런 신앙이 우리가 되어야 될 줄 믿습니다.

> 30절, "손을 내밀어 병을 낫게 하시옵고 표적과 기사가 거룩한 종 예수의 이름으로 이루어지게 하옵소서 하더라."

환자가 치료되는 것도 중요하지만 그 병이 낫는 기적을 통해서 예수님이 하나님 아들 그리스도 되시며 살아계시며 지금 우리와 함께 하신다는 것을 증거하는 데 더 큰 의미가 있음을 믿으시기 바랍니다. 사십 년 동안 나면서부터 걷지 못한 사람이 주 예수로 일어났고 그 일을 통해서 온 예루살렘에 소문이 나고 이스라엘 전역에 소문이 퍼지니까 그 사건을 통해서 예수 믿고 돌아온 사람이 얼마나 많았겠습니까. 그래서 우리 교회가 설교 다음에 치유기도를 합니다. 언제부터인지는 모르지만 영과 혼, 그리고 육체가 치유받기 위해서 그렇게 합니다.

제가 기도하는 중에 하나님의 말씀이 떠올랐습니다.

> "그가 찔림은 우리의 허물 때문이요 그가 상함은 우리의 죄악 때문이라 그가 징계를 받으므로 우리는 평화를 누리고 그가 채찍에 맞으므로 우리는 나음을 받았도다."(사 53:5, 벧전 2:24)

성경 말씀은 구원하는 것과 치료받는 것 그리고 평강은 똑같은 선상의 말씀으로 주셨는데, '예수 믿으면 구원 받습니다'라고 많이 말합니다. 그런데

'예수 믿으면 행복합니다, 평강이 있습니다' 이 말은 적게 합니다. 그보다 더 잘 안하는 말은 '예수 믿고 기도하면 병 낫습니다'입니다. 이 말을 별로 안 하는 것은 잘못되었습니다. 성경에 하라면 해야 되는 것이고 성경에서 그런 역사(役事)가 일어나는 기록이 있으면 그것에 내게도 일어난다는 믿음이 있어야 하는 것입니다.

제 마음에, 예배 가운데 기도하면 하나님이 응답하고 치료해 주실 것이고 그 치료를 통해서 성도들이 하나님을 경험하게 되고 우리의 예배를 받으시고 기도에 응답하시고 치료하시는 하나님을 성도들이 경험하고 살아계신 하나님을 믿게 해야겠다는 마음이 생기면서 기도를 시작했습니다. 그 기도를 통해서 치료받은 사람도 많고 또 마음에 평화를 얻고 변화된 사람도 많고 예배를 하나님은 지금도 받으시고 응답하시고 있으심을 믿습니다.

초대 교의 사도들이 병 낫기 위해서 기도한 것은 그 사람 치료하는 데도 뜻이 있지만 예수님 전하는 데 뜻이 있었음을 믿으시기 바랍니다.

31절, "빌기를 다하매 모인 곳이 진동하더니."

이 모인 곳에 어떤 사람이 모였죠? 예수님을 진짜로 믿는 사람들입니다. 초대 교회 성도들은 의식적으로 믿은 자가 아니라 진짜 예수님을 믿고 거기에 함께 모였습니다. 그리고 전도를 위해서 한마음이 되었습니다. 오로지 기도했습니다. 이게 셀입니다.

온누리교회 성도 여러분, 이곳에서 예배를 드리든지 온라인으로 예배를 드리든지 예수님을 진짜로 믿는 성도 되시기 바랍니다. 종교인이 되지 마시고 살아계신 예수님과 함께 동행하십시오. 우리가 진짜 믿으면 기도할 때 주님께서 응답하시고 교통하게 되고 위로함이 되고 담대함을 주심을 믿으시기 바랍니다. 그 살아계신 예수님을 진짜로 믿고 셀마다 함께 모여서 영혼 구원을 위해서 한 마음을 가지고 전적으로 기도하면 하나님이 역사하시고 구원하시고 우리를 존귀하게 사용하시는 줄 믿습니다.

그렇게 사도와 성도들이 모여서 기도했더니 땅이 진동했습니다. 그 말은 '하나님이 임하셨다, 하나님이 역사하셨다'는 뜻입니다.

31절, "무리가 다 성령이 충만하여 담대히 하나님의 말씀을 전하니라."

성령 충만의 결과는 담대히 하나님의 말씀을 전한 것입니다. 우리는 인간적으로는 권력 앞에 두렵습니다. 힘이 없습니다. 죽인다면 벌벌 떱니다. 총칼 앞에, 돈 앞에 힘이 없지만 성령 충만하면 누구 앞에서든지, 권력 앞에서, 죽음 앞에서도 담대할 수 있습니다.

사랑하는 여러분, 예수님 안에서 성령 충만하시기를 바라며 담대하여 하나님의 말씀을 전하는 모두가 되시길 기도합니다. 이것을 통해서 초대 교회에서 복음은 확산되어지고 성도들은 어려움 가운데서도 기쁨이 충만하고 하나님을 믿는 승리하는 신앙인들이 되었습니다. 환경이 어렵고 시대가 어려울수록 모이기를 힘쓰고 함께 기도하고 믿음에 굳게 서서 성령 충만하고 담대해서 이 시대에 하나님께 존귀하게 쓰임받는 교회와 성도가 되기를 예수님의 이름으로 축복합니다.

14강 | 행 4:32~37

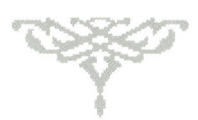

　사도들이 잡혀가서 고난 당하고 난 후 '다시는 가서 예수님을 전하지도 말고 가르치지도 말라'는 협박을 듣고는 예루살렘의 마가 다락방으로 돌아와서 형제들에게 그 이야기를 했고 그들은 전심으로 하나님께 기도했더니 하나님께서 성령 충만의 역사를 주셨습니다.

　31절에 보았듯이 "빌기를 다하매 모인 곳이 진동하더니 무리가 다 성령이 충만하여 담대히 하나님의 말씀을 전하니라"는 말씀대로 성령 충만을 받고 나니까 그들에게 일어나는 현상들이 있습니다. 여러분, 성령은 하나님이십니다. 예수의 영입니다. 진리의 영입니다. 성령 충만하면 자꾸 예수님 닮아갑니다. 하나님 닮아가는 줄 믿으시기 바랍니다.

　성령 충만하면 일어나는 특징 몇 가지가 있습니다. 첫째로는 사랑이 충만해집니다. 성령 충만하면 옛날에 미워하던 사람도 사랑하게 되고 용서하게 됩니다. 성령 충만하면 어려운 사람도 구제하고 사랑하게 됩니다. 왜요? 하나님이 사랑이시기 때문입니다. '나는 성령 충만한데 사랑할 마음이 없다, 이간하고 분리하고 미워하고 시기하는 마음이 가득하다'고 말한다면 그 사람은 성령 충만하지 않습니다. 성령은 그런 영이 아닙니다. '능력과 표적과 기사가 나타나니까 성령 충만하다' 그것도 아닙니다. 성령 충만의 표식은 사랑이 충만한 것입니다.

하나님이 천지를 창조하실 때 사랑으로 하셨습니다. 그 이유는 하나님이 사랑이기 때문에 '보기에 좋았더라' 하는 말은 '사랑스럽더라' 하는 말입니다. 우리를 구원하신 것도 하나님의 사랑이 배경이 되었습니다. '우리가 아직 죄인 되었을 때에' 그 말은 무슨 뜻이죠? "우리가 구원 받을 자격이 없을 때에, 구원받을 가치도 없을 때에, 구원 받을 아무런 의미도 우리 모든 죄인인 상태에 있을 때 그리스도께서 우리에게 죽으심으로 하나님이 우리에 대한 자기의 사랑을 확정하셨느니라."(롬 5:8)

저와 여러분이 구원받은 것은 다른 사람보다 훌륭하고 잘나고 착하고 열심히 해서가 아니라 하나님의 사랑으로, 은혜로, 예수 그리스도의 십자가의 보혈로 구원받은 줄 믿습니다. 그러므로 성령 충만한 교회, 성령 충만한 셀 교회, 성령 충만한 개인은 사랑이 충만한 것이 특징입니다. 사랑이 충만하지 않을 때는 어떤 것도 성령 충만하다고 하지 않습니다. 성령은 그런 분이 아닙니다.

하나님이 못하시는 것 두 가지가 있습니다. 하나님은 거짓말을 못하시고, 하나님은 자신을 부인(否認)하실 수가 없으십니다. 사랑의 하나님이 '나 이제부터 사랑의 하나님 안 할란다' 이게 안 됩니다. 사람이 하나님보다 더 능력 있는 것 두 가지가 있습니다. 거짓말과 자기부인(自己否認)입니다. 기억이 없습니다, 모르겠습니다, 안 그랬습니다, 이게 사람이 잘 하는 것이죠. 하나님은 그럴 수가 없으시기 때문에 사랑을 빼고는 일할 수 없는 분이 하나님이십니다. 창조도 사랑으로, 구원도 하나님 사랑으로, 우리를 승리하게 하시고 지도하고 인도하는 것도 하나님의 사랑인 줄 믿으시기 바랍니다. 그래서 성령 충만하면 사랑이 충만한 사람이 됩니다.

둘째로, 성령 충만하면 하나 됩니다. 분리하고 다투고 원망하지 않습니다. 사랑이 충만할 뿐만 아니라 하나님 앞에서 하나가 됩니다. 에베소서 4장 3절부터 6절까지 이렇게 말씀합니다. "평안의 매는 줄로 성령이 하나 되게 하신 것을 힘써 지키라. 몸이 하나요 성령도 한 분이시니 이와 같이 너희가 부르심의 한 소망 안에서 부르심을 받았느니라. 주도 한 분이시요 믿음도 하나요 세례도 하나요 하나님도 한 분이시니 곧 만유의 아버지시라. 만유 위에 계시고 만유를 통일하시고 만유 가운데 계시도다."

하나님은 우리에게 '성령으로 하나 되어라' 이렇게 말씀하지 않으셨어요. "성령의 하나되게 하신 것을 힘써 지키라!" 박 집사 마음에 계신 성령이나 김 집사 마음에 계신 성령님은 똑같은 분이십니다. 바울 속에 계신 예수님이나 저 속에 계신 예수님이나 여러분 속에 계신 예수님이 똑같은 분이세요.

제가 선교하면서 확인한 것은 전 세계 어디에서나 동일한 성령이 계신 것입니다. 성령 충만하면 인종과 나라를 초월하여 한 마음 한 뜻이 되고 하나가 되게 돼 있습니다. 그런데 우리가 신앙생활하면서 교회에서나 셀에서 때로는 우리가 하나가 되지 않는 이유는 성령이 다스리고 성령이 주관하는 것이 아니라 내 생각 때문에 내 고집 때문에 나의 교만 때문에 자기의 주관이 너무 강해서입니다. 조금 강하게 말하면 고집이 센 것입니다. 그런 사람은 잘 어울리지 못해요. 물같은 사람은 어디에도 어울립니다. 그 물이 어느 용기에 들어가더라도 그 용기 속의 물이 됩니다. 자기 주장이 없습니다. 물에 물탄 거 같아요. 나는 없지만 예수님이 주인 되고 예수님 따라 가면 내가 없어도 승리하는 줄 믿습니다.

내가 나서서는 마귀를 이길 수가 없어요. 그래서 오직 성령 충만을 받으라고 말씀하십니다.(엡 5:18) 성령 충만을 말할 때 물을 부을 때 컵에서 물이 넘치는 것을 충만이라고 합니다. 의미는 성령이 나를 다스리는 겁니다. 감화감동하시고 내 생각과 내 마음과 의지까지도 성령이 간섭하시게 해야 합니다. 예수님이 "너희는 먼저 그의 나라와 그의 의를 구하라"(마 6:33)는 말씀은 '하나님의 성령이, 하나님의 나라가 임하시고 하나님의 통치가 이루도록 기도하라'는 뜻입니다.

여러분, 셀교회가 하나님이 통치하도록, 여러분 가정이 하나님이 통치하도록, 우리 교회가 하나님이 통치하고 한국 교회가 하나님이 통치하도록 예수님의 이름으로 축복합니다. 그것이 왜 가장 복된 일이고 행복한 길입니까? 하나님이 사랑이시고 선이시기 때문에, 하나님은 우리에게 은혜 베풀기를 원하시고 복 주기를 원하시는 분이기 때문에 내 생각이나 계획과 어떤 것보다도 하나님의 통치가 가장 우리에게 복되고 선하고 행복한 일인 줄 믿습니다.

하나님이 선하시다는 것을 알고 나니까 그 기도가 되더라고요. '하나님, 나를 주관해 주시옵소서, 다스려 주시옵소서, 주께 맡깁니다.' 사도 바울같은 사람도 주께 맡기기 위해서 '나는 날마다 죽노라, 매일 나를 쳐 복종케 한다'고 했습니다. 인간은 매일매일 자기가 살아 있습니다. 다른 사람이 나를 구박하고 복종하게 하면 기분 나쁘지만 나 자신이 스스로 주 앞에 복종해 가는 것이라면 복된 신앙인 줄 믿습니다.

예수님은 무리와 제자를 부르시고 "자신을 부인하고 나를 따르라"(마 16:24)고 하셨습니다. 왜 우리 신앙생활이 때로는 잘 되지 않고 응답이 잘 오지 않고 성경대로 말씀이 잘 이루어지지 않을까요? 자신을 부인하지 않고 예수 믿기 때문에 그렇습니다. 어떤 분은 20년, 30년 믿어도 자신을 부인하지 않고 늘 교회에 다니기 때문에 자신이 더 살아 있습니다. 예배 드릴 때 잠깐 주님께 굴복하지만 내 마음대로, 내 생각대로, 내 판단대로 삽니다. 그러면 안 됩니다. 여전도회, 남전도회, 당회에서 내가 성령 충만하지 않으면, 내가 말하면 안 됩니다. 그러면 육신의 생각을 하고 육신의 말을 자꾸 하게 됩니다. 가정에서도 성령 충만하지 않으면 말 안하는 것이 지혜입니다. 성령 충만한 대로 인도받고 성령의 인도를 받아야 우리가 영적 싸움에서 승리하게 되고 우리 삶의 승리가 있는 줄 믿습니다.

초대교회 마가 다락방에 성령이 충만했더니 어떤 현상이 일어났습니까? 믿는 무리가 한 마음 한 뜻이 되어 모든 물건을 서로 통용했습니다. 왜요? 예수님도 한 분, 하나님도 한 분이시기 때문입니다. 그래서 성령 충만한 특징은 하나 되는 것인 줄 믿습니다.

성령 충만한 공동체, 성령 충만한 셀교회의 특징이 몇 개 있습니다. 셀교회의 첫째 특징은 생명 공동체입니다. 여기에서 생명 공동체는 육신의 생명이 아니고 영원한 생명을 말합니다. 우리나라에서는 그것을 이해하기 위해서는 영원한 생명, 육신의 생명 이렇게 수식어가 들어가야 됩니다. 그러나 희랍어는 단어 자체가 그렇습니다. '비오스'라는 말은 '육신의 생명'을 이야기합니다. '조에'란 말은 영원한 생명을 말합니다. 예수님께서 말씀하신 "내가 곧 길이요 진리요 생명이니"(요 14:6) 라는 말은 '조에'를 이야기합니다. 그러면 우리는 영원한 생명 '조에' 공동체입니다.

세상에는 여러 공동체가 있습니다. 운동하는 공동체, 골프 공동체, 낚시 공동체, 책 읽는 공동체, 쇼핑 공동체, 여행 공동체 등이 있지만 절대로 흉내 낼 수 없는 것은 '생명공동체'로서의 교회입니다. 셀교회만이 생명 공동체입니다. 그러므로 거기에 하나님의 성령이 임하시는 줄 믿습니다. 여러분이 속해 있는 어떤 공동체보다 가장 귀하고 복되고 우선순위가 되는 것이 셀공동체여야 됩니다. 셀공동체가 가장 먼저 공동체입니다. 그래서 초대 교회는 승리할 수 있었던 것입니다. 왜요? 그것이 생명 공동체이기 때문에 성령 충만한 공동체이며 동시에 기도 공동체이기 때문입니다.

기도는 나 한 사람만의 기도가 아니라 두 세 사람이 함께 하는 기도가 더 큰 힘이 있습니다. 성경을 자세히 보면 나, 즉 개인은 별로 없습니다. 너희가, 저희가, 우리가 늘 나옵니다. 기도를 가르칠 때도 예수님은 "하늘에 계신 우리 아버지" 그랬습니다. 성경은 항상 우리를 말합니다. 하나님의 공동체이기 때문에 모든 피조물의 상태는 공동체로 돼 있습니다.

하나님이 이 땅을 만드시고 가정을 주셨습니다. 그리고 예수님이 이 땅에 오셔서 십자가에 죽으시고 만드신 것이 교회입니다. 이것도 공동체입니다. 개인주의는 사탄의 전략입니다. 하나님은 함께 하라고 하십니다. 함께 하기를 원하십니다. 사람끼리도 함께 해야 되고, 또 하나님도 우리와 함께 하기를 원하시는 줄 믿으시기 바랍니다.

전도도 개인이 하는 것이 아니라 '너희'라고 했어요. "너희는 가서 모든 족속으로 제자를 삼아"라고 하셨습니다. 내가 은혜 받았으면 나만 은혜 받으면 된다 하는 생각은 기독교의 신앙이 아닙니다. 내가 은혜 받았으면 나와 함께하는 형제가 은혜 받고 자매가 은혜받고 내 가족이 은혜 받고, 우리 교회가 은혜 받았으면 다른 교회도 은혜 받아야 되고, 우리 나라가 하나님의 복음으로 왕성하면 다른 나라도 복음으로 왕성해야 되는 것이 주님의 뜻인 줄 믿으시기 바랍니다. 나만 하나님께 복을 받으면 된다, 우리 교회만 하면 된다, 내 가족만 그러면 된다는 것은 기독교 신앙이 아닙니다.

성령 충만한 공동체는 기도 공동체로서 개인 기도도 해야 되지만 공동체에서 기도하는 걸 하나님이 기뻐하시고 응답하기를 기뻐하시는 줄 믿습니다. 같은 아픔을 가지고 같이 병 낫기 위해서 같은 문제를 가지고 같은 신앙을 위해서 기도하는 공동체가 성령 충만한 셀교회인 줄 믿습니다.

성령 충만한 셀교회는 삶의 공동체입니다. 내가 배부르게 먹었으면 내 굶는 형제에게 나눠주어서 같이 풍성하게 하는 것이 기독교 신앙인 줄 믿습니다.

오늘 본문의 근거를 가지고 공산주의 이론을 만들었대요. '우리가 나누어서 같이 잘 먹고 같이 잘 잘 살자, 가난한 사람 없게 하자' 이것이 공산주의 이론입니다. 그런데 공산주의 이론은 저 개인적으로는 사탄의 이론이라고 말합니다. 이유가 있습니다. 성경이 말하는 공동체는 강제로 없는 사람 것을 빼앗아서 남 주는 것이 아닙니다. 스스로 은혜 충만히 받아서 스스로 가난한 사람에게 나눈 것입니다. 그리고, 하나님이 주인 되셔서 하나님의 주권 안에서 나눈 것입니다.

공산주의는 힘 있는 사람, 독재자를 세워서 강제로 뺏어서 나누는 것이며 유물론 사상에서 시작된 것입니다. 하나님이 없다는 데서부터 시작하는 겁니다. 그러니 '기독교는 아편이다' 하면서 교회를 불태우고 예수 믿는 사람 죽였습니다. 이것이 어떻게 성경하고 같습니까? 마귀가 하는 일이지요.

성경은 일하는 자에게 더 많이 주도록 돼 있고 게으른 자는 굶게 돼 있습니다. 이것이 성경적 원리입니다. 그러므로 공산주의 원리, 사회주의 원리는 성경적이 아니라는 걸 여러분 알고 예수 믿어야 됩니다. 간혹 예수 믿는 사람 중에 자꾸 공산주의나 사회주의도 괜찮다고 말하는 사람도 있습니다. 그것은 하나님이 하신 것이 아닙니다. 반드시 성령 충만하면 성령께서 자기에게 주신 것을 스스로 나누는 삶의 공동체를 형성하게 됩니다. 성령 충만하면 바른 물질관이 생깁니다.

예수 믿기 전에는 열심히 일해서 사업하든지 직장에서 돈을 벌면 '이거 내 거야, 내가 열심히 일해서 번 거야' 합니다. 그래서 자기 마음대로 씁니다. 그러나 성령 충만하면 그것이 자기 것이 아니고 주님의 것이라 합니다. 건강 주신 분도 주님이시고 일할 수 있는 직장 주신 것도 주님이십니다.

여러분, 하루에라도 우리에게 일어날 일을 어떻게 압니까? 가다가 교통사고 나는 사람도 있는데 안전하게 지켜주신 것도 하나님의 은혜죠. 성령 충만한 사람은 모든 것이 주님이 주신 것이고 모든 것이 주께 있음을 알기 때문에 내 것이라 하지 않고 주님이 필요하면 나눌 수 있는 마음이 되는 줄 믿습니다. 그래서 물질관이 내것이 주님의 것이라는 쪽으로 바뀝니다.

여러분, 그리고 성령 충만한 사람은 자기의 것이 하나님의 것이기 때문에 자신의 것 전부를 나누어 주고 구제해도 하나님은 모든 것을 채워주시고 때를 따라 도와주시기 때문에 염려 없다는 것도 믿게 되는 줄 믿습니다.

하나님이 때를 따라서 내가 부족할 때는 그때마다 채워주시는데 꼭 필요할 때마다 채우시는 것을 내가 보면서 자유하게 되었습니다. 뭘 먹을까 뭘 입을까 뭘 쓸까 아무 염려하지 않게 되었습니다.

"너희는 뭘 먹을까 입을까 염려하지 말고 먼저 그의 나라와 의를 구하라. 그리하면 이 모든 것을 너희에게 더하시리라."(마 6장)

그래서 죽는 것도 염려 안 하고 사는 것도 염려 안 하고 다니는 것, 모든 것을 염려 안 하게 되니까 그것이 평강인 것을 깊이 깨닫게 되었습니다.

성령 충만한 성도는 내가 구제하고 나눈다 할지라도 이게 없어지는 것이 아니라 하나님이 때를 따라 나를 채우신다는 것을 알고 있기 때문에 나눌 수 있는 것입니다. 성령 충만한 사람은 사랑이 충만하기 때문에 또 이웃의 어려움을 보고 그냥 있지 않는 줄 믿습니다. 사랑이라는 것은 말로만 하는 것이 아닙니다.

요한일서 4장 20절 말씀에, "누구든지 하나님을 사랑하노라 하고 그 형제를 미워하면 이는 거짓말하는 자니 보는 바 그 형제를 사랑하지 아니하는 자는 보지 못하는 바 하나님을 사랑할 수 없느니라"고 했습니다.

제가 언제 한번 물어본 적이 있습니다. '여러분, 보이는 우상을 믿기가 쉽습니까, 보이지 않는 하나님을 믿기가 쉽습니까?' 했더니 참 우리 성도들 똑똑하더라고요. '보이는 우상이 믿기 쉽다'고 합니다. 그래서 '보이지 않는 하나님이 믿기 쉽습니까, 보이는 목사가 믿기 쉽습니까?' 했더니 목사 믿기가 쉽다더라고요. 그게 맞긴 한데 그렇게 믿으면 안 됩니다. 여러분 중에 혹시 보이는 것 믿기를 좋아하는 사람은 고치세요.

하나님은 보이지 않는 분입니다. 그런데 우리에게 말씀을 주셨기 때문에 말씀을 믿는 줄 믿으시기 바랍니다. 성령 충만한 내 생각과 계획, 내 판단이 먼저 가는 것이 아니라 하나님의 말씀이 먼저 가는 것이고 기도하는 사람이 하나님의 인도를 받는 것입니다. 성령 충만한 사람은 자신이 먼저 가는 것이 아니라 주님을 따라가는 것인 줄 믿으시기 바랍니다.

요한일서 3장 17절 말씀에는 "누가 이 세상의 재물을 가지고 형제의 궁핍함을 보고도 도와 줄 마음을 닫으면 하나님의 사랑이 어찌 그 속에 거하겠느냐" 라고 하십니다. 보이지 않는 형제를 사랑하지 않으면서 하나님을 사랑한다는 것은 거짓말입니다. 또 다른 거짓말은 형제를 사랑한다 하면서 가난하고 헐벗고 죽어 가는데 나는 배터지게 먹고도 남아 있어 버릴지언정 도저히 도와줄 마음이 없다 한다면 그것도 거짓말입니다. 사랑은 말이 아니라는 것입니다.

사랑은 행함입니다. 사랑에는 수고가 따르는 줄 믿습니다. 나누는 것은 정말 어렵습니다. 내가 얼마나 힘들게 번 돈인데 내가 그것을 나눠 준다? 하나님이 주시는 예수님의 마음이 있어야 나눌 수 있습니다. 예수님의 마음 없으면 절대로 못 나눕니다. 얼마나 아깝습니까. 주고 나면 너무너무 허무하잖아요. 그런데 그게 없어지는 것이 아닙니다. 나누는 삶을 살 때 하나님께서 주신 은혜가 풍성해지고 하늘에서의 상급이 되고 하나님께서 이 땅의 모든 것을 책임지시는 줄 믿으시기 바랍니다. 그 하나님을 믿으시기 바랍니다.

우리를 눈동자 같이 아시고 또 우리의 앉고 일어섬을 아시며 모든 것을 아시는 하나님을 인정하고 믿으세요.

"너는 범사에 그를 인정하라. 그리하면 네 길을 지도하시리라."(잠 3:6)

우리가 예배 드릴 때만, 기도할 때만, 내가 급할 때만 하나님이 우리와 함께하시는 것이 아닙니다. 우리가 하나님을 잊어 먹고 있는 순간에도, 기도하지 않는 순간에도, 우리가 방황하는 순간에도 하나님은 한 시도 우리를 떠나지 않으십니다. 우리 속에 성령으로 계시는 줄 믿으시기 바랍니다. 그 하나님은 우리를 구원하기 위해서 영광스러운 보좌를 버리고 인간으로 오셔서 죽기까지 하시면서 우리를 구원하셨습니다. 그 하나님께서 우리를 먹이십니다. 그것도 우리가 염려하지 않도록 모든 것을 채우십니다.

요한일서 3장 18절 말씀에는, "자녀들아 우리가 말과 혀로만 사랑하지 말고 행함과 진실함으로 하자" 하십니다. 성령 충만한 셀은 삶의 공동체입니다. 사랑의 공동체인 것이죠. 성령 충만한 공동체는 사명 공동체입니다. 그 공동체의 모든 사람들이 가슴에 소원을 가져야 합니다. 하나님께서 나를 통해서 영혼 구원의 소원을 주시는 것이 성령 충만입니다.

성령 충만하다고 하면서 사명이 없다면 그것은 거짓말입니다. "오직 성령이 너희에게 임하시면 땅 끝까지 증인이 되리라."(행 1:8) 성령 충만하면 전도가 되어지는 줄 믿으시기 바랍니다. 우리가 찾아가고 계획하지 않았는데도 특별한 만남이 됩니다. 사도행전 18장에 보면, 바울 공동체가 고린도에 가서 브리스길라 부부를 만났는데 직업이 같습니다. 그냥 만났는데 놀라운 하나님의 역사가 있었습니다. 평생토록 바울을 후원하고 목숨이라도 대신할 일꾼이 되어서 초대교회의 큰 일을 감당합니다.

사도행전 10장에 보면 하나님께서 베드로에게 고넬료의 집에 가라고 합니다. 그 일로 고넬료의 온 집이 구원 받아 일가친족이 구원받습니다. 베드로가 계획한 게 아닙니다. 하나님이 하신 것입니다. 이런 경험이 여러분이 성령 충만하면 일어납니다. 저는 정말 많이 봤습니다. 계획하지 않고 그냥 하나님 앞에서 평범하게 만났는데, 그게 특별한 만남이 되고, 특별한 은혜가 되고, 특별한 하나님의 역사가 나타났습니다. 그래서 '사도행전의 기록은 사실이구나, 성경 말씀은 정말 사실이구나' 하고 믿게 되었습니다. 모두가 성령 충만한 새 일꾼 되시기를 주의 이름으로 축복합니다.

32절, "믿는 무리가 한마음과 한 뜻이 되어 모든 물건을 서로 통용하고 자기 재물을 조금이라도 자기 것이라 하는 이가 하나도 없더라."

성령 충만하니까 바로 바른 물질관이 생기고 마음과 뜻이 하나 될 수밖에 없습니다.

33절. "사도들이 큰 권능으로 주 예수의 부활을 증언하니 무리가 큰 은혜를 받아."

성령 충만한 사람은 예수님의 십자가와 부활을 믿습니다. 어디서든지 당당하게 예수님은 하나님의 아들 되심과 그리스도가 되셔서 우리를 위해서 죽었다가 살아나신 것을 증거하는 것입니다. 그때 하나님의 성령이 역사하셔서 믿을 사람을 믿게 하는 줄 믿습니다. 그 말씀을 듣고 안 믿는 사람도 생깁니다. 다 믿는 건 아닙니다. 사도행전 18장에 보면, 바울이 빌립보에서 기도처가 있는가 하고 찾는데 하나님께서 루디아의 마음을 여셨습니다. 이것이 복입니다.

하나님의 말씀을 들을 수 있는 마음이 열리고 깨달을 수 있는 믿음이 생기고 그 말씀을 받아들일 수 있게 하십니다. 여러분, 설교 들을 때 몇 가지 마음이 들 수 있습니다. '성경은 그렇지만 이것을 어떻게 믿어? 오늘 설교 듣고 은혜 받고 치우자' 이런 사람도 있고 어떤 사람은 '목사님, 말도 안 되는 이야기 하지 마세요' 하는 사람도 있을 것입니다. 어떤 사람은 '하나님, 저 성령 충만해서 이런 성도 되기 원합니다, 이런 셀교회 멤버가 되기 원합니다' 하는 간절한 사람도 있는데 이런 분이 바른 사람입니다. 여러분의 마음은 어떻습니까? 하나님 앞에 어떤 마음으로 말씀을 들으십니까? 하나님께서 주신 은혜가 여러분에게 있기를 바랍니다.

34~35절. "그 중에 가난한 사람이 없으니 이는 밭과 집 있는 자는 팔아 그 판 것의 값을 가져다가 사도들의 발 앞에 두매 그들이 각 사람의 필요를 따라 나누어 줌이라."

큰 은혜를 받으면 이렇게 삽니다. 어떤 분이 '목사님, 저는 적당히 은혜 받길 원합니다' 해서 왜 그러냐고 물었더니 '한 발은 세상에 한 발은 교회에 두고 사니까 좋습니다' 합니다. 그러다가 떨어져요. 은혜를 충만히 받는 것이 제일 복된 일입니다. 은혜 충만히 받고 주님의 마음을 가지고 주님의 뜻 가운데 살아가는 삶, 그것이 가난하든 부요하든 그 사람이 어떤 환경에 있든지 하나님 앞에 쓰임 받는 최고의 복된 삶인 줄 믿습니다.

이 세상 잠시 잠깐이면 다 지나갑니다. 여기에 영원한 것을 투자하지 마시고 영원한 삶을 위해서 주님의 일꾼 되기를 주의 이름으로 축복합니다. 바울 같은 사람은 굉장히 공부도 많이 하고 배경도 좋고 권세도 있는 사람인데 그거 다 버리고 고생하면서 주님께 쓰임 받았습니다. 그 삶이 더 복이 있습니다. 고기 잡던 것 다 버리고 복음 전하는 삶 그것이 더 복이 있습니다. 가이오 같은 사람은 고관인데 다 버리고 예수님 전하는 사람이 되었습니다. 왜 그 사람들이 그렇게 했을까요? 그것이 가장 귀하고 복된 일인 것을 알았기 때문입니다. 성령 충만해지면 이렇게 쓰임 받는 줄 믿습니다.

> 36~37절, "구브로에서 난 레위족 사람이 있으니 이름은 요셉이라 사도들이 일컬어 바나바라(번역하면 위로의 아들이라) 하니 그가 밭이 있으매 팔아 그 값을 가지고 사도들의 발 앞에 두니라."

바나바라는 이름은 '위로자'라는 뜻인데 아주 좋은 충성된 일꾼입니다.

오늘 우리는 성령 충만한 셀교회, 성령 충만할 때 이 세상을 이겨 나가는 줄 믿습니다. 이 세상을 이기는 유일한 방법은 머리가 아닙니다. 아이디어 전략도 아닙니다. 총칼도 아닙니다. 힘도 아닙니다. 성령 충만해야만 시대를 이겨 나가는 것입니다. 성령 충만한 교회 성령, 충만한 셀교회 되기를 예수님의 이름으로 축복합니다.

15강 | 행 5:1~11

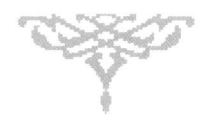

초대 교회에서 성령 충만 받고 복음이 증거 되어지고, 표적과 기사가 일어나고, 성도들이 부흥이 되고 확산되어지고, 좋은 일들이 많이 일어났는데 그중에 은혜 받은 사람들이 자기의 물질을 내어놓고 또 밭을 팔아서 자기 것이라 하지 않고 하나님의 것이라 하여 서로 나누었습니다. 이런 소문들이 나니까 복음이 더 많이 전파되었습니다.

1절, "아나니아라 하는 사람이 그의 아내 삽비라와 더불어 소유를 팔아."

이 말씀을 킹제임스 영어역본으로 보면 '그런데'(but)이라는 접속어로 시작합니다. 무슨 뜻이냐 하면, 4장 끝에서 바나바 같이 순수한 마음으로 하나님을 경외하며 예수 믿고 충성된 일꾼들이 주님을 사랑하는 마음과 성도를 사랑하고 교회를 사랑하는 마음으로 자기의 밭을 내놓은 사람들이 있었던 반면에 비교되는 사람이 있었다는 그 말입니다. 아나니아와 삽비라도 사람들에게 칭찬받고 인정받고 존경받고 싶은 마음으로 자기의 소유를 팔았다고 했습니다. 부부가 의논을 했던 것 같습니다.

2절, "그 값에서 얼마를 감추매 그 아내도 알더라 얼마만 가져다가 사도들의 발 앞에 두니."

"아내도 알더라"했고, 9절에는 "베드로가 어찌하여 함께 꾀하여" 라고 말한 것을 보면 부부가 의논을 잘한 것 같습니다. 뭐라고 의논했겠습니까? '바나바가 밭을 팔아서 사도들 앞에 놓고 성도들을 위하여 물질로 공급하고 보니까 인기가 올라가네요, 사람들에게 존경받고 사도들에게도 인정받고 있어요, 우리가 그냥 있을 수 없잖아요, 바나바보다는 우리가 나으니 우리도 소유를 팔아서 일부는 드리고 일부는 숨겨놓읍시다, 그럼 우리는 사도들에게 인정 받고 사람들에게도 존경을 받겠죠, 물질도 다 잃어버리지 않고 이것이 참 지혜로운 방법이예요.' 이렇게 부부가 의논한 게 틀림이 없습니다.

그래서 일부를 숨겨놓고 갔더니 성령 충만한 베드로가 그들이 거짓말하는 것을 보고, '아나니아야! 네가 사람에게 거짓말 하는 것이 아니고 하나님께 한 것이다.'하면서 책망했고 남편이 그날 영혼이 떠나고 그 뒤에 삽비라도 죽는 비참한 일이 벌어졌습니다.

사랑하는 여러분! 왜 아나니아와 삽비라가 이렇게 속이고 헌금을 했을까요? 헌금 안 해도 사도들이 꾸중하는 것도, 뭐라 하는 것도 아니고, 또 죽을 일도 아닙니다. 팔아 가지고 일부분 헌금하면서 '일부는 우리 생활 때문에 남겨두고 일부만 했습니다'라고 했다면 얼마나 칭찬을 받을 일이고 좋은 일이겠습니까. 얼마나 귀하게 쓸 일입니까.

일부를 숨겨놓고 전부 다 가지고 왔다고 말한 이것은 하나님께 거짓말한 것입니다. 아나니아와 삽비라는 사람을 속인다고 했지만 베드로는 그것을 하나님을 속인 것이라고 했습니다. 혹시 우리가 사람을 속이는 것 같은데 사실은 하나님을 속이는 일이 없는지 살펴봐야 될 것입니다.

이 아나니아와 삽비라의 믿음을 보면서 하나님과 사람 앞에서 순전한 믿음이 있는 사람은 어떤 사람인지를 살펴보겠습니다.

첫째, 진정한 믿음의 소유자는 사람들에게 인정받고 존경받기보다 예수 믿고 구원받은 구원의 은혜에 대한 감격이 항상 있습니다. 그 감격으로 항상 기뻐하고 하나님께 영광 돌리는 삶을 살게 되는 줄 믿습니다. 우리는 구원받을 자격이 없는 사람들입니다. 하나님과 원수된 우리라고 했고, 우리가 아직 죄인 되었을 때 그리스도께서 우리가 죽으셨다고 하셨고, 우리는 하나님 자녀가 될 자격도 없고, 하나님 나라 갈 자격도 원래는 없고, 천국을 유산으로 받을 자격도 없고, 예배 드릴 자격도 없고 찬양할 자격도 없습니다. 우리가 자격 있는 게 하나도 없습니다. 오직 하나님의 은혜와 사랑으로 우리는 구원받았습니다.

그 구원이 얼마나 감사합니까. 이 땅에 살면서도 영원히 떠나지 않고 우리와 함께 하시며, "아무것도 염려하지 말고 기도하라" 하시며 기도의 응답에 대한 약속을 주시고, 이 땅을 떠날 때는 항상 주님이 우리를 영접하십니다. 이것은 세상의 어떤 것으로 대가를 지불한다고 해도 살 수 없는 것입니다. 그 은혜를 받았으니까 구원의 은혜에 감사하면서 늘 하나님께 무엇이든지 감사함으로 신앙생활 하는 사람이 진정한 믿음의 비밀을 가진 사람인 줄 믿습니다.

둘째, 진정한 믿음의 소유자는 하나님께 인정 받는다는 믿음의 표를 볼 수 있어야 합니다. 하나님 앞에 교회를 위하여 헌신하고 봉사하지만 그것을 가지고 자랑하지는 않습니다. 구원 받은 것도 감사하지만 예배 드릴 수 있는 것은 더 감사한 것이고, 주님 앞에 헌금할 수 있는 것, 봉사할 수 있는 것, 전도에 쓰임 받는 것도 더 감사합니다. 하나님께 쓰임 받는 게 너무너무 영광스럽게 생각하는 사람이 참된 믿음의 사람입니다.

누구든지 하나님의 사랑받는 성도이며 누구든지 성도들에게 사랑받아야 될 성도인 줄 믿습니다. 그래서 어떤 사람들은 막 돌출 행동을 합니다. 아이들도 선생님 앞에 갑자기 가다가 넘어집니다. 왜요? 인정받고 싶어서요. 그런데 인정 못 받으면 상처를 많이 받습니다. 그러나 진실한 믿음으로 하나님이 날 인정하고 사랑하시는 것을 믿고 날 지켜주심을 믿고 하나님께 인정받는다는 믿음이 있는 사람은 그 모든 곳에서 자유하게 됨을 믿으시기 바랍니다.

하나님께 인정받고 하나님을 믿는 사람은 사람들에게 꼭 인정받으려고 안 합니다. 사람들 중에는 오늘 칭찬하다가 내일 뒤돌아서서 욕하는 사람도 있습니다. 그런데 왜 사람들에게 인정받으려고 그럽니까? 우리는 하나님 앞에 충성하고, 하나님 앞에 믿음을 가지고 살아가는 성도가 되어야 합니다. 이게 참된 믿음의 사람입니다.

셋째, 다른 성도나 타인이 나보다 더 훌륭한 믿음을 가지고 충성하고 헌신하고 칭찬 받을 때 기뻐할 수 있는 사람이어야 합니다. 다른 사람이 나보다 더 충성스러우면 미워하고 시기하고 질투하고, 그 때문에 욕하고 모함하는 것은 성령이 하시는 게 아닙니다. 내가 없어서 못하고 다른 사람이 교회를 위해서 무엇인가 하면 너무 감사하면서 '나는 못했는데 집사님 하니까 너무 좋습니다. 너무 감사합니다' 하는 게 성령의 역사입니다. 전도 부분, 헌금 부분, 섬김 부분 등 모든 부분에 적용 됩니다.

나보다 더 충성스러운 사람이 있고 전도 잘 하는 사람이 있고 기도 많이 하는 사람이 있고 더 순종 잘하는 사람이 있으면 감사하고 기뻐하는 신앙생활을 하는 것이 참된 믿음을 가진 사람이 아닐까요.

교회 안에서 다른 성도가 나보다 더 신앙생활 잘 하고 충성되면 감사하고 기뻐하는 그런 믿음이 참된 믿음입니다. 교회 차원에서도 그렇습니다. 우리 교회보다 다른 교회가 더 복음 잘 전하고 잘되면 감사하면서 '한국교회에도 이런 교회가 있구나' 하면서 우리도 배워야겠다고 해야 이래야 맞지 욕하고 비판하고 저 교회는 안 좋은 교회라고 한다면 그것은 하나님의 성령이 하시는 게 아닙니다. 성령은 그런 분 아닙니다. 성령의 충만한 성도 되시기를 주의 이름으로 축복합니다.

참된 믿음이 있어야 되는데 아나니아와 삽비라는 그 참된 믿음보다 다른 생각이 많았던 것 같습니다. 명예심, 인정받고 싶은 마음, 물질적인 욕심. 여러분! 이런 것들이 있으면, 사탄에게 넘어갑니다.

> 3~4절, "베드로가 이르되 아나니아야 어찌하여 사탄이 네 마음에 가득하여 네가 성령을 속이고 땅 값 얼마를 감추었느냐. 땅이 그대로 있을 때에는 네 땅이 아니며 판 후에도 네 마음대로 할 수가 없더냐 어찌하여 이 일을 네 마음에 두었느냐 사람에게 거짓말한 것이 아니요 하나님께로다."

교회 안에서 마귀는 불신앙하는 자를 찾아간다는 것을 아셔야 됩니다. 예루살렘 교회가 은혜 충만해서 하나님께 존귀하게 쓰임 받는데 그중에 아나니아와 삽비라같은 불신앙한 사람을 찾아서 넘어뜨립니다. 그리고 교회를 어렵게 만듭니다. 불신앙은 그만큼 무섭습니다. 마귀가 무서운 게 아니라 불신앙이 무섭습니다.

우리는 마귀를 대적하는 권세가 있습니다. 그런데 불신앙하면 마귀가 그 통로가 되는 것입니다. 교만하고, 남 욕하고, 불신하고, 믿지 않고, 말 많고 그러면 마귀에게 다 넘어갑니다. 마귀는 욕심이 있고 다른 어떤 인간적 목적이 있으면 넘어뜨립니다.

예수님께서는 "마음을 다하고 목숨을 다하고 뜻을 다하여 주 너의 하나님을 사랑하라"(마 22:37; 막 12:30; 눅 10:27) 하셨습니다. 하나님을 제일로 사랑하면 모든 마귀 시험에서 이깁니다.

영적 승리의 가장 좋은 방법은 하나님을 제일로 사랑하는 것입니다. 할렐루야! 하나님을 제일 사랑하면 다른 문제 다 포기할 수 있습니다. 그런데 이 아나니아와 삽비라는 하나님을 사랑하고 하나님께 인정받는 것보다 사람에게 인정받고 싶은 명예심, 돈을 사랑하는 탐심, 이런 것 때문에 결국 비참한 삶을 결과를 맞은 것입니다.

베드로가 한 이 말씀을 기억해야 합니다.

"아나니아야 어찌하여 사탄이 네 마음에 가득하여 네가 성령을 속이고 땅 값 얼마를 감추었느냐 땅이 그대로 있을 때에는 네 땅이 아니며 판 후에도 네 마음대로 할 수가 없더냐 어찌하여 이 일을 네 마음에 두었느냐 사람에게 거짓말한 것이 아니요 하나님께로다."

우리 교회도 연초에는 헌금 약정을 합니다. 교회가 빚이 있으니까 조금이라도 빚을 갚자 해서 건축헌금을 약정하기도 하고, 또 선교하기 위해서, 다음 세대를 위해서 약정하기도 합니다. 약정할 때 여러분 꼭 기도하면서 하나님 앞에 하시기 바랍니다. 욕심을 내어 하지도 말고 너무 인색하게도 말고 하나님 앞에서 정직하게 하시기를 바랍니다. 욕심을 내서 너무 많이 해서 힘들게 하지 마시고, 할 수 있을 만큼 참여해서 하나님 앞에 반드시 지켜나가야 됩니다.

5~11절, "아나니아가 이 말을 듣고 엎드러져 혼이 떠나니 이 일을 듣는 사람이 다 크게 두려워하더라. 젊은 사람들이 일어나 시신을 싸서 메고 나가 장사하니라.

세 시간쯤 지나 그의 아내가 그 일어난 일을 알지 못하고 들어오니 베드로가 이르되 그 땅 판 값이 이것뿐이냐 내게 말하라 하니 이르되 예 이것뿐이라 하더라. 베드로가 이르되 너희가 어찌 함께 꾀하여 주의 영을 시험하려 하느냐 보라 네 남편을 장사하고 오는 사람들의 발이 문 앞에 이르렀으니 또 너를 메어 내가리라 하니 곧 그가 베드로의 발 앞에 엎드러져 혼이 떠나는지라 젊은 사람들이 들어와 죽은 것을 보고 메어다가 그의 남편 곁에 장사하니 온 교회와 이 일을 듣는 사람들이 다 크게 두려워하니라."

'다 크게 두려워하더라'가 11절에서도 나옵니다. 이 일로 인해 예루살렘 교회 안에 큰 두려움이 생겼습니다. 젊은 사람들이 일어나 아나니아의 시신을 싸서 메고 나가 장사하고 난 후 세 시간쯤 지나 그의 아내가 그 일어난 일을 알지 못하고 들어옵니다. 아마 젊은 사람들이 장사하러 간 사이에 교회는 그런 분위기가 아닌데 아내 삽비라가 들어오면서 그런 상황을 몰랐던 것 같습니다.

베드로가 묻습니다. '그 땅 판 값이 이것뿐이냐 내게 말하라' 대답이 너무 당당합니다. '이것뿐입니다.' 이 대답을 듣고 베드로는 바로 말합니다. '너희가 어찌 함께 꾀하여 주의 영을 시험하려 하느냐. 네 남편을 장사하고 오는 사람들 너도 메어 내갈 것이다' 하는 말에 이어 삽비라는 베드로의 발 앞에 엎드러져 혼이 떠나가고 젊은 사람들이 들어와 죽은 것을 보고 그도 메어다가 그의 남편 곁에 장사합니다.

베드로가 삽비라에게 '이것뿐이냐'라는 말을 했을 때 그에게 기회를 주는 것이었습니다. '솔직히 말해봐라. 이것뿐이냐?' 그때, '사도님, 사실은 숨겨둔 게 있습니다' 그랬다면 살았을 것입니다. 그런데, '네 이것뿐입니다' 그러니까 남편의 길을 그도 간 것입니다. 하나님 앞에 진실된 믿음으로 예배드리고 헌금드릴 때도 하나님이 받으심을 믿고 드리시기 바랍니다. 기도와 찬양도 마찬가지입니다.

부산에 있을 때 언젠가 어떤 분이 상담을 왔습니다. 자기는 아주 진지한 마음으로 어떻게 하면 바르게 할까 이런 좋은 마음으로 상담을 왔을 겁니다. 자기가 아는 사람이 개척교회를 하는데 너무 도와주고 싶대요. 도와주고 싶은데 자기도 형편이 그렇게 넉넉하지 않으니까 십일조를 그쪽으로 보내면 어떻겠냐고 질문했습니다. 그래서 내가 '안 된다, 꼭 하고 싶으면 기도하는 중에 십의 이를 더해서 그 교회를 도와라, 이것은 하나님 것이지 성도님 것이 아니다'고 말했습니다.

여러분, 십일조는 주님의 것입니다. 내가 하나님 자리에 가서 이 사람도 돕고 저 사람도 돕고 어차피 십일조 하는 거 이렇게 하고 그렇게 하면 안 돼요 그것은 하나님의 것입니다. 혹시 우리 성도님 중에 십일조를 온전히 안 드리는 분이 계시는지 몰라요. 예를 들어서 봉급이 한 200만원쯤 되는데 십일조는 10만원만 하고, 십일조라고 딱 써서 내면 그것은 이렇게 속이는 것입니다. 그러면 십일조라고 하지 말고 감사헌금이라고 하든지 십일조 하려면 온전하게 하나님께 드리는 신앙이 되시기를 바랍니다. 물질이 하나님 앞에 깨끗해야 신앙이 깨끗합니다. 그것을 두리뭉실하게 해가지고 이렇게 하면 됐다 이러지 마시고 하나님 앞에 신앙생활 하는 성도가 되시기를 바랍니다. 하나님이 다 알고 계십니다.

'목사님! 다 알고 계시는데 아나니아와 삽비라는 죽었는데 우리는 왜 안 죽습니까?' 그런 질문을 받았습니다. 그래서 제가 1부 예배 때 물었어요. '금방 죽는 게 낫냐, 좀 기다려주시는 게 낫냐?' 기다려 주시면 나를 회개하라는 것인 줄 알고 회개하고 주께 돌아와서 '하나님, 기다려 주셔서 감사합니다.' 이게 바른 마음과 생각이고 믿음이지 그것을 시험해서 '그래도 안 죽더

라. 하나님 봤는데도' 이것은 하나님을 시험하는 겁니다. 하나님을 시험하면 하나님이 기뻐하지 않으십니다.

　신앙은 하나님을 진실로 사랑하는 것입니다. 마태복음 6장에도 '네 보물을 하늘에 쌓아두라'고 했습니다. 하나님과 물질, 즉 두 주인을 섬길 수가 없습니다. 언젠가 우리는 하나님 앞에서 우리의 신앙을 결단해야 합니다. 하나님을 내가 먼저 경외하고 말씀을 경외할 것이냐 아니면, 내가 돈을 더 좋아할 것이냐, 평생 이것 때문에 왔다 갔다 하면 우리가 어떻게 담대히 하나님께 가서 기도하며 예배 드릴 수 있겠습니까. 어떻게 하나님을 기쁘게 할 수 있겠습니까.

　내가 하나님을 더 사랑하는 그 마음이라면, 하나님께서 주신 것에 대하여 순종하는 것이 당연하고 마땅한 것이지요. 이 일을 통해서 사람들이 두려워했습니다. 11절에 보면 "온 교회와 이 일을 듣는 사람이 다 크게 두려워하니라"고 했습니다.

　무엇을 두려워하는 신앙이어야 할까요?

　첫째, 신앙은 하나님의 전능하심과 거룩하신 위엄의 두려움을 느낄 수 있어야 됩니다. 하나님의 말씀과 하나님을 두려워하지 않는 사람은 바른 신앙이 아닙니다. 하나님이 두려워서 벌벌 떨고 걷지도 못하고 아무 일도 못하라는 뜻이 아니라, 하나님 앞에 잘못했을 때 두려움을 느낄 수 있는 두려움이 있어야 된다는 말입니다.

　예배를 온전히 못 드리면 두려워해야 마땅한 것입니다. 내가 하나님 말씀대로 순종하지 않으면 하나님을 두려워해야 됩니다. 그래야 하나님께 나아가서 회개하고 통회하게 되고, 그래서 하나님 앞에 순종할 때 담대함을 가지고 주께 더 가까이 가게 되고, 그래야 이것이 바른 신앙입니다.

사람이 죄를 자꾸 짓다 보면 죄에 대해서 두려움이 없습니다. 그러면 이제 망해 가는 것입니다. 저주에 빠지는 것입니다. 매일매일 자백함을 통해서 하나님의 그 위엄하심에 두려움을 갖는 신앙이 되도록 우리가 기도해야 될 것입니다.

둘째, 하나님께서 윗선을 심판하시고 교회를 정결케 하시는 두려움입니다. 교회는 그리스도의 피로 값주고 사신 그리스도의 몸입니다. 교회는 청와대 같지 않습니다. 국회 의사당 같지 않고 대학 캠퍼스 같지 않습니다. 하나님이 자기 피로 값주고 사셨습니다. 하나님은 교회의 머리가 되시고 교회를 지키시는 것입니다. 교회를 대적하면 반드시 파멸합니다. 나라도 개인도 단체도 마찬가지입니다. 그래서 교회를 핍박하고 무너뜨리는 나라들마다 안 무너진 나라가 하나도 없습니다.

북한이 저렇게 비참하게 무너지는 이유가 무엇입니까? 교회를 핍박합니다. 그래서 제가 중국도 망한다고 그럽니다. 예언합니다. 어느 시대든지 교회를 핍박하고 대적하면 반드시 망합니다. 개인도 마찬가지입니다.

저희 어릴 때는 예수님 안 믿는 사람들이 교회를 건드리지 않았습니다. '교회 건드리면 큰일 난다, 망한다' 그래가 안 건드렸습니다. 그런데 요즘 사람들은 어떻게든 교회를 만만하게 보고 비판하며, 욕하고 하나님도 욕합니다. 이 나라가 어쩌려고 이렇게 하나요? '교회가 무슨 하는 일을 하든지 아무 말도 하지 마라' 이런 뜻이 아닙니다. 교회가 하나님의 말씀대로 진실된 믿음을 가지고 가면 우리도 하나님께 두려운 신앙을 가져야 되지만, 불신자들에게도 하나님은 두려움의 대상이 되어야 됩니다.

여러분들이 예수 믿는다면 직장에 어디에 가서든지 '예수 믿습니까?' 하고 인정 받고 존경의 대상이 되고, '저 사람 건드리면 하나님이 지켜주신다, 안 된다'고 생각하며 두려움의 대상이 되어야 합니다. 그런데, 예수 믿는 것들 저것들 뭐 어쩌고 저쩌고 다 들리는데도 욕합니다. 이런 욕을 먹고 신앙생활을 하면 안 됩니다. 그때 의분을 가지고 당당하게 대해야 합니다. 이것은 혈기를 내서 다투고 싸우란 말이 아닙니다. 기독교가 얼마나 이 나라를 위해서 헌신하고 봉사하고 세계에 얼마나 아름다운 일을 했는데 기독교를 욕해서 되겠습니까? 기독교에 대한 긍지를 가지는 성도가 되어야 되지 않겠습니까. 우리가 예수 믿는 것이 자랑스러운 일이지 부끄러운 일인가요?

사도 바울은 "나는 예수만 자랑하리라"고 했습니다. 예수 그리스도! 우리가 가진 신앙, 자랑할 일인 줄 믿습니다. 그 두려움은 또한 복음 전파의 귀한 길이 되고 역사가 되는 것입니다. 아마 모르긴 해도 불신자에까지 소문이 다 퍼져 나갔을 것입니다. '교회 다니는 사람은 정말로 좋더라, 사랑이 많아서 자기 물건을 내놓고 서로 어려운 사람도 도와주고 이러니까 어렵지도 않고 서로 사랑으로 하나 되고 기도하고 응답받고 하나님이 계시더라, 바나바라는 사람이 또 교회에서 훌륭한 사람인가 보더라, 평소에 그분 보니까 참 겸손하고 좋더라, 그런데 소문 들었나? 예루살렘 교회 아나니아와 삽비라라는 사람은 죽었단다, 그 사람들 잘 믿는 사람들 아니었나? 우리는 잘 믿는 줄 알았는데 소문 들어보니까 재산 팔아가지고 숨겨놓고 그렇게 바치다가 하나님이 아시고 하나님이 그들의 생명 거두어 가셨단다, 하나님 살아계시네, 두렵네, 우리도 예수 믿어야 되겠다' 하며 돌아오지 않겠어요? 그 두려움은 불신자에게까지 하나님이 살아계심과 위엄하심이 전파되는 계기가 된 줄 믿습니다.

사탄은 삽비라의 마음에, 아나니아의 마음에 들어가서 교회에서 또 다른 명예, 권력, 탐심을 가지고 교회를 무너뜨리고 시끄럽게 하려고 그랬지만 오히려 이 일을 통해서 교회는 더 든든히 세워져가고 경각심을 가지고 하나님 앞에 진실된 믿음을 가지고 또 불신자 앞에까지 복음이 증거되는 계기가 된 줄 믿습니다.

개인이나 교회가 은혜 받고 기도하고 성령 충만해서 복음 전하고 셀교회가 서로 사랑하고 하나님의 일을 하는데 응답이 있고 하나님이 인도하심이 있고 좋은 일이 있는데 갑자기 어떤 어려운 문제가 생긴다 할 때 이상하게 생각하지 마시기 바랍니다. 사탄은 틈을 탑니다. 약한 사람, 특히 믿음이 약한 사람의 틈을 탑니다. 또 가서 '네 믿음이 약하구나', '너 때문에 시험 든다' 이렇게 하지 마시고, 더 위로하고 힘을 주시고, '우리 함께 하자 함께 속지 말자' 이렇게 해서 함께 승리하는 성도가 되어야 될 줄 믿습니다.

어떤 일을 당하든지 개인이나 교회가 하나님께로 가는 신호입니다. 하나님께 전적으로 믿고 의지하고 갈 때 그것이 최선의 방법이고 최고의 방법입니다. 하나님만이 우리를 건지실 구원의 뿔이요, 산성이요, 요새인 줄 믿습니다. "내가 산을 향하여 눈을 들리라 나의 도움이 어디서 올꼬 나의 도움이 천지를 지으신 여호와게서로다."

시 121편에서 시편 기자는 우리의 도움이 하나님께 있다고 선포합니다.

사랑하는 여러분, 신앙만큼은 하나님께 진실하게 합시다. 그렇지 않다면, 왜 신앙생활을 해야 합니까? 신앙만큼은 진실하게 해야 됩니다. 그리고 내 믿음이 참된 믿음인지, 내가 탐심이 있고 시기가 있고 욕심이 있고 명예 욕심껏 신앙생활을 하는지 우리 자신을 돌아보면서, 오늘 다 잘못된 신앙 버리고 진실하고 참된 믿음으로 주님께서 오시는 날까지 믿음으로 승리하는 교회와 성도가 되기를 예수님의 이름으로 축복합니다.

16강 | 행 5:12~16

　본문에 나오는 초대 교회는 어떤 면에서는 우리보다 더 힘들었습니다. 교회에 갈 수도 없고 복음 전할 수도 없었습니다. 우리는 교회에 간다고 잡아가는 사람은 없잖아요. 전도한다고 아직까지는 잡아가지 않고, 예수 믿는다고 그것 때문에 때리고 핍박하지는 않습니다. 그러나 초대 교회는 그 자체가 어려움이었습니다. 핍박을 받고 때로는 잡혀서 감옥 가기도 했습니다.

　예루살렘 교회에 큰 은혜가 있고 복음이 증거되는 과정 가운데에 아나니아와 삽비라는 하나님을 속여 성령을 속인 사건으로 그날 둘 다 죽었습니다. 분위기가 다운될 만도 한데 성경은 더 많은 사람이 믿고 주께 돌아왔다고 기록합니다. 그 어려운 환경과 더불어 교회에 엄청난 사건이 있었음에도 교회나 성도들은 흔들리지 아니하고 굳건하고 확실한 믿음 가운데 복음이 증거되어 갔습니다.

　무엇으로 우리가 이 시대를 믿음으로 이기겠습니까? 성경은 간단하게 말씀합니다. '하나님이 우리와 함께 하시면 된다.' 하나님이 우리와 함께 하시면 역병도 문제가 안 되고, 경제도 사업도 자녀도 그런가 하면 세계 정세나 문화, 교역 등 그 어떤 것도 문제가 되지 않습니다. 그래서 성경에는 시대 시대마다 단순하고 분명하게 '내가 너와 함께 하겠다!' 이렇게 말씀하십니다.

　하나님이 우리 교회와 우리 대한민국과 여러분의 가정에 함께하시기만 하면 그것이 답입니다. 여러분, 우리가 어디 가서 살고 무슨 환경 가운데 무슨 직업을 가지고 살든, 주의 성령을 통해서 우리 생각과 관점이 바뀌어지는 복이 있기를 주의 이름으로 축복합니다. 많은 사람이 예수 믿고 예배드리면서 뭐는 하면 되고 뭐는 안 된다는 말을 합니다. 그런데 성경은 끊임없이 '하나님이 함께 하시면 되고, 하나님이 함께 하지 않으면 멸망한다'는 이것을 강조합니다.

하나님이 함께 하시면 노예로 팔려가도 복이 되고, 망해도 복이 되고, 감옥에 가도 복이 되지만, 하나님이 함께 하시지 않으면 이 세상을 다 가진 부자라 할지라도 저주 가운데 있게 되는 것입니다. 아브라함이 어떤 면에서는 특별히 뛰어나다고 볼 수가 없습니다. 아내를 누이라 할 정도로 평범한 사람입니다. 그런데 하나님이 함께 하셨더니 어떤 위기 속에서도 건짐을 받고 그 아브라함을 통해서 그의 후손으로 말미암아 천하 만민이 복을 받는다는 놀라운 축복의 약속도 받은 줄 믿습니다.

창세기 12장 17절 말씀, "여호와께서 아브람의 아내 사래의 일로 바로와 그 집에 큰 재앙을 내리신지라." 아브라함이 가나안에 가라는 말씀대로 아내와 가나안에 갔더니 기근이 와서 먹고 살 수가 없었어요. 그래서 당시 최고 부강한 나라, 나일강의 기적이 있는 나라 애굽에 가서 살려고 하는데 아내가 너무 아름다웠어요. 그러다 보니까 사래를 아내라 하면 왕이 그를 죽일 것일 것 같으니까 누이라고 하기로 서로 합의를 했습니다.

그 나라에 아브라함이 도착해보니 사래가 얼마나 아름다웠으면 왕궁에까지 소문이 났습니다. 당시는 남의 아내가 아닌 이상 왕이 법입니다. 아브라함이 누이라고 하니까 바로가 사래더러 '수청들라' 했더니 하나님이 "너 그 여자 건드리면 죽는다!" 하십니다. '하나님, 왜 그러십니까?' "그는 아브람이라는 그 사람의 아내다." 그 위기 속에서도 하나님은 아브라함과 함께 하셔서 그의 가정을 지키고 인도하신 줄 믿습니다. 아브라함이 아내를 누이라고 한 것이 잘 한 일입니까? 그렇지 않습니다. 그런데 왜 하나님이 아브라함을 건지셨느냐? 하나님이 아브라함과 함께 하셨기 때문입니다.

한 번 부끄러움을 당했으면 아브라함도 안 그래야 되는데 또 살기 힘들다고 그랄에 가서 또 아내를 누이라 합니다. 그래서 왕이 사라를 취하려고 그러니까 '너, 오늘 죽는다' 합니다.

창세기 20장 3절 말씀,

"그 밤에 하나님이 아비멜렉에게 현몽하시고 그에게 이르시되 네가 데려간 이 여인으로 말미암아 네가 죽으리니 그는 남편이 있는 여자임이라."

6절과 7절 말씀 봅니다.

"하나님이 꿈에 또 그에게 이르시되 네가 온전한 마음으로 이렇게 한 줄을 나도 알았으므로 너를 막아 내게 범죄하지 아니하게 하였나니 여인에게 가까이 하지 못하게 함이 이 때문이니라 이제 그 사람의 아내를 돌려보내라 그는 선지자라 그가 너를 위하여 기도하리니 네가 살려니와 네가 돌려보내지 아니하면 너와 네게 속한 자가 다 반드시 죽을 줄 알지니라."

하나님께서 두 번이나 실수하는 아브라함을 그랄 왕 아비멜렉 손에서 건지셨습니다. 이유는 딱 하나입니다. 아브라함이 잘한 것이 아닙니다. 하나님의 은혜로 하나님이 함께 하심으로 지켜주신 줄 믿습니다.

창세기 21장 22절에, "그 때에 아비멜렉과 그 군대 장관 비골이 아브라함에게 말하여 이르되 네가 무슨 일을 하든지 하나님이 너와 함께 계시도다" 라고 기록합니다. 아비멜렉이 하나님이 아브라함과 함께 하심을 보았습니다.

여러분! 우리가 예수님을 구주로 영접할 때 하나님이 우리와 함께 하심니다. 그런데 때로는 우리가 믿음이 약해지면 그 하나님이 함께 계시는지 안 계시는지 모를 정도의 믿음이 됩니다. 조금 더 믿음이 성장하면 '하나님이 나와 함께 하시구나' 하는 확신을 가지게 됩니다. 그런데 확실하기는 하지만 증거가 계속 없으면 또 약화되기 시작하며 의심이 생기기 시작합니다. 좀 더 신앙이 좋은 사람은 하나님이 함께하심을 확신하고 믿을 뿐만 아니라 우리 삶 속에 하나님이 함께하시는 증거를 봅니다.

이런 사람은 어떤 어려움과 위기 속에도 전혀 흔들리지 않고 두려워하지 않습니다. 담대하고 당당하고 믿음을 가지게 됩니다. 왜 우리가 두렵고 불안하고 약합니까? 믿음이 약해서 그렇습니다. 모세의 제자 여호수아를 통해서 하나님은 가나안 땅에 들어가라고 하십니다. 생애 처음 가는 길, 적들이 많은 그 위험한 길을 가라고 하시면서 하나님은 여호수아에게 "담대하라, 극히 담대하라, 두려워하지 말아라, 내가 너와 함께 하겠다"고 약속하셨습니다.

하나님이 함께하셔서 내 모든 삶을 지키고 인도하신다는 믿음이 있다면 죽음이 두렵거나 사람이 두렵거나 총칼이 두렵지 않습니다. 그 다음 단계는 하나님이 나와 함께할 뿐만 아니라 우리 가정과 직장과 만남 속에서도 '아 저 사람에게는 하나님이 함께하시구나' 하는 보이는 증거가 불신자 속에도 믿음을 줍니다.

아비멜렉이란 사람이 아브라함을 볼 때 '하나님이 너와 함께 하시는 것을 내가 보았도다 그러니 내가 너를 어찌할 수가 없다'고 하는 것 같은 이런 믿음의 축복이 있기를 주의 이름으로 축원합니다.

창세기 26장 26~28절에, "아비멜렉이 그 친구 아훗삿과 군대 장관 비골과 더

불어 그랄에서부터 이삭에게로 온지라 이삭이 그들에게 이르되 너희가 나를 미워하여 나에게 너희를 떠나게 하였거늘 어찌하여 내게 왔느냐 그들이 이르되 여호와께서 너와 함께 계심을 우리가 분명히 보았으므로 우리의 사이 곧 우리와 너 사이에 맹세하여 너와 계약을 맺으리라 말하였노라" 라고 기록합니다.

바로 1세, 2세, 3세 하듯이 그랄 왕 아비멜렉도 아비멜렉 1세, 2세라고 불러서 아브라함 때도 아비멜렉, 이삭 때도 아비멜렉이었습니다. 그런데 이삭을 쫓아냈던 그들이 왔습니다.

'왜 왔느냐? 쫓아낼 때는 언제고 다시 올 때는 언제냐?' '그게 아니고 하나님이 너와 함께 함을 우리가 보았다, 우리가 언약하자, 서로가 쳐들어가지 말고 편안하게 살자.' 이삭에게 힘이 있어서 그렇게 된 것이 아니었습니다. 아비멜렉의 말대로 하나님이 이삭과 함께 하는 것을 분명히 보았기 때문입니다.

야곱 때도 마찬가지입니다. 창세기 31장 20절에서 24절 말씀, "야곱은 그 거취를 아람 사람 라반에게 말하지 아니하고 가만히 떠났더라. 그가 그의 모든 소유를 이끌고 강을 건너 길르앗 산을 향하여 도망한 지 삼 일 만에 야곱이 도망한 것이 라반에게 들린지라. 라반이 그의 형제를 거느리고 칠 일 길을 쫓아가 길르앗 산에서 그에게 이르렀더니 밤에 하나님이 아람 사람 라반에게 현몽하여 이르시되 너는 삼가 야곱에게 선악간에 말하지 말라 하셨더라" 고 합니다.

20년을 함께 산 외삼촌도 야곱을 불리하게 했고 얍삽하게 했습니다. 그렇지만 하나님이 함께 하셔서 두 아내와 결혼도 하고 자식을낳고 재산이 많아졌습니다. 외삼촌이 없는 틈을 타 도망을 가는데 외삼촌이 알게 되어 야곱을 추격합니다. 악한 마음을 가지고 가는데 하나님이 그 밤에 라반에게 "너희 하고 만나거든 선악간에 말하지 말라"고 하십니다. 그 말 때문에 라반이 야곱을 건드릴 수가 없었습니다. 하나님이 야곱과 함께 하셨습니다.

얍복강 앞에서 "네 이름을 야곱이라 하지 않고 이제부터는 이스라엘이라 하리라"고 하십니다. 야곱이 세겜에 살 때 딸 디나가 강간을 당했습니다. 시므온과 레위가 가서 그 사람을 쳐 죽이고 나니까 세겜 족속이 다 일어났습니다. 야곱 가족을 죽이려고 그러는데 하나님이 그 밤에 "야곱아, 벧엘로 올라가라"고 하십니다. 위기 때마다 어려울 때마다 환경 문제가 아니라, 건지는 것은 하나님의 손이었습니다. 그렇게 하나님은 야곱과 함께하심으로 야곱을 구원하셨습니다.

하나님이 함께 하면 환경이 어떻다, 어디 산다, 무슨 직업이다 그런 것이 문제가 되지 않습니다. 하나님은 환경을 다스리고 초월하시는 분이십니다. 그 하나님을 우리가 믿는데 우리의 생각이 환경에 묶여서 이러면 되고 여기 하면 되고 이 직업을 가지면 안 된다는 식의 생각으로 살겠습니까? 하나님이 함께하시면 지혜 주셔서 하나님의 인도를 받을 수가 있는 줄 믿습니다.

성경은 굉장히 간단합니다. 어떤 사람이든지 어떤 시대든지 어떤 환경이든지 한 마디만 하십니다. "내가 너와 함께 하겠다." 모세에게도 다윗에게도 이사야에게도 사도들에게도 간단하게 말씀하십니다. 우리는 삶의 기준을 경제나 정치에 둔다 하지만 하나님이 함께하셔야 하며, 또한 성경대로 해야 하나님이 함께하시는 것입니다.

'하나님, 어떻게 하면 하나님이 나와 함께 하시겠습니까?' 이것이 우리가 가져야 될 관심이고 소원이 되어야 합니다. 우리 교회, 우리 가정의 우리 자녀들에게 하나님이 함께하시기를 원하십니까? 복잡하지 않습니다. 문제는 하나님이 함께하신다는 약속을 믿는 것입니다.

창세기 15장 6~7절 말씀에, "아브람이 여호와를 믿으니 여호와께서 이를 그의 의로 여기시고 또 그에게 이르시되 나는 이 땅을 네게 주어 소유를 삼게 하려고 너를 갈대아인의 우르에서 이끌어 낸 여호와니라"고 하십니다. 아브라함의 아버지 데라는 우상을 만드는 사람이에요. 좋은 가문 아닙니다. 하나님이 그 아브라함을 택해서 은혜를 주시고 갈대아 우르에서 나오게 하시고 그 함께 하시며 아브라함에게 복주신 이유는 딱 하나입니다. "여호와를 믿으니 여호와께서 이를 그의 의로 여기사."

우리의 의로운 행동이나 열심이나 착한 것으로는 하나님을 감동시킬 수 없습니다. 우리 스스로는 구원 받을 수 없고 우리 스스로의 노력으로는 축복받을 수 없고 우리 어떤 것으로든 하나님께 다다를 수 없습니다. 오직 예수 그리스도를 믿는 믿음으로만 하나님과 우리가 통할 수가 있습니다.

이사야 7장 14절에, "보라 처녀가 잉태하여 아들을 낳을 것이요 그의 이름을 임마누엘이라 하리라" 하십니다. 임마누엘이라는 말은 '하나님이 우리와 함께 하신다' 라는 뜻입니다. 어떤 문제든지 답은 딱 하나입니다. 하나님이 우리와 함께 하시면 됩니다.

하나님이 함께하는 길은 딱 하나입니다. 예수 그리스도입니다. 복잡합니까? 성경만큼 간단하고 쉽게 말씀하는 곳이 없습니다. 우리가 복잡하게 생각합니다. 우리가 자꾸 복잡하게 만듭니다. 성경은 "아들을 낳으리니 그 이름을 임마누엘이라 하리라"고 말씀하시는데 이것이 전부입니다. 하나님께서 아브라함에게 "내가 너와 함께 하겠다" 하셨듯이 모세에게도 "내가 너와 함께 하겠다", 여호수아에게도 "모세와 함께 한 것 같이 내가 너와 함께 하겠다"고 하셨습니다.

예수님이 제자를 파송하면서 "세상 끝 날까지 내가 너희와 항상 함께 있으리라" 하셨습니다. 이것이 신구약성경입니다. 아브라함과 이삭, 야곱, 요셉, 모세, 다윗 이런 사람들과 하나님은 왜 함께 하셨을까요? 잘 생겨서? 키가 커서? 가문이 좋아서? 아닙니다. 그들이 오실 그리스도를 분명히 믿었습니다.

요한복음 8장 56절에 예수님은 바리새인을 향하여 "너희 조상 아브라함은 나의 때 볼 것을 즐거워하다가 보고 기뻐하였느니라"고 말씀하십니다. 아브라함이 예수님을 분명히 믿고 바랐기 때문에 하나님이 아브라함과 함께하신 것입니다.

모세는 "나와 같은 선지자인 메시아가 올 것이다, 그의 말을 들어라, 듣지 않으면 죽는다"고 말합니다. 그 모세에게 하나님이 함께 하신 것입니다. 다윗은 "그리스도가 오면 죽지 않고 부활하신다, 썩지 않고 부활하신다"고 예언했습니다. 그 다윗에게 "너희 후손을 통해 그리스도가 올 것이다" 약속하십니다. 그래서 예수님을 '다윗의 자손 예수여'라고 부르는 것입니다. 답은 그리스도입니다.

하나님께서 함께 한 모든 사람에게 주신 약속은 그리스도입니다. 바울은 공부를 많이 했고 가문도 좋습니다. 세상에 스스로 말하기를 '나도 육체로 자랑할 만한 게 있다. 나는 히브리인 중에 히브리인이요 바리새인 중에 바리새인이요 가말리엘 문화에서 났고 율법에 대해 흠이 없고 나보다 더 스펙 좋은 사람 나와봐라, 그러나 나는 이 모든 것을 배설물로 여긴다'고 했습니다. 바울이 쓰임 받았던 것은 그가 학문이 아니라 예수님을 분명히 사실적으로 믿는 믿음의 사람이었기 때문이었습니다.

세상을 이기는 것은 예수를 믿는 믿음이지 세상의 지혜와 방법이 아닙니다. 세상의 임금은 마귀입니다. 철두철미하게 믿음으로 돌아가야 됩니다. 우리가 가끔 말할 때 예수 믿으면서도 만나는 것을 인연이다, 재수 좋다, 운수 좋다, 기분이 좋다, 신난다 하지만 다 틀린 말입니다. 용어부터, 우리 마음부터 성경적 용어와 마음으로 돌아가야 됩니다. 좋은 만남을 주셨으면 인연이 아니라 '하나님께서 만남의 복을 주셔서 감사합니다' 이렇게 하면 얼마나 좋은 말이 됩니까. 하나님 은혜로 너무 행복하다는데 '신난다'?

우리나라 문화는 귀신 문화입니다. 우리가 무언가를 선택한다고 생각하지 마세요. 제가 가끔 결혼 주례 할 때 '선택'이 아니라 '만남'이라고 말해줍니다. 우리가 부모를 선택했어요? 선택권이 없습니다. 하나님의 주권입니다. 우리가 어떤 길을 갈 것인가 기도하면서 '하나님의 인도를 받습니다' 이렇게 말해야 됩니다. 이것이 믿음의 용어입니다.

'하나님, 우리를 도와주시옵소서' 이런 기도를 저 개인적으로는 별로 안 좋아한다고 말씀드렸지요. 내가 주인공이고 하나님은 날 돕는 자다? 아닙니다. 하나님이 주관자이십니다. '내가 하나님의 뜻을 알고 하나님의 일에 쓰임받기를 원합니다', '주님이 주관하시며 다스려주시옵소서' 이것이 신앙의 말입니다.

12~16절, "사도들의 손을 통하여 민간에 표적과 기사가 많이 일어나매 믿는 사람이 다 마음을 같이하여 솔로몬 행각에 모이고 그 나머지는 감히 그들과 상종하는 사람이 없으나 백성이 칭송하더라. 믿고 주께로 나아오는 자가 더 많으니 남녀의 큰 무리더라. 심지어 병든 사람을 메고 거리에 나가 침대와 요 위에 누이고 베드로가 지날 때에 혹 그의 그림자라도 누구에게 덮일까 바라고 예루살렘 부근의 수많은 사람들도 모여 병든 사람과 더러운 귀신에게 괴로움 받는 사람을 데리고 와서 다 나음을 얻으니라."

본문에 보니까 '사도들'이 나옵니다. 사도들은 어떤 사람입니까? 이들은 예수님을 3년 동안 따라다녔는데 예수님이 죽을 때 도망갔어요

이 사도들입니다. 예수님이 하나님 아들 그리스도라는 데에서는 너무 분명한 증인들입니다. 그러니까 하나님이 이들에게 함께하여서 표적과 기사가 일으키셨고, 하나님의 역사를 보니까 사람들이 모여들고 한 마음이 되었습니다. 많은 사람들이 예수님을 믿는 믿음은 약한데 '기적과 표적을 주시옵소서' 하고 열심히 기도했고 그 열심 가지고 예수님을 진짜 믿게 되었습니다.

많은 사람들이 '하나님, 우리 함께 해주시옵소서' 기도하는데 그 기도보다 먼저 있어야 될 것은 '내가 예수님을 하나님 아들 그리스도로 분명히 믿는 믿음을 주시옵소서' 하는 기도가 먼저입니다. 그 믿음이 없는데 아무리 함께 해달라고 한다고 함께 하시겠어요? 하나님의 약속 가운데 하나님이 함께 한 이름은 '예수 그리스도'입니다.

"아들을 낳으리니 이름을 예수라 하라, 임마누엘이라 하리라."(마 1:21~23)

저도 한 50년 신앙생활을 했습니다. 초등학교, 중학교 다닌 거 빼고 예수님을 구체적으로 만나고 50년이 되었습니다. 그런데 전도도 잘 안 되고 기도 응답도 잘 안 될 때 내 안에 계신 예수님이 바뀌었냐 하면 그것이 아닙니다. 내가 그분을 구체적으로 믿고 알아갈수록 하나님의 역사는 다르게 나타났습니다. 천지를 지으신 영이신 하나님이 육체 가운데 성경대로 오시고 성경대로 죽으시고 성경대로 살아나시고 그래서 그분이 내 안에 계신다는 것을 분명하게 믿으니까 하나님이 말씀이 맞다는 것을 알았습니다. 성취가 되었습니다. 하나님이 함께 하셨습니다.

여러분, 성경은 사실입니다. 우리가 믿음이 부족한 것이지 성경이 틀리다

고 말하지 마세요. 내가 틀린 겁니다. 분명한 믿음을 가지고 예수 이름으로 모일 때 함께 하십니다. 예수 이름이 증거될 때 함께 하십니다. 예수님의 말씀을 들을 때 함께 하십니다. 예수님의 이름으로 같이 기도할 때 함께 하십니다. 이것이 교회이고 셀입니다. 그래서 자꾸 셀교회 셀교회 하는 것입니다. 왜요? 거기에 예수님이 다 들어갔기 때문이고 그래서 제가 시간마다, 설교할 때마다 예수님을 전합니다.

첫째는 그래야 설교 가운데 하나님이 함께하신다는 것을 제가 알고 있기 때문이고, 둘째는 제가 하나님 앞에 기도하면서 목회하는 동안, 제가 어디 가서 사역하는 동안 예수님 전한다고 내가 기도하고 하나님과의 약속을 지켜가면서 하나님 말씀대로 예수님을 전했더니 계속 하나님이 함께 하시면서 역사하셨습니다.

여러분, 예수님의 말씀을 들으시기 바랍니다. 그냥 성경 공부가 아니라 예수님이 증거되는 말씀을 들으셔야 됩니다. 예수님의 이름으로 함께 모이세요. 기도하세요. 함께 모이면 예수 이름으로 기도하시고 예수 이름을 증거하시기 바랍니다. 그러면 하나님이 함께하시는 역사가 일어납니다. 그러면 조금씩 조금씩 일어나다가 강해지고 분명해지고 확실해지고, 그래서 평생 동안 하나님이 함께하시는 것을 보게 될 것입니다. 저는 우리 교회와 우리 성도들이 하나님이 어디 가든지 무엇이든지 함께하는 자가 되기를 원합니다.

제가 여러분을 위해 '함께해 주시옵소서' 하고 기도할 수 있습니다. 그런데 만약 여러분 중에 몇 명이라도 하나님이 함께하는 믿음이 없는데 제가 함께 해달라고 아무리 기도한들 하나님이 함께하시겠습니까? 제가 그런 기도를 하지 않는다 할지라도 여러분의 믿음이 예수 그리스도를 믿는 믿음으로 분명하고 예수 이름으로 모이고 예수 이름으로 듣고 예수 이름 전하고 예수 이름으로 말씀 들어서 하나님께서 보시기에 함께 할 사람이다 그러면 함께하시는 것이지 목사가 말한다고 이루어지는 것이 아닙니다.

우리의 믿음이 어떤 믿음인가가 관건입니다. 이 세상의 문제는 하나님이 함께하지 않는다는 것입니다. 어떤 환경에 있든지 하나님이 함께하시면 문제는 없습니다.

"내가 사망의 음침한 골짜기를 다닐지라도 해 받음을 두려워하지 않을 것은 주께서 나와 함께 하심이라"(시 23:4a)

사랑하는 여러분, 어려운 시대입니다. 앞으로 더 어려운 시대가 올지라도 하나님이 함께 하시면 됩니다. 염려가 없습니다. 할렐루야! 그런 믿음으로 하나님이 함께하셔서 주위에 많은 사람이 구원받도록 하고, 세계 선교하다가, 제자 삼다가, 다음 세대 준비하다가 우리가 주님께 가야 되지 않겠습니까. 예배만 일 주일에 한 번 드리고 이러다가 얼렁뚱땅 천국에 가야 되겠습니까? 분명한 믿음, 이런 소원을 가져야 하지 않겠습니까?

'하나님! 내가 살아가면서 하나님이 함께하셔서 내 하나님이 함께하심을 나뿐만 아니라 주위에 있는 사람도 알게 하옵소서, 이런 믿음을 주옵소서.' 예수 믿는 사람쯤 되면, 이런 믿음의 소원은 가지고 있어야 되는 거 아니겠습니까. 모든 건 그 다음입니다. 다른 모든 것은 그 다음입니다. 첫째는 '하나님이 함께하는 믿음을 주옵소서!' 이런 은혜가 있기를 예수님의 이름으로 축복합니다.

17강 | 행 5:17~32

예수 믿는 사람들이 살아가는 방법이 세상의 사람의 방법이 아니라 하나님이 함께하는 완전한 방법이라고 지난 시간에 말씀드렸습니다. 사람들은 '삶이 문제다, 사건이다, 건강이 문제다, 사람과의 관계가 관건이다' 하는 등 다양하게 봅니다. 성경에는 간단합니다. 하나님이 함께 하시면 어떤 문제도 다 복이 되고, 신앙의 성장의 계기가 되고 하나님의 뜻을 누르는 축복이 됩니다. 아무리 내가 좋은 위치에 있고, 직위가 있고, 돈이 있다 할지라도 하나님이 함께하지 않으면 모든 것이 저주와 연결됩니다. 돈도 저주와 연결되고, 건강도 연결되고 다 그렇게 됩니다. 그래서 하나님이 함께하는 것이 하나님의 완전한 방법이고 성도가 이 땅에 승리하는 길입니다.

성령 충만을 받은 후 '구원 받을 다른 이름이 없다' 이것을 내가 확실히 안다면 그 다음 한 가지 소원이 있게 됩니다. 복음을 전해야 되겠다, 예수님을 전해야 되겠다, 이것이 공통적인 소원입니다.

"오직 성령이 너에게 임하시면 너희가 권능을 받고 예루살렘과 온 유대와 사마리아와 땅끝까지 이르러 내 증인이 되리라."(행 1:8)

예수님을 알아가는 중요한 것이, 어린아이 같은 중심이며 단순히 주님을 사랑하고 사모하고 알기를 원하는 것입니다. 예수님 영접할 때 하나님이 함께하셔서 우리가 구원을 얻습니다. 예수 이름으로 모일 때 하나님이 함께하시며, 예수 이름으로 같이 기도할 때 응답하십니다. 예수님 말씀 들을 때 함께 하십니다.

그러나 가장 강력하게 함께 하실 때는 예수님을 증거할 때입니다. 제가 예수님을 증거한다는 말은 전도지 돌릴 때를 말하는 것이 아닙니다. '예수 믿으세요' 아니에요. '교회 오세요' 아니에요. 내가 예수님을 구체적으로 증거할 때입니다. 전도지 돌리는 거 중요하지만 그것이 예수님을 전하는 것은 아닙니다. 여러분, 예수님 전하는 사람은 예수님의 증인이 되어야 합니다. 왜냐하면, 예수님은 지금은 영으로 계시기 때문에 설명할 수가 없기 때문입니다. 그렇기 때문에 증거해야 하는 것입니다.

그분이 처녀의 몸에서 태어났습니다. 설명이 안 됩니다. 인류를 위해서 돌아가시되 그분만 믿으면 누구든지 인류가 구원 받습니다. 말이 안 되잖아요. 죽었다가 3일 만에 살아났습니다. 말이 안 되잖아요. 그럼, 어떡할까요? 이 사실을 보고 들은 사람만 담대하게 전할 수 있습니다.

요한일서의 사도 요한은 태초에 있는 생명의 말씀에 대하여 "내가 눈으로 본 바요 귀로 들은 바요 손으로 만진 바라."(요일 1:1) 이것이 증인입니다. 육신의 눈이 아니고 육신의 손이 아니고 하나님의 성령의 역사를 통해서 눈으로 본 것 같이 손으로 만진 것 같이 귀로 들은 것과 같이 그분을 경험한 것입니다. 그분은 하나님이십니다. 예수님은 이 땅에 오셔서 죽으시고 부활하신 우리의 구주가 되십니다.

이 사실을 알고 경험하여 예수님 밖에 구주가 없다고 알고 믿는 사람은 예수님을 전하게 됩니다. 예수님을 가장 자랑하게 되어 있습니다. 예수 믿는 것을 부끄러워하지 않고 당당하게 됩니다. 예수님을 잘 몰라서 부끄럽습니다. 예수님을 잘 몰라서 전도가 안 됩니다. '목사님, 내가 확실히 믿고 아는데요?' 글쎄요, 그것은 여러분이 하는 생각이고 주님이 우리를 보실 때, "너는 나를 아는구나" 이래야 됩니다. '내가 예수님을 압니다' 이것도 맞고 필요하지만 아닙니다. "네가 나를 아는구나" 하신다면 서로가 알아야 되는 것입니다. 이것을 보고 증인이라고 그럽니다.

그러면, 복음이 증거되고 하나님이 함께하는 역사가 일어나고 표적과 기적이 일어납니다. 예루살렘 교회에 큰 사건이 일어나서 아나니아와 삽비라가 죽는 일이 있어도 교회는 더 든든히 세워지고 복음이 증거되고 성도들이 한마음으로 모여서 말씀을 듣고 은혜 받고 기도하고 하나님이 함께하셨습니다. 귀신이 떠나가고, 병든 자가 치료되고, 표적이 일어났습니다. 사람들이 사도들을 따라서 믿고 놀라운 일이 일어나니까 종교인들이 시기하는 겁니다.

종교인은 하나님의 일에 관심이 없습니다. 자기에게 이익이 돼야 됩니다. 여러분은 종교인 되지 말고 예수 믿는 사람 되시기 바랍니다. 예수 믿는 사람은 '내게 도움이 된다, 이익이 된다'가 아니에요. '어떻게 하면 그리스도가 증거 될까' '어떻게 하면 주의 이름이 높아질까' 이런 마음과 생각이 내게 들어와야 됩니다. 때로는 내가 핍박을 받고 손해를 보고 어려움을 당한다 할지라도 그것 때문에 예수님이 증거되면 내가 기뻐할 수 있는 것이 그리스도인입니다. 제 이야기가 아니고 바울의 이야기입니다.

"그러면 무엇이냐 겉치레로 하나 참으로 하나 무슨 방도로 하든지 전파되는 것은 그리스도니 이로써 나는 기뻐하고 또한 기뻐하리라."(빌 1:18)

"나의 간절한 기대와 소망을 따라 아무 일에든지 부끄러워하지 아니하고 지금도

전과 같이 온전히 담대하여 살든지 죽든지 내 몸에서 그리스도가 존귀하게 되게 하려 하나니."(빌 1:20)

예수의 사람은 내가 주인공이 아니고 예수님이 주인공이 되는 사람입니다. 할렐루야! 주님이 역사하지 않는 것은 우리의 믿음이 분명하지 않기 때문입니다. 분명하게 예수님을 하나님 아들로 그리스도로 믿으면 사람을 두려워하거나 사람의 말을 믿는 것이 아니라 하나님의 말씀을 믿고 그 말씀에 순종해가는 사람이 되는 줄 믿습니다.

17~18절, "대제사장과 그와 함께 있는 사람 즉 사두개인의 당파가 다 마음에 시기가 가득하여 일어나서 사도들을 잡아다가 옥에 가두었더니."

종교인은 자기보다 다른 사람이 인기가 있고 자기보다 다른 사람에게 더 역사가 일어나면 시기가 일어납니다. 진정으로 예수님을 믿는 사람이면 다른 사람이 나보다 예수 더 잘 믿고 전도 더 잘 하고 다른 교회가 하나님이 더 잘하면 감사가 일어나고 진심으로 기뻐할 수 있습니다.

그들이 사도들을 왜 옥에 가두었습니까? 예수 믿는 사람 잡아서 감옥에 가두어 수치심을 주어서 예수를 전하지 못하게 하려는 것입니다. 언뜻 보면 사두개인이나 바리새인, 제사장이 한 것 같지만 배후 조종자는 사탄입니다. 요근래 우리나라 분위기가 정부가 그러는지 언론이 그런지 모르지만 예수 믿는 사람을 이상하게 보는 사람들이 많이 생겼습니다. 그래서 예수 믿는 사람들이 예수 믿는다는 말을 잘 못하고 있습니다. 직장에서, 학교에서 '너 교회 갔다 왔냐?' 하며 체크한다고 합니다. 여러분, 예수님이 우리를 위해서 영광스러운 보좌를 버리시고 죽기까지 하시고 우리에게 영원한 생명을 주셨는데 예수님을 부끄러워하지 마시기 바랍니다. 그럴수록 당당하게 자신의 믿음을 자랑하고 예수 그리스도를 구주로 전하는 당당한 온누리교회 성도 되시기 바랍니다.

19절, "주의 사자가 밤에 옥문을 열고 끌어내어 이르되."

사람들은 가두었지만 하나님은 그들을 그 옥에서 끌어냈습니다. 열쇠도 없는데, 될까? 주의 사자는 열쇠 없어도 됩니다. 저는 신앙생활 중에 기계를 가지고 기도를 한 적이 있습니다. 기계도 움직이시는 하나님을 여러 번 경험했습니다. 하나님은 자물쇠 잠궈두었다고 못 여실 분이 아니십니다. 기계를 모르시는 분이 아니십니다. 하나님의 지혜는 인간이 만든 기계, 인간이 만든 것을 조작하지 못하는 분이 아니십니다. 그 옥에서 끌어내어서 하신 말씀이 "가서 성전에 서서 당당하게 복음 전하라"고 하십니다.

20절, "가서 성전에 서서 이 생명의 말씀을 다 백성에게 말하라 하매."

주의 사자가 그들을 감옥에서 꺼낸 목적이 '안전한 데 가서 쉬어라, 큰일 나겠다, 너 편안히 살게 하기 위해서 내가 건졌다' 하지 않고, '가서 생명의 말씀을 전하라'는 것이었습니다. 하나님이 지금까지 우리를 예수 믿고 살게 하신 것은 여생을 잘 보내라고 하신 것이 아닙니다. 아직도 믿지 않는 사람에게 예수님을 전하라는 명령이고, 하나님의 뜻입니다. 예수 전하는 것은 생명의 말씀을 전하는 것입니다. 듣기 좋은 말씀을 전하는 게 아닙니다. 사람들에게 훌륭한 말씀을 전하는 게 아니고 영생의 말씀을 전하는 것입니다. 예수님은 영생이십니다. 주님의 말씀은 생명입니다.

21~24절, "그들이 듣고 새벽에 성전에 들어가서 가르치더니 대제사장과 그와 함

께 있는 사람들이 와서 공회와 이스라엘 족속의 원로들을 다 모으고 사람을 옥에 보내어 사도들을 잡아오라 하니 부하들이 가서 옥에서 사도들을 보지 못하고 돌아와 이르되 우리가 보니 옥은 든든하게 잠기고 지키는 사람들이 문에 서 있으되 문을 열고 본즉 그 안에는 한 사람도 없더이다 하니 성전 맡은 자와 제사장들이 이 말을 듣고 의혹하여 이 일이 어찌 될까 하더니."

사도들이 옥에서 나간 사실을 모르는 대제사장 무리들이 원로들을 모아 놓고 사도들을 옥에서 잡아오라고 명합니다. 그 옥에 가보니 쥐 새끼는 나갈 수 있어도 사람은 나갈 틈이 없는데 사람은 없다는 보고가 들어왔습니다. '감옥에 갇혀 있던 그 사람들이 성전에서 지금 하지 말라는 예수의 부활을 전하고 있습니다.' 그런데, 이 엄청난 사건 앞에서 회개하고 돌아와야 될 것인데 그럴 마음이 없습니다.

25~26절, "사람이 와서 알리되 보소서 옥에 가두었던 사람들이 성전에 서서 백성을 가르치더이다 하니 성전 맡은 자가 부하들과 같이 가서 그들을 잡아왔으나 강제로 못함은 백성들이 돌로 칠까 두려워함이더라."

인본주의 사람, 불신자는 사람을 두려워합니다. 그러나 하나님의 사람은 하나님을 두려워합니다. 예수 믿는 사람의 기준이 무엇입니까? 하나님의 말씀과 나라 법 사이에 있을 때 하나님의 말씀을 우선 지키는 것이 예수 믿는 사람의 기준입니다. 나라 법을 먼저 지킨다? 글쎄, 하나님께서 보실 때 어떨지 모르겠습니다. 사람의 말과 하나님의 말씀이 있을 때, 하나님 말씀을 먼저 듣고 지켜나가는 것이 그리스도인입니다. 여러분은 어떻게 하렵니까?

우리가 가지고 있는 지식은 하나님 앞에 아무것도 아닙니다. 돈, 권력이 아무것도 아닙니다. 내세울 것 하나도 없습니다. 믿을 만한 것 아닙니다. 예수님 믿으셔야 됩니다. 하나님 말씀 믿고 가는 것 그것이 신앙입니다. 자수

성가한 사람은 자기를 어지간히 믿어서 내가 이렇게 하였고 내가 이렇게 되었다 해서 남의 말을 잘 안 듣습니다.

신앙을 부인하고 버리면서 가는 그것 가지고 주님의 길을 따라갈 수가 없습니다. 버려야 됩니다. 교만도 버리고, 내가 가지고 있는 것도 버려야 합니다. 그래야 주님을 따라갈 수 있습니다. 성공하려 하지 마시고, 인기를 끌려고도 하지 마시고, 인정 받으려고 하지 마시고, 부자 되려고도 하지 말고 주님 따라가시기 바랍니다. 그때 필요하면 물질도, 권력도, 다른 것도 주를 위하여 사용하도록 주시는데 그것은 도구지 예수 믿는 목적이 아닙니다. 예수 믿는 것은 예수 믿는 겁니다. 예수 믿는 것이 목적입니다.

자신을 돌아보며 정말 내가 예수 믿나 물어보시기 바랍니다. 예수님 정말 알기를 소원하고 있는지, 하나님과 사람 앞에 내 양심적으로 정말 전도하기를 소원하는지 물어보십시오. 그런 사람을 하나님께서 반드시 은혜 베풀기를 원하십니다. 응답하시기를 원하십니다.

> 27~28절, "그들을 끌어다가 공회 앞에 세우니 대제사장이 물어 이르되 우리가 이 이름으로 사람을 가르치지 말라고 엄금하였으되 너희가 너희 가르침을 예루살렘에 가득하게 하니 이 사람의 피를 우리에게로 돌리고자 함이로다."

두 가지입니다. 첫째는 '너희 가르침을 예루살렘에 가득하게 하니' 복음이 온 예루살렘에 퍼져 나갔다는 것이고, 둘째는 '그 나사렛 예수라는 사람이 그리스도라고 자꾸 전하는데 그렇다면 우리가 그리스도를 죽인 사람이냐? 그 사람 죄인의 죽은 피를 왜 우리에게 돌리고자 하느냐?' 하는 것입니다. 사실은 그들이 그리스도를 죽인 악한 놈들이라고 자기들 입으로 말한 것이지요.

29절, "베드로와 사도들이 대답하여 이르되 사람보다 하나님께 순종하는 것이 마땅하니라."

사람 말보다 하나님을 순종하는 것은 옳은 것을 넘어 마땅한 것입니다. 예수 믿는 사람이 예수님 말씀 따르는 게 마땅한 것입니다. 결코 이상한 것이 아닙니다.

30절, "너희가 나무에 달아 죽인 예수를 우리 조상의 하나님이 살리시고."

예수님의 십자가와 부활입니다. 하나님은 우리같이 쓸모없는 죄인을 하나님의 자녀로 삼고 구원하기 위해서 영광스러운 보좌를 버리시고 이 땅에 피흘려 죽기까지 하시면서 우리를 구원하고 소중히 여기셨습니다. 하나님보다 우리를 소중히 여기는 분이 없습니다. 세상적으로 말하면, 부모보다 우리를 소중히 여긴 사람은 없습니다. 아주 특별한 신랑은 소중히 여기겠지 어떤 신랑을 소중히 여긴다 하다가도 기분 나쁘면 안 여깁니다. 어떤 아내는 우리 신랑이 소중하고 최고다 하다가도 기분 나쁘면 원수가 됩니다.

하나님은 우리를 얼마나 귀하고 소중히 여기시는지 자기 아들을 죽게까지 하셨고, 예수님은 십자가에서 "나의 하나님 나의 하나님, 어찌하여 나를 버리셨나이까" 절규하시면서도 우리에게 구원을 주시기 위해서 죽으셨습니다. 그 예수님을 믿는데 예수님이 부끄럽다? 그 예수님 말씀을 따르는 게 싫다? 예수님을 자신의 하나님, 자신의 주로 믿는 것이 부담스럽다? 그러면서 '복 달라, 응답 달라, 지켜달라' 그러면 정말 말이 안 됩니다. 우리가 예수님을 주인으로 믿고 그리고 '하나님, 나를 지켜주세요' 이래야 말이 맞는 것입니다.

31절, "이스라엘에게 회개함과 죄 사함을 주시려고 그를 오른손으로 높이사 임금과 구주로 삼으셨느니라."

사도들은 예수님은 임금과 주가 되신다고, 예수님이 우리의 왕이시고, 하나님이고, 주인이시라고 그렇게 믿은 겁니다. 제 방 이름이 청지기 방이고, 1층에 우리 교역자들이 계신 방 이름이 청지기들의 방입니다. 우리는 주님의 심부름꾼이라는 말입니다. 장로님들과 당회할 때 가끔 기도합니다. '하나님, 우리를 도구로 주님이 사용해주시옵소서.' 예수님이 우리의 임금이십니다. 그렇다면 주인이 결정하게 해드려야 되는 것입니다. 예수님이 우리 인생의 주인이면, '주님, 내 인생을 결정해 주시옵소서' 하고 기도할 수 있어야 합니다.

내 꿈은 의사가 되는 것인데 주님께서 공무원 하라 하시면 '네, 그거 하겠습니다' 하는 것이 믿음입니다. 이렇게 모든 결정을 내가 하지 않고 주님께 맡겨드리는 것이 예수님을 주인으로 믿는 겁니다. 여러분! 우리 청년들에게 부담될지 몰라도 자신은 아이를 딱 하나만 낳으려는데 주님께서 "너 다섯 명 낳아라" 하신다면 아멘으로 화답할 수 있어야 합니다. 주님의 말씀을 따를 때는 나를 포기해야 합니다. 그러지 않고는 주님을 따라갈 수가 없습니다. 그래서 그것이 십자가의 길이고 좁은 길이라고 한 것입니다. 그러나 그것이 생명의 길이고 승리의 길이고 축복의 길입니다.

구원이라는 것은 똑같지만 구원의 상태는 똑같지 않습니다. 불 가운데 있는 구원이 있고, 부끄러운 구원도 있고, 영광스러운 구원도 있습니다. 이 세상은 잠깐입니다. 잠깐 있는데 그것을 잡으려고 부끄럽게 살지 마시고 하늘에 영원한 시민권 가진 사람 답게 사셔야 합니다. 우리가 그 시민권을 가지고 사람들에게 때로는 욕 먹고, 시대에 안 맞다는 소리 듣기도 하고, 바보라는 소리 듣기도 하지만 그래도 주의 길을 따라갑니다. 그 사람을 통해서 하나님이 구원의 역사를 이루어 가시는 것입니다.

> 32절, "우리는 이 일에 증인이요 하나님이 자기에게 순종하는 사람들에게 주신 성령도 그러하니라 하더라."

저와 여러분의 소원이 예수님의 증인이 되기를 원합니다. 교회가 크게 성장해서 많은 사람 모이는 거 좋겠지만 그 많은 사람이 왔는데 예수를 시시하게 믿는다면 그 책임이 내게 다 있으니 얼마나 두려운 일인지요. 그런데 우리 교회에 있는 성도들을 하나님께서 보내주셨는데 모두 예수의 증인으로 주님 앞에 살아간다면 하나님께 칭찬 받을 일입니다. 하나님이 기뻐하시는 일입니다.

요한복음 15장 26~27절 말씀, "내가 아버지께로부터 너희에게 보낼 보혜사 곧 아버지께로부터 나오시는 진리의 성령이 오실 때에 그가 나를 증언하실 것이요 너희도 처음부터 나와 함께 있었으므로 증언하느니라" 하셨듯이 바른 증거는 두 분이 있어야 합니다. 나도 예수님의 증인이고 성령도 그렇습니다. 하나님께 사랑받는 성도 여러분! 최고의 복은 예수님의 증인이 되는 것입니다. 세상의 높은 자리, 부자가 최고의 복이 아니고 예수님 증인 되는 것이 최고의 복입니다. 또 하나의 소원은 하나님 예수님 전하면서 살게 해달라는 것입니다. 이런 소원 가져야 하나님의 인도를 받습니다.

'내가 잘 몰라 전도를 못 하겠는데요' 하신다면 아무 관계없습니다. 내가 예수님 알기를 소원하는 소원이 정말로 있고 복음 전할 소원이 있으면 말씀 듣는 중에 깨달음을 주시고 기도하는 중에 응답을 주십니다. 모이는 중에 하나님의 은혜를 주시고 복음 전할 때 증거를 주시고 예수님을 알아가는 증인이 되게 하십니다. 우리의 마음이 다른 데 가 있기 때문에 수십 년을 들어도, 기도를 수십 년 해도, 신앙생활을 수십 년 해도 그 자리에 있어야 할 것은 생명이며 성장과 변화입니다.

내가 신앙생활을 수십 년 하면서도 내가 주님의 뜻으로 주님을 닮아가지 않고 변화되지 않는다면 내 신앙에 문제가 있습니다. 틀림없이 있습니다. 자신을 부인하지 못하고 교만하고 불신앙해서는 안 되는 겁니다. 내가 변하려고 노력하지 마시고 예수님을 주로 믿고 그를 따라가면 어느 날 보면 주님이 나를 변화시켜 놓으신 것을 발견하실 것입니다. 그래서 '내가 변한 것이 주님의 은혜입니다, 나의 나된 것은 주님의 은혜입니다'라고 고백하게 되는 것입니다.

우리의 힘으로 변화되지 않습니다. 인간이 얼마나 못 됐는데 자신의 힘으로 변화가 되겠습니까? 변화 안 됩니다. 노력하지 말고 애쓰고 힘쓰지 마세요. 고생만 됩니다. 죽으려고 고생만 했는데 변화는 안 됩니다. 그러나 주님을 믿고 주님을 따라가면 주님이 변화시켜 놓으십니다. 예수 증인 되어 예수 증거하는 축복된 성도 되기를 주님의 이름으로 축원합니다.

18강 | 행 5:33~42

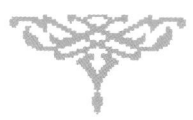

목회 초년생으로 목회를 하는데 정말 힘들었습니다. 무엇을 전해야 될지, 기도를 어떻게 해야 될지, 성경은 뭐라고 하고 있는지, 전도는 어떻게 해야 되는지 무조건 기도했습니다. '하나님, 돈 좀 주세요, 어렵습니다, 교회를 넓혀야 됩니다.' '하나님, 사람 보내주세요, 부흥시켜 주세요.' 금식하면서 기도하고, 산에 쫓아다니면서 기도원 다니면서 기도했습니다. 제 생각에는 너무 열심히 기도 많이 했는데 하나님은 응답을 안 주셨습니다.

성경은 하나님은 풍성하시고, 사랑이시고, 전능하시고, 응답하시는 하나님이시라고 성경 여러 각도로 많이 말씀하셨는데 제가 느끼는 하나님은 너무 인색하셨습니다. 내가 그렇게 많이 기도하는데도 안 죽을 만큼 조금 주시고, 내가 그렇게 열심히 하는데 하나님은 저를 사랑 안 해 주시는 것 같았습니다. 넉넉한 것이 하나도 없었습니다. 그러니 목사가 '하나님은 인색하십니다' 이렇게 설교할 수도 없고 '기도 아무리 많이 해봐라, 응답은 조금밖에 안 하신다' 이렇게 할 수도 없었습니다. 지금 생각하면 그런 중에 하나님은 저를 훈련시키셨습니다. 힘들게 하고, 어렵게 하고, 좌절하고 넘어지게 하면서 제가 고생이 많았습니다.

1983년 11월에 개척했는데, 91~92년 정도 되어서 새벽 기도를 마치고 개인 기도를 하는데 하나님이 은혜 주시는 것을 저로 알게 하셨습니다. 저는 처음으로 저를 봤습니다. 정말 죄인의 괴수이고, 걸어 온 모든 발자취가 다 죄악의 길이었습니다. 그리고 아무것도 할 수 없는 연약하고 무능한 존재인 제 모습을 보면서 '하나님이 저를 사랑하셨구나' 하는 것을 느끼기 시작했습니다.

그 시간이 너무 감사한 것은 그 후에 하나님이 은혜 주셔서 저를 통해 많은 사람이 구원 받고, 치료되기도 하고, 증거를 주시고, 기적도 주시고, 선교하고 받은 복이 이루 말할 수 없이 많았다는 것입니다. 제가 목회를 잘 한다든가 설교를 잘 한다든가 전도를 잘 한다든가 하는 생각을 눈꼽만큼도 가져보지 못했습니다. 저를 알기 때문에 나같이 못난 사람을 사용해서 은혜 받게 하시고 구원 얻게 하시고 하나님의 말씀이 증거 되게 하신 이 모든 것이 하나님의 은혜입니다.

나는 자격 없는 사람임을 내가 알기 때문에 다 하나님의 은혜인 것입니다. 지금도 하나님의 은혜라고 늘 말하고, 어떤 일 가운데에서도 감사할 수 있는 이유는 어떤 일을 당해도 저는 구원받을 자격이 있는 사람이 아니라는 것입니다. 목사 될 사람은 더 아니고요. 제가 전도해서 저를 통해서 다른 사람이 구원받는데 절대로 제 능력이 아닙니다. 하나님의 은혜입니다.

개척 교회를 하면서 이래도 안 되고 저래도 안 되고, 전도를 해야 되는데 전도도 못하고 그러던 중에 복음에 대한 말씀을 듣고 은혜를 받고 용기를 내서 전도하기 시작했습니다. 복음을 전하니까 하나님께서 역사하기 시작하셨습니다. 한 2년 동안, 매일 새로운 깨달음을 주셨습니다. 말씀을 깨닫게 하시고, 성경에 있는 문자로 된 말씀이 살아서 움직이듯이 역사하시고, 매일매일 깨달음을 주셨습니다.

1994년 12월 경 어느 날, 기도할 때, 하나님은 또 다른 은혜를 주셨습니다. 예수님은 하나님이시며, 죄 없이 이 땅에 오신 그리스도라는 것을 내가 아는데 그날 기도하는데 이것을 깨달았다고 표현해야 될지 느꼈다고 해야 될지 평소하고는 다르게 아주 선명한 의식이 들었습니다. 무엇인가 이렇게 바람이 스치듯이 무엇인가가 저에게 스치는데 바로 그 때, 예수님이 천지를 만드신 하나님이라는 사실을 제가 정말로 알게 됐습니다. '예수님이 하나님이시네' '이게 진짜 역사적 사실이구나' 배 깊은 곳에서 천천히 기분 좋은 힘이 올라오기 시작해서 하루 종일 올라왔습니다.

　여러분, 히브리어에 '야다'라는 말이 있습니다. '안다'는 뜻입니다. 지식으로 공부해서 아는 것이 아니고 경험을 통해서 아는 것을 말합니다. 실제로 아는 것입니다. 예수님의 어머니 마리아가 약혼하고 결혼하기 전에 마리아에게 천사가 나타나 말할 때, '나는 남자를 알지 못하는 사람이다'(눅 1:34)라고 했습니다. 남자 모르는 사람이 어떻게 약혼을 합니까? 그 말이 아니라 '결혼해서 부부 관계의 경험이 없는 사람이다'는 의미입니다.

　여러분은 예수님을 어떻게 믿고 있습니까? 예수님은 전능하시며 천지를 만드신 하나님이 성령으로 잉태되어 사람으로 이 땅에 오셨다는 사실을 제가 정말로 알게 되었습니다. 그리고 이튿날 기도하는데 똑같은 현상이 일어나면서 예수님이 십자가에 죽은 것이 역사적 실제 사건이라는 거예요. 십자가에서 돌아가시면서 사탄의 머리를 깨뜨리시고, 우리로 하나님 만나는 길을 열어주시고, 우리의 모든 죄를 십자가에서 다 도말하셨다는 것입니다. '아, 이게 진짜였구나!' 부활이 진짜라는 사실을 경험하게 되었습니다.

　그리고 나니까 조금 기도하는데 많이 응답 주시고, 똑같이 말씀 전하는데 열매가 일어나고, 귀중한 만남을 주셨습니다. 그 만남이 이벤트가 아닌 평범한 만남인데 특별한 만남들이 되어갔습니다. 하나님이 늘 함께하셔서 지켜주시고 은혜 주시고 복음이 증거되게 하시는데 그때 하나님을 알게 됐어요. '아, 하나님은 풍성하신 분이시구나', '사랑이 많으신 분이시구나', '많이 기다리시는 분이시구나', '내 모든 것을 아시고 인도하시고 부족을 채우시는 분이시구나' 느끼고 나니까 성경 말씀이 이루어지고 성취되어진 사실이 믿어졌습니다.

젊을 때는 내가 많이 기도하는데 하나님은 조금 응답한다고 느꼈는데 예수님을 알고 나니까 '나는 조금 기도하는데 하나님은 넘치게 응답하시구나', '나는 불충한데 하나님은 복을 주시고, 나는 자격이 없는데 하나님은 나 같은 사람도 존귀하게 사용하시는구나' 하는 믿음이 생겼습니다.

사도들의 믿음과 제 믿음이 비교가 되겠습니까? 그들은 예수님을 직접 뵙고 훈련 받고 성령 충만 받았으니 예수님이 하나님 아들 그리스도이시고 우리의 임금이요 주가 되신다는 그 확실한 믿음이 조금도 흔들림이 없고, 예수님이 구원이고 영원한 생명이라는 사실을 그들은 너무 분명히 알았을 것입니다.

여러분, 큰 병원에 가서 목숨이 걸린 중한 병에 걸렸을 때 검사하고 수술하면 돈 많이 듭니다. 중한 병일수록 돈이 많이 듭니다. 치료를 다 받는다 해도 이 땅에 얼마 더 살지 못합니다. 그러나 하나님께서 선물로 주신 예수를 믿는 순간, 우리에게 영생을 선물로 주셨고 하나님의 자녀가 되게 하셨습니다. 영생을 무엇과 비교할 수가 있겠습니까?

"누구든지 주의 이름을 부르는 자마다 구원을 받으리라."(행 2:21, 롬 10:13)

잘 산다 못 산다, 배웠다 안 배웠다, 흑인이다 백인이다 일체 묻지 않습니다. '누구든지 예수님 믿으면 구원받는다' 이것보다 인류에게 더 큰 기쁜 소식이 어디 있고, 더 큰 복이 어디 있습니까? 저와 여러분은 그 복을 받은 사람들입니다.

믿는 복이 얼마나 큰지 잘 몰라서 복잡해지는 겁니다. 히브리서 기자는 말하기를 '예수를 깊이 생각하라'(히 3:1)고 했습니다. 그 예수님이 영광스러운 보좌를 버리고 이 땅에 오셔서 죽기까지 우리를 사랑하셔서 구원하였다는 것을 내가 정말로 믿으면, 어떤 환경 가운데서도 예수님이 내 안에 계신 것 때문에 내가 기뻐하고, 어디서든지 예수님을 자랑하고, 또 다른 사람을 볼 때, '예수님을 전해서 저 사람을 구원해야 되겠는데' 하는 마음을 가질 수밖에 없습니다.

'오직 성령이 너에게 임하시면 증인이 되라'가 아니고 '되리라'입니다.(행 1:8) 예수님을 분명하게 증인같이 믿으면 하나님이 나를 변화시킵니다. 마음도 생각도 목적도 변화시키셔서 성경의 말씀을 이루고 성취하시는 줄 믿습니다.

그들이 그 위험 앞에서도 '우리는 이 일에 증인이요 하나님이 자기에게 순종하는 사람들에게 주신 성령도 그러하니라'(32절) 말씀처럼 그들이 담대히 말할 수 있었던 것은 인간적 용기가 아니라 그들이 증인이었기 때문에 그런 줄 믿습니다.

33절, "그들이 듣고 크게 노하여 사도들을 없이하고자 할새."

'크게 노했다'는 말은 '가슴이 찢어질 정도로 분하다'는 말입니다. 요즘으로 말하면, '뚜껑이 확 열렸다'는 뜻입니다. 견딜 수 없을 만큼 화가 난 것입니다. 왜요? 사도들의 말을 들어보면 그 나사렛 예수가 그리스도인데 그 사람을 죽인 책임이 자신들에게 있다고 말한다고 생각하기 때문입니다. 참된 믿음을 가진 사람은 그런 말씀을 들을 때 무릎을 꿇고, '주여! 제가 죄인입니다, 제가 예수님을 십자가에 못 박았습니다.' 통회하면서, '이 큰 죄를 어찌하면 좋습니까?, 내가 예수님을 십자가에 못 박았습니다' 하고 오열하지 않겠어요?

그렇지 않고 '저놈 죽여야 되겠다, 저놈 죽여야 되겠다' 한다면 사탄의 역사입니다. 어느 시대든지 예수 믿고 복음 전하면 사탄은 역사합니다. 권력과 직위를 가지고 배경을 가지고, 구약도 신약도 마찬가지로 주님 올 때까지 그렇게 합니다. 그리스도인이 죄를 지음으로 불신자에게 비난 받고 욕을 먹어서는 안 됩니다.

> 34절, "바리새인 가말리엘은 율법교사로 모든 백성에게 존경을 받는 자라 공회 중에 일어나 명하여 사도들을 잠깐 밖에 나가게 하고."

우리가 바르게 믿을 때 핍박이 오고 고난이 오는 것을 이상하게 생각하지 마세요. 당연히 오게 되어 있습니다. 이런 어려움 가운데에서도 하나님은 가말리엘이라는 중요한 사람을 준비하셔서 사도들을 보호하시는 것을 보게 됩니다. 가말리엘은 사람들에게 존경 받고 학식이 많은 사람이었습니다. 이스라엘에는 랍비라 불리는 선생들이 있습니다. 그 랍비 위에 '라반' 혹은 '라온'이라는 일곱 명의 아주 훌륭하고 존경받는 선생님들이 있는데 가말리엘은 그 일곱 명 중에 한 명으로 들어가는 사람입니다.

그리고 이 가말리엘의 아버지가 누가복음 2장 25절에 나오는 시므온이라고 하는 설도 있습니다. "예루살렘에 시므온이라 하는 사람이 있으니 이 사람은 의롭고 경건하여 이스라엘의 위로를 기다리는 자라 성령이 그 위에 계시더라." 예수님 탄생하실 때 성령 충만해서 직접 예수님을 본 사람이 시므온입니다. 초대 교회에 아주 유명한 힐렐이라는 사람이 있었는데 그가 가말리엘의 할아버지라는 설도 있구요.

가말리엘은 학식이 많고 온유하고 많은 사람에게 영향을 미치는 사람이었습니다. 또 사도행전 22장 3절에 보면 사도 바울의 스승이기도 합니다.

"나는 유대인으로 길리기아 다소에서 났고 이 성에서 자라 가말리엘의 문하에서 우리 조상들의 율법의 엄한 교훈을 받았고 오늘 너희 모든 사람처럼 하나님께 대하여 열심이 있는 자라."

바울은 최고의 선생님 밑에서 최고로 엄한 율법의 교육을 받고 정통 유대인으로서 많이 공부한 사람이에요.

35~39절, "말하되 이스라엘 사람들아 너희가 이 사람들에게 대하여 어떻게 하려는지 조심하라 이 전에 드다가 일어나 스스로 선전하매 사람이 약 사백 명이나 따르더니 그가 죽임을 당하매 따르던 모든 사람들이 흩어져 없어졌고 그 후 호적할 때에 갈릴리의 유다가 일어나 백성을 꾀어 따르게 하다가 그도 망한즉 따르던 모든 사람들이 흩어졌느니라. 이제 내가 너희에게 말하노니 이 사람들을 상관하지 말고 버려 두라 이 사상과 이 소행이 사람으로부터 났으면 무너질 것이요 만일 하나님께로부터 났으면 너희가 그들을 무너뜨릴 수 없겠고 도리어 하나님을 대적하는 자가 될까 하노라 하니."

'조심하라'는 말은 '그 사람에 대해서 그렇게 감옥에 넣고 때리고 죽이려고 하지 말고 신중히 생각하라'는 말입니다. 여기에 나오는 '드다'는 마술하는 사람인데 자기가 예언자라면서 요단강에서 사람들을 모아 로마를 반역하다가 결국 잡혀서 죽은 다음에는 드다와 그를 따르는 사람들은 없어졌다는 것입니다. 그리고 그후 호적할 때에 갈릴리의 유다라는 사람도 일어나 백성을 꾀어 따르게 하다가 그 사람도 망해서 따르던 모든 사람들이 흩어진 일을 들어서 백성을 설득합니다. 유다라는 사람은 구레뇨가 총독으로 있던 시대의 사람인데 '가이사에게 세금을 바치는 것은 하나님을 모독하는 것이다' 할 때 유대인들이 이 사람을 따랐지만 그도 갇혀 죽은 후에는 없어졌다는 그 말입니다. 예수님은 "가이사의 것은 가이사에게 하나님의 것은 하나님께" 우리는 하나님의 것은 하나님께 드리고, 나라의 세금은 나라에 드리고 이것이 그리스도인이 해야 되는 일인 줄 믿습니다.

가말리엘의 말은 계속 됩니다. '이 사람들을 상관하지 말고 버려 두라, 이 사상과 이 소행이 사람으로부터 났으면 무너질 것이다.' 사람이 만든 것이면 무너집니다. 옛날에 문선명이란 사람이 자기가 예수라고 했다가 죽고 나니까 무너지고, 박태선이라는 사람도 무너졌는데 아직 안 죽고 있는 사람이 있습니다. 이만희, 정명석 등이 아직 살아 있지만 이들이 죽으면 없어지거나 또 다른 형태로 변질되어 더러운 돈을 탐하며 살게 될 수도 있습니다. 왜냐하면, 이것이 사람에게서 난 것이기 때문입니다.

그러나 하나님으로부터 온 복음은 2천년 동안 지금까지 한 번도 어떤 나라도 막아본 적이 없습니다. 공산주의 시대에 교회를 불태우고 기독교를 다 전멸하는 것 같지만 여전히 복음은 증거 되고 있고 지금도 북한에서는 예수 믿는 사람을 잡아 신고하면 수용소로 보냅니다. 그런데도 복음은 계속 증거 되고 있어요. 왜요? 사람이 막을 수가 없기 때문입니다. 한 걸음 더 나아가 복음을 방해하면 하나님을 대적하게 되는 것입니다.

예수 믿는 것은 하나님이 우리에게 주신 구주를 믿는 겁니다. 종교 중에 잘 선택해서 믿는 게 아닙니다. 그러기 때문에 그 안에 영생이 있습니다.

가말리엘의 논리정연한 말을 듣고 나니까 '이것이 옳은 말이라' 합니다. 그렇게 옳은 말이면 그냥 내보내면 될 터인데 두드려 패면서, 예수님 이름으로 가르치지 말고 전도도 하지 말라는 것은 악한 것입니다. 우리가 잘못이 없는데 어려움 당하고, 직장이나 학교나 이웃이나 사회에서 핍박받고 어려움 당한다면 이상하게 생각하지 마세요. '아, 이게 당연한 것이구나!' 생각하시기 바랍니다. 복음이 증거되고 예수님을 잘 믿으면 믿을수록 마귀는 여러 사람을 통해서, 권세자를 통해서 핍박하게 돼 있습니다.

마태복음 10장 17절에 "사람들을 삼가라 그들이 너희를 공회에 넘겨 주겠고 그들의 회당에서 채찍질하리라" 했습니다. 신고하고 잡아가고 채찍질하고 때리는 일이 일어날 것이라는 것입니다. 여러분, 예수 믿는 것은 '심심하다 한번 가볼까, 찬송 들어 보니까 좋던데 교회 한번 가볼까' 그럴 수 없습니다. 목숨을 걸고 믿는 것입니다. 하나님이 우리를 구원하기 위해서 생명을 버렸기 때문에 우리도 예수님을 목숨 걸고 믿는 것이 당연하고, 예수님 때문에 핍박받는 것이 당연한 것이지 이상할 것이 하나도 없습니다.

> 40~41절, "그들이 옳게 여겨 사도들을 불러들여 채찍질하며 예수의 이름으로 말하는 것을 금하고 놓으니 사도들은 그 이름을 위하여 능욕 받는 일에 합당한 자로 여기심을 기뻐하면서 공회 앞을 떠나니라."

사도들은 예수님 이름 때문에 능욕을 받고, 매 맞고, 감옥 가고, 죽임을 당하는 것을 당연한 일로 여겼습니다. 우리가 주를 위해서 고난을 받으니까 너무 기쁘다는 고백이 우리 입에서 나와야 합니다. 이렇게 생각을 바꾸셔야 합니다. 사도 바울은 그런 고난 가운데서도 가는 곳마다 예수님을 자랑한다고 했습니다.

갈라디아서 6장 14절에 "그러나 내게는 우리 주 예수 그리스도의 십자가 외에 결코 자랑할 것이 없으니 그리스도로 말미암아 세상이 나를 대하여 십자가에 못 박히고 내가 또한 세상을 대하여 그러하니라"고 자신의 신앙을 고백했습니다.

우리는 세상에 대해서 이미 못 박혔어요. 세상의 명예나 권력이나 세상에 있는 인기에 대해서는 우리는 이미 죽어버렸습니다. 예수 믿는데도 옛날 혈기 그대로 가지고 있어서는 안 됩니다.

사랑하는 성도 여러분, 셀교회로 모일 때 남편 자랑, 아내 자랑, 자식 자랑, 가방 자랑, 어느 좋은 음식점 갔던 자랑, 호텔에서 잤던 자랑 이런 거 하지 마시고 예수님을 자랑하는 셀이 되시기 바랍니다.

"의를 위하여 박해를 받은 자는 복이 있나니 천국이 그들의 것임이라 나로 말미암아 너희를 욕하고 박해하고 거짓으로 너희를 거슬러 모든 악한 말을 할 때에는 너희에게 복이 있나니 기뻐하고 즐거워하라 하늘에서 너희의 상이 큼이라 너희 전에 있던 선지자들도 이같이 박해하였느니라."(마 5:10~12)

우리 성도들은 예수 믿는 것 때문에 어려움이 오고 핍박을 받거든 싸우지 마시고, 지혜롭게 '하나님, 감사합니다. 주를 위하여 손해 보게 된 것 감사합니다, 핍박받게 된 것, 주를 위해서 고난 받게 된 것 너무 감사합니다, 주님은 십자가에 달렸는데 저는 아무것도 아닙니다. 너무 감사합니다' 할 수 있어야 믿는 사람의 믿음입니다.

사도들은 예수님을 위하여 능욕 받는 일을 합당하게 여기면서 날마다 성전에 있든지 집에 있든지, 날마다 시간을 초월해서, 장소를 초월해서 예수는 그리스도라고 가르치기와 전도하기를 그치지 아니했습니다. 여러분께 '매일 가서 전해라' 그 말씀이 아닙니다. 내 마음속에 있는 예수님이 하나님이 영광스러운 보좌를 버리고 이 땅에 오셔서 죽기까지 하시고 내 속에 나와 함께 계시고, 전능하신 하나님이 그런 은혜를 베푸셔서 나와 함께 계신다는 것을 내가 정말로 믿으면 감격이 안 됩니까? 그 예수님이 영생이라면 복음 전할 소원이 없습니까?

'하라'라는 것보다 히브리서에서 말한 "예수를 깊이 생각하라"(히 3:1)는 말씀을 자세히 기도하면서 생각해 보시기 바랍니다. 내가 예수를 정말로 하나님의 아들 그리스도로 믿으며 그 사랑과 죽음을 통해서 내가 영생을 얻었고, 내가 받은 영생이 얼마나 소중하고 영원한 것이며, 세상에 있는 어떤 것과도 바꿀 수 없는 소중하다고 내가 정말로 믿으면 고난 받는 것이 문제가 되지 않습니다. 예수님을 자랑하고 싶습니다. 맛있는 거 먹어도 자랑하는데 예수님 전해서 그 사람을 구원하고 싶은 마음이 당연히 있게 되는 것이지요.

전도한다고 직장 그만두지 마시고, 직장 다니면서 사업하면서 학교 다니면서 가정 일 하면서 내 마음속에 항상 어디 가든지 '하나님, 오늘 구원받을 사람은 구원받아야 되는데 어느 사람 전도하기 원하십니까?' 이런 소원 가지고 사시다가 하나님이 예비된 영혼에게 인도하시면, 그 사람에게 전도하면 됩니다.

예수님을 분명하고 확실하게 믿어서 영생 얻고, 장소와 시간을 초월해서 예수님을 전하기를 소원하는 그 사람이 바로 그리스도인입니다. 예수님을 믿는 사람입니다. 이런 은혜가 여러분 모두에게 있기를 예수님의 이름으로 축복합니다.

19강 | 행 6:1~7

　교회는 크게 두 가지로 설명할 수 있습니다. '보이는 교회'와 '보이지 않는 교회'입니다. 보이는 교회는 예루살렘교회, 안디옥교회, 온누리교회, 서울교회, 대구교회 등입니다. 보이는 교회는 완전한 교회가 아닙니다. 대부분 믿고 구원 받은 사람들이 교회에 와 있지만, 간혹 믿지 않은 사람도 들어와 있을 수 있고, 이단도 나쁜 사람도 들어와 있을 수 있어서 완전한 교회가 아닙니다. 문제성을 항상 갖고 있는 것이 보이는 교회입니다. 보이지 않는 교회는 온 우주에 하나 밖에 없습니다. '우주적 교회'라고 합니다. 여기에는 예수 믿는 사람만 속할 수 있습니다.

　보이는 교회, 어느 교회에 속하더라도 예수 믿고 구원 받은 사람은 우주적 교회, 보이지 않는 교회 즉 예수님을 머리로 하는 하나의 교회에 속해 있습니다. 그가 아프리카 사람이든 미국 사람, 중국 사람, 북한 사람이든지 전혀 관계 없습니다. 누구든지 예수 안에서 한 형제 한 자매가 된 줄 믿으시기 바랍니다.

　그런데 교회가 자꾸 이렇게 성장하고 사람이 많아지고, 일꾼이 적으면 그 때는 다 돌아보지 못해서 문제가 생기기 시작합니다. 예루살렘 교회가 그렇게 엄청난 핍박과 고난 속에서도 기도하고 말씀 전함을 통해서 교회가 자꾸 부흥 되었습니다.

1절, "그 때에 제자가 더 많아졌는데 헬라파 유대인들이 자기의 과부들이 매일의 구제에 빠지므로 히브리파 사람을 원망하니."

'그때에', 고난과 핍박 가운데 있을 때를 말합니다. 제자가 더 많아져서 헬라파 유대인들이 자기의 과부들이 매일의 구제에서 제외 되었으므로 히브리파 사람을 원망합니다. 헬라파 사람은 유대인인데 이스라엘이 아닌 다른 타국에서나 이스라엘에서 태어났다 할지라도 헬라 언어를 사용하고, 헬라의 문화 안에서 헬라의 가치관을 가지고 헬라적 사고를 하며 사는 사람들이 헬라파 사람들입니다. 히브리파 사람은 이스라엘에 태어나서 유대인들의 교육을 받고, 유대적 사고를 하고, 유대적 가치관을 가지고, 유대의 풍습을 지키는 사람들입니다. 이들은 같은 나라에 있다 할지라도 서로 소통이 잘 안 되었습니다. 말이 안 통하는 것이었습니다.

탈북자들로 우리나라에 온 사람들을 만나 보면서 제가 물어봤어요. '한국에 와서 무엇이 제일 어렵습니까?' 그랬더니 생각이 다르대요. 소통이 안 된대요. 그 사람들이 가지고 있는 가치관과 생각과 생활 방식이 남한 사람들이 갖고 있는 것과 서로 너무 다르다고 합니다. 언어는 통한다고 하지만 생각과 사상과 틀립니다. 그것이 어려운 것입니다.

예루살렘 교회가 과부들을 구제할 때 히브리파 출신들을 조금 더 배려를 하지 않았나 싶습니다. 그러다 보니 그것이 교회에 문제가 되어 다툼이 생겼어요. 교회가 시끄럽게 됐어요.

2절, "열두 사도가 모든 제자를 불러 이르되 우리가 하나님의 말씀을 제쳐 놓고 접대를 일삼는 것이 마땅하지 아니하니."

사도들이 그 원인을 찾습니다. '히브리파 사람 여러분, 왜 공평하지 못하게 했습니까? 왜 헬라파 사람들을 배제했습니까?' 이렇게 말하지 않았어요. 그 원인을 사도들이 봉사하고 공궤하고 수고한다고 말씀 전하는 것, 기도하는 것 그것을 소홀히 해서 온 문제라고 본 것입니다.

여러분, 교회는 특별히 하나님의 일꾼으로 은혜를 받아야만 하나님의 일을 할 수가 있습니다. 교회는 세상적인 생각과 사고와 판단과 방법으로 하나님 일을 하는 곳이 아닙니다. 세상 속에 있지만 그 머리가 예수님이시고 하나님의 성령의 방법과 뜻대로 모든 일을 하는 곳이 바로 교회입니다. 많은 사람들이 교회를 세상 속에 있는 종교 중 하나라고 생각해서 자꾸만 '선택할 종교를 적으라' 하는 식으로 접근을 자꾸 합니다. 교회는 주님의 말씀대로 주님이 다스리는 곳입니다. 아멘!

교회가 은혜 받고 성령 충만해야 되는데 사도들이 기도하는 것과 말씀을 전하는 것에 전무하지 못하고 돌아다니다 보니까 성도들이 은혜가 떨어져 버린 것입니다. 믿음이 떨어진 것입니다. 믿음 떨어지면 육신의 생각을 하고, 육신의 눈이 밝아지고 육신의 관점으로 봅니다. 혹시 여러분 중에서 고향이 같기 때문에, 학교가 같아서 통하기 때문에 같은 편이라고 생각한다면 육신적인 생각입니다. 그 육신적인 생각과 관계를 가지고, 조금 더 봐주고, 조금 더 해주고, 그렇게 하면, 교회가 시끄러워지고, 거기가 사탄의 통로가 되어 사탄의 역사가 일어나게 되는 것입니다. 우리는 교회 안에서 하나님의 방법으로 일하고 섬겨야 될 줄 믿습니다.

> 3~6절, "형제들아 너희 가운데서 성령과 지혜가 충만하여 칭찬 받는 사람 일곱을 택하라 우리가 이 일을 그들에게 맡기고 우리는 오로지 기도하는 일과 말씀 사역에 힘쓰리라 하니 온 무리가 이 말을 기뻐하여 믿음과 성령이 충만한 사람 스데반과 또 빌립과 브로고로와 니가노르와 디몬과 바메나와 유대교에 입교했던 안디

옥 사람 니골라를 택하여."

봉사하고 섬기고 구제하는 일은 충성스러운 사람을 뽑아서 그들에게 맡기고 사도들은 기도하는 것과 말씀 전하는 것에 전무하겠다고 합니다.

그래서 일꾼들을 세웠는데 그 일꾼들이 어떤 사람이었습니까?

첫째, 성령이 충만한 사람이었습니다. 여러분, 하나님의 일꾼은 학력이 문제가 아니고, 사회적 배경도, 돈도 문제가 아닙니다. 무엇보다도 성령이 충만한 사람이 일꾼이 되어야 됩니다.

중직자들께서는 이 말씀을 듣고 꼭 성령 충만을 구하시기 바랍니다. 왜요? "성령으로 아니하고는 누구든지 예수를 주시라 할 수 없느니라"(고전 12:3b) 함같이 교회는 성령을 받은 사람들이 모여 있는 공동체이기 때문에 성령 충만하지 않으면 절대로 하나님의 일을 할 수가 없습니다. 성령 충만해야 하나님 뜻을 알게 되고, 성령 충만해야 하나님의 일을 하게 되고, 성령 충만해야 하나님의 방법으로 일하게 되는 줄 믿습니다.

고린도전서 2장 10절 말씀에 보면, "오직 하나님이 성령으로 이것을 우리에게 보이셨으니 성령은 모든 것 곧 하나님의 깊은 것까지도 통달하시느니라" 하십니다. 우리가 하나님의 성령에 충만하지 않고 어떻게 하나님의 뜻을 알 수가 있습니까? 많은 사람들이 성령 충만하지 않고 자기 생각이나 자기 판단이나 세상 방법으로 하다 보니까 교회가 삐걱거리기 시작하는 것입니다.

여러분, 지혜로운 것은 교회든 가정이든 내가 성령 충만하지 않고 내가 지금 인간적인 생각을 하고 육신적인 생각을 한다면 말하지 마시라는 것입니다. 자기의 의사를 내놓지 마시기 바랍니다. 왜 그래야 합니까? 내가 은혜를 충만히 받으면 하나님의 뜻대로 생각을 하게 되고, 은혜가 떨어지면 육신의 생각을 하게 됩니다. 너무 우리 자신을 믿지 맙시다. 우리도 매일 변하는 겁니다. 마음도 변하고 생각도 변하고 관점도 변합니다. 은혜가 충만해지면 '내가 복음을 전하고 영혼을 구원해야 되겠다, 하나님을 기쁘게 해야 되겠다' 이런 마음이 가득 차는데, 은혜가 떨어지면 '어디 뭐, 돈 얻을 곳이 없나?' 이런 것이 먼저 보이게 됩니다.

혹시 여러분이 돈이 먼저 보이거든 그냥 돈을 버세요. 교회 지도자가 되어서, 중직자가 되어서 그렇게 하면 안 됩니다. 정말 하나님의 교회는 성령 충만해야 되는 곳입니다.

둘째, 지혜가 있어야 됩니다. 이 지혜는 아이큐가 아니고, 명문대학을 나왔다는 것도 아니고, 하나님이 주시는 지혜를 말합니다. 왜 그래야 합니까? 교회만큼 다양한 사람들이 모여 있는 곳은 아무 데도 없습니다. 학교는 일부 동일체이고, 회사도 자기 목적을 갖고 있는 기술이나 지식이 있는 사람이 있고, 정치계도 그렇습니다. 그러나, 교회는 나이 어린 사람으로부터 어른에게까지, 박사로부터 초등학교도 안 나온 사람까지, 부자부터 가난한 사람까지 지금도 너무너무 다양한 사람들이 모여 있기 때문에 하나님께서 지혜를 주셔야 그들이 다 하나님 앞에서 하나가 되어서, 서로 만족하고 화합할 수 있기 때문에 그렇습니다. 그래서 교회의 일꾼은 하나님의 지혜를 구하는 것이 옳고 마땅한 일인 줄 믿습니다.

저도 하나님 앞에 '하나님, 저같은 사람이 어떻게 목회를 하고 하나님의 교회를 섬길 수가 있겠습니까? 말씀을 가르치고 성도를 돌볼 수 있겠습니까?' 하고 지혜를 많이 구했습니다. 여러분은 어떻게 생각하는지 모르지만, 감사하게도 저는 생각합니다. 하나님께 기도하고 어떤 일을 하나님께 가져

가면 하나님께서 지혜를 주시고 길을 열어주시고 은혜를 주십니다. '아, 하나님의 은혜구나!' 그래서 저희 교회가 지금까지 수십 년 동안 늘 편안히 하나님 은혜 가운데 있을 수 있습니다.

교회 안에서 '너는 나하고 가깝기 때문에 우리들끼리 끼리끼리' 이것은 하나님께서 결코 기뻐하시는 것이 아닙니다. 어떤 분은 꼭 몇 사람끼리만 서로 좋아서 지내요. 그럼 다른 사람하고 분리되는 것입니다. 소문을 들어보면, 한국 교회 안에서도 어떤 목사님은 지역적으로 우리끼리만 모여서 하자고 한다는데 그것은 인본주의입니다.

예수 믿으면, 흑인이든지 백인이든지 탈북자든지 강원도 사람이든지 경상도인지 호남이든지 우리는 모두 예수님 안에서 한 형제 자매들이라고 여기는 것 이것이 믿음이고 하나님의 성령이 주신 은혜입니다. 그것을 버리고 내 생각으로 내 기준으로 '우리끼리'하는 것은 하나님의 성령의 역사는 아닙니다. 그래서 지혜 충만한 사람이 되어야 하나님의 교회를 바르게 섬길 수 있습니다.

'목사님, 나는 지혜가 없는데요?' 하십니까? 주님이 약속하셨습니다. 야고보서 1장 5절 말씀에, "너희 중에 누구든지 지혜가 부족하거든 모든 사람에게 후히 주시고 꾸짖지 아니하시는 하나님께 구하라 그리하면 주시리라" 하십니다.

하나님의 일을 하는 중직자와 하나님 일을 맡은 사람들은 무엇보다도 성령 충만을 구하고 지혜를 구해서 하나님께서 주신 은혜로 하나님의 일을 감당하셔야 됩니다. 자기 이름을 나타내려고 해서도 안 되고, 자기의 영향력을 주려고 해서도 안 되고, 자기의 방법으로 고집해서도 안 됩니다. 교회는 그런 곳이 아닙니다. 그리스도께서 주인 되는 곳이고, 그리스도께서 다스리는데 우리는 도구일 뿐입니다. 도구가 마음대로 하면 됩니까? 호미가 마음대로 주인과 관계 없이 자기 마음대로 하면 되겠어요? 그러면, 호미를 던져 버리게 됩니다. 우리는 도구라는 것을 잊지 마시기 바랍니다.

우리는 하나님의 일꾼이고 도구지 뭐 대단한 권력을 가지고 대단한 위세를 가진 존재가 아닙니다. 우리는 하나님의 교회의 일꾼입니다. 우리는 누구든지 하나님의 일꾼이지 중직자가 되었다고 해서 군림하려는 자세를 갖는다면 옳지 않습니다. 더 겸손해지고 성령 충만하고 지혜 충만하도록 기도해야 됩니다.

앞으로 언제 일꾼이 또 세워질지 모르겠지만 여러분들이 앞으로 일꾼을 세울 때도 기도하면서 저 사람이 정말 성령 충만하고 지혜 충만한가를 살펴보고 투표하세요. 성도들이 투표 다 해놓고 '목사님이 장로를 세웠어' 이러지 마시기 바랍니다. 만일 투표할 사람이 한 명도 없다면 아무에게도 하지 마시고, 나온 사람이 다 성령 충만, 지혜 충만하다면 모두에게 투표하시면 됩니다. 그러니까 숫자가 문제가 아니라 하나님 앞에서 우리가 정말 기도하면서 일꾼을 세워야 되는 것입니다.

교회의 일꾼은 교회에서나 사회에서나 칭찬받는 사람이 되어야 됩니다. 그래야 하나님께서 영광을 받으시고 복음이 증거되는 줄 믿습니다. 만에 하나라도 중직자들 가운데 교회 안에서 '그 사람 때문에 힘들어 죽겠다, 그 중직자 때문에 시험 받는다?' 이런 말이 나오면 안 됩니다. 얼마나 그게 무서운 일입니까? 교회에 덕을 끼치고 걸림이 되지 말아야 됩니다.

불신자들 속에서 '저분은 진실하고 겸손하고 믿을 만해, 정말 저 사람은 예수 믿는 사람이야, 나도 저렇다면 예수님 믿겠어' 이런 말이 나오면 얼마나 하나님께서 영광을 받으시겠어요? 얼마나 그것이 복음 전파의 큰 문이 되겠습니까?

우리의 기준은 얼마나 큰 부자가 되느냐가 아니라 우리를 통해서 사람이 구원받느냐 아니냐 하는 것 되어야 합니다. 천국 가보면 알게 될 것입니다. 여러분이 100층 되는 빌딩을 지어서 회장이 되는 것보다 한 사람을 전도한 것이 하나님께서 더 소중하고 귀중히 여기신다는 것을 여러분이 하나님 나라에 가보면 분명하게 알게 될 것입니다. 영혼을 구원하는 것은 하늘의 별과 같이 빛나는 줄 믿으시기 바랍니다.

사역자들은 기도하는 것과 말씀 전하는 것을 전무해서 성도들이 영적으로 갈급하지 않도록 성도들이 영적으로 풍성해지고, 기쁨이 충만하고 하나님 앞에서 마음에 늘 감사가 넘치게 되도록 기도하고 말씀을 전해야 됩니다. 교역자들이나 사역자들이 기도하지 않고 말씀 전하는데 은혜가 안 되고, 성도들이 갈급하고, 더 힘이 들고 어려워지면 문제입니다. 교역자는 기도하는 것, 말씀 전하는 것에 전무해서 성도들에게 영적인 은혜를 끼쳐야 됩니다. 성도는 힘을 다해서 헌금하고 도와서 교역자들이 물질적인 어려움이 없도록 하나님 앞에 섬겨야 됩니다. 이것이 교회의 영적 원리인 줄 믿으시기 바랍니다.

섬기는 사람으로 세워진 사람들 중에는 중요한 사람들이 많이 있습니다. 순교한 사람도 있고 복음 전파자가 된 사람도 있습니다. 그중에 니골라는 사람은 나중에 이단이 되었다는 설도 있습니다. 기록상 이것이 바로 이 사람이다 하는 것은 없지만, 초대 교회 역사에 니골라당이라는 이단은 분명히 있었습니다. 그러니까 이 중에서도 혹시 이런 사람도 나올 수 있다는 것이지요.

제가 수년 동안 한 집에서 그 지역의 사람들을 모아서 성경 공부를 한 적이 있는데 이 사람이 신천지에 빠지더라고요. 그 때는 저도 완전히 멘붕이었습니다. '아, 이럴 수가 있나?' 제가 성경 공부를 잘했다는 말이 아닙니다. 제가 성경 공부를 엄청 많이 다녔잖아요. '예수님만 그리스도다, 다른 구주가 없다' 이런 복음을 몇 년이나 들었는데 신천지가 웬 말입니까? 제가 그래서 정말 갈등하고 기도하면서 왜 그런 일이 일어났는지를 고민해 보았습니다.

미혹의 영에 빠지면 여기에서 벗어나지를 못해요. 그러니까 원래부터 안 믿었다는 것이지요. 원래부터 예수님이 가룟 유다를 향해 '너는 처음부터 믿지 않은 자다!' 라고 말씀하신 것입니다. 찬송도 하고, 기도도 하고, 교사까지도 했는데 안 믿고 있었습니다.

우리는 매일매일 내가 진실된 믿음을 가지고 있는지 기도할 때 성령의 은혜와 역사가 있고 정말 하나님의 인도를 받는지 자신을 점검해 가는 지혜가 있어야 될 줄 믿습니다.

6절, "사도들 앞에 세우니 사도들이 기도하고 그들에게 안수하니라."

투표가 끝나면 6개월 동안 교육하는 시간이 있는데 그때 교육을 잘 받으셔야 됩니다. 그리고 이제 목사님들 모셔서 안수하면 일꾼으로 세워지는 것입니다.

7절, "하나님의 말씀이 점점 왕성하여 예루살렘에 있는 제자의 수가 더 심히 많아지고 허다한 제사장의 무리도 이 도에 복종하니라."

사도들이 성령 충만하고, 지혜가 충만하고, 칭찬 듣는 사람을 세워서 구제하는 일, 봉사하는 일, 섬기는 일, 재정 관리하는 일을 맡기고 자신들은 기도하고 말씀 전하는 것에 전무하겠다 하니까 이제 성도들이 은혜를 받기 시작했습니다. '말씀이 점점 왕성하다'는 말은 말씀 들을 때 은혜를 받고 깨닫고 변화되어지고 성도들이 그 말씀을 나가서 지켰더니 말씀이 이루어져서 성도들이 살아 있는 하나님의 말씀 앞에서 그 말씀에 순종하는 삶으로 변화되어 갔다는 것입니다.

우리 교회가 말씀이 흥왕한 교회가 되기를 바랍니다. 설교 들을 때, '저 목사님의 설교가 아니고 하나님이 우리에게 주신 말씀이구나' 하는 역사가 나타나기를 기도합니다. 저도 부목사님 설교할 때앉아서 마음속으로 '하나님이 내게 주신 말씀이구나' 하고 말씀을 듣고 은혜를 받고 기도합니다. 그게 맞는 것이지요. 사람의 말로 듣지 말고 하나님의 말씀으로 듣고, 그 말씀을 약속의 말씀으로 믿고 붙들고 기도하고 그 말씀을 지켜나가면 말씀은 살아서 이루어지고 성취됩니다.

하나님의 말씀은 살아 운동력이 있어서 영과 혼과 심령과 골수를 찔러 쪼개기까지 합니다.(히 4:12) 그 말씀이 살아서 역사가 일어나는 것입니다. 설교하는 사람도 믿고 전하고 듣는 사람도 믿음으로 듣고 믿음으로 순종하고 지켜나가면 하나님의 말씀은 살아서 내 능력이 아니라 성령께서 일하시는 줄 믿습니다.

불신자 속에 하나님 말씀이 이루어지고 성취되고 은혜가 되고 하니까 허다한 사람이 더 많이 믿고 돌아오고, 제사장 무리도 돌아온 것처럼 절에 갔던 사람도 돌아오게 될 것입니다. 우리 교회도 보살들이 이미 많이 돌아와 있지만 이제는 스님들도 돌아오고 도사도 돌아오고 무당도 돌아오게 될 것입니다.

여러분, 예수 그리스도의 복음만이 유일한 생명입니다. 저를 포함한 모든 교역자들은 말씀과 기도에 전무하고, 충성된 중직자들은 성령 충만과 지혜 충만을 구하고, 성도들에게 칭찬을 얻고 불신자에게도 칭찬받는 많은 일꾼이 세워진다면 우리 교회는 더 든든히 세워져 가고 한국과 세계에 하나님의 일을 감당하는 교회가 될 줄 믿습니다. 이런 축복이 우리 교회와 한국 교회에 있기를 예수님의 이름으로 축복합니다.

20강 | 행 6:8~15

사도행전 6장에 보면, 많은 핍박과 어려움 가운데서도 복음이 증거되어지고 교회가 크게 성장했습니다. 그러다 보니 사도들이 복음 전하고 기도하는 것에 전무하는 것보다 구제하고 봉사하고 성도를 돌아보는 일에 시간을 많이 허비하게 되어서 문제가 생겼습니다.

일곱 일꾼들이 세워지고 사도들이 다시 기도하는 것과 말씀 전하는 것을 전무하게 되어 성도들이 다시 은혜를 받고 나니까 교회 안에 말씀이 흥왕해져서 말씀이 성취되어지고 이루어졌습니다. 제사장의 허다한 무리도 돌아오게 되고, 또 일곱 집사 외에 많은 성도들에게 은혜가 더욱 충만해졌습니다. 그중에 대표적으로 일곱 집사 중 한 명인 스데반은 더 은혜가 충만한 사람이었습니다.

8절, "스데반이 은혜와 권능이 충만하여 큰 기사와 표적을 민간에 행하니."

스데반을 설명하는데 사도행전 6장에서 그는 성령과 지혜가 충만한 사람이다, 둘째로 성령과 믿음이 충만한 사람이다, 본문에서는 은혜와 권능이 충만한 사람이라고 했습니다. 하나님의 방법은 성령입니다. 예수님을 영접할 때 성령이 우리에게 오시는 것을 보고 구원이라고 그럽니다. 성령이 충만하게 역사하시면 권능이 나타나고 기적이 일어나고 역사가 일어나고 하나님의 뜻이 우리를 통해서 이루어지게 됨을 믿습니다. 그래서 "오직 성령이 너에게 임하시면 내가 권능을 받고" 이렇게 하셨습니다.

　성령이 충만하면 우리의 생각도 달라지고, 마음도 달라지고, 권능과 능력이 나타나게 되는데 그 상태가 성령이 나를 다스리는 상태인 것입니다. 내 생각이나 목적이나 감정이나 의지를 다스려서 성령이 나를 주관하는 상태를 '성령 충만'이라 그럽니다. 같이 예수님을 믿지만 성령 충만한 사람과 그냥 예수 믿는 사람에게 나타나는 응답과 표적 기사는 전혀 다릅니다. 다같이 예수 믿고 구원받는 것 같지만 이 땅을 살아가면서 성령 충만해야 사탄도 이기고, 세상도 이기고, 죄도 이기고, 하나님께 쓰임 받게 됨을 믿으시기를 바랍니다. 성령 충만하는 가장 좋은 방법이 기도와 말씀이에요.

　그래서 성도는 기도하는 일과 말씀 듣는 일, 말씀 읽고 말씀 전하는 일, 기도회로 모일 때마다 은혜 받는 시간에 많이 모이는 성도가 지혜로운 성도입니다. 성도는 은혜가 떨어져 버리면 버려져 밟힐 뿐이게 됩니다. 그러나 은혜 충만하면 이기고, 세상도 살리게 되는 줄 믿습니다. 성도가 가장 중요하게 해야 될 게 무엇이냐? 은혜 받는 일이지요.

　스데반은 소위 중직자입니다. 우리 교회 중직자는 장로님, 안수집사님, 권사님, 남녀 집사님을 중직자라고 하는데, 교회를 위해서 여러 가지로 봉사하고 섬기고 헌신을 많이 합니다. 그런데 '이것만 내가 하는 일이다' 이렇게 생각하면 안 됩니다. 초대교회 중직자들도 봉사하고 헌신 많이 했지만 평소에 직장이나 이웃에서 만나는 사람 가운데서 복음을 전하는 일에 쓰임 받은 줄 믿으시기 바랍니다.

　그래서 중직자가 되었으면 마음에 영혼 구원의 소원이 있어야 됩니다. 혹시라도 중직자 외 성도라 할지라도 마음에 '내가 영혼 구원하는 데 쓰임 받아야지, 저 사람 내가 전도해야지, 내 친구 내 형제를 전도해야지' 하는 마음이 늘 있어야 합니다.

'목사님, 영접하면 구원받는다고 했잖아요?' 그래요. 맞습니다. 예수님을 영접하면 구원받는다고 했습니다. 정말 예수님을 구주로 영접하여 그 안에 예수님이 계셔서 자신이 구원 받았다는 것을 알고 구원의 감격이 있으면 반드시 다른 사람에게 전도하고자 하는 소원이 있게 되어 있습니다. 혹시 전도할 소원이 없다면 혹시라도 자신이 구원을 못 받았는지 아니면, 받았는데도 구원이 뭔지 잘 모르는 어린아이 같은 믿음이든지 그런 것입니다. 고린도후서 13장 5절에 보면, "너희는 믿음 안에 있는가 너희 자신을 시험하고 너희 자신을 확증하라 예수 그리스도께서 너희 안에 계신 줄을 너희가 스스로 알지 못하느냐 그렇지 않으면 너희는 버림 받은 자니라." 했습니다.

여러분 속에 '예수님이 계셔서 내가 구원받았다, 내가 이 세상에 어떤 것보다 구원받은 은혜가 크다' 이것을 내가 확실히 알고 기쁘고 감격하면 또 다른 사람에게 전도할 마음의 소원이 있게 되어 있습니다. 그게 없다면 말이 안 맞는 것입니다. 그래서 스데반이나 일곱 집사들은 사도들이 하던 봉사하는 일, 섬기는 일, 헌신하는 일을 하고 전도자로서도 귀하게 쓰임 받은 것을 우리가 보게 됩니다.

표적과 기사는 어떤 것인지 성경에 나오지 않지만 병든 자가 낫는다든가 귀신이 떠나간다든가 혹은 믿는 자의 무리 속에 변화가 일어나든가 열매가 일어나든가 하는 여러 가지 기적들입니다.

9~10절, "이른 바 자유민들 즉 구레네인, 알렉산드리아인, 길리기아와 아시아에서 온 사람들의 회당에서 어떤 자들이 일어나 스데반과 더불어 논쟁할새 스데반이 지혜와 성령으로 말함을 그들이 능히 당하지 못하여."

여기에서 '자유인'이란 말은 노예 신분이던 사람이 어떤 과정을 통해 공로를 세워서 자유인이 된 겁니다. 노예에서 해방 된 것입니다. 그런 사람들이 예루살렘과 주변 지역에 와서 많이 살았습니다. '구레네'는 아프리카 리비아 북쪽에 있는 해안 도시인데 문화와 산업이 발달했던 지역이라고 합니다.

'알렉산드리아'는 이집트 북쪽에 있는 도시로, 알렉산드리아 대왕이 자기를 기념하기 위해서 세웠습니다. 이곳이 기독교적으로는 아주 중요한 곳입니다. 성경 중에 70인 번역, 70인역라는 것이 있습니다. 'Septuagint'라고 부르는 성경인데 알렉산더 대왕이 성경학자 72명을 알렉산드리아에 모아서 번역했는데, 주로 히브리어와 소수의 아람으로 되어 있던 구약성경을 헬라어로 번역한 것입니다. 예수님 당시 사용하던 성경이 바로 이 칠십인경입니다. 예수님도 그 번역된 헬라어 성경을 읽고 사용했던 것으로 우리가 알고 있습니다. 그래서 알렉산드리아는 상당히 유명한 곳입니다.

'길리기아'는 서북 쪽의 아시아권인데 이 길리기아는 바울의 태어나고 자라난 곳이기도 합니다. 그래서 '길리기아 다소'라는 지역은 유명합니다. 그리고 '아시아'는 소아시아 에베소를 중심으로 한 아시아 지역인데 지금의 터키 지역입니다.

회당에서 어떤 자유인들이 일어나 스데반과 더불어 논쟁을 합니다. 이 자유인들은 자기들 나름대로 회당을 만들어 예배도 드리고 성경 공부도 했습니다. 그들이 논쟁했다고 하는데 사실은 우리가 복음 전하다가 논쟁하면 좋은 열매는 없습니다. 바울이 아덴에 가서 논쟁했는데 별 열매가 없었다고 하잖아요. 이겨도 안 믿고 지면 기독교를 비방합니다. 그래서 전도는 우리가 증거하는 것이고 섬기는 것이고 낮아지는 것이고 사랑하는 것인 줄 믿으시기 바랍니다. 전도는 관계로 하는 것이지 논쟁과 말로써 믿게 하는 것이 아닙니다.

그러나 논쟁한다 할지라도 우리는 그 논쟁을 이길 수 있습니다. 그 이유는 우리가 하나님의 진리를 가지고 논쟁하기 때문에 그런 줄 믿습니다. 누가복음 12장 12절 말씀에 "마땅히 할 말을 성령이 곧 그 때에 너희에게 가르치시리라" 하십니다.

저는 전도하면서 어떻게 말하고 무슨 말을 해야 할지 몰라 암담할 때 기도하면 하나님이 감화 감동 주셔서 열매를 맺은 경우가 많습니다. 그중에 한 예를 들어봅니다. 서울 동국대학교 불교학과 교수가 귀신 들렸다고 누가 전도해달라 제게 부탁했습니다. 그 분을 만나러 가면서 기도했어요. '주님, 이 분하고 논쟁하고 싶지 않습니다, 어떻게 복음을 전할까요?' 그렇게 기도하는 중에 '그 사람과 너에게 공통적인 것을 찾으라'는 감동이 왔어요.

'공통적인 게 뭘까?', '아, 저분도 영혼이 있다고 생각하겠구나.' 저도 영혼이 있다고 믿으니까 '교수님, 영혼이 있는지 아십니까?' 하며 전도를 시작했습니다. 불교는 윤회라는 것을 믿어서 전생, 금생, 내생을 믿는데 '이 잘못된 사상이 깨지지 않고는 예수님을 믿을 수 없다'는 생각이 들어서 '교수님, 사람에게만 영혼이 있습니다.' 이랬더니 '짐승에게도 있습니다' 그래요. 여러분, 불교의 관점에서는 사람과 짐승과 벌레가 다 같은 것입니다. 행위에 따라서 윤회될 뿐입니다. 그러나 성경에서는 짐승과 사람이 다르다고 말합니다. 사람만 하나님의 형상으로 지음 받은 줄 믿으시기 바랍니다. 그래서 대화가 안 돼요.

그분은 짐승에게도 영혼이 있다고 하고 저는 사람에게만 영혼이 있다고 해서 대화가 진행이 안 되었습니다. '하나님, 할 말이 없습니다, 뭐라고 말할까요.?' 그 때 '사람과 짐승이 다르다고 이야기해라' 해서 '교수님, 사람하고 짐승은 다릅니다. 사람은 지혜가 있고 생각이 있기 때문에 자동차도 만들고 비행기도 만들고 집도 자꾸 발전해서 짓는데 짐승은 그렇지 않습니다, 까치가 나무 위에 집을 짓지만 발전하지는 않습니다. 그대로입니다. 그건 본능입니다' 그랬더니 '그것은 맞다'고 했습니다. 감정에 대해서도, 의지에 대해서도 설명했더니 '맞다'고 했습니다. 그분이 그날 예수님을 구주로 영접하고 치료 된 줄 믿으시기 바랍니다.

전도는 이렇게 중요합니다. 우리가 복음을 전하고, 말로만이 아니라 사랑하고 섬기며 하나님께 기도하고 있으면 하나님께서 기회를 주시고, 우리가 기도하고 말씀을 전하려 하면, 주께서 성령을 통해서 말씀을 주실 줄 믿습니다.

> 11절, "사람들을 매수하여 말하게 하되 이 사람이 모세와 하나님을 모독하는 말을 하는 것을 우리가 들었노라 하게 하고."

주로 율법을 믿는 유대인들은 예수님께도 그렇고, 스데반에게도 그렇고, 크게 두 가지 죄목으로 정죄를 합니다. 첫째로, '하나님을 모독했다, 성전을 모독했다, 아니면 율법을 모독했다' 이렇게 말하는 것입니다.

살펴보겠습니다. 마태복음 26장 64~65절 말씀에, "예수께서 이르시되 네가 말하였느니라 그러나 내가 너희에게 이르노니 이 후에 인자가 권능의 우편에 앉아 있는 것과 하늘 구름을 타고 오는 것을 너희가 보리라 하시니 이에 대제사장이 자기 옷을 찢으며 이르되 그가 신성 모독 하는 말을 하였으니 어찌 더 증인을 요구하리요 보라 너희가 지금 이 신성 모독 하는 말을 들었도다" 라는 기록이 있습니다.

유대인에게 있어서 신성 모독은 사형입니다. 예수님께서 '내가 하나님의 아들이다'고 말씀하신 것이 신성 모독이라는 것입니다. 예수님은 하나님의 아들이십니다. 그들이 자기 수준으로 예수님을 몰랐을 뿐이지 예수님은 하나님의 아들입니다.

요즘도 불신자들 가운데 '교회는 아예 없어져야 될 종교다' 교회에 대해서 자기 나름대로 이상한 비판을 합니다. 헌금에 대해서, 교회에 대해서, 목사에 대해서 몰라서 그렇습니다. 그 사람들의 기준과 수준으로 교회를 말하는데 교회는 그들에게 정죄 받을 이유가 없습니다. 교회는 성경대로 교회의 법이 있고 교회에서 가르치는 신앙대로 하면 되는 줄 믿으시기 바랍니다.

마가복음 14장 58절 말씀에, "우리가 그의 말을 들으니 손으로 지은 이 성전을 내가 헐고 손으로 짓지 아니한 다른 성전을 사흘 동안에 지으리라 하더라 하되" 보세요. 여기에서 예수님께서 '성전을 헐라 내가 3일 만에 세우리라' 하신 이 말은 구약에서 오실 그리스도를 예표했고 성전을 주신 것은 '성전이신 예수님이 오신다' 그런 뜻입니다.

예수님이 오셨으면 성전이 필요합니까, 안 필요합니까? 필요 없습니다. 그래서 그 성전을 무너뜨리고 예수님이 삼일 만에 부활하신다는 이 말씀인데 그것을 못 알아듣습니다. 그들은 늘 건물 중심의 신앙을 하고 있었습니다. 율법에 속죄제를 드리기 위해서는 어떻게 해요? 양을 잡아서 제사장을 통해서 피를 흘립니다. 그래야 속죄제 제사를 통해서 죄를 씻습니다. 그런데 예수님은 그림자가 아니라 친히 화목제물로 오셔서 친히 죽으셨습니다. 더 나은 제사가 없습니다. 그래서 이제 예수 믿으면 구원받는 것입니다.

예수님이 오셨으면, 양을 잡을 필요가 없습니다. 그것은 이제 폐해진 것입니다. 예수님을 통해서 완성되어진 줄 믿으시기 바랍니다. 그런데 유대인들은 예수님이 하나님 아들 그리스도라고 믿지 않고 또 구약성경을 볼 때 그리스도 중심으로 그리스도의 예표로 보지 않고 문자적으로 보니까 예수님을 두고 '십자가에 못 박아라'고 한 것입니다.

여러분, 지금 성전은 그것이 아니고 예수 믿는 우리 몸이 성전입니다. "너희가 하나님의 성전인 것과 하나님의 성령이 너희 안에 계시는 것을 알지 못하느냐"(고전 3:16) 예루살렘 성전에 성령이 임한 것이 아니고, 마가 다락방에 임했습니다. 건물을 믿는 자가 아니고, 예수님을 믿는 자여야 될 줄 믿으시기 바랍니다. 율법도 이미 율법의 주인이신 예수님, 성전의 주인이신 예수님, 그 예수님 중심으로 믿는 게 맞습니다.

마가복음 2장 28절에도 보면, "이러므로 인자는 안식일에도 주인이니라" 예수님이 안식일의 주인인데 유대인들은 안식일에 예수님이 병 고친다고 안식일을 범했다고 정죄했습니다. "내가 안식일의 주인이다", "안식일은 사람을 위하여 있는 것이다" 문자적으로만 믿는 사람들은 하나님이 주신 의도대로 믿지 않습니다.

> 하박국 2장 20절, "오직 여호와는 그 성전에 계시니 온 땅은 그 앞에서 잠잠할지니라 하시니라."

하박국 시대, 말라기까지 성전 중심의 신앙입니다. 그런데 그 성전은 누구의 모형이었나요? 바로 예수 그리스도를 모형했습니다. 이 말은 '예수님 중심의 신앙생활이 되라' 는 말입니다. 장소가 중요한 것이 아니고 예수 믿고 예수 이름으로 기도하는 것입니다.

> "내 이름으로 무엇이든지 내게 구하면 내가 행하리라."(요 14:14)
> "지금까지는 너희가 내 이름으로 아무 것도 구하지 아니하였으나 구하라 그리하면 받으리니 너희 기쁨이 충만하리라."(요 16:24)

예수님이 이렇게 말씀하셨습니다. 다니엘이 바벨론에 포로로 잡혀 갔을 때 하루에 세 번씩 성전을 향하여서 기도했습니다. 이것을 가지고 어떤 목사님은 '여러분이 어디 있든지 교회를 향하여 기도하세요' 이렇게 가르칩니다. 아닙니다. 성전은 예수님이시고 믿는 자입니다. 어디든지 예수 믿고 예수 이름으로 기도하는 것입니다.

우리의 믿음은 건물 중심의 신앙이 아닙니다. 그래서 예수님이 건물로서의 성전을 무너뜨렸는데 천주교가 십자군을 일으켜서 '성전을 회복하자' 합니다. 넌센스입니다. 잘못된 겁니다. 그게 회복한다 할지라도 그것은 성전이 아니고 이미 무너져서 아무런 의미가 없는 것입니다. 예수 믿는 우리가 성전인 줄 믿으시기 바랍니다.

아직도 건물 중심으로 성전을 생각하는 사람이 있는데 그렇게 하면 안 됩니다. 그러면 이 건물은 가치도 의미도 전혀 없나요? 그것은 아닙니다. 예배를 드리고 훈련을 하고 우리가 하나님한테 필요한 그 정도, 하나님이 쓰신다는 의미에서 성전이지 예루살렘 성전 같은 의미의 성전은 아닙니다. 이 건물이 예루살렘 건물 같지는 않습니다. 하나님이 쓰시기 때문에 성전이라 불릴 뿐입니다. 이런 의미에서 우리가 바르고 건강한 신앙을 가져야 되는 줄 믿습니다.

12~14절, "백성과 장로와 서기관들을 충동시켜 와서 잡아가지고 공회에 이르러 거짓 증인들을 세우니 이르되 이 사람이 이 거룩한 곳과 율법을 거슬러 말하기를 마지 아니하는도다. 그의 말에 이 나사렛 예수가 이 곳을 헐고 또 모세가 우리에게 전하여 준 규례를 고치겠다 함을 우리가 들었노라 하거늘."

사람은 불리하면 충동시키고 모함합니다. 자기가 악하고 잘못된 일을 하면서 판사 재판관을 통해서 합법화를 시킵니다. 악한 사탄이 하는 것입니다. 그래서 세상에서는 아무리 거룩하게 살아도 사람은 부패한 존재입니다. 성도도 거룩해 보이지만 다 부족합니다. "목사님, 왜 장로님이 목사님이 집사님이 그러실 수 있습니까?" 하지만 그럴 수 있습니다. 다 그럴 수 있습니다. 누가 그 사람을 믿으라고 했습니까? 예수님을 믿으십시오. 사람 말 믿지 마세요. 사람은 자기가 들었던 것 가지고 '누가 카더라' 하면서 아무 책임도 못질 말을 막 합니다.

성도 정도 되면 '카더라'를 하지 마시기 바랍니다. 그게 죄입니다. 그런 말들 때문에 사람이 시험 들고, 낙심하고, 믿음에서 떨어지게 됩니다. 자신이 책임질 말을 해야 됩니다. 누구에게 들었다고 말하면 안 됩니다. 그 사람이 거짓말을 했다기보다 보는 관점이 달라서 잘못 보고 틀릴 수 있다는 뜻입니다. 반드시 상대방의 이야기도 들어야 됩니다.

마귀가 제일 많이 사용하는 방법이 '말'입니다. 말에 온전하면 온전한 사람이 됩니다. 말에 있어서 정말 덕을 끼치고 신중하고 사실을 말하는 성도가 되기를 주의 이름으로 축복합니다.

> 15절, "공회 중에 앉은 사람들이 다 스데반을 주목하여 보니 그 얼굴이 천사의 얼굴과 같더라."

스데반은 성령 충만, 지혜 충만, 믿음 충만, 은혜 충만한 사람이어서 천사의 얼굴과 같았습니다. 얼마나 은혜를 받았으면 천사의 얼굴과 같았겠습니까. 우리 가운데는 은혜를 받아도 천사의 얼굴과 같지 않은 사람들이 많이 있습니다. 성경에 보면 천사의 얼굴과 같거나 아니면 그 얼굴에 빛이 나는 이런 사람들은 아주 극소수입니다.

구약 시대에 모세가 그런 사람이었습니다. 출애굽기 34장 29절 말씀에,

"모세가 그 증거의 두 판을 모세의 손에 들고 시내 산에서 내려오니 그 산에서 내려올 때에 모세는 자기가 여호와와 말하였음으로 말미암아 얼굴 피부에 광채가 나나 깨닫지 못하였더라" 라고 했습니다. 모세의 얼굴에 광채가 나는데 사람들 앞에 가니까 사람들이 눈을 못 떠서 수건으로 그를 가리기도 했습니다.

여러분, 스데반의 얼굴이 천사의 얼굴과 같았다는 것은 정말 하나님께 가까이 가고 은혜가 충만했다는 뜻입니다. 은혜가 충만하면 두려움이 없어집니다. 불안도 없어집니다. 남을 미워하는 마음도 없어집니다. 모함하는 사람, 정죄하는 사람, 욕하는 사람, 비판하는 사람, 악한 사람, 어떤 사람을 만나도 거기에 영향을 받지 않습니다.

사랑하는 성도 여러분, 살아가면서 남의 말에 영향 받고 사회에 영향을 받고 경제에 영향받고 정치에 영향받고 이웃에 영향 받고 그러다 보면 매일 시험에 들고, 신앙이 흔들리고 이럴 때가 얼마나 많습니까? 우리도 스데반같이 은혜가 충만해서 누가 무슨 말을 하더라도 신앙의 영향 받지 않고 정치가 어떻다 할지라도 예수 믿고 복음 전하는 일에 영향 받지 않고 상황이 어떠할지라도 어떤 악한 사람을 만난다고 할지라도 신앙에 흔들림이 없고 두려워하거나 불안함도 없고 미워함도 없고 은혜 충만한 성도가 되는 것이 하나님이 기뻐하는 신앙이 아니겠습니까?

"빛의 열매는 모든 착함과 의로움과 진실함에 있느니라."(엡 5:9)

이것이 성도가 맺어야 할 열매입니다. 이 땅을 살아가는 가운데 손해를 보더라도 내가 진실하고, 손해를 보더라도 내가 착하고 의롭게 소금과 빛이 되어 사는 삶을 통해서 흔들림이 없이 승리하는 신앙이 되시기를 주 예수님의 이름으로 축복합니다.

21강 | 행 7:1~53

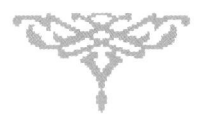

스데반은 대제사장 앞에서 모세 율법을 설명하기 전에 조상 아브라함에 대한 이야기를 합니다. 왜 아브라함의 이야기를 하느냐 하면, 율법이 있기 전에 하나님이 우리 조상 아브라함에게 언약을 주셨다, 그 언약은 오실 그리스도를 약속한 것이다, 그 아브라함을 통해서 언약을 주셨고 그 아브라함에게 약속한 것이 출애굽이라는 것입니다.

17절, "하나님이 아브라함에게 약속하신 때가 가까우매 이스라엘 백성이 애굽에서 번성하여 많아졌더니."

언뜻 보면 출애굽이라는 것은 모세에서 시작하는 것 같지만 사실은 이미 하나님께서 아브라함에게 준비하고 예정하신 줄 믿으시기 바랍니다. 창세기 15장에 보면 아브라함이 제사를 지냅니다. 하나님께서 불 가운데 응답하시면서 약속하십니다. "네 후손이 이방에서 객이 되어 400년 동안 종살이를 하다가 큰 민족을 이루고 나오리라." 이것 때문에 언뜻 보면 요셉이 형제들에게 시기를 당해서 팔려가는 것 같지만 사실은 하나님께서 아브라함에게 하신 약속을 이루기 위해서 그런 일을 하셨음을 믿으시기 바랍니다.

400년이 찼을 때, 히브리 민족이 건강한 아기를 많이 낳았어요. 이것이 하나님의 섭리였습니다. 그러니까 애굽에 있는 바로 왕이 볼 때 위협을 느꼈습니다. '이렇게 히브리 민족이 우리보다 많아지면 우리 나라를 뺏을 것 아닌가' 하여 '남자 아이를 낳으면 죽여라' 하며 애를 낳지 못하게 하기 위해 고역을 시키고 핍박을 하고 고난을 줍니다. 너무너무 힘들어서 히브리 민족이 이제 하나님께 부르짖습니다.

평화롭게 살 때는 하나님이 주신 약속을 잊어먹고 있었는데 너무 힘드니까 하나님께서 자기들 조상 아브라함에게 하신 "큰 민족을 이루고 나오리라"는 약속의 꿈을 가졌습니다. 저와 여러분이 이 세상에 살 때, 그냥 건강하고 일도 잘 되고, 편안하고 좋은 일만 있고, 좋은 음식 먹고, 좋은 구경하고 이렇다면 천국 가고 싶습겠습니까? '주여! 그래도 좀 더 살다가 가고 싶습니다' 그러겠지요. 그런데 고난이 오고, 핍박이 오고, 힘든 일이 오고 너무너무 괴로우면 '주여! 천국 가고 싶습니다' 이러겠지요.

히브리 민족이 워낙 고난을 심하게 받으니까 그들이 기도한 것을 하나님이 들으시고 준비한 사람이 바로 모세인 줄 믿습니다. 출애굽기에 보면, 모세가 태어났을 때 모세의 어머니가 모세를 볼 때 준수하고 잘 생겼다고 아주 미남으로 생긴 아이라고 표현되어 있는데 오늘 스데반의 설교 가운데 그것은 육신적으로 본 것이 아니고, '하나님 보시기에 아름다운 아이인지라' 이렇게 해석을 했어요. 모세의 어머니는 성령에 충만하고 은혜 충만해서 하나님께서 모세를 주셨을 때 '하나님이 쓰시는 아이구나!' 라고 생각하며 '이 아이를 통해서 하나님께서 아브라함에게 약속한 약속을 이루려시는구나' 하고 생각했던 것입니다.

아기 모세를 세 달을 숨겨서 키웠는데 아이가 자라니까 더 이상 숨길 수 없어서 갈대 상자, 바로 '파피루스 상자'에 담아 나일 강에 띄워보냈습니다. 마침 바로의 공주가 와서 그 갈대상자를 건졌습니다. 이것 또한 하나님의 섭리임을 믿습니다. 그래서 모세는 어릴 때부터 애굽에서 학문을 배우고 군사 전략을 배우고 정치를 배우고 지도자로서의 수련을 쌓았습니다.

지도자 수련을 왜 했겠습니까? 하나님이 큰 민족을 이루어 한 나라를 건설하기 위해 수련을 다 했는데, 그런데 하나님이 모세를 쓰지 않으셨습니다. 나이 40이 됐을 때 그는 애굽의 왕이 될 수 있는 신분이었지만 그 영광을 버리고 히브리인과 같이 고난 받기를 택했다고 히브리 기자가 말을 합니다.(히 11:24~25)

모세가 40년 동안 왕궁에서 살면서 교육받으면서 '아, 우리 민족은 히브리 민족이고 애굽 사람이 아니구나, 우리 하나님은 조상 아브라함의 하나님, 이삭의 하나님, 야곱의 하나님이구나, 하나님께서는 출애굽 하는데 나를 사용하시기를 원하시구나' 이것을 깨달았습니다. 어디서 깨달았겠어요?

모세 유모가 모세의 친 어머니였습니다. 그 친 어머니가 40년 동안 있으면서 모세에게 '당신은 애굽 사람이 아닙니다. 히브리 민족입니다, 우리 조상의 하나님은 아브라함의 하나님, 야곱의 하나님입니다, 우리 조상에게 약속한 400년이 찼습니다, 하나님은 당신을 세워서 출애굽 하여 나라를 이루기를 원하십니다' 하며 신앙교육을 했을 것입니다. 그는 이 사명을 가지고 애굽 사람을 쳐죽였습니다.

그러나 그 때는 하나님께서 그를 안 쓰시고 광야에서의 40년 이후에 가시나무 떨기 불꽃 가운데서 하나님께서 모세를 부르십니다. "나는 네 조상의 하나님 곧 아브라함의 하나님 이삭의 하나님 야곱의 하나님이다" 이렇게 말씀하시면서 "내가 너와 함께 할테니까 애굽에 가라" **그때 하나님은 모세를 통해 출애굽의 역사를 이루십니다.**

모세에게 주신 가장 중요한 하나님의 위대한 일은 그에게 계명을 주신 것입니다. 계명을 주셔서 계명을 지키게 하신 줄 믿습니다. 이때부터 유대인에게는 계명이 있었습니다. 율법이 있게 되었습니다. 그전에는 율법이 없었습니다. 그래서 스데반은 '율법이 있기 전에 우리 조상 아브라함에게 먼저 언약을 주셨다'고 말합니다.

히브리 기자도 말하기를, 우리가 믿음으로 구원받습니까? 행위로 구원받습니까? 믿음으로 율법을 행함으로 구원받는 것이 아니라 믿음으로 받는다고 하면서 예를 '우리 조상 아브라함의 믿음을 그의 의로 여기셨다'고 말합니다. 다시 말하면, 아브라함은 율법이 있기 전의 사람입니다. 율법이 있기 전부터 의롭게 되는 길이 있었는데 그것이 오실 그리스도를 믿는 것인 줄 믿으시기 바랍니다. 그 후에 율법을 주신 목적은 율법을 통해서 '오실 그리스도'를 믿으라고 하시는 것입니다. 이것이 하나님의 뜻임을 믿습니다.

그런데 유대인들은 율법 자체에 목적을 두었습니다. 형식과 의식으로 그 행동 그대로 율법을 지켰는데 하나님 볼 때는 율법을 지킨 것이 아니지요. 하나님이 주신 사랑을 가지고 하나님을 사랑하고 이웃을 사랑하는 것이 율법의 본래 목적인데 하나님을 사랑하는 마음도, 이웃을 사랑하는 마음도 없이 형식적으로 안식일을 지키고 형식적으로 말씀을 지키고 형식적이고 의식적으로 종교 생활을 하니까 하나님께서는 책망하신 것입니다.

37절, "이스라엘 자손에 대하여 하나님이 너희 형제 가운데서 나와 같은 선지자를 세우리라 하던 자가 곧 이 모세라."

모세가 그리스도를 '나와 같은 선지자라'라고 표현했습니다. 선지자 중에 위대한 선지자가 많이 있습니다. 엘리야 같이 죽지 않고 불병거를 타고 하나님 나라에 간 선지자도 있고, 예레미야 같이 눈물의 선지자도 있고, 사자굴에 던져졌지만 하나님이 함께하셔서 목숨을 잃지 않고 나온 다니엘같은 선지자도 있고, 그런데 왜 모세는 그리스도를 향하여서 나와 같은 선지자라고 했을까요? 하나님이 모세를 통해서 계명을 주셨습니다.

계명을 백성에게 준 선지자는 모세 밖에 없습니다. 모세는 하나님으로부터 받아서 준 계명이지요. 모세의 계명이 아니라 하나님의 계명입니다. 그러나 예수님은 친히 새 계명을 우리에게 주신 분인 줄 믿습니다. 이런 의미에서 모세가 그리스도를 '나와 같은 선지자'라고 했습니다. 그래서 모세를 통해서 주신 그 율법의 주 목적은 그리스도를 증거하는 것인 줄 믿으시기 바랍니다.

> "너희가 성경에서 영생을 얻는 줄 생각하고 성경을 연구하거니와 이 성경이 곧 내게 대하여 증언하는 것이니라."(요 5:39)

예수님 당시에는 신약성경이 없었고 구약성경만 있었습니다. 그런데 예수님께서 육신으로 지상에 계실 때, 바리새인들을 향하여 모든 구약은 예수님을 증언하는 것이라고 말씀하신 것입니다.

> 누가복음 24장 27절, "이에 모세와 모든 선지자의 글로 시작하여 모든 성경에 쓴 바 자기에 관한 것을 자세히 설명하시니라."

누가복음 24장은 예수님께서 십자가에 죽으시고 부활하신 후에 제자들에게 주신 말씀입니다. 또 누가복음 24장 44절을 보면, "또 이르시되 내가 너희와 함께 있을 때에 너희에게 말한 바 곧 모세의 율법과 선지자의 글과 시편에 나를 가리켜 기록된 모든 것이 이루어져야 하리라 한 말이 이것이라 하시고" 하십니다. 모세의 율법 곧 모세오경과 선지자의 글, 그리고 시편 말씀도 예수 그리스도에 대하여 증거한 것입니다. 그래서 모든 구약성경을 해석함에 있어서 그 말씀들을 예수 그리스도를 전하는 그림자로 해석해야 바른 해석인 줄 믿습니다.

양을 잡습니다. 무죄한 양, 흠 없는 양이 피를 흘려 죽어야 속죄 받습니다. 여기에서 이 양은 오실 그리스도입니다. 그런데 유대인들은 '양을 잡으면 속죄함 받는다'고 믿었습니다. 이것이 잘못 믿은 것입니다.

광야에서 이스라엘 민족이 원망과 불평하고 죄를 지을 때 하나님은 불뱀을 보내서 그들을 물어 죽게 했습니다. 여기저기서 신음하며 막 죽어가던 그 때 모세가 하나님께 용서의 기도를 합니다. 그때 하나님은 말씀하십니다. "네가 놋뱀을 만들어서 높은 장대에 달아라, 그것을 바라보는 자는 살리라." 그래서 모세가 급하게 만들어서 놋뱀을 듭니다. 그런데 '아이고, 그거 본다고 살겠나?' 하고 쳐다보지 않았던 사람들은 결국 다 죽었고, 본 자는 다 살았습니다.

높이 들린 그 놋뱀은 곧 높이 들린 그리스도를 모형한 줄 믿으시기 바랍니다. 그런데 이스라엘 사람들이 그것을 우상화 합니다. 그러다 보니까 히스기아 시대에 그 놋뱀을 부서뜨려 버렸습니다.

하나님이 성전을 주셨습니다. 오실 그리스도를 예표하고 결국 그리스도를 믿고 그리스도 안에서 예배드리는 것을 말씀하기 위해서 성전을 주셨는데 이스라엘 사람들은 이 그리스도와는 관계없이 오히려 예수님을 정죄하고 십자가에 못 박고, 건물 중심, 성전 중심의 예배를 드리게 된 것입니다. 이 모든 것이 하나님이 주시는 율법과 성전의 뜻을 다 잘못 이해해서 생긴 일입니다. 결국은 성령을 거스리는 자, 하나님의 뜻을 거스리는 자가 되어서 오히려 하나님께 큰 죄를 짓게 된 것입니다.

이것을 스데반이 정확하게 말씀하고 있는 것입니다. 그래서 모든 율법을 주신 목적은 바로 그리스도를 전하는 것이다. 노아 방주도 그렇고, 도피성도, 모든 제사 법도 그렇습니다. 그 모든 것을 우리가 읽을 때에 그리스도를 믿고 그리스도를 바라보고 읽는 것이 옳은 줄 믿습니다. 그냥 법 자체로만 읽는 것은 하나님의 뜻이 아닙니다.

38절부터 50절까지 말씀은 '그러면 예배가 성전 중심으로만 드려진다는 말이냐?' 하는 질문에 대한 답을 줍니다.

> 38절, "시내 산에서 말하던 그 천사와 우리 조상들과 함께 광야 교회에 있었고 또 살아 있는 말씀을 받아 우리에게 주던 자가 이 사람이라."

스데반은 광야에서도 교회가 있었다고 말합니다. '광야에서도 예배가 있었다, 성전에서만 예배드렸던 것이 아니다, 성전만 주신 것이 아니다' 이렇게 말하고 있습니다.

> 44절, "광야에서 우리 조상들에게 증거의 장막이 있었으니 이것은 모세에게 말씀하신 이가 명하사 그가 본 그 양식대로 만들게 하신 것이라."

성전이 있기 전에 성막에서도 하나님께 예배드렸습니다. 성전은 솔로몬을 통해서 지은 것이고, 성전의 진짜 목적은 오실 그리스도를 전하는 것이고, 그리스도 안에서 예배드리고 안식하는 표를 말하는 것입니다. 그래서 솔로몬이 성전을 지었을 때에 하나님이 이렇게 말씀하십니다.

> 47~50절, "솔로몬이 그를 위하여 집을 지었느니라. 그러나 지극히 높으신 이는 손으로 지은 곳에 계시지 아니하시나니 선지자가 말한 바 주께서 이르시되 하늘은 나의 보좌요 땅은 나의 발등상이니 너희가 나를 위하여 무슨 집을 짓겠으며 나의 안식할 처소가 어디냐. 이 모든 것이 다 내 손으로 지은 것이 아니냐 함과 같으니라."

하나님은 창조자이시고 전능하시고 우주를 만드신 분이신데 당신께서 손으로 솔로몬 성전을 지으셨고 당신께서 그 안에 계신다고 생각하십니까? 그것이 아닙니다. 여러분, 우리 하나님은 예배당 안에만 계시는 하나님이 아니십니다. 예배를 예배당 안에서도 드려야 되지만 예배당 안에서만 예배 드리는 것이 아닙니다. 가정에서도 셀교회에서도 드리고, 어디서든 주의 이름으로 모여서 드립니다. 믿는 사람들이 모여서 성령과 진리로 드리는 예배가 하나님이 기뻐하시는 예배인 줄 믿습니다.

그래서 스데반이 '너희들이 말하는 율법도 너희들이 잘못 깨닫고 잘못 가르친 것이고, 너희가 성전 중심으로 내가 성전을 헐라고 그랬다고 하는데 너희 말도 잘못된 것이다, 하나님의 원래 뜻은 그것이 아니다'라고 말하는 것입니다.

율법에 관해 갈라디아서 3장 24절 말씀에, "이같이 율법이 우리를 그리스도께로 인도하는 초등교사가 되어 우리로 하여금 믿음으로 말미암아 의롭다 함을 얻게 하려 함이라." 하십니다. 여기에서 '초등교사'라고 하니까 이 부분은 옛날 성경보다 이해하기가 더 어렵습니다. 초등교사? 초등학교 선생인가 생각했는데 그것이 아닙니다. 개역성경에는 '몽학선생'이라 했습니다.

몽학선생은 이스라엘에 있던 제도 가운데 있던 사람입니다. 주인이 아들을 낳았는데 아들이 너무 어리고 철이 안 들었습니다. 주인은 나이가 많습니다. 그때 종들 중에서 학문이 뛰어나고 인품이 뛰어나고 충성스러운 사람을 선생으로 세워서 그 주인의 아들을 가르칩니다. 주인의 아들이지만 종의 신분을 가진 사람이 가르칩니다. 아들이 자라서 어른이 되면 계속 선생님으로 있는 것이 아니고 종으로 다시 가는 것이지요. 이 사람이 몽학선생입니다. 다시 말하면, 예수 그리스도께서 오시기 전에 율법은 예수님 올 때까지 우리를 그리스도께 인도하는 역할을 하는 것입니다. 그래서 그리스도께서 오신 후 이제는 제사법, 절기법, 성전법 등이 필요합니까? 필요 없습니다.

이미 번제물이신 예수님이 오셔서 화목제물로 십자가에 죽으시고 구속을 이루셨기 때문에 다시는 양 잡는 일이 필요 없습니다. 다시는 성전에 가서 분향하고 예배할 필요가 없고, 우리는 주의 이름으로 모여서 예배드리는 줄 믿습니다.

그래서 스데반이 "성전을 훼손했다는 말도 하나님이 주시는 뜻이 틀린 것이고 율법도 너희들이 잘못 알고 있는 것이다"라고 말하였습니다. 갈라디아서 3장 19절 말씀에, "그런즉 율법은 무엇이냐 범법하므로 더하여진 것이라 천사들을 통하여 한 중보자의 손으로 베푸신 것인데 약속하신 자손이 오시기까지 있을 것이라" 했습니다.

약속하신 자손이 누구입니까? 예수님 오시기까지 율법이 필요해서 그 제사법을 통해서 성전법을 통해서 하나님을 만나고 의로워지고 했는데, 예수님이 오시니까 예수님을 믿음으로 의로워지고, 예수 이름으로 기도하고, 예수 이름으로 우리가 예배드리는 것인 줄 믿습니다.

그래서 말씀에 묶여 있는 율법적인 신앙이 아니라 또 건물 중심의 신앙이 아니라, 하나님께서 주시는 은혜로 늘 주님과 교통하고 교제하고 또 주님 바라보면서 주님과 동행하는 살아있는 신앙생활이 주님이 원하는 신앙생활인 줄 믿습니다. 그러기 위해서는 말씀과 기도와 공동체 가운데 하나님의 임재를 경험하면서 주님의 말씀을 통해서 성령을 통해 인도받는 신앙 생활을 해야 하는 줄 믿습니다.

51절, "목이 곧고 마음과 귀에 할례를 받지 못한 사람들아 너희도 너희 조상과 같이 항상 성령을 거스르는도다."

스데반은 그들이 하나님의 말씀인 율법과 성전 자체에 의미를 두면서 예수님을 믿지 않고 오히려 예수님을 십자가에 못 박은 것을 보고 '목이 곧은 자들'이라고 했습니다. 교만한 자들이란 뜻입니다. "마음과 귀에 할례를 받지 못했다"는 말은 하나님을 향하여서 마음을 완전히 닫고 있다는 것입니다.

여러분, 우리가 과거에 어떤 신앙생활 했든지 다 버리시기 바랍니다. 하나님 앞에, 말씀 앞에 주님의 말씀대로 받아들일 수 있기를 주의 이름으로 축원합니다. 옛날에 어떻게 믿었든간에 하나님 앞에 신앙생활을 바로 해야 됩니다. 율법적이고 형식적이고 의식적인 신앙, 건물 중심 신앙이 아니라 하나님의 성령과 진리로 예배드리고 하나님과 동행하는 신앙생활이 되어야 할 줄 믿습니다.

> 51~52절, "목이 곧고 마음과 귀에 할례를 받지 못한 사람들아 너희도 너희 조상과 같이 항상 성령을 거스르는도다 너희 조상들이 선지자들 중의 누구를 박해하지 아니하였느냐 의인이 오시리라 예고한 자들을 그들이 죽였고 이제 너희는 그 의인을 잡아 준 자요 살인한 자가 되나니."

너희는 엘리아 같은 선지자도 박해하였고 세례 요한도 죽이고 예수님을 바르게 믿고 전하는 예레미야 같은 사람도 핍박하고 모세가 예언했던 진짜 의인도 핍박하고 죽였다는 것입니다. 의인이 누구인가요? 예수 그리스도! '너희들이 예수 그리스도를 죽였지 않느냐? 이제 너희는 그 의인을 잡아 준 자요 살인한 자가 되었다'고 말합니다.

여러분, 이들이 왜 예수 그리스도를 죽이는 자들이 되었겠어요? 종교인이 되면 예수님을 대적하게 됩니다. 우리가 예수 믿는데 늘 깨어 있어야 하는 이유는 형식으로 예배드리고 형식으로 기도하고 형식으로 성경을 읽고 형식으로 무엇이든지 하면 종교인이 되기 때문입니다. 그래서 정신을 차려야 됩니다. 이 종교인들은 하나님의 일에 방해가 되고 복음의 방해 거리가 됩니다. 그리고 늘 자기중심적입니다. 내가 무엇을 봉사하고 내가 무슨 일을 하고 내가 내가 하는 것은 신앙이 아닙니다. 예수님이 주가 되시고 주와 동행하는 성도가 되시기 바랍니다.

매일매일 주와 동행하고 교제하고 살아있는 신앙생활이 되어야 합니다. 우리 형식이나 의식에 우리 자신의 어떤 성품에 어떤 자존심에 과거까지 다 버리셔야 됩니다. 그래서 정말 예수님을 나의 구주로 믿고, 성경을 읽을 때도 모든 구약을 볼 때에 예수님을 볼 수 있는 눈이 열리시기를 바랍니다.

주님 올 때까지 예배는 계속되어야 됩니다. 건물 중심이 아니라 성도 중심으로 하나님 나라에 가서도 드리는 것이 예배입니다. 예배는 멈출 수가 없는 줄 믿습니다.

오늘 나오지 못한 성도님들은 할 수 없이 나오지는 못했지만 반드시 하나님께 함께 예배드리고, 또 셀에 모여서 함께 예배드리는 예배 중심의 신앙생활을 사십시오. 하나님께서 이것을 기뻐하시는 줄 믿습니다. 그 예배가 형식이 아니라 살아있는 예배, 주님과 교통하는 예배, 응답이 있고 하나님의 임재가 있으며, 우리 삶 가운데 하나님과 함께 하는 동행하는 신앙 되기를 주 예수님의 이름으로 축복합니다.

22강 | 행 7:54~60

　성령은 예수님의 영입니다. 성령 충만은 예수님 충만, 성령 충만은 하나님 충만, 성령 충만은 성령, 곧 선하신 하나님 거룩하신 하나님의 영이 우리의 마음과 생각과 감정과 목적을 변화시켜 주시는 것입니다. 이전과는 완전히 달라지게 되는 것입니다. 보는 것도 생각하는 것도 달라집니다.

　예수님을 구주로 영접하기 전에 나와 세상, 그리고 교회를 보는 것과 예수님을 영접한 후에 나와 세상과 하나님과 교회를 보는 것은 완전히 다릅니다. 그런데 우리 사회 안에서는 예수 믿지 않은 사람, 예수님도 모르는 사람들이 자꾸 교회를 평가하고 비판하고 자기 기준으로 자꾸 말을 해요. 그게 잘못된 겁니다. 교회는 그분들의 어떤 기준이나 말에 따라서 움직이는 것이 아니고, 하나님 말씀 위에 세워지는 줄 믿습니다. 그리스도의 핏값으로 세워져서 하나님의 말씀을 믿고 나가는 곳이 교회인데 그런데 사람들은 자꾸만 자기들 기준으로 말합니다. 성령도 없는 사람들, 어리석은 사람들은 그 말이 맞다고 따라갑니다. 믿는다 하면서 틀린 겁니다. 교회는 불신자가 평가하거나 불신자가 정해주거나 불신자가 통제할 수 있는 곳이 아닙니다. 하나님의 영의 다스림이 있는 곳인 줄 믿습니다.

　성령 충만하면 세상 보는 것, 하나님 나라를 보는 것이 달라집니다. 내가 무엇을 해야 될지 달라지고, 원수를 보는 것도 달라집니다. 모든 것이 달라지기 때문에 말하는 것도 달라지고 기도하는 내용도 달라집니다. 이런 사람이 스데반인 줄 믿으시기 바랍니다.

　스데반이 성령 충만해서 종교 재판을 받고 있는 중에도 담대히 예수님을 전했습니다. '당신들이 모세 율법 ,성전 등을 이야기하지만 하나님께서 이미 모세 율법 이전에 아브라함에게 언약을 주셨고 하나님으로부터 율법을 받았던 모세도 나와 같은 선지자가 올 거라고 예언했다, 그 율법의 목적이고 성전에 관해서도 예수님이 성전으로 오셨다, 이것이 율법이다, 그런데 너희들은 그 예수님이 오시겠다고 예언한 자들을 핍박했고 나중에는 의인이신 예수님을 십자가에 못 박아 죽인 살인자들이 아니냐?' 이 말을 들을 때에 그들의 마음이 찔렸습니다.

> 54절, "그들이 이 말을 듣고 마음에 찔려 그를 향하여 이를 갈거늘."

　사도행전에 보면 또 한 군데 '마음이 찔려' 라는 말씀이 나옵니다. 베드로의 설교를 듣고 "마음이 찔려 형제의 우리가 어찌할꼬"(2:37) 하면서 하나님 앞에 통회하고 애통하는 마음으로, 마음에 날카로운 것이 가슴을 찌르듯이 그렇게 아프고 힘들었다는 것입니다.

　그러니까 우리가 하나님의 말씀 들을 때 어떤 때에는 말씀을 통해 힘을 얻기도 하고 믿음이 생기기도 하고 평안이 있기도 하지만 어떤 때는 인도받기도 하지만, 하나님 말씀 들을 때 찔립니다.

　그런데 이들은 지금 마음에 찔려서 회개하는 자세가 아닙니다. 바르게 전하는 사람을 향해 이를 가는 쪽으로 나갔습니다. '마음이 찢어진다', '조각조각 난다', '증오에 불탄다' 그리고, '미움이 가득 찼다'는 그런 의미입니다. 스데반이 전한 하나님의 말씀에 귀와 마음을 닫고 오히려 그 말씀에 분노하여 전도자를 죽음에까지 이르게 했습니다.

마태복음 5장 4절에 "애통하는 자는 복이 있나니 그들이 위로를 받을 것임이요" 했습니다. 말씀을 읽을 때나 설교를 들을 때 마음이 찔리면 자신을 합리화를 시키면서 다른 누구를 오히려 비판하고 미워하는 것은 죽음의 길입니다. 멸망의 길입니다. 찔릴 때 통회해야 됩니다. 그래서 기도할 때 기도 못함을 하나님께 애통하고, 전도하지 못함을 애통하며, 하나님께 영광 돌리지 못함을 내가 애통하고 통회하면서, '주여, 나는 죄인입니다. 불쌍히 여겨주시고 내게 힘과 은혜를 주셔서 하나님을 경외하고 복음 전하고 기도하고 하나님을 기쁘게 하는 성도가 되기 원합니다.' 이런 간절함이 있어야 됩니다.

혹시 술을 드시는 분이 계시면 찔려서 '하나님, 정말 죄송합니다. 이것을 제가 잘 못 끊고 있는데 하나님께서 제게 힘을 주어 끊게 해주셔서 나도 당당하게 어디든지 예수님 믿는 사람으로 살아가게 해 주옵소서' 이렇게 기도하는 것이 맞습니다. 말씀으로 찔림을 받을 때, 그것을 통회하고 받아들이는 성도가 되셔야 될 줄 믿습니다.

55절, "스데반이 성령 충만하여 하늘을 우러러 주목하여 하나님의 영광과 및 예수께서 하나님 우편에 서신 것을 보고."

성령 충만한 스데반에게 이미 예수님께서는 스데반이 순교한다는 것을 알고 계시니까 하늘에 계신 하나님과 예수 그리스도를 볼 수 있는 은혜를 주셨습니다. '주목하여 본다'는 말은 환상이라든가 상상이 아니라 실제적인 현장을 봤다는 것입니다. 성령 충만해서 본, 하나님께서 보여주신 그것은 상상도 아니고 환상도 아닙니다. 하나님의 실제적인 그 모습들을 보았는데, 오늘 본문에는 하나님의 영광이라는 단어만 나오지 그 영광이 어떤지는 나와 있지 않습니다. 하나님은 영이시기 때문에 육의 눈으로 볼 수 없는 분이십니다. 그러나 우리가 영광스럽고 신령한 몸을 입고 부활해서 천국에 가면 우리 주님을 뵙게 될 줄 믿으시기 바랍니다.

사도 요한은 밧모 섬에서 성령 충만해서 하나님의 모습을 봤는데 이렇게 말씀합니다. 요한계시록 4장 2절에서 3절을 봅니다.

> "내가 곧 성령에 감동되었더니 보라 하늘에 보좌를 베풀었고 그 보좌 위에 앉으신 이가 있는데 앉으신 이의 모양이 벽옥과 홍보석 같고 또 무지개가 있어 보좌에 둘렸는데 그 모양이 녹보석 같더라."

이 말씀은 하나님의 거룩하고 성결하고 영광스러운 모습을 표현한 것입니다.

고린도전서 13장 12절에는 "우리가 지금은 거울로 보는 것 같이 희미하나 그 때에는 얼굴과 얼굴을 대하여 볼 것이요"라고 말합니다. 하나님 나라에서 친히 하나님을 뵈오며 예수님을 뵙는 영광이 있는 줄 믿습니다. 우리에겐 그런 소망이 있습니다. 우리가 예수 믿지만 육신으로 가득해서 육에 속하여 살 때는 하나님의 그 영광을 잘 모릅니다. 그러나 은혜 받고 성령 충만할수록 하나님 영광을 바라보는 자가 되는 줄 믿습니다.

하나님 나라의 영광을 바라보기를 바랍니다. 이 세상에는 아무리 좋아도 영원하지 않습니다. 아무리 좋은 것을 먹어도 아픕니다. 그리고 관계 속에 괴롭고 힘듭니다. 예수 안에서 우리가 즐겁게 행복하게 살지만 완전하지는 않습니다. 왜요? 마귀가 머리가 깨져서 박살 났지만 여전히 활동하고 있고 불신자도 있고, 우리도 영향을 받아서 하나님 나라의 은혜를 받으면 조금 누리다가 은혜가 떨어지며 못 누리고 삽니다.

그러나 하나님의 나라에는 마귀가 없습니다. 죄도 없습니다. 불신자도 없습니다. 완전하게 누리는 나라입니다. 그래서 사도 바울은 "우리가 몸을 떠나서 주와 함께 있는 것이 더 좋다"(고후 5:8)고 했습니다. 이 세상에서 나그네 인생을 살아가는 우리는 하나님 나라에 소원을 두고 살아야 될 줄 믿습니다.

스데반 집사님은 "예수님께서 하나님 우편에 서신 것을 보노라"고 했습니다. 주로 예수님은 하나님 우편에 '앉으셨다' 했는데, 오늘 본문에서는 '서 계신다'고 말씀하셨습니다. 마태복음 26장 64절에 "이 후에 인자가 권능의 우편에 앉아 있는 것과 하늘 구름을 타고 오는 것을 너희가 보리라"고 말씀하십니다.

사도행전 2장 34, 35절에는 이렇게 말합니다.

"다윗은 하늘에 올라가지 못하였으나 친히 말하여 이르되 주께서 내 주에게 말씀하시기를", "내가 네 원수로 네 발등상이 되게 하기까지 너는 내 우편에 앉아 있으라 하셨도다 하였으니."

그래서 우리가 신앙고백할 때도 "하나님 우편에 앉아 계시다가 거기로부터" 이렇게 고백합니다. '우편에 앉아 계신다'고 말씀하실 때, 앉아 계신다는 것은 쉬는 것을 의미하고, 우편은 승리의 편이고 권능의 편입니다. 예수님이 이 땅에 오셔서 십자가에 죽으심으로 사탄의 머리를 박살내서 이기시고 우리의 죄를 다 도말하시고 하나님 만나는 길을 여셔서 "다 이루었다" 하심으로 승리하셨습니다. 승리하셨으니 "너희도 승리하라"고 말씀하신 것 같이 승리자로서 하나님 우편에, 즉 권능의 오른 편에 쉬고 계시는 모습이 그리스도의 모습입니다. 그리고 '서 계시다'는 것은 그리스도께서 일하시는 모습입니다.

스데반이 고난 받고 순교할 때 혼자 두지 않으시고 성령으로 일하심을 믿으시기 바랍니다. 그리고 스데반이 순교한 후에 예수님께서 그를 영접하러 오시는 모습이 서 계시는 모습입니다. 저와 여러분이 예수 믿고 핍박받고 고난 받고 억울함 당할 때, '하나님, 제게 왜 이러십니까? 나는 너무 외롭습니다.' 이렇게 하지 마시고, 주님은 우리를 고아와 같이 버려두지 않으시고 우리와 함께 하심을 믿으시기 바랍니다. 항상 우리를 떠나지 않고 함께하십니다.

> 57~58절, "그들이 큰 소리를 지르며 귀를 막고 일제히 그에게 달려들어 성 밖으로 내치고 돌로 칠새 증인들이 옷을 벗어 사울이라 하는 청년의 발 앞에 두니라."

'귀를 막고' 듣기 싫다는 것입니다. 복음의 말씀을 들을 수 있는 귀가 있는 자들이 복이 있는 자들인 줄 믿습니다. 말씀을 사모하는 자가 복이 있고, 읽기를 좋아하고 듣기를 좋아하고 암송하기를 좋아하고 지키기를 좋아하는 자가 복이 있다고 그랬습니다. 복은 물질이 아니라 하나님의 말씀을 사랑하고 듣기 좋아하고 지키기를 좋아하는 자가 복 있는 자인 줄 믿습니다.

왜 이 사람들이 달려들어서 바울을 잡아서 성 밖으로 내쳤을까요? 하나님을 모독한 죄는 돌로 쳐 죽이는데 이 죄인의 피를 거룩한 성에 묻히면 안 된다고 해서 성 밖으로 데려가는 것입니다. 그리고 성 밖에서 죽이는 일들을 하는 것이지요.

레위기 24장 14절~16절 말씀을 보면, "그 저주한 사람을 진영 밖으로 끌어내어 그것을 들은 모든 사람이 그들의 손을 그의 머리에 얹게 하고 온 회중이 돌로 그를 칠지니라 너는 이스라엘 자손에게 말하여 이르라 누구든지 그의 하나님을 저주하면 죄를 담당할 것이요 여호와의 이름을 모독하면 그를 반드시 죽일지니 온 회중이 돌로 그를 칠 것이니라 거류민이든지 본토인이든지 여호와의 이름을 모독하면 그를 죽일지니라"고 했습니다. 이 말씀에 근거하여 스데반의 죄목이 하나님을 모독했다는 것입니다.

그러나 실제로는 그들이 불의하고 불법 했습니다. 그들의 말은 공의를 행하고 하나님 뜻대로 산다고 했지만 하나님을 대적하고 하나님의 일을 방해한 악한 자들이 된 것입니다. 증인이 먼저 밀어뜨려서 아래로 던지고 돌로 쳐서 죽지 않으면 다른 사람들이 돌로 쳐서 죽이는 것입니다.

그런데 옷을 벗어서 왜 사울 앞에 두었는지는 성경에 이와 관련한 규정이 없지만 2가지로 생각해볼 수 있습니다. 먼저는, 그것을 '책임이 당신에게 있다' 는 뜻이 있을 것이라고 생각하기도 합니다. 둘째로는, 너무 화가 나고 너무 증오해서 그랬다는 것입니다. 요즘은 잘 안 보이지만 옛날에 저희 어릴 때 길거리에서 싸우는 남자들이 더러 있었습니다. 싸울 때 뭐 합니까? 웃통을 벗습니다. 힘이 세 보이려고 옷을 벗고 힘껏 돌로 쳐서 그 악한 분을 풀고자 하는 모습을 나타내고 있다고 말하기도 합니다.

여기에 '사울'이라는 청년이 등장합니다. 아마도 이 사건은 이후에 이 청년이 회개하고 돌아오게 되었을 때 잊을 수 없는 사건이 되었을 것입니다. 스데반의 기도와 죽음, 바로 이 사건으로 인해 사울은 평생 동안 기억하며 자신을 죄인의 괴수라고 고백하며 복음을 전했을 것입니다.

어거스틴은 '만약에 스데반이 기도하지 않았다면 사울은 돌아오지 않았을 것이다' 라고 했습니다. 물론 성경에 쓰여있지 않으니까 모를 일이지만 그만큼 사울이 주님께로 돌아온 것은 스데반의 기도가 크게 역사했을 것입니다.

59~60절, "그들이 돌로 스데반을 치니 스데반이 부르짖어 이르되 주 예수여 내 영혼을 받으시옵소서 하고 무릎을 꿇고 크게 불러 이르되 주여 이 죄를 그들에게

돌리지 마옵소서 이 말을 하고 자니라."

스데반이 돌에 맞을 때에 하나님께 드렸던 기도 그리고 성령 충만한 스데반, 그의 기도나 그의 하는 말이나 행동이 성경에서 어쩌면 가장 예수님을 많이 닮은 성도의 모습이 아닌가 하는 생각을 해볼 수 있습니다. 예수님이 십자가에 돌아가실 때 하신 것처럼 그 돌에 맞아 죽어가면서 그들을 저주하고 욕하지 않고 '예수님, 내 영혼을 받아주시옵소서' 하며 운명했다는 것입니다. 누가복음 23장 46절에 보면, "예수께서 큰 소리로 불러 이르시되 아버지 내 영혼을 아버지 손에 부탁하나이다 하고 이 말씀을 하신 후 숨지시니" 했습니다. 스데반도 예수님께 자신의 영혼을 부탁한다고 기도했습니다.

이것을 보더라도 스데반은 예수님이 성삼위 하나님이심을 믿었다는 사실을 우리가 알 수 있습니다. 제가 이 말씀을 보면서 나도 언젠가 하나님 나라에 갈 때 이 기도를 해야 되겠구나 생각했습니다. '주 예수님, 내 영혼을 받으시옵소서!'

여러분, 우리가 언제 주님께 가든지 어떤 상황 속에서 어떤 어려움 가운데 있다 할지라도 이 기도를 꼭 마음에 새겨서 주님 나라에 가기 전에 '주 예수님, 내 영혼을 받으시옵소서!' 하고 천국 가면 얼마나 좋겠습니까? 아멘!

스데반이 돌들을 맞을 때 얼마나 고통스러웠겠습니까! 얼마나 아팠겠습니까! 기도할 정신이나 있었겠습니까! 욕하고 비판하고 저주할 수도 있었을 텐데, 스데반은 성령이 충만해서 그러지 않았습니다.

끝으로 스데반이 죽기 직전에 기도한 내용을 묵상합니다. "주여, 이 죄를 그들에게 돌리지 마옵소서." 성령 충만한 스데반이기 때문에 할 수 있는 고백입니다. 이 죽음의 고통과 위기 속에서도 그들의 죄를 용서해 달라는 기도를 합니다.

여러분, 우리가 평소에도 살면서 그냥 우리에게 잘못하고 우리에게 악하게 한 사람에 대하여 나도 미워하고 같은 방법으로 대한다면 그것은 우리가 지는 것입니다. 그것은 사탄의 방법입니다. 주님의 방법은 낮아지는 것이고 섬기는 것이고 죽음으로 이기는 것인 줄 믿습니다.

사랑함으로 이겼습니다. 혹시라도 여러분이 마음에 들지 않는 사람이 있다면 살아가면서도 '하나님, 저들의 죄를 용서해 주시옵소서!' 하는 진정한 용서의 마음이 있기를 원합니다. 성령 충만하면 그런 마음이 생기지만 인간적이게 되면 그런 마음이 안 생깁니다. 생길 수가 없습니다. 성령으로 충만하면 불쌍히 여기는 마음이 생겨납니다.

'저들도 구원받아야 될 것인데, 저들이 멸망하면 어떡합니까! 얼마나 불쌍합니까! 저들의 죄를 사하여 주옵소서!' 이런 기도를 할 수 있으려면 오직 성령으로 충만해야 되는 줄 믿습니다.

누가복음 23장 34절에 예수님이 십자가에 달려서 기도하십니다.

"이에 예수께서 이르시되 아버지 저들을 사하여 주옵소서 자기들이 하는 것을 알지 못함이니이다 하시더라 그들이 그의 옷을 나눠 제비 뽑을새."

여러분, 예수님은 가시 면류관을 쓰시고 십자가에 못 박혔습니다. 움직일 때마다 살이 찢어지고 피가 흐릅니다. 쓰리고 아프고 고통이 얼마나 아프셨으면 기절까지 하셨겠습니까? 그런 아픔 가운데서도 예수님께서는 "저들은 자기들이 하는 일을 알지 못합니다, 저들의 죄를 용서해 주옵소서!" 하셨습니다. 이 사랑으로 우리가 예수님을 믿고 주님께로 돌아오고 구원을 받은 것입니다.

성령 충만한 스데반도 자기를 돌로 치는 자들을 향하여 그들을 사하여 달라고 기도했습니다. 여러분, 부자 되는 것도 좋고 사람들에게 인정받고 높은 자리를 얻는 것도 좋고, 좋은 집에 사는 것도 좋습니다. 그러나 최고의 소원은 성령으로 충만하기를 소원하는 것입니다.

성령 충만해서 예수님을 사랑하고 전하고, 어떤 가운데서도 믿음이 흔들리지 않고, 늘 주님의 나라를 바라보면서 소망하면서 나를 핍박하는 원수같은 사람, 어려운 사람을 위해서도 축복하고 기도해 줄 수 있는 성령 충만한 사람이 신앙으로 완전히 이기게 됩니다. 하나님의 방법은 성령 충만입니다. 우리의 노력과 열심만으로 세상을 이기고 마귀를 이길 수 없습니다. 마귀는 우리의 지식과 노력과 행위로 이길 수 있는 대상이 아닙니다. 오직 예수 그리스도를 믿는 믿음으로만 이기는 것입니다. 예수님을 믿는 믿음 외에는 이길 방법이 전혀 없습니다.

스데반은 성령 충만해서 집사로 피택 받아 교회를 위해 그 직분을 충성스럽게 감당하고 덕을 끼칠 뿐만 아니라 복음 전도자로서 복음을 전하면서 어떤 어려운 종교 재판 상황에도 흔들리지 않는 믿음을 가졌습니다. 성령 충만해서 하늘의 소망 가운데 하나님과 어린 양이신 그리스도께서 하나님 우편에 서 계신 것과 영광을 바라보았습니다.

성령 충만해서 모든 생명도 주께 감을 알고 믿고 예수님께 자기의 생명을 영혼을 부탁할 뿐만 아니라, 원수 같은 자들을 향하여서도 '저들의 죄를 사하여 주시옵소서!' 하였습니다. 이것이 성령 충만한 스데반의 신앙의 모습입니다.

여러분, 성령님은 우리가 받으라, 받지 마라 할 수 있는 존재는 아닙니다. 그러나 하나님께서는 성령 충만을 간절히 소원하고 기도하고 예배드리고 사모하는 자에게 성령의 충만함을 주십니다. 성령이 나를 다스리고 감화 감동하시고 인도하시고 지키고 쓰시는 것을 믿습니다. 이것이 가장 큰 영광입니다. 스데반이라는 이름은 원어로는 '스테파노스', 곧 '면류관'입니다. 그 이름대로 성령 충만해서 영광스러운 면류관을 받는 기독교 첫 순교자의 영광을 받았습니다.

이것이 가능할 수 있었던 이유는 단 하나, 성령 충만이었습니다. 성령 충만하기를 소원하고 성령 충만한 성도가 되기를 예수님의 이름으로 축복합니다.

23강 | 행 8:1~8

주님이 오신 후의 모든 역사는 성령을 보내신 이후 복음 증거 되는 중심으로 역사가 움직여 갑니다. 마태복음 24장 14절에. "이 천국 복음이 모든 민족에게 증언되기 위하여 온 세상에 전파되리니 그제야 끝이 오리라" 했습니다. 역사가 끝나는 기준도 복음 전파와 관계가 있게 돼 있습니다. 예수님이 오신 목적이 복음 전파와 관계가 있다는 것입니다.

사도행전 10장에 보면 고넬료라는 이방인에게 복음이 증거됩니다. 사도행전 16장에 보면 아시아에서 복음이 전해졌습니다. 마게도니아, 즉 유럽으로 건너갑니다. 유럽에 복음이 왕성할 때는 유럽 중심의 세상이 되었습니다. 종교개혁을 통해서 복음이 영국의 존 낙스와 장로교를 통해서 유럽에 퍼져나갔습니다. 그때는 영국 중심으로 세계의 질서가 움직여 갔습니다. 청교도들을 통해서 복음이 저 아메리카 대륙으로 건너가서 복음이 왕성해지니까 미국 중심의 세계 질서가 형성되었습니다.

미국이 아무리 강하다 해도 지도자를 누구 세웠느냐에 따라서 하나님 뜻이 무엇이라는 것을 우리가 눈치채야 됩니다. 만약, 복음을 무시하고 복음을 전하지 않고 핍박하면 그 나라도 개인도 반드시 망합니다. 북한도 예외가 아닙니다. 우리가 일제시대 때 믿는 사람들이 많이 갇히고 고난 받았습니다. 그때의 용기 있는 사람들이 일본은 반드시 망한다고 했습니다.

제가 중국 망한다고 하잖아요? 왜 그럴까요? 교회 무너뜨리고 십자가 불태우고 선교사들 전부 추방하니 망하는 겁니다. 그러나 교회를 세우고 복음을 전하고 많은 일꾼이 살아나면 그 나라는 흥하게 됩니다. 개인도 마찬가지입니다. 저 사람이 망할 사람인지 복을 받을 사람인지는 복음과 관계 있고 예수님과 관계 있다는 것을 아셔야 됩니다.

이 나라가 자유롭게 예배 드리고 전도하고 선교해야 강성해지는 겁니다. 동성연애 만연, 차별금지법, 교회폐쇄법 제정 등 하나님의 의에 위배되는 일을 하면 나라는 반드시 망합니다. 역사의 주인이 하나님이시기 때문에 하나님을 대적할 수 있는 사람은 아무도 없습니다.

저는 소련이 망하는 걸 똑바로 봤습니다. 망한 후에, 소련에서 150명의 아주 뛰어난 브레인을 모아서 왜 소련이 망했는지를 살펴본 결과, 첫 번째 이유가 교회를 없앤 것이라 했습니다. 그래서 러시아 교회를 다시 세운 겁니다. 교회는 그냥 종교들 중에 하나가 아닙니다. 하나님이 피로 값 주고 사신 교회입니다. 그 교회의 사명은 복음 전한 것인 줄 믿습니다.

나라가 왜 이렇게 혼란하고 시끄러울까요? 정치인에게도 책임이 있고 교역자에게도 문제가 있습니다. 그러나 가장 큰 원인은 교회가 복음이 회복되지 않고 전도하고 선교하지 않기 때문입니다.

본문에서 예루살렘 교회에서 환란이 왜 일어나느냐를 살펴보니 그들이 유대인에게만 복음 전하는 현상들이 있습니다. 예수님은 어떻게 명령하셨나요? "너희는 만민에게 가라."(막 16:15) 사도행전 1장 8절에는 "땅 끝까지 가서 증인이 되라"고 했습니다. 그런데 그들이 안 가니까 핍박이 일어난 것입니다.

1절, "사울은 그가 죽임 당함을 마땅히 여기더라 그 날에 예루살렘에 있는 교회에 큰 박해가 있어 사도 외에는 다 유대와 사마리아 모든 땅으로 흩어지니라."

사울은 스데반 죽임 당하는 것이 마땅하다고 생각했습니다.

스데반이 기독교 첫 순교자라고 그랬는데 제가 실수한 겁니다. 구약까지 기독교로 보는 게 맞습니다. 그러면 신약의 첫 순교자다 이렇게 하는 게 맞습니다. 그런데 이 사울이라는 사람은 스데반이 순교하는 걸 마땅히 당연하다, 죽어야 된다 이렇게 생각했다는 겁니다.

그리고 "그날에 예루살렘에 있는 교회에는 큰 박해가 있어 사도 외에는 다 유대와 사마리아 모든 땅으로 흩어지니라" 4절에 보면 "그 흩어진 사람들이 두루 다니며 복음의 말씀을 전할새" 라고 했어요. 하나님이 흩어진 거예요. 흩트는 거예요. 사도행전 11장 19절에 보면은 "구브로와 베네게 안디오까지 가서 유대인에게만 복음 전하는데" 라고 했어요. 몇 사람이 헬라인에게도 복음을 전파하며 주의 손이 함께 하사

여러분 잘 생각하셔야 됩니다. 복음은 우리에게만, 유대에게만 해당하는 것이 아닙니다. 하나님도 한 분 같이 인류의 구주도 한 분밖에 없습니다. 구원 얻을 다른 이름을 우리에게 주신 일이 없습니다. 그러므로 예수 믿으면 구원 받고 예수 안 믿으면 구원 못 받는다 그러면 우리가 복음 전해야 되지 하나님께서 우리에게 사업장과 직장을 주시고 건강하게 오래 살게 한 것은 돈 잘 벌어서 편안하게 살아라, 그거 아닙니다. 사업장이 전도 현장이고, 직장이 전도 현장이고, 이웃이 전도 현장이고, 하나님은 그것 때문에 우리에게 살게 하신 것입니다.

여러분, 교회 성도들이 예수 믿고 구원받아 예배드리고 헌금하고 주일날 봉사하고 그게 A급 성도가 아닙니다. 당연히 하는 겁니다. 그거는 성도가 당연히 할 일이고 진정한 좋은 성도는 전도자가 되어야 되는 것입니다. 이것이 하나님의 뜻입니다. 아멘 우리가 그 복음 전파 현장 선교 현장에 줄이 있

으면 하나님의 역사를 보게 될 것입니다.

2절, "경건한 사람들이 스데반을 장사하고 위하여 크게 울더라."

여기에 경건한 사람이라는 건 예수 믿는 사람이라고 볼 수가 없어요. 왜 다 지금 도망가버렸어요. 예수님은 믿지 않지만 복음에 호감을 가지고 또 스데반의 죽음에 대해서 굉장히 아픔과 슬픔을 느끼는 경건한 사람들이 아마 이 사람들은 나중에 예수 믿었지 않겠나 하는 생각을 해보게 됩니다. 스데반을 잘 아는 사람이요, 저 사람 착하고 선한 사람인데 예수 믿는다고 죽었다, 너무너무 너무 마음이 안타깝다고 통곡을 할 만큼 이 사람들이 울었다는 거예요.

3절, "사울이 교회를 잔멸할새 각 집에 들어가 남녀를 끌어다가 옥에 넘기니라."

사울이 교회를 잔멸할새 잔멸하는 건 짐승이 사람을 막 헤치듯이, 멧돼지가 포도원에 들어가서 포도원을 파괴하고 헤치듯이, 그걸 잔멸이라고 합니다. 사울이 집집마다 철두철미하게 한 사람 한 사람 전부 다 찾아서 감옥에 넣고 때리고 이 악한 일을 집에 들어가 남녀를 끌어다가 옥에 넘기니라.

4절, "그 흩어진 사람들이 두루 다니며 복음의 말씀을 전할새."

아까 제가 말씀드렸던 걸 다시 한 번 봅니다.사도행전 11장 19절에서 21절 말씀 봅니다. 그때, 스데반의 일로 일어난 환란으로 말미암아 안디옥 교회가 탄생되는 배경인데 스데반의 환란 때문에 저 멀리 구브로, 베니게, 안디옥까지 갔다는 뜻입니다. 그거 가서 뭐 했느냐 보세요. 흩어진 자리 베니게와 구브로, 안디옥까지 이르러 유대인에게만 말씀을 전하는데 여기 주의 뜻을 모르는 겁니다. 부활하신 예수님은 만민에게, 모든 족속에게, 땅끝까지 가라 했는데 유대인들은 마음속에 선민사상이 있어서 우리 유대인에게만 복음 전하는 거기서 못 벗어나요.

여러분, 우리가 '우리 교회만'이라는 생각을 가지면 그것밖에 은혜를 못 받아요. 내 가족만 믿으면 된다 하면 그 이상 하나님 은혜를 못 받습니다. 복음은 내 가족에만 해당하는 것이 아니라 양산에만 해당하는 것이 아니라 대한민국 아니라 전 세계가 해당되며, 구원 받을 이름이 오직 예수 한 분밖에 없는 줄 믿습니다.

> 20절, 몇 사람이 헬라인에게도 말하여 주 예수를 전파하니
> 21절, 주의 손이 그들과 함께하심에 수많은 사람들이 믿고 주께 돌아오더라

사랑하는 여러분, 우리가 예수 믿으면서 왜 확실한 증거와 표적과 하나님이 주시는 임재를 경험하지 못하느냐 첫째는 예수님을 확실히 못 믿었어 둘째는 복음 전하지 않았습니다. 초대에 있던 빌립에게 함께하던 그 예수님은 지금도 똑같은 예수님이에요. 저도 예수 믿으면서 목사로서 설교하고 성경 연구하고 이럴 때는 하나님이 함께하시는 표적과 기적과 역사를 잘 경험하지 못했어요. 현장에 전도하니까 하나님이 역사하시더라고 여러분 성경 읽는 거 좋아요. 암송하는 거 좋아요. 예배드리는 거 좋아요. 중요하죠. 그것만 가지고는 하나님의 임재를 잘 경험 못합니다.

여러분이 정말 예수님을 진짜로 알고 믿고 하나님의 임재와 경험을 표적을 하기를 원하면 복음 전했어요. 예수님은 살아계시고 말씀이 살아있기 때문에 말씀이 증거되면 어둠의 공포가 무너지고 생명의 역사가 일어나고 사탄이 나라는 무너지고 그런 역사가 일어납니다. 전도하지 않고 가만히 있으

면 핍박도 없습니다. 고난도 없습니다. 근근히 구원은 받을 수 있습니다.

복음을 전하면 생명의 역사도 일어나고 핍박의 역사도 일어납니다. 이상한 일이 아닙니다. 우리 교회가 벗어나서 여기 오니까 지금은 양산에서 좋은 교회라고 소문 났는데 양산 전체가 우리 교회를 핍박하고 난리 났어요. 몇몇 목사님들이 찾아와서 목사님 오늘 이 교회가 부흥할 모양입니다. 근데 부흥하는 거는 감사한데 기분은 안 좋더라고 근데 하나님의 은혜로 구원받은 사람이 생기고 변화되고 치료받고 하면서 정말 하나님이 역사하셨습니다.

복음을 전해야 하나님이 역사하십니다. 권세가 사용되어야 권세가 나타나는 거지 권세만 갖고 있으면 아무 표시가 없다고요. 권세가 사용되는 길이 복음 전하는 것이고 기도하는 것인 줄 믿으시기 바랍니다.

5절, "빌립이 사마리아 성에 내려가 그리스도를 백성에게 전파하니."

사마리아 성은 북쪽 이스라엘의 수도이기도 하고, 앗수르에 패망할 때에 이방인들이 이주에서 살았습니다. 그래서 혼혈이 되었어요. 이 유대인들은 혼혈되는 걸 그렇게 싫어합니다. 그래서 이 사마리에 있는 사람들을 저주하고 증오하고 무시하고 인정받지도 않고 예수님이 사마리아 성의 수가라는 성에 가서 여인을 만났을 때 유대인이 어떻게 여기 왔습니까, 이렇게 하잖아요. 천시하는 데에요. 그런데 예수님은 거기에 찾아가셨습니다. 복음을 전했습니다. 요한복음 4장 39절에서 42절까지 보면,

"여자의 말이 내가 행한 모든 것을 그가 내게 말하였다. 증언하므로 그 동네 중에 많은 사말이 니 예수를 믿는지라 사마리아인들이 예수께 와서 자기들과 함께 요하기를 청하니 거기서 이틀을 유하심에 예수의 말씀으로 말미암아 믿는 자가 더욱 많아 그 여자에게 말하되 이제 우리가 믿는 것은 내 말로 인함이 아니라 이는

우리가 친히 듣고 그가 참으로 세상에 굳으신 줄 알이라 하였더라."

유대인들이 가기 싫어했지만 예수님은 그 사마리아에 복음을 전해야겠기에 하여 복음이 필요했기 때문에 그 가서 복음 전에 했더니 수가라는 여인의 수가성의 여인도 구원받고 사마리아 사람들 많이 구원받았는데 그 후에 예수님이 고난 받고 십자가에 못 박혀 돌아가셨어요.

6절, "무리가 빌립의 말도 듣고 행하는 표적도 보고 한마음으로 그가 하는 말을 따르더라."

빌립이 성령 충만해서 사마리아에서 복음을 전했더니 그 성에 많은 믿는 사람이 생긴 것은 예수님을 만나고 구원받은 사람들이 복음을 받고 더 복음이 확산된 줄 믿습니다. 그래서 그 성에 큰 기쁨이 있단 말은 한두 사람이 믿은 게 아니고 사마리아 성에 많은 사람들이 믿고 돌아왔다는 사실인 줄 믿습니다. 마가복음 16장 15절 18절 말씀 봅니다.

"또 이르시되 너희는 온 천하에 다니며 만민에게 복음을 전파하라 믿고 세례를 받는 사람은 구원을 얻을 것이요 믿지 않는 사람은 정죄를 받으리라 믿는 자들에게 이런 표적이 따르리니."

여러분, 표적 봐라 하나님이 살아계신다 예수 믿으라 그게 아닙니다. 사도에 가서 말씀을 전했더니 표적이 따르더라 라고 했어요. 말씀이 증거되는 곳에 표적이 따라오는 것입니다.

복음이 증거되어야 귀신이 떠나가고, 구원받는 사람이 생기고, 하나님의 능력이 나타나고, 말씀이 성취되고 그걸 봐야 우리도 예수님을 더 구체적으로 사실로 믿고 말씀이 있는 곳에 표적이 일어나고 우리 신앙이 살아있는 신앙이 되고 매일매일 주님의 역사를 경험하게 되는 것입니다.

전도자가 안 되면 안 되는 겁니다. 전도자가 돼야 되는 것입니다. 제가 가끔 우리 부 목사님들에게 말씀 전합니다. 여러분이 앞으로 목회를 하려면 나가서 전도해라 전도자가 돼야 설교자가 되고 목회자가 되는 것이다. 새 인도도 생김이 전도하세요. 무엇보다도 하나님의 뜻이고 소원입니다. 우리가 그 방향 속에 딱 서 있으면 하나님의 역사를 경험하게 왜 그것이 하나님이 역사를 움직이는 방향이고 역사의 중심이기 때문에 모든 민족의 복음이 증거되어야 그때 끝이 옵니다. 난리와 소문만 아무리 들려도 끝이 아닙니다. 그것은 아닙니다. 하나님의 말씀이 기준입니다. 여러분 말씀을 떼놓고 우리가 무슨 신앙을 하겠어요. 우리가 다시 한 번 생각해야 됩니다.

전통적으로 수십 년 동안 신앙생활하면서 주일날 예배드리고 헌금하고 찬양하고 기도하고 봉사하고 이러면 나는 이제 좋은 성도고 나 이 정도면 됐어, 이 정도면 장로도 할 만하고, 집사도 할 만하고, 권사도 할 만하고, 이 정도 돼서 아닙니다. 그것은 기본입니다. 아주 기본입니다. 당연히 예배드리고 당연히 헌금하고, 당연히 헌신하고, 봉사하고, 당연한 것이죠. 이제는 우리가 전도자가 돼야 돼. 전도자 전도자가 되어야만 하나님이 그를 붙들고 일하시는 겁니다.

마태복음 28장 20절에도 "제자 삼아 세례주라 내가 세상 끝날까지 너희와 항상 함께 있으리라" 이렇게 말씀하셨어요. 요 근래에, 어떤 권사님이 저희 아내 보고 그러더래요, 목사님은 아는 건 정말 별로 없다. 복음 전하게 왜 그런데 내가 참 맞는 말이다 싶어라고 관찰은 잘했다. 제가 우리 성도님 보면 저보다 아는 게 많아요. 세상은 이렇고, 아파트는 이래 해야 되고, 투자는 이 되고, 뭐 아는 게 많아 우리 장로님들도 뭐 사업하시고 아는 게 굉장히 많습니다.

그러나 전도 안 되는 건 큰 문제입니다. 하나님의 기준은 니가 이 땅에 잘 살면 사업 성공하다가 살다가 오라 이거 아니에요. 오래오래 건강하다가 살다 오느라 아니라고요. 높은 자리에 가서 떵떵거리며 살다가 사람들에게 성공했다는 소리 듣고 오느라 아니라고요. 우리를 통해서 예수 그리스도의 복음이 증거되고 구원의 역사를 이루기 원하시는 것이 하나님의 뜻입니다. 우리 소원에 이것이 없다면 신앙생활 잘 안 됩니다. 주님은 이 역사를 중심으로 일하고 계시는 줄 믿습니다.

> 7~8절, "많은 사람에게 붙었던 더러운 귀신들이 크게 소리를 지르며 나가고 또 많은 중풍병자와 못 걷는 사람이 나으니 그 성에 큰 기쁨이 있더라.."

한국 교회가 예수님을 진짜로 믿고, 복음을 전하고 승계하는 한국 교회가 되도록 돌아와야 돼 이것이 한국 교회가 회개해야 될 일이에요. 나라가 어떻다 그거 다 우리 책임이에요. 정치인이 잘 한다 그 말 아니에요.

교회가 바로 서면 하나님이 다 주관하시고 다스리는 것입니다. 교회가 바로 믿음이 없으면 사탄이 일어나서 자꾸 덤벼드는 것입니다. 이단이 많이 생기는 것은 영적 빛을 비추지 못했기 때문에 빛을 비추면 어디 물러가자 에베소의 복음이 증거되었더니 우상수안이 돌아오고, 우상하는 책들이 와서 태우고 교회에 십자가는 많은데 예수 그리스도를 믿는 믿음이 약해요. 예수님 잘 안 믿고 뭘 믿는지 모르겠어요.

8절에 그 성에 큰 기쁨이 있었는데 복음은 기쁜 소식입니다. 예수 믿는 사람은 특징이 기쁨이 있어야 돼요 성령의 열매도 사랑과 기쁨입니다. 어떤 뭐 물으면 예수님이 처음. 믿을 때 기었는데 한 2년 되면 안 기쁘대 한 20년 믿고 나니까 힘들대 놀러도 못 가고 교회 가야지 또 시불자고 헌금해야지 또 교회 가서 봉사해야 게 이 믿었는데 죽을 때 믿을 걸 여러분 예수님 잘못 믿고 있는 겁니다. 핍박과 고난과 감옥에 갇혀도 초대 교회는 기뻐했어요.

빌립보서의 별명 기뻐하라 내가 다시 말하노니 기뻐하라 항상 기뻐하라 되살리게 말씀하고 있잖아요. 내 환경이 어떻든 간에 내 여건이 어떻든 간에 내 마음속에 기쁨이 믿는 믿음으로 성령이 주시는 기쁨으로 충만하면 그 사람 예수님 바로 믿고 있는 겁니다. 예수 믿는 내 환경 때문에 눌리고 사람 때문에 눌리고 이것 때문에 힘 빠지고 교회 다니기 싫고 뭔가 예수님 잘못 믿고 있습니다.

예수님은 그런 분이 아니십니다. 모든 환경을 초월하시는 분이 예수님이에요. 복음은 기쁜 소식이에요. 믿자마자 얼굴 바뀐 사람 제가 수없이 봤습니다. 영접하는 순간 다른 인생이 되는데 왜 믿다가는 안 됩니까 예수님이 그런 분이에요. 한 1년쯤은 기쁨 주다가 예수님이 기쁨 확 빼가 버리십니까. 예수님은 믿을수록 더 기쁨이 커야 되고, 더 감사가 더 커야 되고, 응답이 커야 되고 믿을수록 우리는 더 주님을 닮아가야 되고 복음이 증거되어야, 이게 바른 신앙입니다.

우리가 기준이 아닙니다. 성경 말씀이 기준입니다. 우리 모든 성도들이 예수님 믿고 정말 전도자로서 하나님이 주시는 기쁨이 늘 충만하고 이 기쁨을 전해주는 우리 성도들 되기를 예수님의 이름으로 축복합니다.

24강 | 행 8:9~25

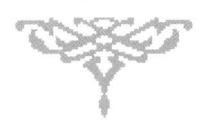

사도행전 1장 8절을 우리 다 같이 암송해봅니다.

"오직 성령이 너희에게 임하시면 너희가 권능을 받고 예루살렘과 온 유대와 사마리아와 땅 끝까지 이르러 내 증인이 되리라 하시니라" 아멘!

예수님께서 승천하시기 직전 부활하신 후에, 지상에서 마지막으로 하신 말씀입니다. 이 말씀대로 사도행전이 성취되어 가는 과정을 기록한 줄 믿습니다. 예루살렘, 온 유대에 복음이 전해졌고, 지난 주에는 사마리아에 복음이 증거되어 사마리아 성에 큰 기쁨이 있었다고 했습니다.

이 복음이 증거되면 기쁜 일도 있지만 이상한 사탄의 역사도 일어납니다. 그때 그것을 이상하게 생각하지 마시기 바랍니다. 복음이 증거되면 핍박도 일어나고, 때로는 미혹되고 이상한 일도 일어납니다. 그렇지만 하나님의 복음은 권세와 능력이 있어서 증거 되고 구원 받는 역사는 일어나면서 표적과 기사도 일어날 줄 믿습니다.

9~11절, "그 성에 시몬이라 하는 사람이 전부터 있어 마술을 행하여 사마리아 백성을 놀라게 하며 자칭 큰 자라 하니 낮은 사람부터 높은 사람까지 다 따르며 이르되 이 사람은 크다 일컫는 하나님의 능력이라 하더라 오랫동안 그 마술에 놀랐으므로 그들이 따르더니."

중동 지방에는 마술, 요술을 하고 때로는 점을 치고 귀신을 쫓아내기도해서 돈을 많이 벌고 존경받는 사람들이 있었는데, 시몬도 그런 사람 중 하나였습니다. 오랫동안 그 마술에 놀라서 사람들이 그를 따라서 사마리아에 시몬이라면 모르는 사람이 없을 정도로 유명한 사람이 되었습니다. 우리나라가 오천 년 동안 우상숭배를 했습니다. 그래서 말이고 습관이고 모두 다 우상에 젖어 있습니다. 말할 때도 기분 좋으면 기분 좋다는 것을 '신난다'라고 하는데, 귀신 신(神) 자를 쓰거든요. 신난다는 것은 '재수 좋다'는 뜻인데 예수 믿는 사람들도 '인연이다' 라는 말을 쓰는 것을 좋아합니다. 그런 말 대신이 '하나님이 만남의 복을 주셔서 감사합니다, 너무 기쁩니다' 해야 합니다.

하나님은 사마리아와 같은 동네에도 복음이 필요했기 때문에 전도자 빌립을 보내고 사도들을 보내서 사마리아에 큰 구원의 역사가 있게 하신 줄 믿습니다.

12~13절, "빌립이 하나님 나라와 및 예수 그리스도의 이름에 관하여 전도함을 그들이 믿고 남녀가 다 세례를 받으니 시몬도 믿고 세례를 받은 후에 전심으로 빌립을 따라다니며 그 나타나는 표적과 큰 능력을 보고 놀라니라."

빌립의 복음 전도 내용은 두 가지입니다. 첫째는 하나님의 나라, 둘째는 예수 이름입니다. 복음 전할 때 예수 믿으면 하나님의 나라가 임한다, 하나님의 자녀가 된다, 하나님의 나라를 상속받는다는 것을 점검하시기 바랍니다.

"영접하는 자 곧 그 이름을 믿는 자들에게는 하나님의 자녀가 되는 권세를 주셨으니."(요 1:12)

말씀대로 자녀가 되기 때문에 하나님 나라에 갈 수 있습니다. 우리가 가는 하나님의 나라, 우리 속에 있는 하나님 나라가 어떻게 다르고 무엇이 같은가요? 같은 나라입니다. 우리 안에 계신 하나님 나라도 주인이 하나님이시고 우리가 영원히 떠나서 갈 하나님의 나라도 주인이 하나님이십니다. 다른 점은 지금은 이 세상에 우리가 살고 있다는 것입니다.

성령 충만할수록 하나님의 나라를 많이 누리게 됩니다. 그러니까 여러분, 돈 많다고 행복한 것이 아니고 성령 충만할수록 많이 행복합니다. 그런데 우리가 이 땅 떠나서 영원히 갈 하나님의 나라는 마귀도 없고 죄도 없이 우리가 변화되어 있을 곳입니다.

완전하게 누리는 하나님의 나라, 그래서 우리 안에 있는 하나님의 나라나 하나님이 통치하시는 하나님의 나라는 다른 나라가 아니고 같은 나라인데 지금은 조금 누리고 거기에서는 완전하게 누리는 나라입니다. 그래서 지금도 예수 믿는 것이 기쁘지만 우리가 가서 영원히 살 하나님의 나라는 의와 희락과 화평이며 근심, 슬픔, 눈물, 죽음도 가난도 없습니다. 빨리 가고 싶은 나라지만 사도 바울이 말한 것처럼 육신을 떠나서 주와 함께 있는 것이 더 좋은 것이지만, 사역을 위해 이 땅에 있는 것도 괜찮은 것입니다.(고전 5:8)

사랑하는 여러분, 우리는 이 땅에 살아도 기쁘고 천국 가면 더 기쁩니다. 빌립이 전한 내용대로 하나님의 나라 사람이 이 땅에 살면서 한 번은 죽는데 우리가 하나님 나라에 간다는 것이 얼마나 기쁜 일인지 몰라요. 우리는 갈 곳이 있습니다. 그래서 우리는 이 땅에 사는 동안 염려 걱정이 없는 것입니다.

여러분, 예수 이름은 구원받는 이름입니다. 이 세상에 어떤 이름을 불러도 구원받는 이름이 없습니다. 누구든지 주의 이름을 부르는 자마다 구원을 받습니다. 할렐루야. 예수 이름을 부른다는 말은 그분을 나의 구주로, 나의 하나님으로 마음에 영접하는 순간 저주와 모든 죄가 떠나가야 하나님이 성령이 임합니다. 그리고 그때 하나님 나라의 시민권을 주십니다. 하나님 나라의 상속자가 됩니다. 그리고, 예수 이름의 권세를 가집니다. 하늘과 땅의 권세를 가지신 예수의 이름! 모든 무릎이 꿇는 최고의 이름! 그 예수 이름의 사용 권한도 받습니다. "내 이름으로 기도해라, 내 이름을 부르면 구원 받는다." 주님의 말씀입니다.

우리는 예수 이름을 사용할 자격을 하나님으로부터 받았습니다. 예수 이름으로 귀신이 떠나갑니다. 예수 이름으로 하나님의 성령이 역사하십니다. 예수 이름으로 기도 응답이 옵니다. 예수 이름으로 승리가 있습니다. 예수 이름으로 응답이 있습니다. 예수 이름으로 하나님이 함께 하십니다.

그런데, 그 이름의 권세를 언제 우리에게 주셨을까요? 예수님을 믿는다는 것은 하나님의 사랑이고 은혜입니다. 그런데 우리가 복음 전할 때 예수의 권세, 그 이름의 권세를 주셨습니다. 그리고 예수 이름으로 기도하면 하나님이 들으시고 함께 하십니다. 귀신이 떠나갑니다. 저주가 떠나갑니다. 하나님의 응답이 옵니다. 예수 이름을 증거했더니 표적과 기사가 따르고 역사가 일어나니까 사마리아 지방에 많은 사람들이 예수 믿고 세례 받았습니다.

12~13절, "빌립이 하나님 나라와 및 예수 그리스도의 이름에 관하여 전도함을 그들이 믿고 남녀가 다 세례를 받으니 시몬도 믿고 세례를 받은 후에 전심으로 빌립을 따라다니며 그 나타나는 표적과 큰 능력을 보고 놀라니라."

여기 문제가 생긴 사람, 한 사람 나옵니다. 요술하고 점 치던 시몬이 믿고 세례를 받은 후에 전심으로 빌립을 따라다니며 빌립을 통해 나타나는 표적과 큰 권능을 보고 놀랐습니다. 그런데 진실되고 바른 마음이 아니라 악한 마음이 있었습니다. '저거 내가 배워서 나도 기도하면 성령이 역사하고 표적이 일어나겠지, 그래서 돈도 더 많이 벌고 인기도 끌고 사람들로부터 더 존경 받고 싶다'는 마음이었을 것입니다.

시몬은 하나님의 영광과 주의 은혜와 주의 일을 위해서가 아니라 자기를 위해서 빌립을 쫓아다녔습니다. 그러니까 열심을 내는 사람을 자세히 봐야 됩니다. 뭘 위해서 일하고 있는가, 주를 위해서인가 아니면 자신을 위해서인가를 봐야 합니다.

> 14~17절, "예루살렘에 있는 사도들이 사마리아도 하나님의 말씀을 받았다 함을 듣고 베드로와 요한을 보내매 그들이 내려가서 그들을 위하여 성령 받기를 기도하니 이는 아직 한 사람에게도 성령 내리신 일이 없고 오직 주 예수의 이름으로 세례만 받을 뿐이더라 이에 두 사도가 그들에게 안수하매 성령을 받는지라."

사마리아는 유대인들로부터 천시 여김받고 인정 못 받고 멸시를 당하던 지역이었는데 거기도 복음을 받았다는 소식을 듣고 거기에 더 힘 보탤 겸 자세히 알아보기 위해서 사도들을 보냈습니다.

그런데, 이 말씀을 보면 조금 혼선이 옵니다. '예수 믿으면 성령을 선물로 받는다'고 했는데 이 사람은 예수 믿고 구원 받고 세례까지 받았는데 또 성령 받기 위해 기도한다는 것에 관한 혼선입니다. 자 보십시오. 시몬이 예수 믿고 세례 받았는데 진짜 구원 받은 것 같아요, 안 받은 것 같아요? 못 받았습니다.

고린도전서 12장 3절 말씀 보겠습니다.

"그러므로 내가 너희에게 알리노니 하나님의 영으로 말하는 자는 누구든지 예수를 저주할 자라 하지 아니하고 또 성령으로 아니하고는 누구든지 예수를 주시라 할 수 없느니라."

우리가 예수님을 나의 구주, 나의 하나님으로 믿을 때에 성령이 우리에게 임하십니다. 선물을 주십니다. 이것을 성령의 내주라고 합니다. 그런데 성령의 내주와 충만이 다릅니다. 베드로가 '주는 그리스도시요 살아계신 하나님의 아들이십니다' 라고 고백했습니다.(마 16:16)

그때 주님께서 말씀하십니다. "바요나 시몬아, 네가 복이 있도다, 이를 네게 알게 한 이는 혈육이 아니요 하늘에 계신 내 아버지시니라." 주님을 향해 고백한 베드로 안에 성령이 계셨기 때문입니다. 그러니까 베드로가 구원 받은 것입니다. 제자들도 받았습니다. 그런데 성령 충만은 마가 다락방에서 받은 줄 믿으시기 바랍니다.

우리 중에 예수님을 구주로 영접해서 구원받은 사람이 많습니다. 구원받은 사람이 많지만 성령 충만한 사람은 많지 않습니다. 무슨 뜻인지 아시겠죠? 구원 받고 세례는 받았는데 여기에서 말하는 성령 충만은 못 받은 것입니다. 우리가 성경볼 때 한 구절을 보고 그것으로 전체를 해석하면 안 됩니다. 그러면 여기에서 말하는 성령과 관련한 전체 내용이 무엇입니까? 누구든지 예수 믿으면 성령을 선물로 주시는 것은 분명 하나님 말씀입니다. 그런데 여기에서는 성령을 못 받았다고 했는데 그것은 성령 충만을 못 받았다는 것으로 이해하면 됩니다. 성경에 보면 성령 충만 받은 사건들이 있습니다. 안수할 때만이 아니고 말씀을 들을 때에 성령을 받았습니다.(행 10:44) 마가 다락방에서부터 성령 충만의 역사가 있었습니다.

그리고 말씀 들을 때 구원받고 때로는 귀신도 떠나가고 치료도 일어나니다. 그래서 우리가 말씀 들은 후에 함께 기도하는 것입니다. 병 낫기를 위해서 기도합니다. 가장 은혜를 많이 받는 시간이기 때문에 그렇습니다. 할렐루야 사도행전 2장 1절에서 4절 말씀을 다시 상기합니다.

> "오순절 날이 이미 이르매 그들이 다같이 한 곳에 모였더니 홀연히 하늘로부터 급하고 강한 바람 같은 소리가 있어 그들이 앉은 온 집에 가득하며 마치 불의 혀처럼 갈라지는 것들이 그들에게 보여 각 사람 위에 하나씩 임하여 있더니 그들이 다 성령의 충만함을 받고 성령이 말하게 하심을 따라 다른 언어들로 말하기를 시작하니라."

그때 그들이 마가 다락방에서 성령의 충만을 받았습니다. 그전에도 사도들이 예수 믿고 구원받았지만 거기서 성령 충만을 받음과 같이 예수 믿고 성령 받고 구원 받았지만 사도들이 가서 기도할 때 성령 충만이 임한 줄 믿으시기 바랍니다.

그리스도인이 예수 믿고 구원받지만 함께 모여서 말씀 듣고 함께 기도함을 통해서 성령 충만 받을 때 가는 곳마다 승리가 있을 것입니다. 그리고 하나님이 구원 받은 사람을 만나게 하시고 표적이 일어나고 응답이 일어나고 말씀이 성취되는 줄 믿으시기 바랍니다. 성령 충만 받기를 소원하는 성도가 되시기 바랍니다.

> 18~19절, "시몬이 사도들의 안수로 성령 받는 것을 보고 돈을 드려 이르되 이 권능을 내게도 주어 누구든지 내가 안수하는 사람은 성령을 받게 하여 주소서 하니."

시몬이 사도들이 안수해서 성령 충만이 임하는 역사가 일어나는 것을 보자 사도들에게 돈을 들여서 자기가 안수하는 사람이 성령 받게 해달라는 요청을 합니다. 그러니까 시몬이 믿고 세례를 받았다는데 그것이 가짜라는 것입니다. 우리 교회도 논산훈련소 세례 받는 곳으로 여러 번 갔습니다. 남자 분들 가운데는 논산훈련소에서 훈련 받고 그때 예수는 안 믿으면서 세례 받았다는 분들 있는데, 선물 받으러 가서 세례 받았다는 것입니다. 세례 받음으로 구원 받는 것이 아니고, 구원 받은 자의 표로 세례를 받는 것입니다.

시몬도 다른 사람이 세례 받으니까 자기도 믿는다고 해서 세례를 받았는데 예수는 제대로 안 믿었다는 것입니다. 그러니 나에게도 권능 주어서 기도하면 성령이 임하게 해달라고 사도들에게 요청한 것입니다.

> 20~22절, "베드로가 이르되 네가 하나님의 선물을 돈 주고 살 줄로 생각하였으니 네 은과 네가 함께 망할지어다 하나님 앞에서 네 마음이 바르지 못하니 이 도에는 네가 관계도 없고 분깃 될 것도 없느니라 그러므로 너의 이 악함을 회개하고 주께 기도하라 혹 마음에 품은 것을 사하여 주시리라."

사랑하는 여러분, 돈을 들여서 하나님의 성령을 살 수가 없습니다. 과거에 부흥회 기도원 같은 데 가면 헌금 많이 주면 하나님이 성령 충만 주신다고 가르친 적 있습니다. 전부 다 가짜입니다. 거짓말입니다. 여러분, 성령 충만 받으려고 그런 데 가서 그런 것 하지 마시고 성경대로 성령은 하나님의 선물인데 인간의 노력이나 돈으로 되는 게 아님을 믿으시기 바라고 기도하셔야 됩니다.

베드로가 그를 책망합니다. '너는 이 복음도 알지 못하고 복음하고 관계없고, 너는 구원받은 자도 아니고 하나님의 분기도 없고 네 마음 중심이 틀려 먹었다, 바르지 못하다, 의롭지 못하다, 그러므로 너의 악함을 회개하고 주께 기도하라, 혹 마음에 품은 것을 사하여 주시리라.' 저와 여러분이 잘못하고 실수하고 죄 지을 때 진실로 회개하고 돌아가는 성도가 되기를 주의 이름으로 축복합니다.

우리가 세상에 살면서 잘못하다가 거짓말도 할 수 있습니다. 거짓말 하라는 말이 아니라 절대로 우리가 하나님께 진실해야 될 이유가 있는데 믿음이 있는 사람은 거짓말하면 안 됩니다.

예를 들어서, 우리 성도 중에 사업하는 분이 계시는데 무슨 사업을 하든지 우리 성도끼리 서로 도와주는 것은 좋다고 생각합니다. 성도끼리 사랑하고 돕는 것도 좋습니다. 그러나 돈을 벌기 위해서 교회에 와서 사업하는 것은 아닙니다. 그러면 가장 중요한 신앙을 잃어버립니다. 다른 것은 잃어버려도 믿음을 지켜야 구원받고, 회복 되고, 하나님의 응답을 받는 것입니다.

어떤 사람은 신앙 잃어버리는 것은 개의치 않고 가인이 팥죽 한 그릇에 장자권 팔아먹은 것 같습니다. 여러분이 받은 구원은 세상에서 어떤 것과도 바꿀 수 없는 것인 줄 믿으시기 바랍니다. 돈으로도, 명예나 인기로도 바꿀 수 없습니다. 세상에 어떤 것과도 바꿀 수 없는 구원을 우리가 받았음을 믿습니다.

23절, "내가 보니 너는 악독이 가득하며 불의에 매인 바 되었도다."

'불의에 매였다'는 것은 '불의에 젖어들어서 빠져나오지 못한다'는 뜻입니다. 마음의 중심이 약한 사람을 미혹하고 어려움에 빠뜨리는 일을 해서는 안 됩니다. 여러분, 교회에서 성도들 사이에서 이익 보려고 하면 안 됩니다. 성도를 안에서 덕 보려고, 이익을 챙기려는 사람은 불쌍한 사람입니다. 성도를 섬기고 덕이 되고 사랑하고 기도해주고 축복해 주는 이런 사람이 돼야 됩니다. 진실되고 순수한 마음으로 예수 믿는 사람이 복 있는 사람입니다.

시몬이라는 사람이 볼 때 그 악한 독이 있고 불리가 가득하다는 거예요.

24절, "시몬이 대답하여 이르되 나를 위하여 주께 기도하여 말한 것이 하나도 내게 임하지 않게 하소서 하니라."

시몬은 저주, 재앙이 자신에게 임하지 않게 해달라고 부탁하지, 진심으로 주께 돌아가기를 기도하지는 않는 것입니다. 사람들이 죽는 것, 병 드는 것, 자식 어려운 것은 피하고 싶어서 그런 것이 자기에게는 오지 않게 해달라고 많이 기도합니다. 그러나, 먼저 우리가 주께로 돌아가는 것이 중요합니다. 복음 중심으로 돌아가기만 하면 재앙들은 말 안 해도 없어집니다.

우리가 주께로 돌아가지 아니하고 예수 믿는다 하면서 명예나 권력이나 돈이나 찾아다니고 이 세상에 잘 사는 거나 원하고 복음 전하는 데는 관심이 없고 예수님을 알아가는 데는 관심 없고 코로나 19를 없애 달라는 기도만 합니다. 그러나 우리는 우리에게 오는 모든 어려움이나 재앙들을 복음 전파하는 기회로 삼아야 합니다. 한국 교회가 새롭게 빛과 소금으로 회복되는 기회가 되어야 합니다. 시몬은 정말 주님께 돌아가지 않습니다. 그러니 이 사람이 구원 받을 길이 없는 것입니다.

25~26절, "두 사도가 주의 말씀을 증언하여 말한 후 예루살렘으로 돌아갈새 사마리아인의 여러 마을에서 복음을 전하니라 주의 사자가 빌립에게 말하여 이르되 일어나서 남쪽으로 향하여 예루살렘에서 가사로 내려가는 길까지 가라 하니 그 길은 광야라."

본문에는 베드로와 요한인데 야고보와 요한이 사마리아에 대해서 안 좋은 감정을 가질 때가 있었습니다. 누가복음 9장 51절~55절에 말씀합니다.

"예수께서 승천하실 기약이 차가매 예루살렘을 향하여 올라가기로 굳게 결심하시고 사자들을 앞서 보내시매 그들이 가서 예수를 위하여 준비하려고 사마리아인의 한 마을에 들어갔더니 예수께서 예루살렘을 향하여 가시기 때문에 그들이 받아들이지 아니 하는지라 제자 야고보와 요한이 이를 보고 이르되 주여 우리가 불을 명하여 하늘로부터 내려 저들을 멸하라 하기를 원하시나이까 예수께서 돌아보시며 꾸짖으시고."

예수님께서 예루살렘으로 가기 위해 사마리아를 잠깐 들려 가려고 하셨는데 사마리아인들이 유대인들을 받아들이지 않았습니다. 그러니까 예수님의 제자들이 기분이 나쁘고 감정이 좋지 않았습니다. 예수님이 꾸짖으셨습니다.

사랑하는 여러분, 예수님은 사마리아 같은 곳도 복음 전하여 구원받기를 원하십니다. 나중에 성령 충만 받은 사도들이 사마리아에서 복음을 증거했다는 것은 굉장히 중요한 의미를 가지고 있습니다. 우리가 인간적인 감정으로 '저 사람 참 미워, 저 사람 구원 받는 거 싫어' 이런 감정 가지면 안 됩니다. 사람이 미워죽을 정도라 해도 '저 사람도 구원받아야 되겠다, 원수 같은 사람이라도 구원받아야 되겠다' 이런 마음을 가져야 합니다.

우리가 아무리 어떤 나라를 미워한다 해도 그 나라도 전도하고 선교해야 됩니다. 그것이 하나님의 뜻이기 때문입니다. 이런 은혜가 여러분에게 있기를 예수님의 이름으로 축복합니다.

25강 | 행 8:26~40

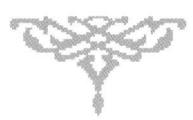

　사랑하는 성도 여러분, 우리가 다양한 직업을 가지고 있지만 그것이 우리 인생의 목적이 아닙니다. 이 땅에 살면서 가장 축복된 일은 복음을 전하는 일인 줄 믿습니다. 사도 바울은 사도행전 20장 24절 말씀에, "내가 달려갈 길과 주 예수께 받은 사명 곧 하나님의 은혜의 복음을 증언하는 일을 마치려 함에는 나의 생명조차 조금도 귀한 것으로 여기지 아니하노라"고 했습니다.

　이 세상에 우리가 소중하게 생각하는 것들 많지만 목숨 걸 만한 것은 오직 전도입니다. 우리가 명예를 위해서, 돈을 위해서, 권력을 위해서, 인기를 위해서, 쾌락을 위해서 고군분투하지만 어떤 것도 목숨을 걸 만한 가치는 없습니다. 사도 바울은 복음 전하는 일에는 생명도 조금도 귀한 것으로 여기지 아니한다고 했습니다. 왜요? 영원한 생명이 잉태하고 해산하는 일이기 때문에 그런 줄 믿습니다.

　디모데후서 4장 7절~8절에 보면, "나는 선한 싸움을 싸우고 나의 달려갈 길을 마치고 믿음을 지켰으니 이제 후로는 나를 위하여 의의 면류관이 예비되었으므로 주 곧 의로우신 재판장이 그 날에 내게 주실 것이며 내게만 아니라 주의 나타나심을 사모하는 모든 자에게도니라"고 바울이 말합니다.

　당장 나가서 바울 같은 전도자가 되지 않는다 할지라도 우리의 마음 속에는 영혼 구원에 대한 소원을 가지고 복음 전하는 데 쓰임 받기를 주의 이름으로 축복합니다. 그러면 하나님은 그 사람을 통해서 일하십니다.

어떤 사람을 사용하십니까? 첫째로, 예수님을 아는 사람입니다. 예수님을 전하는데 예수님을 모르면 전할 수가 없습니다. 사람을 중매하거나 소개하는데 그 사람을 알지 못하면 소개를 못합니다. 구약시대에는 하나님을 구체적으로 아는 사람을 사용해서 하나님이 일하셨습니다. 예수님을 전하는 사람은 예수님을 증거할 수 있는, 예수님을 잘 아는 사람이어야 합니다. 아는 것도 나름이라고 늘 말씀드렸습니다.

우리 장로님을 제가 잘 압니다. 그러나 장로님의 그 마음과 생각과 삶의 속들은 모릅니다. 그렇지만 장로님의 가족은 더 잘 압니다. 가족이 우리 장로님을 잘 알아야 장로님에 대해서 말씀드릴 수 있습니다. 제가 직분이 목사니까 가끔 아내하고 어디 가서 사람 만날 때 사람들이 그럽니다. '아, 목사님 참 성품이 좋으십니다. 사모님, 결혼 잘하셨습니다.' 그런데 제 아내는 저와 살아봤기 때문에 '보통 성질이 아닙니다'라고 말할 수 있습니다.

남편을 가장 정확하게 말할 수 있는 사람은 아내입니다. 왜냐하면 다른 사람은 겉으로만 보지만 진짜로 아는 사람은 가족이기 때문입니다. 예수님을 그렇게 잘 알아서 하나님께 쓰임 받는 축복된 성도 되시기 바랍니다!

둘째로, 영혼 구원의 소원이 있는 사람입니다. 전도의 소원, 영혼구원의 소원이 없으면 하나님은 사용하지 않습니다. 하나님이 나를 전도자로 사용하시느냐 안 하시느냐 어떻게 알 수 있습니까? 내게 영혼 구원의 소원이 있느냐 없느냐를 보면 알 수 있습니다. 항상 하나님은 우리에게 일을 시키시기 전에 마음의 소원을 주십니다.

"너희 안에서 행하시는 이는 하나님이시니 자기의 기쁘신 뜻을 위하여 너희에게 소원을 두고 행하게 하시나니."(빌 2:13)

우리의 마음에 영혼 구원에 소원이 있는 사람을 하나님은 사용하십니다.

지금까지 없었다면 기도하면 됩니다. 무엇이든지 하나님께 기도하면 하나님은 주시는 분인 줄 믿습니다. '하나님, 제게 영혼 구원의 소원을 주옵소서' 하고 간절히 기도하면 우리의 마음도 변화시키고 소원도 주심을 믿습니다.

세 번째, 기도하는 사람입니다. 전도는 우리가 하는 것이 아니라 하나님이 하시고 우리는 도구에 지나지 않습니다. 하나님이 역사해 주시기를 기도할 때 하나님은 사용하십니다. 모든 전도 현장에 도착하면 기도의 응답인 줄 믿으시기 바랍니다.

초대 교회에 사도들이 모여서 기도할 때 전도의 문을 열어주셨습니다. 고넬료가 기도할 때 욥바에 있던 베드로를 보내신 것처럼 기도 시간에 하나님이 일하시고 역사하시는 줄 믿습니다.

네 번째, 겸손하고 연합할 수 아는 사람입니다. 혼자 교만하고 독불장군 같은 사람을 하나님은 쓰시지 않습니다. 교만한 사람은 연합하지 않습니다. 자기주장만을 계속합니다. 그러나 겸손한 자는 하나 되어지고 연합하는 사람이 됩니다. 그래서 하나님은 끝까지 겸손해서 연합하는 자를 사용하시는 줄 믿습니다.

본문에 나오는 빌립은 이런 전도자입니다. 예수님에 대해서 자세히 알고 영혼 구원의 소원을 가지고 기도하는 사람입니다. 연합해서 겸손히 하나 되는 사람입니다. 이런 빌립을 통해서 하나님은 일하셨습니다. 사실은 빌립이 전도한 것 같지만 그 배후의 역사는 하나님이 하신 줄 믿습니다.

26절, "주의 사자가 빌립에게 말하여 이르되 일어나서 남쪽으로 향하여 예루살렘에서 가사로 내려가는 길까지 가라 하니 그 길은 광야라."

빌립이 구스 내시를 전도하기 위해서 가사로 내려간 것이 아닙니다. 주의 사자가 성령의 은혜의 감동으로 간 것입니다. 그러니까 빌립이 구스 내시를 전도한 것이 아니라 전도의 주체는 예수 그리스도이십니다. 하나님이신 줄 믿습니다.

그리고 성령이 빌립에게 구스 내시의 수레로 가까이 나아가라고 말씀하십니다. 빌립은 도구였습니다. 39절에도 보면 주의 영이 빌립을 이끌어가셨고, 아소도에 갔다가 가이사랴까지 이르러 복음을 전하게 하신 그분이 바로 성령 하나님이십니다. 전도의 주체는 하나님의 성령이기 때문에 혹시 우리에게 열매가 있고 또 하나님께서 우리를 사용하셨다 할지라도 그 은혜에 감사할 뿐입니다. 하나님이 쓸모없고 자격 없는 우리를 사용하셔서 다른 영혼을 구원하시고 세워 나가시는 데 쓰임 받게 하시니 감사할 뿐입니다. 그리고 하나님께 영광을 돌리는 것이 당연한 전도자의 마음인 줄 믿습니다.

하나님이 우리를 쓰지 않으시면 어느 누구도 1초 1분도 쓰일 수가 없습니다. 바울같은 사람도 평생 헌신했지만 '나의 나 된 것은 하나님의 은혜입니다'(고전 15:10)라고 고백했습니다. 이런 성도가 되시기를 주의 이름으로 축복합니다.

고린도전서 3장 6~7절 말씀을 봅니다.

> "나는 심었고 아볼로는 물을 주었으되 오직 하나님께서 자라나게 하셨나니 그런즉 심는 이나 물 주는 이는 아무 것도 아니로되 오직 자라게 하시는 이는 하나님 뿐이니라."

이것이 전도의 원리입니다. 우리가 예수님의 말씀을 전하고 심은 것 같고, 또 헌신하고 봉사하고 사랑하고 심방해서 우리가 사역한 것 같지만 우리는 도구일 뿐이라는 것입니다. 오직 자라나게 하신 이는 하나님이십니다.

아이가 엄마 배 속에 잉태하는 것도 하나님이 하시고 뱃속에서 자라나게 하시는 것도 하나님이 하십니다. 해산할 때도 산모가 하는 일은 20% 정도라고 합니다. 아이가 배에서 나올 때가 되면 스스로 돈다고 합니다. 혹 애가 잘못 돌 때 유도분만을 한다고 합니다. 엄마는 기저귀도 갈아주고 젖도 주고 하지만 자라나게 하시는 분은 하나님이십니다. 엄마의 수고, 아빠의 헌신도 있지만, 그렇다고 해서 아이가 자라는 것은 아닙니다. 오직 자라나게 하시는 주권자는 하나님이신 줄 믿습니다.

우리 교회가, 성도들이 복음을 전하고 그 사람이 구원 받고 변화되었다고 그 사람 앞에서 '내가 전도해줬는데, 내가 해줬는데, 내가 기도해줬는데, 내가 헌신해줬는데 왜 나한테 고맙다고 안 해?' 하는 것은 너무너무 잘못된 것입니다. 우리가 쓰임 받는 것에 대한 감사와 영광을 하나님께 돌리는 것이 마땅합니다. 하나님의 교회를 섬기고 헌신하고 봉사하였다 할지라도 자랑할 것이 하나도 없는 것은 하나님의 은혜로 했기 때문에 그런 줄 믿습니다.

다시 본문 26절로 돌아갑니다. "남쪽으로 향하여 예루살렘에서 가사로 내려가는 길까지 가라" 예루살렘에서 가사까지 가는 길이 약 한 70km쯤 된다고 합니다. 이유 없이 그냥 간 것이 아니고 그렇게 먼 길이지만 하나님이 계획에 있기 때문에 간 것입니다. 또 요즘에 차로 가도 가까운 길이 아닌데 그 먼 길을 즉각 순종하여 기독교의 놀라운 선교 역사를 이룬 줄 믿습니다. 우리가 복음을 전할 때 이렇게 순종해야 될 줄 믿습니다. 우리 마음에 복음 전할 감화 감동을 주시면 즉각 순종하는 성도가 되시기 바랍니다. 내 의지와 생각과 형편을 따라서 해서는 안 됩니다. 내가 판단할 것이 아니고 성령의 감화 감동을 받는 성도가 되시기를 바랍니다.

연말에 교회 일에도 기도하면서 하나님께서 감화 감동을 주시면 교사로, 찬양대로, 안내로 봉사하는 것으로, 전도자로, 헌금하는 일 등 모든 일에 성령의 감화감동에 순종하는 것이 최고의 방법인 줄 믿습니다.

96년도에 중국 선교를 심양이라는 곳으로 처음 갔습니다. 거기서 어떤 선교사님과 우리 교포 전도사님을 만났습니다. 원래 계획은 기차를 타고 다른 지역으로 가서 집회에서 복음을 전하게 돼 있었습니다. 기차표를 다 끊고 기차 시간이 다 되었는데 그 선교사님이 어디 가고 안 오는 것이었습니다. 기차는 가버렸습니다. 교포 전도사님과 하염없이 기다리다가 그 전도사님 인도하는 곳으로 갔습니다. 어느 집에 들어가서 그 지역에 있는 성도들을 모아서 제가 복음을 전하게 되었습니다.

그때, 그 집 주인이 공산당이었는데 전도사님이 '저 주인 공산당인데 복음 한번 전해 보겠습니까?' 해서 그 사람 방으로 들어갔습니다. 모택동 사진이 있어서 '이게 뭐 하는 것이냐?' 했더니 '매일 아침마다 사진에 기도한다' 하길래 제가 그에게 복음을 전했습니다. '사진은 우상이고 예수님을 구주로 영접하면 구원받습니다' 라고 전했는데 그날 그 공산당원이 예수님을 영접한 줄 믿으시기 바랍니다.

'하나님께서 이 사람 구원하시려고 그러셨나?' 아무리 생각해도 왜 그 선교사가 갑자기 사라졌는지 아직도 이해할 수가 없습니다. 하나님은 그렇게 해서라도 그 공산당에게 복음을 전하셨다는 생각이 들었습니다.

여러분, 사도행전 시대나 지금이나 우리가 예수님 전하도록 준비하고 마음을 먹으면 누구를 통해서도 하나님이 역사하심을 믿습니다. 빌립을 통해서 구스 내시가 돌아오는 놀라운 역사를 우리는 보고 있습니다.

27~28절, "일어나 가서 보니 에디오피아 사람 곧 에디오피아 여왕 간다게의 모든 국고를 맡은 관리인 내시가 예배하러 예루살렘에 왔다가 돌아가는데 수레를 타고 선지자 이사야의 글을 읽더라."

이 '간다게'라는 말은 이름이 아니고 바로(파라오)같이 왕의 어떤 족보의 가문의 이름입니다. 모든 국고를 맡은 내시니까 요즘의 재무부 장관 정도 됩니다. 그러니 아주 높은 지위에 있는 사람인데 이 사람이 개종 이방인으로서 하나님을 경외하는 사람이라는 것입니다. 예루살렘에 왔다가 돌아가는데 수레를 타고 선지자 이사야의 글을 읽고 있었습니다.

유대인들, 랍비들은 여행할 때 큰 소리로 성경을 읽는다고 합니다. 아마 이 사람이 랍비의 영향을 받아서 수레를 타고 여행하면서 큰 소리로 성경을 읽은 것 같습니다.

29~33절, "성령이 빌립더러 이르시되 이 수레로 가까이 나아가라 하시거늘 빌립이 달려가서 선지자 이사야의 글 읽는 것을 듣고 말하되 읽는 것을 깨닫느냐 대답하되 지도해 주는 사람이 없으니 어찌 깨달을 수 있느냐 하고 빌립을 청하여 수레에 올라 같이 앉으라 하니라 읽는 성경 구절은 이것이니 일렀으되 그가 도살자에게로 가는 양과 같이 끌려갔고 털 깎는 자 앞에 있는 어린 양이 조용함과 같이 그의 입을 열지 아니하였도다 그가 굴욕을 당했을 때 공정한 재판도 받지 못하였으니 누가 그의 세대를 말하리요 그의 생명이 땅에서 빼앗김이로다 하였거늘."

그 내시가 성경 이사야서 53장 7절 이하의 말씀을 읽고 있었습니다. "그가 곤욕을 당하여 괴로울 때에도 그의 입을 열지 아니하였음이여 마치 도수장으로 끌려 가는 어린 양과 털 깎는 자 앞에서 잠잠한 양 같이 그의 입을 열지 아니하였도다 그는 곤욕과 심문을 당하고 끌려 갔으나 그 세대 중에 누가 생각하기를 그가 살아 있는 자들의 땅에서 끊어짐은 마땅히 형벌 받을 내 백성의 허물 때문이라 하였으리요 그는 강포를 행하지 아니하였고 그의 입에 거짓이 없었으나 그의 무덤이 악인들과 함께 있었으며 그가 죽은 후에 부자와 함께 있었도다."

이사야의 이 말씀을 큰 소리로 읽고 있었는데 빌립이 달려가서 묻습니다. 이처럼 전도는 어려운 게 아닙니다. '읽는 것을 깨닫고 무슨 말인지 알겠느냐?' 이랬더니 이 구스 내시가 뭐라고 말하죠?

34절, "그 내시가 빌립에게 말하되 청컨대 내가 묻노니 선지자가 이 말한 것이 누구를 가리킴이냐 자기를 가리킴이냐 타인을 가리킴이냐."

'고난 받고 어려움 당한 사람이 이것이 자기의 것이냐 타인의 것이냐?' 내시가 그것을 궁금해 했습니다.

35절, "빌립이 입을 열어 이 글에서 시작하여 예수를 가르쳐 복음을 전하니."

제가 전도를 해보면 이 내용이 굉장히 많은데 여기에서 내용이 왜 이렇게 짧은지 아십니까? 지금까지 사도행전 1장부터 '예수가 그리스도시요 하나님의 아들이요, 십자가에 죽으시고 부활하시고 성령이 임하셔서 예수의 이름으로 앉은뱅이가 일어나고 예수님으로 구원받고 예수 이름으로 역사가 일어났다'는 내용으로 전체의 복음이 함축돼 있습니다. 아마 빌립이 이렇게 전했을 것입니다.

국고를 맡은 내시는 높은 사람입니다. '예루살렘에 왔을 때 무슨 소문을 안 들었습니까?' '무슨 소문 말입니까?' '혹시 나사렛 예수라는 사람이 십자가에 매달려 죽고 3일 만에 부활했다는 소문을 못 들었습니까?' '들었습니다! 나는 그게 무슨 뜻인지 모르고 사람이 어떻게 죽었다가 살아날 수 있을까 이런 생각을 했습니다.' '그 나사렛 예수에 대해서 말씀드리겠습니다, 구약 모든 성경에 하나님이 그리스도를 보낸다고 예언되어 있습니다, 모세를 통해서 다윗을 통해서, 특별히 이사야를 통해서 그리스도는 곤욕을 당하고 조롱을 당하고 죄인을 위해서 죽는다고 예언되어 있습니다, 우리 조상 다윗은 시편 16편에 그는 죽을 뿐만 아니라 부활한다고 예언되어 있습니다, 그 나사렛 예수가 구약에서 말씀하는 바로 그 그리스도이십니다. 우리도 그 그리스도 예수님을 믿고 성령 충만 받았습니다' 하고 복음을 전했습니다.

그래서 내시가 예수님을 구주로 영접했더니 빌립은 계속 전합니다. '오늘 내가 당신을 만난 것도 당신을 일부러 찾아온 것이 아닙니다, 주의 사자가 내가 사마리아에서 복음을 전하는데 예루살렘에서 가사로 내려가는 길로 가라고 해서 순종해서 왔습니다, 보니까 마차가 가는데 하나님의 성령이 가까이 가라고 감화 감동했습니다,

오늘 당신을 만난 것도 그 나사렛 예수께서 내게 성령으로 말씀하셨습니다, 그분은 하나님 아들 그리스도이십니다, 죄 없이 십자가에 죽으셨을 뿐만 아니고 그분은 다시 살아나셨습니다, 만약 그분이 살아나지 않았다면 어떻게 성령이 올 수가 있겠습니까? 어떻게 예수님의 이름으로 앉은뱅이가 일어날 수가 있겠습니까? 병든 자가 치료받으며 귀신이 떠나갈 수가 있겠습니까? 그분은 하나님의 아들 예수 그리스도 우리 구주이십니다, 당신이 오늘 읽었던 그 말씀은 바로 그 예수님을 말씀하는 것입니다. 오늘 당신이 그 예수 그리스도를 구주로 영접한다면 당신도 하나님의 자녀가 되고 예수님을 영접하면 세례를 받을 수가 있습니다.'

아마 이렇게 복음을 전하지 않았겠습니까? 복음을 전해 보면 예수님을 전할 수밖에 없게 됩니다.

36절, "길 가다가 물 있는 곳에 이르러 그 내시가 말하되 보라 물이 있으니 내가 세례를 받음에 무슨 거리낌이 있느냐."

내시가 확실히 예수님을 믿고 구원을 받았다는 것을 알 수 있습니다. 여러분! 예수님을 구주로 영접하면 그 시대나 지금이나 예수님은 살아계셔서 우리의 구주가 되시고 영접하는 자에게 성령을 선물로 주심을 믿으시기 바랍니다.

이 내시도 '내가 확실히 예수님을 믿습니다' 하고 예수님을 영접했습니다. 그러니까 그가 세례 받음에 아무 거리낌이 없었던 것입니다. 루디아도 '나로 예수 믿는 사람으로 알거든 우리 집에 와서 거하라고 강권하여 있게 했다'(행 16:15)고 성경은 말씀하고 있습니다.

예수 그리스도는 하나님의 아들 구주입니다. 확실하게 예수님을 구주로 영접하고 삶 속에서 그 예수님이 우리의 구주가 되심을 인정하시고 예수님을 왕으로, 하나님으로 믿고 감화 감동에 순종하는 성도가 되기를 주의 이름으로 축복합니다.

38~40절, "이에 명하여 수레를 멈추고 빌립과 내시가 둘 다 물에 내려가 빌립이 세례(침례)를 베풀고 둘이 물에서 올라올새 주의 영이 빌립을 이끌어간지라 내시는 기쁘게 길을 가므로 그를 다시 보지 못하니라 빌립은 아소도에 나타나 여러 성을 지나 다니며 복음을 전하고 가이사랴에 이르니라."

주의 영이 빌립을 이끌어갔다는 것은 '낚아채갔다'는 뜻입니다. 동물이 낚아채듯이 성령께서 빌립을 낚아채서 아소도까지 갔습니다. 아소도까지는 약 30km나 되는 길인데, 에녹이 하늘로 올라가고 엘리아가 불병거를 타고 가듯이 성령께서 빌립을 아소도까지 이끌어 가셨습니다. 또 아소도에서 가이사랴까지는 97km가 되는데 빌립은 이 거리를 가서 가이사랴에서 오랫동

안 사역했습니다,

사도행전 21장 8절~9절 말씀 봅니다.

"이튿날 떠나 가이사랴에 이르러 일곱 집사 중 하나인 전도자 빌립의 집에 들어가서 머무르니라."

바울이 가이사랴에 오래도록 머물고 있던 일곱 집사 중 하나인 전도자 빌립 집에 머물렀다고 기록하고 있습니다.

9절 말씀, "그에게 딸 넷이 있으니 처녀로 예언하는 자라."

이 딸 넷은 바울이 예루살렘에 가면 결박당함을 예언하던 그 사람들입니다. 그래서 빌립이 아소도에서 가이사랴로 가서 거기서 오랫동안 전도자의 일을 한 것을 우리가 보게 됩니다.

사랑하는 성도 여러분, 우리가 있는 처소, 우리가 있는 직장, 우리가 만나는 사람들, 우리 학교는 모두 전도의 현장입니다. 하나님이 우리를 이 지역에 살게 하시고 이 시대에 살게 하시고 대한민국에 살며 복음을 전하게 하시는 것은 어쩌다가 있는 의미 없는 일이 아니라 모든 발걸음과 만남 속에 하나님의 중요한 의미가 있습니다.

그 가장 중요한 의미가 무엇입니까? 이웃하고 잘 지내고 커피 마시고 놀러 다니는 것도 중요합니다. 그러나 무엇보다도 우리를 통해서 우상숭배가 많은 이 지역에 복음을 전하라는 하나님의 뜻이 있습니다. 이 땅 대한민국의 복음을 전하고, 북한 땅에 복음을 전하고, 세계에 복음을 전하라는 하나님의 뜻이 있는 줄 믿습니다. 하나님께 존귀하게 쓰임 받는 우리 모든 주의 성도들이 되기를 예수님의 이름으로 축복합니다.

26강 | 행 9:1~9

　사도행전 9장은 기독교 역사뿐만 아니고 세계 역사에 굉장히 중요한 사건이 일어난 장입니다. 사울이라는 사람이 바울 되는 놀라운 역사인데, 이 바울이 성령 충만해서 복음을 소아시아 로마뿐만 아니라 전 유럽에 전하는 세계 복음의 물꼬를 튼 한 사람입니다.

　하나님은 전능하셔서 다수를 통해서 꼭 일하지 않습니다. 소수라 할지라도 하나님 앞에 확실히 잡히면 그 사람들을 통해 세계의 역사를 바꾸기도 하고, 지역이 바뀌기도 하고, 시대가 바뀌기도 합니다. 우리나라에도 많은 선교사들이 들어와서 지금 동네마다 교회가 세워지고 세계 선교하는 교회가 되었는데, 소수 몇 사람이 우리나라에서 순교의 피를 흘려서 이뤄진 것입니다. 그러므로 우리 한 사람 한 사람이 하나님의 큰 은혜를 받고 쓰임 받는다면 가정, 직장뿐만 아니라 모든 지역에서 쓰임받는 놀라운 은혜가 있을 줄 믿습니다.

　오늘 우리가 보는 사울이라는 사람, 어떤 사람이었습니까? 스데반을 돌로 쳐 죽일 때 가편 투표를 하고 살인자들의 옷을 지키고 있었고 그 일에 찬성하던 사람입니다.

　1~2절, "사울이 주의 제자들에 대하여 여전히 위협과 살기가 등등하여 대제사장에게 가서 다메섹 여러 회당에 가져갈 공문을 청하니 이는 만일 그 도를 따르는 사람을 만나면 남녀를 막론하고 결박하여 예루살렘으로 잡아오려 함이라."

사울이 주의 제자들에게 '살기가 등등했다'고 했는데, 너무 화가 나서 숨을 잘 못 쉬는 상태, 전쟁터에서 말이 피 냄새를 맡고 흥분해서 막 뛰는 것 같은 견딜 수 없는 상태를 말하는 것입니다. 사울이 예수 믿는 사람만 보면 견딜 수 없는 화가 나서 숨을 몰아쉬듯이 살기가 등등했습니다. 당시에 로마의 시저나 아구스투스가 대제사장에게 이방에 사는 유대인들을 향해 사법권을 줬습니다.

예루살렘에 핍박이 일어나서 그리스도인들이 흩어져서 다메섹에까지 갔는데, 다메섹까지는 거리가 약 41킬로 정도 되는, 예루살렘에서 먼 거리입니다. 당시의 교통수단으로 이동하려면 4일 내지 6일은 걸리는 거리입니다. 그런데 사울이 열심히 예수 믿는 사람을 핍박하여 그 먼 거리를 자원해서 갔습니다. 그리스도인들 명단 정보를 가지고 다메섹에 가서 그 사람들을 잡아서 예루살렘으로 압송하기 위해서 가는 중이었습니다.

다메섹은 우리가 '다마스커스'라고 알고 있는 그 곳입니다. 세계에서 가장 오래된 도시 중 하나로 지중해 연안과 메소포타미아, 애굽, 아라비아를 잇는 통상의 교통 중심지인 곳입니다.

그 도시에 도를 따르는 사람이 있다고 했습니다. 이 도가 '호도스'인데, 예수님께서 '나는 길이요' 하실 때 '호도스'가 나옵니다. '진리'란 말입니다. 하나님이 말씀인 참 진리의 길을 믿는 사람들을 만나면 사울이 간악한 마음과 잔인한 마음을 가지고 남자든 여자든 상관 없이 다 잡아가려고 다메섹으로 가고 있었던 것입니다. 아이들도 잡아가려 했다는 말은 없지만 닥치는 대로 다 예루살렘으로 잡아가려고 했다는 것입니다.

3절, "사울이 길을 가다가 다메섹에 가까이 이르더니 홀연히 하늘로부터 빛이 그를 둘러 비추는지라."

사도행전 22장에 보면 바울이 가이사랴에서 예루살렘으로 가서 백성 앞에서 간증한 내용 중, 6절에 보면, 자신이 예수를 만난 시간이 정오 쯤 되었다고 했습니다. 햇빛은 가장 강렬할 때인데 그 빛이 햇빛보다도 더 강한 빛이었다는 것입니다. 26장 13절에도 아그립바 왕 앞에서 증언할 때 그 상황에 관해 묘사하고 있습니다.

우리는 이 세상에 살면서 빛이라고 하면 햇빛보다 더 밝은 빛을 본 적이 없습니다. 그런데 사울은 어마어마한 그 빛을 본 것입니다. 이 빛은 물리적인 태양의 빛이 아니라 생명의 빛인 예수 그리스도인 줄 믿습니다.

요한복음 1장 3절을 봅니다.

"만물이 그로 말미암아 지은 바 되었으니 지은 것이 하나도 그가 없이는 된 것이 없느니라."

사도 요한은 예수님이 하나님이시고 빛이시라고 증거합니다.

"그 안에 생명이 있었으니 이 생명은 사람들의 빛이라 빛이 어둠에 비치되 어둠이 깨닫지 못하더라."(요 1:4~5)

물론 요한복음 1장에 있는 이 빛은 우리가 보는 물리적 빛이 아닙니다. 영원한 생명의 빛이요 영의 빛인 줄 믿습니다.

요한복음 1장 6~8절,

"하나님께로부터 보내심을 받은 사람이 있으니 그의 이름은 요한이라 그가 증언하러 왔으니 곧 빛에 대하여 증언하고 모든 사람이 자기로 말미암아 믿게 하려 함이라 그는 이 빛이 아니요 이 빛에 대하여 증언하러 온 자라."

세례 요한은 그런 이 빛이 아니라 그 빛에 대하여 증언하러 왔다는 것입니다. 9절에서는 "참 빛 곧 세상에 와서 각 사람에게 비추는 빛이 있었나니"

라고 말합니다. 참 빛, 생명의 빛이 있었다는 것입니다. 그 빛이 예수 그리스도이신 줄 믿습니다.

요한계시록에 보니까 하나님 나라에는 이 세상에 없는 것이 있습니다. 해와 달이 없습니다. 하나님의 어린 양이 친히 빛이 되시기 때문에 천국에는 이런 물리적 빛이 없습니다.(계 21:23) 그때는 우리 몸도 영광스럽고 신령한 몸으로 변하여 영원한 하나님을 뵙고 하나님 나라에서 살 줄 믿습니다.

> 4~5절, "땅에 엎드러져 들으매 소리가 있어 이르시되 사울아 사울아 네가 어찌하여 나를 박해하느냐 하시거늘 대답하되 주여 누구시니이까 이르시되 나는 네가 박해하는 예수라."

사울이 엄청난 빛을 보고 엎드러졌는데 자신의 이름을 부르는 음성이 들렸습니다. 그 음성은 하나님께서 사랑하시고 관심 있는 자에게 말씀하시는 것인 줄 믿습니다. 조상 아브라함, 모세를 부르셨던 그 음성처럼 "사울아, 사울아!" 하는 음성을 들었으니 사울이 얼마나 큰 충격이겠습니까. 사울은 자신이 옳은 일을 하고 있다고 생각했습니다. 그리고 예수는 이단의 괴수라고 생각했고 그는 십자가에 죽었고 부활하지 못했다고 믿고 있었습니다.

이유는 사울이 대제사장과 바리새인들하고 가까워서 그들이 하는 거짓말을 믿고 있었기 때문입니다. 예수님이 부활했다고 했을 때, '제자들이 밤에 와서 예수의 시체를 도둑질해가고 거짓말로 예수가 부활했다고 한다'고 했습니다. 그러니 사울은 예수에 대해서 그렇게 알고 하나님을 잘 섬기는 그 특심으로 예수 그리스도 믿는 사람을 핍박했습니다. 그런데 예수님이 그에게 나타나 자신이 예수님을 핍박한 것이라고 예수님이 말씀하셨습니다.

'주여 누구십니까?' 라는 바울의 질문에 "나는 네가 박해하는 예수다" 라고 대답하십니다. 이것을 '에고. 에이미 법'이라고 그럽니다. '나는 누구누구이니라' 출애굽기 3장 14절에 모세가 하나님께 말합니다. '당신 누구십니까? 내가 바로에게 가서 말할 것인데 누가 나를 보냈다고 할까요?' 여기에서 '에고 에이미'가 나옵니다. "나는 스스로 있는 자니라."

특별히 요한복음에 보면 예수님께서 "나는 빛이다, 나는 생명이다, 나는 진리다, 나는 길이다" 라고 말씀하시는데 이것이 '에고 에이미'입니다. 사울은 율법을 잘 알고 성경을 잘 알기 때문에 이 어법은 하나님만 하는 어법이라는 것을 잘 알고 있습니다. 사람은 '나는 누구다' 이렇게 못합니다. 스스로 존재하시는 하나님께 가능합니다.

"나는 네가 핍박하는 예수라" 할 때 자기가 핍박한 사람들이 예수 믿는 사람이 아니라 바로 하나님을, 하나님의 아들을 핍박했다는 엄청난 충격을 받은 것입니다. 얼마나 놀라운 충격을 받았으면 나중에 보면 식음을 전폐했다고 그랬습니다.

사랑하는 여러분, 우리가 믿는 예수님은 하나님이십니다. 우리를 사랑하시는 분이 장관이나 대통령, 임금 정도가 아니라 전능하신 하나님이십니다. 우리를 위해서 이 땅에 오신 분이 하나님이십니다. 인간을 구원하기 위해서 인간의 몸으로 오셨습니다. 죄의 삯이 사망이기 때문에 우리의 죄를 대속하기 위해서 사람으로 오셔서 피 흘리고 십자가에 못 박혀 돌아가심으로 우리를 구원하신 하나님의 사랑의 본체이십니다.

얼마나 놀라운 사랑입니까. 우리의 머리털까지 세시는 창조주께서 우리 한 사람 한 사람을 온 우주보다 더 사랑하는 사랑으로 사랑하셨습니다. 참으로 놀라운 하나님의 은혜가 아닙니까.

제가 신학대학원 다닐 때 수업 마치고 교회로 올라갈 때 온 우주 가운데 하나님이 최고로 나를 사랑하신다는 그 느낌을 잊을 수 없습니다. 남에게 말할 수가 없지만 그 느낌과 기분은 말로 표현할 수 없었습니다. 하나님의 사랑이 느껴지며 행복에 젖었습니다. 하나님께 기도했습니다. '하나님, 제가 돌았습니까, 왜 이런 느낌을 제가 갖습니까?' 그렇게 기도하는 중에 제게 느껴지는 감정은 '하나님은 사람과는 다르다'는 것, 사람은 최고로 사랑한다면 한 사람만 사랑할 수 있지만 하나님은 전능하셔서 모든 사람을 최고로 사랑하실 수 있다는 것입니다. 하나님은 날 최고로 사랑하는 것이 맞다는 것을 확신했습니다.

여러분, 하나님께서 여러분 한 사람 한 사람을 온 우주에서 하나밖에 없는 사람으로 최고로 사랑하시는 줄 믿으시기 바랍니다. 사울은 "나는 네가 핍박하는 예수라" 하는 음성을 들었을 때 자신 스스로 얼마나 절망하고 얼마나 무너졌겠습니까?

6절, "너는 일어나 시내로 들어가라 네가 행할 것을 네게 이를 자가 있느니라 하시니."

새롭게 태어난 바울에게 예수님은 첫 번째 사명을 주셨습니다. 예수님을 자신의 구주, 하나님으로 믿고 하나님의 백성이 되고 하나님 나라의 시민권을 가지게 되면 죄에서 해방 받아 하나님이 함께하는 자가 됩니다. 그다음에는 사명이 생기게 돼 있습니다. 사업도 잘 해야 되고, 세상에서 인정받고 존경받아야 하고 성공하는 것도 좋습니다. 그러나 그것은 우리의 사명이 아닙니다. 그 모든 것은 하나님이 우리에게 주신 사명을 감당하기 위해서 주시는 것인 줄 믿습니다. 우리의 건강도, 수명도, 가정도, 사업장도, 지식도 명예나 모든 것도 하나님이 우리에게 사명을 감당하기 위해서 주십니다.

그렇다면 우리의 사명은 무엇입니까? 이 지역에 우리 교회를 세우셔서 이 우상의 도시에 예수님을 전해서 그 사람들을 구원하라고 하신 것입니다. 우리 나라에 교회들을 세우셔서 복음을 전하고 다음 세대를 살리고 다른 교회를 섬기고 도우라고 하셨습니다. 우리가 이 시대에 태어난 것은 전 세계에 예수님을 전할 사명을 이루기 위함입니다.

우리 마음대로 태어날 수 없습니다. 고려시대에나 조선시대에 태어났으면 예수도 못 믿었을 것입니다. 건국 이래로 우리나라가 제일 잘 사는 시대에 우리가 태어났습니다. 최고의 환경에서 살게 하신 것은 하나님의 은혜인데 이 최고의 환경에서 우리의 사명을 감당하게 하셨다는 것을 믿습니다.

7절, "같이 가던 사람들은 소리만 듣고 아무도 보지 못하여 말을 못하고 서 있더라."

같이 가던 사람들은 무엇인가 듣기는 들었습니다. 어마어마한 음성을 들었는데 하나님은 사울에게만 확실하게 그 말씀이 듣기게 하셨습니다. 우리가 다 같이 예배를 드리지만 각자에게 주시는 하나님의 음성이 있습니다. 하나님의 말씀이 있습니다. 우리가 똑같이 성경을 읽고 암송하지만 하나님께서 각자에게 주시는 은혜가 있습니다. 매일 같이 성경 읽고 예배드리지만 자신에게 들려주시는 하나님의 음성을 들을 수 있는 성도 되기를 주의 이름으로 축복합니다. 그 음성을 들어야 하나님의 일에 쓰임 받게 되는 것입니다. 간절한 마음으로 예배드리고 간절한 마음으로 성경 읽고 묵상하는 성도 되기를 주의 이름으로 축복합니다.

하나님께서는 제가 갈급할 때 은혜를 주셨습니다. 어떻게 목회를 할지 알지도 못하고, 굶고 다니기도 하고, 산에 올라가보기도 하고, 온갖 방법을 다 쓰면서 갈급하며 통회하면서 회개하며 기도했습니다. 그때마다 하나님은 제게 은혜를 주셨습니다. 우리가 하나님의 음성 들을 수 있는 간절한 마음으로 순종하며 기도할 때 하나님은 우리에게 놀라운 은혜를 주심을 믿습니다.

> 8절, "사울이 땅에서 일어나 눈은 떴으나 아무 것도 보지 못하고 사람의 손에 끌려 다메섹으로 들어가서."

사울이 그 어마어마한 권세를 받아서 예수 믿는 사람을 잡아서 당당하게 예루살렘으로 호송하려고 가던 중에 부활하신 예수를 만나고 나니까 그다음에는 아무것도 볼 수가 없었습니다. 지금까지 사울이 봤던 것은 아무것도 아니었습니다. 지금까지 사울이 알았던 것은 예수님 앞에 오니까 아무것도 아니었습니다. 육신의 눈은 어두워졌지만 영적 눈이 열리는 놀라운 순간이 된 줄 믿습니다. 영적 눈이 열리면서 사울은 무수한 사람을 생명으로 인도하는 복을 받게 된 줄 믿습니다.

주님께 가까이 갈수록, 하나님을 알아갈수록 하나님 앞에 겸손한 자가 됩니다. 이사야 6장에서 이사야의 모습을 봅니다. 그는 선지자로서 존경받고 인정받는 사람입니다. 어느 날 그에게 하나님의 은혜가 임해서 성전에 있는 거룩한 주님의 모습을 보게 됩니다.

> "서로 불러 이르되 거룩하다 거룩하다 거룩하다 만군의 여호와여 그의 영광이 온 땅에 충만하도다 하더라, 그 때에 내가 말하되 화로다 나여 망하게 되었도다."(6:3, 5)

자기 자신이 하나님께 부패하고 죄인이라는 것을 알게 되었던 것입니다.

베드로는 예수님께서 "그물을 내려라" 하는 명령대로 했을 때 그물이 찢어지게 많은 고기를 낚고 난 후 '나는 죄인이로소이다' 하고 고백했습니다.(눅 5:8)

이 정도 예수님 잘 믿고, 이 정도 열심히 충성하고, 이 정도 깨끗하게 잘 살면 된다고 생각하십니까? 바울은 자신을 죄인 중의 괴수라 그랬지만(딤전 1:15) 그는 우리가 죄를 발견할 수 없을 만큼 훌륭한 분입니다. 그는 스스로 말하기는 '나는 율법으로는 깨끗하다'고 했습니다. 그렇지만 주님 앞에 가면 죄인 중의 괴수라고 할 만큼 무능하고 아무것도 할 수 없는 연약한 존재임을 발견해 가는 줄 믿습니다.

9절, "사흘 동안 보지 못하고 먹지도 마시지도 아니하니라."

사울은 성경을 잘 아는 사람입니다. 하나님의 어마어마한 빛을 보고 음성을 듣고 초자연적인 하나님을 만나게 됩니다. 또 자신이 예수 믿는 사람을 핍박했다고 생각했는데 하나님을 핍박한 것이고, 하나님의 아들을 핍박했다는 어마어마한 죄를 깨닫게 되었습니다. 그 하나님 앞에 자기는 너무 연약하고 쓸모없다는 것도 깨닫게 되었고, 예수님이 하나님의 아들 그리스도라는 것을 깨닫고 발견하게 된 것입니다. 부활한 예수를 만났습니다.

사울이 다메섹 도상에서 회심한 배경을 보면,

첫째로 그전에 예수 믿는 사람들을 만나서 그들을 통해 예수가 하나님의 아들이시며 죽었다가 살아나셨다는 이야기를 많이 들었다고 봅니다. 그래서 그들을 핍박하러 다녔다고 봅니다. 안 들은 사람 같으면 핍박도 할 필요가 없었을 것입니다.

둘째, 스데반의 설교를 통해서 예수님에 관해 자세히 듣게 되었을 것입니다.

셋째, 스데반같이 핍박 가운데서 도망다니면서 신앙을 포기하지 않고 핍박 받고 도망다니고 죽어가면서도 예수 믿는 신앙을 포기하지 않는 것을 본 것입니다.

그런 중에 사울은 엄청난 빛을 보고 예수님의 음성을 듣고 구원받아 회심하여 하나님의 일꾼 된 줄 믿습니다. 때로는 우리가 복음을 전할 때 그 사람이 안 믿고 핍박한다 할지라도 그 사람을 위해서 기도하면 하나님은 일하고 계심을 믿으시기 바랍니다. 당장 눈에 보이는 열매가 없다고 포기하지 마시기 바랍니다.

사울이 돌아오기 위해서 초대 교회 성도들이 얼마나 기도했겠습니까. 저 악한 사울이 예수 믿게 해달라고 분명히 기도했을 것입니다. 결국 그가 하나님의 역사를 통해서 돌아오는 역사가 일어났습니다.

우리가 예수 믿고 이 땅에서 살아가면서 또 다른 사람을 구원하는 데 쓰임 받는 놀라운 일이 일어나길 예수님의 이름으로 축복합니다.

27강 | 행 9:10~19

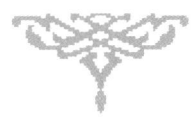

사도행전 9장에는 기독교 역사나 세계 역사에 놀라운 하나의 계기가 되는 사건을 기록하고 있습니다. 역사적인 많은 일들이 기록되어 있으나 예수님을 믿지 않고 핍박하던 한 사람이 예수 믿고 구원받고 돌아와서 전도자가 되었다는 사실, 이것은 정말 놀라운 역사이며, 그 변화를 통해서 세계의 역사에 큰 전환점을 가져다 주었습니다.

우리 가정들도 마찬가지입니다. 집을 새롭게 꾸미고 옷을 새롭게 산다고 변화되는 것이 아니라, 우리가 변화되어야 가정이 변화되는 것입니다. 나라가 변화 되는 것은 제도가 바뀌는 것도 있겠지만 예수 믿고 그 나라 국민들이 변화되어야 되는 것인 줄 믿습니다. 기독교인들이 예수님을 확실히 믿고 변화되면 우리나라도 변화 될 것입니다. 세계가 변화되고 가정이나 직장, 이웃이 변화되는 출발점이 우리 자신의 변화인 줄 믿습니다.

사울의 변화에 쓰임 받은 사람이 아나니아입니다. 아나니아는 성경에 보니까 율법을 잘 지키고, 또 사람들에게 칭찬받는 사람입니다. 하나님께서 우리를 사용해서 다른 사람을 구원하고 변화시키고 제자 삼는 일에 쓰임 받는 것이 우리 인생으로는 최고 복된 일임을 믿습니다.

서울에 비싼 동네에서 살고 유명해지는 것이 개인적으로 이 땅에 살 때는 필요할 수 있습니다. 그러나 정말 중요한 축복은 우리를 통해서 다른 사람이 구원 받고 변화되는 일을 위한 도구가 되는 것인 줄 믿습니다. 아나니아가 거기에 쓰임 받고, 바울은 더 많은 사람에게 복음 전하고 변화 받는데 쓰임 받는 것을 봅니다. 우리의 변화를 통해서 다른 사람이 구원받고 변화되는 데 쓰임 받는 것을 소원하는 성도가 되시기 바랍니다.

아나니아라는 사람은 원래 다메섹에 있던 사람으로 보여집니다. 예루살렘에서 핍박이 일어나서 많은 사람이 흩어졌는데 그때 다메섹에까지 가서 믿는 사람이 많았습니다. 아나니아는 그 중에 지도자급으로 보입니다.

사도행전 22장 12절 말씀을 보면, "율법에 따라 경건한 사람으로 거기 사는 모든 유대인들에게 칭찬을 듣는 아나니아라 하는 이가"라고 말합니다. 하나님은 불신앙 하고 불순종하는 사람을 사용하시는 것이 아니라, 하나님 앞에 믿음을 가진 신실한 사람을 사용하시는 줄 믿습니다.

10~12절, "그 때에 다메섹에 아나니아라 하는 제자가 있더니 주께서 환상 중에 불러 이르시되 아나니아야 하시거늘 대답하되 주여 내가 여기 있나이다 하니 주께서 이르시되 일어나 직가라 하는 거리로 가서 유다의 집에서 다소 사람 사울이라 하는 사람을 찾으라 그가 기도하는 중이니라 그가 아나니아라 하는 사람이 들어와서 자기에게 안수하여 다시 보게 하는 것을 보았느니라 하시거늘."

하나님께서 아나니아를 그냥 사울에게 보내지 않고 환상 중에 말씀하십니다. "너는 저 직가라는 거리에 있는 유다 집에 있는 사울이라는 사람을 만나라."

'직가'란 말은 '똑바른 길'이라는 뜻입니다. 다메섹, 곧 다마스쿠스에는 동문과 서문이 있는 길게 뻗은 직진 도로가 있다고 합니다. 서문 쪽에 유다의 집이 있었다고 합니다.

사울은 핍박자입니다. 예수님을 죄인의 괴수요 이단의 괴수로 생각했던 사람입니다. 아나니아에게 왜 환상을 보여줬을까요? 이 아나니아라는 사람은 사울이 어떤 사람이고 어떤 일을 위해서 다메섹에 왔는지 자세히 알고 있었습니다.

13~14절, "아나니아가 대답하되 주여 이 사람에 대하여 내가 여러 사람에게 들사온즉 그가 예루살렘에서 주의 성도에게 적지 않은 해를 끼쳤다 하더니 여기에서도 주의 이름을 부르는 모든 사람을 결박할 권한을 대제사장들에게서 받았나이다 하거늘."

사울이 예루살렘에서 많은 사람을 핍박하고, 스데반을 죽이는 데 가편 투표하고 살인자들의 옷을 가지고 대제사장에게서 예수 믿는 사람들 명단을 받아 다메섹에서 그들을 잡아 예루살렘으로 끌고 갈 것이라는 사실을 아나니아가 자세히 알고 있었습니다. 그러니, 아나니아가 사울을 어떻게 만나겠어요? 그래서 하나님께서 아나니아에게 환상을 통해 하나님이 사울을 보내심을 확신을 주셨다고 봅니다. 10장에서 등장할 고넬료에게 복음을 전하실 때도 환상으로 역사하셨습니다.

사울에게 하나님께서 환상을 보여주신 것은 사울에게 자기 주관적인 변화가 아니라 누가 보더라도 하나님께서 함께하셨고, 하나님이 주신 은혜와 증거가 확실함을 보여주려는 것이라 생각합니다. 그리고 사울은 부활하신 예수를 만난 그 사건을 통해서 자신도 사도라고 담대히 말할 수 있는 계기가 되기도 했을 것입니다. 그것처럼 아나니아에게도 환상으로 확증해주신 것입니다.

15~16절, "주께서 이르시되 가라 이 사람은 내 이름을 이방인과 임금들과 이스라엘 자손들에게 전하기 위하여 택한 나의 그릇이라 그가 내 이름을 위하여 얼마나 고난을 받아야 할 것을 내가 그에게 보이리라 하시니."

여기에 이방인이 먼저 나왔습니다. 왜 그럴까요? 유대인에게도, 아그립바 왕에게도 복음을 전했는데 이방인의 사도로 하나님이 부르시고, 이방인에게 전적으로 일하도록 하신 줄 믿습니다. 사울이 돌아오기 전에 하나님께서는 사울이 태어나기 전부터 로마 시민권을 가지고 일방적으로 다소에서 나게 하시고 바리새인의 교육을 다 받고, 또 이방 교육을 다 받아서 이방에 복음 전하기 좋도록 이미 준비하신 줄 믿습니다.

여러분, 우리가 어느 지역에서 어떤 부모 밑에서 태어나고 자라고 무슨 교육을 받고, 무슨 환경 가운데 있었다 해도 지금 예수 믿고 나서 보니 그 모든 것을 통해서 하나님의 뜻을 이루기 위해서 준비하고 예비하신 줄 믿으시기 바랍니다. 다른 사람을 원망하고 누구 탓, 조상 탓 하지 마시기 바랍니다. 우리가 은혜 충만히 받으면 그것을 통해서 하나님은 우리를 복음 전하는 하나님의 일꾼으로 사용하실 것입니다.

하나님께서 아나니아를 보내사 성령 충만을 받게 하시고 눈의 비늘도 벗어나게 했을 뿐만 아니라 아나니아를 통해서 주신 사명을 발견하게 하십니다. 이방인들과 왕들과 또 이스라엘에게 복음을 전하게 하기 위해 보냈습니다. 사울은 그 말을 듣고 얼마나 가슴에 품었겠습니까? 평생 동안 그 마음의 소원을 가지고 사는 것을 우리가 보게 됩니다. 그래서 바울은 자신을 "그리스도 예수의 일로 너희 이방인을 위하여 갇힌 자 된 나 바울"(엡 3:1)이라고 말하면서 "모든 성도 중에 지극히 작은 자보다 더 작은 나에게 이 은혜를 주신 것은 측량할 수 없는 그리스도의 풍성함을 이방인에게 전하게 하시고"(엡 3:8) 라고 고백했습니다.

그는 예수 믿고 구원 받았을 뿐만 아니고, 예수님이 주신 사명을 받았습니다. 이방인에게, 왕에게 또 유대인들에게 복음을 전하게 하기 위해 주님께서 택하신 것입니다. 그의 고백입니다.

"내가 달려갈 길과 주 예수께 받은 사명 곧 하나님의 은혜의 복음을 증언하는 일을 마치려 함에는 나의 생명조차 조금도 귀한 것으로 여기지 아니하노라."(행 20:24)

사랑하는 여러분, 예수 믿는 하나님의 자녀는 그냥 살면 안 됩니다. 나는 하나님이 왜 태어났고 왜 또 지역에 살게 하고 왜 온누리에 다니게 하셨을까? 왜 밥 먹고 직장 다니고 사업하게 하셨을까? 하나님은 이것 때문에 나에게 이 세상에 보내었다 하는 사명이 있어야 됩니다. 그 사명으로 살아가는 성도가 되시기 바랍니다.

왜 하나님께서 우리를 양산에 보내셨느냐? 우리나라에서 우상숭배가 가장 많은 동네 중에 하나가 양산입니다. "그 동네에 가서 우상숭배하는 자에게 복음을 전해라," 그것이 하나님이 우리를 세우신 목적입니다. 그리고 "순교해라, 또 다른 교회를 세워 나가라" 하셨고 요즘은 "다음 세대를 살려라" 하시는데 이것이 하나님께서 우리에게 주신 교회의 사명입니다. 저는 하나님께서 예수님 전하기 위해서 저를 부르시고 우리 교회를 세웠다고 확신합니다. 여기에 대해서는 조금도 흔들림이 없습니다.

하나님께서 사울을 변화시켰을 뿐만 아니고 아나니아를 보내서 사명을 주셨습니다. "가라, 이 사람은 내 이름을 이방인과 임금들과 이스라엘 자손들에게 전하기 위하여 택한 나의 그릇이다."

우리는 기도해야 합니다. '하나님, 나는 이 사명 때문에 하나님이 나를 부르시고 구원하신 줄 믿습니다. 나는 이 사명 때문에 앞으로도 살아갈 것입니다.'

그냥 왔다 갔다 하는 성도가 아니라 나는 사명 때문에 일하고, 사명 때문에 사는 성도가 되어야 합니다. "그가 내 이름을 위하여 얼마나 고난을 받아야 할 것을 내가 그에게 보이리라." 우리가 예수 믿고 구원 받고 복음 전하는 복을 받았지만 그것만을 위한 것이 아니라 고난도 받게 하셨습니다.

고난의 유익이 무엇일까요? 첫째, 고난은 하나님이 주신 벌이 아니라 축복인 줄 믿습니다. 고난을 통해 우리가 더 열심히 주님을 바라보고 기도하게 되며 주님을 더 깊이 알아가게 될 줄 믿습니다. 고난 받지 않으면 사람은 부패되기 쉽습니다. 성경도 안 보고 기도도 안 하고 신앙 생활도 잘 안 하게 됩니다. 고난 받아야 자꾸만 주님께 가며 더 깊이 주님을 알아가게 됩니다. 처음 예수 믿는 사람을 보면 주위에 핍박하는 사람이 있을 때 더 열심히 신앙 생활을 합니다.

둘째는, 전도자에게 고난을 주시는 것은 열심을 내어서 하나님 앞에서 살아가라고 하는 것인 줄 믿습니다. 여러분, 살다가 어려움이 있고 고난이 있을 때 '하나님, 이것 좀 없애주세요' 하고 기도할 수 있지만 '하나님, 이 일을 통해서 주님을 더 열심히 믿게 해주시옵소서, 주의 일에 쓰임 받게 해 주시옵소서' 하는 기도를 한다면 하나님께서 그 모든 것도 해결하실 줄 믿습니다.

셋째는, 우리에게 하늘의 상급을 주시고자 하심입니다. 우리가 이 땅에 잘 사는 것도 좋지만 하늘에 상급이 없다면 무슨 유익이 있겠습니까. 저는 신앙생활하면서 예수님 때문에 잘 먹고, 잘 살고, 편안하고, 사랑받고, 너무 좋은 것만 많이 받아서 늘 마음이 불안했습니다. '하나님 나라에 가면 내게 상급이 없겠구나, 잘 섬기는 성도들이 상급이 있겠구나' 이 생각을 늘 하고 삽니다.

중국 상해에서 우리가 그 지교회에 있는 약 50명 일꾼들 모아놓고 말씀을 한 달 동안 공부한 적이 있습니다. 그때 제가 잡혔습니다. 고발 당해 잡혀서 경찰서에 갔는데 이런 생각이 들었습니다. '나도 복음 전하다가 예수님 때문에 경찰서 왔구나.' 이 생각을 하니 얼마나 기쁜지, 고생스럽긴 했지만 얼마나 기뻤는지 모릅니다. 여러분, 혹시 복음을 전하다가 고난 받으면 기뻐하시기 바랍니다. 하늘의 별과 같은 상이 있는 줄 믿으시기 바랍니다.

> 17~18절, "아나니아가 떠나 그 집에 들어가서 그에게 안수하여 이르되 형제 사울아 주 곧 네가 오는 길에서 나타나셨던 예수께서 나를 보내어 너로 다시 보게 하시고 성령으로 충만하게 하신다 하니 즉시 사울의 눈에서 비늘 같은 것이 벗어져 다시 보게 된지라 일어나 세례를 받고."

아나니아는 사울이 어떤 사람인 줄 알았는데 사울이 예수 믿고 돌아오니까 아나니아는 그를 '형제 사울'이라 불렀습니다. 예수 믿기 전에 어떤 원수라도 예수 믿고 돌아오면 형제입니다. 환영하시고, 사랑하시고, 용납하는 성도가 되기를 주의 이름으로 축복합니다.

예배를 잘 드리러 오다가 어느 날 안 보이는 사람이 있어서 물었습니다. 교회에 왜 안 오느냐고 했더니, 예수 믿기 전에 싸워서 원수 같은 사람이 있었는데 그 사람이 우리 교회를 나오더래요. 그래서 그 사람 보기 싫어서 안 온다고 했습니다. 예수 믿는 사람으로서 옳은 일은 아닙니다. 예수 믿으면 서로 용납하고 용서하고 사랑하는 것을 하나님이 기뻐하십니다.

우리가 서로에게 어떤 죄를 지었다 할지라도 하나님 앞에 있는 죄보다는 적습니다. 하나님께서 우리 죄를 용서해 주셨는데 우리 형제를 용서하지 못해서 눈치 보고 서로 갈등한다면 이것은 하나님이 원하시는 것이 아닙니다.

아나니아는 사울이 올 때에 '당신이 빛을 보고 소리 듣고 만난 그 예수가 나에게 나타나서 당신에게 가라 하셨습니다,' 라고 말했습니다. 그 예수님은 하나님 아들, 그리스도인 것이 확실한 역사적 사실임을 믿으시기 바랍니다. 기독교는 불신자들이 생각하는 것처럼 종교 중 하나가 아닙니다. 불신자들이 평가하고 보는 것에 다 귀를 기울이지 마시고 우리는 성경 말씀에 귀를 기울여서 예수님은 오직 한 분이신 그리스도임을 확실히 믿는 믿음에 거하기를 바랍니다.

사울이 예수 믿겠다는 계획도 없었고, 예수 믿는 사람을 잡으려고 다메섹으로 가다가 빛을 봤고 음성도 들었습니다. 그리고 눈이 보이지 않게 되고, 식음을 전폐하는 중에 아나니아를 보내겠다고 말씀하셨고 기도하면 눈이 밝아질 것이라는 말씀도 들었습니다. 이 모든 과정을 통해 사울은 너무나 확실하게 예수님이 하나님의 아들로 믿어지게 되었습니다. 그래서 세례를 받고 분명한 믿음의 확신을 가지게 되었다.

사랑하는 여러분, 예수님을 분명하고 확신 있게 믿는 성도가 되시기 바랍니다. 누가 뭐라 할지라도 어떤 상황이라 할지라도 '예수님은 하나님 아들 그리스도입니다, 나의 구원자이십니다, 내가 그분을 영접했기에 나는 하나님의 자녀입니다, 나는 그리스도인입니다' 하고 분명하고 확실한 믿음 있는 성도가 돼야 될 줄 믿습니다.

19절, "음식을 먹으매 강건하여지니라 사울이 다메섹에 있는 제자들과 함께 며칠 있을새."

사울이 며칠 동안 얼마나 갈등하고 회개했겠습니까. 예수님을 만난 그 상황에서 얼마나 충격이 컸겠습니까. 얼마나 불안하고 얼마나 어려웠겠습니까. 그런데 아나니아를 통해서 확실히 예수를 믿고 세례를 받았습니다. 자기가 평소에 기다리던 그 메시아를 만나고, 하나님께 구원받고 나니까 자기가 어떻게 살아야 될지 사명도 발견했고, 이제는 다 마무리가 되었습니다. 그래서 편안해져 강건해진 줄 믿습니다.

신앙생활할 때 갈등이 없이 예수 믿는 것이 확실하고, 앞으로 살아갈 이유를 분명히 깨닫고 그것 때문에 산다면 좀 잘 살든 그렇지 못하든 거기에 갈등하지 않습니다. 내가 해야 될 일이 있기 때문에 그런 줄 믿습니다. 어떤 사람의 말로 인해 혼동하지 않습니다. 이런 은혜가 여러분이 있기를 주의 이름으로 축복합니다.

아나니아는 나중에 베드로와 안드레를 통해서 다메섹에서 감독이 되었고 거기서 순교했다는 전승이 내려옵니다. 그래서 하나님께 존귀하게 쓰임 받은 아나니아처럼 이 세상에서 하나님께 쓰임 받는 성도가 되시기 바랍니다. 그것이 최고의 은혜와 복입니다. 사울은 이 사건을 통해서 예수님이 하나님 아들 그리스도라는 사실을 믿고 직접 부활한 예수를 만나 사도가 되는 놀라운 복을 받았습니다. 또 무엇을 하며 살아야 될지 사명을 받는 놀라운 사건이 된 줄 믿습니다.

우리는 꼭 두 가지를 기도해야 됩니다. 예수님만 하나님의 아들 그리스도이시라는 확신 있는 증인이 되게 해달라는 기도와 내가 무엇을 하며 살아야 할까를 묻는 기도입니다. 하나님으로부터 분명한 사명이 있는 성도가 되시기를 주 예수님의 이름으로 축복합니다.

28강 | 행 9:20~25

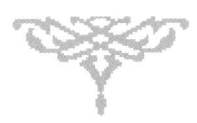

지난 주의 본문 19절 하반절에 보면, "사울이 다메섹에 있는 제자들과 함께 며칠 있을새" 했는데 '함께 며칠 있었다'는 것은 성경에는 자세히 안 나와 있지만 여기에는 굉장히 중요한 의미가 있습니다.

다메섹에 사울이 제자들과 함께 며칠 있었다는 말은 사울이 다메섹에 있는 믿는 성도들과 함께 있었다는 것입니다. 그중에는 다메섹에서 예수님을 만나서 믿는 성도도 있었을 것이고, 예루살렘에서의 핍박을 피해 흩어졌다가 다메섹까지 온 사람도 있었을 것입니다. 그중에 사울이라는 사람도 회개하고 그 공동체에 함께 있었습니다. 그러면 며칠 있는 동안 밥만 먹고 가만히 있었겠어요? 이야기를 했겠지요. 이것은 너무나 자연스러운 것입니다.

다메섹에 있는 성도들이 이런 이야기들을 했을 것입니다. '우리는 당신이 예수 믿기 전에 다메섹에 온다는 말을 듣고 너무 두려웠습니다, 너무 겁났습니다, 소문에 당신은 예루살렘에 있을 때 스데반이 순교하는데 가편 투표를 하던 악질로 예수 믿는 사람 보면 잡아가고 때리고 하던 사람이라 들었습니다, 그리고 대제사장에 가서 다메섹에 있는 예수 믿는 우리 명단을 받아서 우리를 잡아 예루살렘에 끌고 간다는 소문도 다 들었습니다, 그런 분이 예수 믿고 우리 형제가 되었다는 것은 하나님의 놀라운 일입니다, 잘 오셨습니다, 너무 반갑습니다' 이런 이야기들을 자연스럽게 했을 것입니다.

그렇다면 그 이야기를 들은 사울은 가만히 있겠습니까? '정말 죄송하고 부끄럽습니다, 저는 예수가 이단의 괴수인 줄 알았고 예수 믿는 사람은 그 이단에 빠져서 하나님의 일을 대적하는 줄 알았습니다, 그런데 대제사장에게 가서 명단을 받아서 다메섹이 오는 중에 강한 빛을 보고 음성도 들었습니다. 내게는 충격적인 시간이었습니다, 내가 메시아를 이렇게 만나다니... 앞을 못 보게 되었을 때도 정말 아찔했습니다. 그런데 하나님께서 아나니아라는 이름을 말씀하실 때 내 인생에 그 예수님으로 인해 엄청난 일이 일어날 것이라는 것은 예감할 수 있었습니다.' '저는 이제 확실히 믿습니다, 그 예수님이 하나님의 아들인 것을 믿고 내가 그 전에는 얼마나 악한 자였고 얼마나 큰 죄인이었고 얼마나 하나님의 큰 방해자였는지 내가 가슴이 찢어지게 마음이 아픕니다.' 분명히 이런 이야기들로 밤을 새웠을 것이라는 것을 짐작합니다.

그런데 분명 이런 간증뿐만 아니라, 자신들이 만났고 직접 들었던 예수 그리스도의 생명의 말씀들, 생애 이야기를 깊이 있게 했을 것입니다. 그리고 또 사도들에게서 듣고 배웠던 말씀들도 서로 나누었을 것입니다. 예수님이 고치신 앉은뱅이, 귀머거리, 장님, 벙어리 이야기들, 귀신이 떠나간 이야기도 나누었을 것입니다. 그리고 서로의 신앙 간증으로 꽃피웠을 것입니다.

사울은 이런 시간을 통해 그는 정말로 하나님의 아들이었다는 것과 자신이 그분이 주신 사명을 어떻게 이루어야 할지를 생각했을 것입니다. 십자가에 죽으신 것도 사실이고, 그분이 살아나신 것이 그들 대화의 마지막 시작이자 마지막 주제였을 것이며 서로를 격려하며 기도하면서 그 시간을 마쳤을 것입니다.

저는 1996년도부터 중국 선교를 많이 했습니다. 그때 우리 성도들 몇 사람이 함께 자비로 따라가기도 하고, 중국에 가면 사역자가 몇 사람 붙어서

7~8명, 많으면 12명 이런 식으로 팀이 되어 여러 장소를 2박 3일간, 때로는 3박 4일을 다니기도 했습니다. 이런 사역을 여러 번 했는데, 2박 3일 다녔다면 설교 한 번 하고 또 다음 내일 또 한 번 하는 정도의 사역이 아니었습니다. 2박 3일 동안 말씀을 전하고, 이야기하고 질문 받고 같이 먹고 같이 자고 말씀을 전하는 일정으로 2박 3일이었습니다.

그런데 그 2박 3일 동안 사람이 완전히 변해버립니다. 완전히 믿음의 사람으로 변합니다. 그래서 테이프를 많이 주고 1년 있다가 다시 돌아보았습니다. 그러면 우리보다 더 믿음 좋은 사람이 되어 있었습니다. 이런 사역의 역사가 수없이 일어나는 것을 제가 직접 경험했습니다.

그래서 예수님이 공동체 속에 제자들을 훈련하고 증인이 되게 하셨다는 성경을 보다보면 며칠 같이 있었던 그 기록을 그 사역을 안 해 본 사람은 그냥 넘어갈지 모르지만, 저는 이 말씀을 볼 때 굉장히 중요한 사역의 기간이었음을 보게 되는 것입니다. 이렇게 사울이 며칠 있으면서 예수님에 대한 더 확실한 믿음과 사명이 확실해졌습니다.

20절, "즉시로 각 회당에서 예수가 하나님의 아들이심을 전파하니."

말씀을 즉시로 전할 때는 몇 가지 조건이 있어야 됩니다. 첫째로, 예수님이 하나님 아들 그리스도인 구주에 대한 확실한 믿음이 있어야 합니다. 예수님을 모르는데 가서 말씀 전할 수 있습니까? 할 수 없습니다. 교회 오라는 말은 할 수 있지만 예수님을 증거할 수는 없습니다. 그러므로 사울은 확실한 믿음에 있는 사람입니다.

저와 여러분이 왜 전도에 확실한 마음을 가지고 못합니까? 이유는 딱 하나입니다. 확실한 믿음이 부족하기 때문입니다. '목사님, 내가 믿는데요?'

저도 압니다. 저도 확실히 믿는다고 생각했는데 아니었습니다. 분명한 확신이 있으니까 하나님이 문을 열어주시고, 누구 앞에서든지 예수님이 천지를 만드신 하나님이 그리스도라는 것을 담대히 증거하게 되고, 또 하나님의 말씀대로 구원의 역사를 주시는 것을 우리가 경험하게 되는 것입니다.

둘째로 분명한 사명이 있어야 됩니다. 사울은 예수님 아니면 구원 받을 수 없고 오직 예수님만 하나님 아들 그리스도시라는 확실한 믿음을 갖고, 그 예수님을 동족과 이방인 중 믿지 않는 사람에게 전해야겠다는 분명한 사명이 있었습니다. 여러분, 왜 전도하려는 열심이 안 납니까? 사명이 분명하지 않아서 그런 것입니다. 정말 예수님만 구원자가 되심을 믿습니까? 예수님 아니면 구원 못 받고 지옥 간다는 것을 믿습니까?

사람은 한 번 죽습니다. 반드시 한 번 죽으면 심판이 있습니다. 그렇다면 내 가족에게, 내 친구에게, 내 동족에게, 모르는 사람에게 예수님을 전할 사명이 있어야 하는 것은 정말 당연한 일입니다. 이 사명이 없다? 분명한 믿음이 약하다는 뜻입니다. 이 사명을 가지고 그리스도인이 살아가는 줄 믿습니다.

예수 믿는 사람이 왜 삽니까? 돈 벌기 위해서? 성공하기 위해서? 그것이 사명이 아닙니다. 돈도 벌어야 되고 성공도 해야 되고 직장도 있어야 되고 사업장도 있어야 하겠지만, 궁극적인 목적은 그 모든 것을 통해서 우리의 사명인 복음 전하는 것, 영혼을 살리는 것이 우리 그리스도인의 사명인 줄 믿습니다. 사울은 이 분명한 사명을 가지고 있었습니다.

세 번째, 순종입니다. 하나님은 즉시로 순종하는 사람을 사용하심을 믿습니다. 베드로를 불렀을 때에 배를 버려두고 즉시로 예수님을 따랐습니다(마 4:20, 막 1:18) 요한과 안드레를 불렀을 때도, 야고보를 불렀을 때도 즉시로 따랐습니다. 하나님의 말씀을 믿고 명령을 믿는 사람은 내일이 아니라 지금 즉시 따릅니다. 그러므로 사울은 며칠 동안 있으면서 분명한 믿음과 사명을 확실히 가지고 나가자마자 즉시로 복음을 전했습니다.

사울이 믿기 전에는, 회당이 예수 믿는 사람을 잡아가지고 예루살렘을 끌고 가는 곳인데 이제는 회당은 바울이 복음 전하는 현장이 되었습니다. 우리가 예수 믿기 전에는 직장이든지 만나는 사람마다 예수 믿는 사람보고 욕하고 반대하고 핍박했는데 예수 믿고 나니까 그 모든 사람이 또 전도의 대상이 되는 것입니다. 할렐루야!

제가 예수님은 믿지만 분명한 믿음을 가지기 전에는 전도할 사람이 없었습니다. 이 사람은 절에 간다니까 못 전하고, 저 사람은 어디 직장 간다고 못 전하고, 이 사람은 안 받아들여서 못했습니다. 그런데 확실한 믿음을 갖고 나니까 모든 사람이 전도의 대상이 되었습니다.

전도의 대상은 어디 있는 것이 아니고 내가 확실한 믿음으로 사명을 가지면 하나님은 우리의 눈에 전도의 대상을 보이게 하시고 만나게 하시는 줄 믿습니다.

사울은 바로 예수가 하나님의 아들이심을 전파했습니다. '예수님, 곧 나사렛 예수가 하나님의 아들이시다.' 이것이 복음의 내용입니다. 시편 2편 7절에 보면, "내가 여호와의 명령을 전하노라 여호와께서 내게 이르시되 너는 내 아들이라 오늘 내가 너를 낳았도다" 라는 말씀으로 하나님의 아들을 표현합니다. 로마서 1장 4절 말씀에 봅니다. "성결의 영으로는 죽은 자들 가운데서 부활하사 능력으로 하나님의 아들로 선포되셨으니 곧 우리 주 예수 그리스도시니라."

'하나님의 아들'이란 말은 '예수가 그리스도시다'는 복음의 말씀인 줄 민습니다. 히브리서 1장 5절 말씀을 다시 보면, "하나님께서 어느 때에 천사 중 누구에게 너는 내 아들이라 오늘 내가 너를 낳았다 하셨으며 또 다시 나는 그에게 아버지가 되고 그는 내게 아들이 되리라 하셨느냐"고 기록합니다. 마태복음 3장 17절 말씀에는 "하늘로부터 소리가 있어 말씀하시되 이는 내 사랑하는 아들이요 내 기뻐하는 자라 하시니라"고 했습니다.

왜 그리스도를 하나님의 아들이라고 합니까? 우리가 믿는 하나님은 성부 하나님, 성자 하나님, 성령 하나님 이 삼위로 한 분이십니다. 성경에서 하나님을 지칭할 때 '우리'라는 복수를 쓰기도 하고, '오직 하나이신 여호와 하나님' 이렇게 신명기에 말씀하기도 합니다. 삼위 중에 제2위인 아들 하나님이 이 땅에 오신 그리스도인 줄 믿습니다. 그래서 그 아들 하나님을 '하나님의 아들'이라 합니다.

요한복음 1장에 '그는 하나님이시다'고 했습니다.(34절) '로고스'로 이 땅에 오신 분이십니다. 그래서 하나님의 아들이심을 증거했다는 말씀은 예수님은 하나님의 아들이신 그리스도라는 말씀인 줄 믿으시기 바랍니다. 베드로가 마태복음 16장에 주께 고백하기를, "주는 그리스도시요 살아계시는 하나님의 아들이십니다"(16절)이라고 했습니다. 이것이 바른 신앙 고백입니다.

여러분은 예수님을 어떻게 믿습니까? 예수님은 천지를 만드신 하나님이시며, 이 땅에 사람으로 오셔서 우리를 위해서 죽으시고 부활하시고 지금 살아계신 구주입니다. 그리스도이십니다. 메시아이십니다. 이렇게 믿으면 바른 믿음이 되는 줄 믿습니다. 도마도 '나의 주 나의 하나님'이라고 고백했습니다. 예수님을 하나님으로만 믿으면 온전한 고백이 안 되고, 예수님을 하나님으로 믿지 않고 이 땅에 오신 그리스도로만 믿어도 온전한 신앙이 되지 않습니다. 예수님이 하나님이신 그리스도가 되심을 믿으시기 바랍니다.

21절, "듣는 사람이 다 놀라 말하되 이 사람이 예루살렘에서 이 이름을 부르는 사람을 멸하려던 자가 아니냐 여기 온 것도 그들을 결박하여 대제사장들에게 끌어 가고자 함이 아니냐 하더라."

사람들이 얼마나 놀랐겠습니까? 사울은 공부도 많이 하고 바리새인 중에 바리새인이요 대제사장에 가서 다메섹에서 예수 믿는 사람 명단을 받아가지고, 다메색에서 잡아 예루살렘으로 끌고 가고자 하는 사람인 줄 다 알고 있는데 오히려 그가 '예수님은 하나님 아들 그리스도입니다' 라고 전하니까 사람들이 놀라서 자빠지는 것입니다.

22절, "사울은 힘을 더 얻어 예수를 그리스도라 증언하여 다메섹에 사는 유대인들을 당혹하게 하니라."

사울이 더 힘을 얻었다는 말은 '권능을 더 받아서' 라는 의미입니다. 예수님을 전할 때 성령이 충만하게 하셨는데 하나님께서 영적 힘을 계속 주셔서 더 많이 전하게 하셨다는 뜻입니다. 복음의 내용이 예수를 그리스도라고 전했다는 것입니다.

20절에는 예수님을 하나님의 아들이라, 22절에는 예수를 그리스도라 했다 합니다. 예수란 말은 당시에 흔한 이름 중 하나라고 합니다. 그래서 우리가 믿는 예수님을 그냥 예수라 하지 않고 어떻게 해요? '나사렛 예수'라고 합니다. '나사렛의 조그마한 갈릴리 동네에 있던 그 예수가 하나님의 아들 그리스도시다' 그 말입니다. 사람들이 보니 그는 요셉과 마리아의 아들입니다. 그는 세례 받으신 후 제자들을 불러서 공동생활하면서 복음을 전할 때 많은 사람이 구원 받고 귀신이 떠나가고 앉은뱅이가 일어나고 병든 자들이 치료 받고 죽은 자가 살아났습니다. 바로 그분이 하나님 아들 그리스도이십니다.

여러분, 예수님만 온 우주의 하나님 아들 그리스도이심을 확실히 믿으시기 바랍니다. 그 믿음이 확실해지면 내게 사명이 오고, 그 분명한 사명을 가지고 주님 이름으로 복음을 전하는 데 쓰임 받는 최고로 축복된 삶을 살게 될 줄 믿으시기 바랍니다. 주일 예배 드리고, 봉사하고 헌신하는 것만 가지고 신앙생활 잘 하고 있다고 생각하지 마시고, 적어도 신앙의 목표를 예수님의 제자로, 증인으로 다른 사람을 살리고 복음 전하며 양육하고 사역하는 일에 쓰임 받는 사명이 있는 성도가 되시기 바랍니다. 그래야 주님이 원하시는 성도로서의 삶을 살아가게 되는 줄 믿습니다.

23절, "여러 날이 지나매 유대인들이 사울 죽이기를 공모하더니."

유대인들이 아주 놀랍고 당황했습니다. '여러 날'이라고 번역된 헬라어는 '카나이'라는 단어인데 '매우 긴 시간'을 의미합니다. 이게 며칠이 아니라 22절과 23절 사이에는 상당한 기간이 있습니다. 사울이 예수님을 만나고 혈육과 의논하지 아니하고 사도들에게 보고하지 않고 아라비아에서 3년 동안 있은 적이 있습니다. 그리고 다시 다메섹으로 가서 복음을 전하는데 그 기간으로 봅니다.

갈라디아서 1장 16~18절에 "그의 아들을 이방에 전하기 위하여 그를 내 속에 나타내시기를 기뻐하셨을 때에 내가 곧 혈육과 의논하지 아니하고 또 나보다 먼저 사도 된 자들을 만나려고 예루살렘으로 가지 아니하고 아라비아로 갔다가 다시 다메섹으로 돌아갔노라 그 후 삼 년 만에 내가 게바를 방문하려고 예루살렘에 올라가서 그와 함께 십오 일을 머무는 동안"이라 쓰고 있습니다.

여기 갈라디아서의 바울이 자기의 이야기를 하면서, 예수님을 만난 후 아라비아에 3년 있으면서 기도하고 은혜받은 뒤 '다시 다메섹으로 와서'라는 말을 하고 있는 것을 보게 됩니다. 그래서 22절과 23절 사이에 상당한 기간이 있었고, 다시 다메섹에 가서 복음을 전할 때 유대인들이 사울을 죽이러 공모했다고 합니다. 3년 동안 사울이 성경도 많이 읽고 기도도 많이 했을 것이고 또 전도에 대한 훈련도 나름대로 많이 해서 자기의 복음 전함에 대한 확신과 정립을 한 기간인 줄 믿습니다.

예수님도 제자들을 3년 동안 훈련시켜서 기대하셨듯, 우리도 은혜 받고 복음 전하는 자로 집중적으로 은혜 받고 훈련 받는 시간이 필요한 줄 믿습니다. 유대인은 결혼하면 남자는 1년 동안 어떤 일을 했든 직장을 안 간다고 합니다. 그 아내가 1년 동안 일해서 먹여 살리는데 그 동안 그 남자는 성경 읽고 연구하는 것에만 집중한다고 합니다. 왜요? 자녀에게 신앙을 전하고 성경을 가르칠 준비 기간이랍니다. 그래서 유대인들은 자라나면서 부모에게 평생 동안 성경에 대해 가르침을 받고 기도를 배웁니다.

우리는 결혼하자마자 뭐 합니까? 먹고 살기 위해 직장 일에 매진합니다. 믿음은 어떻게 되든지 일단 직장은 구하고 보자는 것입니다. 그런데 유대인들은 직장이 문제가 아니고 분명한 성경과 함께 믿음으로 하나님을 경외하기 위한 기반을 닦는 것입니다. 굉장히 중요합니다. 저와 여러분이 예수 믿고 복음 전하기 위해서 은혜 받고 기도하는 그런 시간이 필요합니다. 어떤 상황에서 어디 가서 누구 앞에 서든지 믿음이 흔들리지 않고 '예수님은 하나님의 아들 그리스도입니다' 라고 증거할 수 있는 확실한 믿음의 준비가 필요한 줄 믿습니다.

사울이 3년 동안 아라비아에 갔다 온 후 다메섹에서 복음을 전할 때 '유대인들이 공모했다'는 말은 모의해서 사울을 죽이기로 같은 뜻을 모았다는 뜻입니다. 유대인 같아 보이지만 사탄에게 쓰임 받는 것입니다. 사람들이 예수 믿는 것을 핍박하고 복음 전하는 것을 막고 교회를 훼손하는 것은 사탄의 일입니다. 하나님의 성령은 복음을 전하게 하시고, 하나님 성령은 교회를 세우시고 하나님의 일꾼이 성장하고 제자가 되게 하시는데 바로 이것이 주의 뜻인 줄 믿습니다.

마귀는 사람으로 권세를 가지고, 혹은 문화라는 이름으로, 여러 다양한 방법으로 또는 너무 분주하게 해서 예수 믿는 사람이 제자 되는 것, 증인이 되는 것을 막습니다. 복음이 증거 되는 것을 막습니다. 속지 마시고 주님 오시는 그 날까지 우리 모두가 예수님을 믿고 예배드리고 전도하는 데 쓰임받기를 바랍니다.

> 24~25절, "그 계교가 사울에게 알려지니라 그들이 그를 죽이려고 밤낮으로 성문까지 지키거늘 그의 제자들이 밤에 사울을 광주리에 담아 성벽에서 달아 내리니라."

하나님은 사울을 보호하기 위해서 그 계교를 알게 하셨고, 그의 제자들이 밤에 사울을 광주리에 담아 성벽에서 달아 내렸다고 했습니다. 다메섹 성에서 도망 못 가도록 문마다 지키며 집집마다 찾아다니면서 사울을 찾았습니다. 그런데 하나님은 그 성벽에 들창이 있는 집에 예수 믿는 사람을 준비했다가 사울을 구원한 줄 믿습니다.

여기 나오는 광주리는 갈대 바구니가 아니고, 성경 원어로 보면, '스프리스'라고 하는데 이것은 '끈으로 만든 관'으로 사람이 타도 떨어지지 않는 그런 바구니를 말합니다. 당시는 유대인들이 다스릴 때가 아니라 나바티아 아랍 왕국의 아레다 왕이 다스릴 때입니다. 그래서 유대인들이 성문지기들에게 뇌물을 주고 성문을 철두철미하게 지키면서 사울을 잡게 했습니다.

고린도후서 11장 32~33절 말씀을 봅니다.

"다메섹에서 아레다 왕의 고관이 나를 잡으려고 다메섹 성을 지켰으나 나는 광주리를 타고 들창문으로 성벽을 내려가 그 손에서 벗어났노라."

우리가 사명으로 살아갈 동안은 하나님은 어떤 상황 가운데서도 우리를 지키십니다. 사도행전 12장에 보면 베드로가 감옥에 갇혔는데 주의 사자를 통해서 그 안에서도 초자연적인 기적을 통해서 지키심을 믿으시기 바랍니다. 그러니까 두려워하지 마시고 담대하시기를 바랍니다.

오늘 말씀에 너무 중요한 것이 많습니다. 첫째로, '함께 있을 때'는 말씀 공동체, 기도 공동체, 사명 공동체, 삶의 공동체 안에 있을 때를 말하는데 이것을 셀이라고 그럽니다. 성전에서 모이고 집에서 모입니다. 교회에서 예배 드리는 것은 우리가 하나님을 경외하는 것이지 제자가 되는 것은 아닙니다. 제자는 셀교회에서 된다는 것을 꼭 아셔야 합니다. 셀교회에서 말씀 공동체, 기도 공동체, 사명 공동체, 삶의 공동체로 제자 되는 은혜가 있기를 주의 이름으로 축복합니다.

29강 | 행 9:26~31

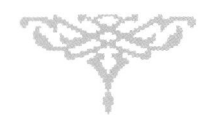

바울은 다메섹 도상에서 예수 믿고 구원 받은 후, 다메섹에서 성도들과 함께 있으면서 은혜를 나누었습니다. 그 후에 아라비아로 가서 3년 동안 많은 기도를 하고, 성경을 보는 눈도 달라졌을 것이고, 또 자신도 돌아보면서 회개도 많이 했을 것입니다. 그 다음에 다메섹에 다시 와서 3년을 사역할 때 유대인들이 죽이려 하자 들창을 통해 광주리로 탈출합니다. 탈출해서 예루살렘에 가는데 예루살렘에 갔더니 많은 사도들과 성도들이 사울을 사귀기를 두려워하는 것입니다.

그런데 예루살렘에 가서 사도들을 만나기 전에 야고보를 먼저 만나 15일을 함께 합니다. 야고보는 예수님의 육신의 동생입니다. 그 후에 바나바가 예루살렘 교회에 있는 사도들과 성도들에게 사울을 소개합니다. 그때부터 사울이 예루살렘 교회 성도들과의 교제가 시작됩니다.

그 후에 예루살렘에서 또 핍박을 받아서 자신의 고향인 다소로 갑니다. 거기서 칠년 동안 다시 훈련을 받고, 후에 또 다른 하나님의 놀라운 사역들을 준비합니다.

26절, "사울이 예루살렘에 가서 제자들을 사귀고자 하나 다 두려워하여 그가 제자 됨을 믿지 아니하니."

사울이 예수님의 제자가 되었다는 소문은 들었지만 성도들은 잘 믿지 않습니다. 혹시 그러다가 믿는 사람들 잡아가지 않을까 하는 마음이었을 것입니다. 몇 년 전까지만 해도 그리스도인들을 지독히도 박해하던 사람이 예수 믿는다니까 믿어지지 않았던 것은 당연하다고 생각됩니다.

하나님께서 하신 일을 잠시 봅니다. 갈라디아서 1장 17절~19절을 봅니다.

"또 나보다 먼저 사도 된 자들을 만나려고 예루살렘에 가지 아니하고 아라비아로 갔다가 다시 다메섹으로 돌아갔노라"

이게 이제 3년 걸렸어요. 그 후 3년 만에 내가 게바를 방문하려고 예루살렘에 올라가서 그와 함께 15일을 머무는 동안 주의 형제 야고보 예수님의 동생이에요. 사도에 들어가지는 않지만 예루살렘 교회에 감독을 하고 사도행전 15장에 보면은 예루살렘 교회에서 굉장히 역할을 한 걸 우리가 보게 돼요. 야고보 그 다음에 요한을 만나게 됩니다.

갈라디아서 2장 9절 말씀을 봅니다.

"또 기둥같이 여기는 야고보와 게바와 요한도 내게 주신 은혜로 말미암음으로 바나바에게 친교의 악수를 하였으니 우리는 이방인에게로 그들은 할례자에게로 가게 하려 함이라"

그러면 이 예루살렘에 있는 사도들과 성도들을 만나기 전에 먼저 게바가 누굽니까? 베드로입니다. 예수님의 육신의 동생 수제자인 베드로와 예수님의 가장 사랑받는 제자가 요한이죠. 거기에 바나바가 끼어 있음을 우리가 보게 됩니다.

사도행전 4장 32절~37절에 보니까,

"믿는 무리가 다 한마음 한 뜻이 되어 모든 물건을 서로 통용하고 자기 제물을 조금이라도 자기 것이라 하는 이가 하나도 없더라 사도들이 큰 권능으로 주 예수의 부활을 증언하니 무리가 큰 은혜를 받아 그 중에 가난한 사람이 없으니 이는 밭과 집이 있는 자가 팔아 그 값을 가져다가 사도들의 발 앞에 두매 그들이 각 사람의 필요를 따라 나누어 줌이라 구브로에 난 레위 족 사람이 있으니 이름은 요셉이라 사도들이 일컬어 바나바라 번역하면 위로의 사람이라 하니 그가 밭이 있음에 팔아 그 밭을 가지고 사도들 발 앞에 두니라."

이게 초대교회의 아주 은혜가 충만한 셀의 모습이죠. 바나바라는 사람이 밭을 팔아서 사도들 앞에 두었어요. 나중에 사도행전 11장에 가면은 안디옥 교회가 생겨날 때 예루살렘 교회가 파송하는 사람이 이 바나바예요. 그리고 13장에는 보면은 첫 선교사로서 파송 받기도 하는 사람이 바나바입니다.

이 바나바는 예루살렘 교회 안에서 많은 사람들에게 사도들에게 인정받는 사람이에요. 신뢰받는 사람이 이런 믿을 만한 사람이 하는 말이기 때문에 이 바나바가 사울을 소개할 때에 사람들이 사울을 받아들이게 된 줄 믿습니다.

바나바는 다른 말로는 위로자라 하는 뜻의 이름이라고 했어요. 사도들이 요셉이라는 사람 이름을 바나바라 했어요. 성도들끼리 바나바와 만나면 위로가 돼 힘이 돼 마음이 편안해져요. 이런 성도 되기를 주의 이름으로 축복합니다. 그 사람을 만났더니 위로가 되고 힘이 되고 기도해야 되겠구나 예배 드려야 되겠구나 나도 주님을 더 알아야 되겠구나 하고 힘이 되고 위로가 되고 불신자들도 우리를 만날 때 위로가 되고 힘이 되고 편안해야 됩니다.

예수 믿는 사람 만났더니 교만하고 정죄하고 또 비판하고 자기끼리 싸우고 그러면 아무도 예수 믿지 않습니다. 바나바는 많은 사람들에게 인정받고 신뢰를 받는 사람인데 하나님께서 이 바나바를 사도들이 사울을 만나는

데 거기에 바나바의 이름도 더하는 은혜를 베풀어 주신 줄 믿습니다. 이 바나바, 베드로, 요한, 야고보, 사울이라는 사람 만났을 때에 사울이 뭐라 했겠습니까? 사울이 회개하고 돌아왔을 때 약 한 30세쯤 된다고 보면은 한 36세 이상 40세 가까이 돼가는 그런 정도의 나이인데 예수님의 제자들은 나이가 더 많죠. 대사도님 했던지 형님을 했던지 저를 잘 알지 않습니까 저는 참 악한 자였습니다. 스데반이 순교할 때 내가 거기 옆에 있었습니다. 설교를 들었습니다. 그래도 나 안 믿었습니까 결정적 역할을 내가 했습니다.

그것도 못 마땅해서 대제사장에게 명단을 받아서 다메섹에 가서 이름을 가지고 예루살렘으로 압송하려는 악한 자입니다. 그런데 다메섹으로 가다가 강한 빛을 보고 음성을 들었어요. 사울아 사울아 왜 네가 나를 핍박하느냐 전 정말 기절한 것 같았습니다.

직가라는 집 유다의 집에 있을 때에 아나니아가 왔습니다. 주께서 보낸다고 하셨습니다. 기도할 때 내 눈에서 비늘 같은 것이 부서지고 내가 보게 되었습니다. 그리고 그 다메섹에 있는 성도들이 함께하면서 내가 은혜를 받고 바로 다메섹에서 내가 예수님 전했습니다.

그리고 아라비아게 가서 3년 동안 있었습니다. 기도하면서 회개를 많이 했습니다. 그리고 하나님 은혜에 감사를 많이 했습니다. 성경도 많이 읽고 성경을 좀 더 바르게 보게 되었습니다. 그리고 다시 다메섹에 가서 복음 전하다가 나를 죽이려는 사람 때문에 다메섹에 있는 제자들이 나를 창틀로 광주리로 내보내서 나를 탈출시켰습니다. 여기까지 왔습니다. 당연히 이 이야기 안 했겠어요. 십오일인데요.

그런데 그 말 들은 사도들도 하나님의 은혜입니다. 잘 왔습니다 그리고 베드로가 이야기했겠죠. 나는 원래 어부였습니다. 나는 이런 복 받을 사람이 아닌데 예수님의 부름을 받았어요. 그리고 따라다니면서 표적과 기적을 보고 말씀도 배우고 예수님이 하나님 아들 그리스도라는 것 제가 알게 됐습니다. 나는 생명의 말씀이 주께 있으니 내가 어디로 가리이까 하고 고백했습니다. 그런데 닭울기 전에 나는 예수님을 부인하고 도망갔습니다. 내가 나가서 통곡을 하라고 울었습니다.

　나는 다시는 예수님을 부인하지 않으려고 않는다고 결심을 했는데 예수님이 십자가 지실 때 우리 다 도망갔어요. 그 주님이 부활하셔서 찾아오셨습니다. 그리고 마지막에 나에게 찾아오셔서 요한의 아들 시몬아 니가 이 모든 사람들보다 나를 더 사랑하느냐 물으실 때에 나는 가슴이 찢어지는 것 같았습니다. 내가 세 번 부인했다고 그러셨는지 세 번 내게 물었습니다. 나는 눈을 들어서 주님을 볼 수가 없었습니다. 아마 베드로는 그 간증을 하면서 엄청나게 울었을 거라는 생각이 들어요.

　그런 나에게 사명을 주시고 어린 양을 치라 먹이라 하셨습니다. 그리고 마가 다락방에 성령의 충만한 역사가 있어 옆에 있는 요한하고 예루살렘 성전에 올라가다가 앉은뱅이가 일어나도록 하나님이 역사해 주셨습니다.

　사울은 다메섹 도상에서 예수님을 만났고 성도를 통해서 은혜 받고 복음도 전하고 확실한 믿음이 있었습니다. 그런데 이 사울이 늘 마음에 안타까운 것은 직접 목격한 목격자를 통해서 예수님을 전해 듣지 못했다는 겁니다. 그런데 오늘 예수님과 3년 동안 함께 있던 목격자 베드로를 통해서 요한을 통해서 야고보를 통해서 예수님이 어떤 분이시다, 하나님이신 그리스도라는 말씀을 더 확실히 믿고 전하게 된 이 사울에게는 얼마나 큰 확신이 있겠습니까

　뒤에 보면 담대히 말씀을 전한다는 말씀이 나오고 있습니다.

27절, "바나바가 데리고 사도들에게 가서 그가 길에서 어떻게 주를 보았는지와 주께서 그에게 말씀하신 일과 다메섹에서 그가 어떻게 예수의 이름으로 담대히 말하였는지를 전하니라."

바나바는 사울을 통해서 어떻게 그가 주를 만났는지, 어떻게 다메섹에서 복음을 전했는지, 그리고 아라비아에 갔던 일들 다시 돌아와서 다메섹에서 복음을 전하고 위기 속에서 도망가서 탈출을 해가지고 여기까지 온 사실을 다 들었습니다. 바나바의 소개를 통해 예루살렘에 있는 다른 사도들과 성도들이 사울의 진정한 회심을 믿게 되었습니다.

28~29절, "사울이 제자들과 함께 있어 예루살렘에 출입하며."

바나바는 하나님께 귀하게 쓰임 받는 사람이구나 세상에 가면 예수 믿지 않은 사람은 예수 믿는 사람이 오해를 굉장히 많이 하고 있습니다. 독선적이다. 따지기를 좋아한다, 말만 많다. 마음이 좁다, 저희만 구원을 받는다고 한다. 상당히 많은 오해가 있습니다. 우리가 예수님을 바로 알아야 사실적으로 증거할 수 있는 줄 믿으시기 바랍니다. 세상에 있는 모든 종교는 노력으로 선하게 하면 정성을 들이면 된다 이게 종교입니다.

여러분, 착하게 하면 된다 얼마나 착하면 됩니까, 죄를 한 번만 지으면 됩니까, 열 번 백 번 천 번 만 번까지는 봐줍니까, 착하다는 말 자체가 기준이 없어요. 선하다는 기준이 없어요. 정성들이라는 기준이 아무것도 없는데 그래 하면 된다고 가르킵니다.

죄 없는 사람 하나도 없어요. 하나님은 눈꼽 만큼 죄가 있어도 구원 못 받아요. 하나님은 거룩하시고 빛이시기 때문에 모든 사람이 죄를 범하였음에 하나님의 영광에 이르지 못하더니 그래서 우리는 아무리 착하고 선하고 아무리 정성을 들여도 구원받을 수 없는 존재입니다. 이거 알려줘요.

하나님의 아들이 이 땅에 오셔서 우리의 죄를 대신해서 죽으시고 이길 수 없는 사탄의 머리를 깨뜨려 놓으시고 만날 수 없는 하나님을 만나는 길을 열어놓으셔서 그분을 영접하면 됩니다. 그분은 하나님이신 구주이십니다. 그리스도입니다. 그러면 저와 여러분이 예수님이 하나님 되심을 증거할 수 있어야 돼요

그분이 처녀의 몸에 태어나서 자신의 죄가 아니라 우리의 죄를 위해서 죽으시고 부활하셨다는 걸 내가 증거할 수 있어야 돼요 그래야 독선이 하지 않습니다. 하나님은 한 분이시고 구주는 한 분이십니다. 하나님이 한 분인 건 독선이 아닙니다. 유일하신 것, 그러기 때문에 오직 예수 그리스도로만 구원받는 줄 믿습니다.

> 29절, "또 주 예수의 이름으로 담대히 말하고 헬라파 유대인들과 함께 말하며 변론하니 그 사람들이 죽이려고 힘쓰거늘."

사울이 예루살렘에서 사도들과 성도들에게 활발한 교제를 할 뿐만 아니고 나아가서 예수 믿지 않은 사람에게는 담대하게, 자유롭게 말씀을 변론하고 선포합니다. 사울은 그렇게 예수 믿고 하나님의 아들 그리스도라는 부분에 대해서 걸림이 없이 마음껏 말했습니다.

우리가 예배드리는 것 중요하고 예수 믿고 구원받은 것 중요하지만 담대히 복음을 전할 수 있는 믿음을 가지기를 원합니다. 제자 되기 원합니다. 그 꿈을 딱 붙드시길 바랍니다. 부자 되는 꿈도, 열심히 공부해서 어떤 직위를 갖는 꿈도 필요합니다.

그러나 그것은 이 세상에 있을 때만 유용한 것입니다. 진짜 우리가 가져

야 할 꿈은 예수님을 구주로 확실히 믿는 믿음 가지고 확신 있는 증인이 되어서 누구 앞에서 어떤 상황에서든지 담대하고 자유롭게 이렇게 외칠 수 있어야 합니다. '예수님은 하나님의 아들입니다, 그리스도입니다, 우리 죄 때문에 오셨습니다, 동정녀에게 오셨을 뿐만 아니라 그는 죽었다가 살아나시고 지금 살아 계십니다.' 이런 믿음이 되기를 주의 이름으로 축복합니다.

사울이 헬라파 유대인들과 함께 말하며 변론했다고 합니다. 헬라 언어를 사용하는 유대인입니다. 헬라 문화를 많이 접했기 때문에 생각이나 사고가 헬라적인 유대인들입니다. 논쟁을 좋아하고, 철학을 좋아하고, 사변적이며, 논리를 좋아합니다. 바울은 예수님을 논리로 지식으로 믿은 것이 아니고 실제로 믿었습니다.

성도 여러분, 예수님을 머리로, 논리로 믿지 마시고 실제적으로 믿으시기 바랍니다. 그러려면 내가 듣기만 하거나 성경 공부만 하고 암송만 해서는 안 됩니다. 듣고 믿었던 것을 내가 기도하고 나가서 지키고 실천해야 합니다. 그래야 말씀이 이루어지고 성취되는 것을 볼 수 있고 그래서 실제로 믿는 사람이 됩니다.

성경공부를 하면 지식적으로 아는 수준이 되는데 거기서 그 말씀을 붙들고 기도하고 응답받고 말씀이 이루어져서 성취되는 것을 봐야 합니다. 그래야 성경이 하나님의 살아 있고 능력 있는 말씀, 구원의 말씀이라는 것을 실제로 알게 되는 것입니다. 지식으로 예수님을 믿으면 때때로 우리 자신이 착각할 수 있습니다. 하나님이 응답을 안 해주시느니, 하나님이 함께 안 하시느니 하면서 하나님을 원망할 수도 있습니다.

제가 목사가 되고 막상 목회를 하려니까 성경하고 나하고 안 맞고 괴리가 생기는 것을 경험했습니다. 믿으면 응답 주신다는데 응답이 오지 않습니다,

복음을 전하면 사람들이 믿고 돌아온다는데 안 돌아옵니다, 하나님이 함께 하신다는데 함께 하는 것을 모르겠습니다, 그러니까 얼마나 괴리가 생깁니까? 그런데도 목회는 해야 합니다. 너무나 어렵고 힘듭니다.

세상하고도 안 맞습니다. 아브라함을 보니까 하나님의 복을 받았는데 예수 믿는 사람 보니까 늘 불신자보다 더 못 삽니다. 성경은 하나님 믿는 사람이 복 받고 하나님 믿는 사람에게 지혜를 주신다는데 나를 봐도 다른 사람을 봐도 그 증거가 보이지 않습니다.

그런데, 저는 전도하면서 성경이 사실임을 알게 되었습니다. 말씀이 성취되고, 말씀대로 구원받고, 치료되고, 귀신이 떠나가는 사람이 생겼습니다. 역사가 일어나고, 성경 말씀이 살아 있는 말씀으로 함께 하기 시작했습니다. 그러자 '예수님은 정말 하나님 아들 그리스도시구나' 하는 믿음이 생기면서 담대히 말할 수 있고 증거할 수 있게 되었습니다.

하나님은 우리가 예수님을 그렇게 믿기 원하는 줄 믿습니다. 사울이 다메섹 도상에서 예수님 믿고 다메섹에서 확신을 가지고 복음을 전했습니다. 하나님은 끊임없이 사울에게 은혜를 주셔서 사도들을 만나게 해서 더 확신을 가지고 복음을 전하게 하시고 또 다소에 가서 훈련하게 하셨습니다. 우리의 믿음도 그런 과정으로 굳건하게 서는 줄 믿습니다.

바울도 빌립보서 3장 14절에서, "푯대를 향하여 그리스도 예수 안에서 하나님이 위에서 부르신 부름의 상을 위하여 달려가노라"고 했습니다. 우리의 신앙은 어느 날까지 예수님을 더 알아가기 위해서 쫓아가는 신앙이어야 합니다. 찬송 잘 하고 성경 잘 아니까 만족할 것이 아니라 주님을 쫓아가는 신앙이 돼야 될 줄 믿습니다.

아무리 논리가 정연하다 할지라도 논쟁에서 이길 수가 없는데 사울과 논쟁했더니 사울을 이기지 못하니까 사울을 죽이려고 했습니다.

30절, "형제들이 알고 가이사랴로 데리고 내려가서 다소로 보내니라."

형제들이 알고 사울을 다소로 보냅니다. 이 다소는 사울의 고향인데, 아덴, 알렉산드리아와 함께 길리기아의 3대 도시에 속하며, 최고의 대학들이 있는 학문의 도시입니다. 거기서 바울은 가말리엘 문하에서 헬라의 모든 철학도 공부했을 것이고 바리새인으로서의 모든 훈련을 다 받았을 것입니다.

왜 하나님께서 사울을 다시 다소에 보냈을까요? 그는 예수님을 만나고 지금 다소에 가보니 자기가 얼마나 부끄러운지 자신을 다시 돌아보게 된 것입니다. 사람들에게 자랑할 것이 있는 것이 아니라 부끄러운 것밖에 없는 자신을 찾았습니다.

'이런 나를 하나님이 자녀 삼아주셨구나, 그리고 사도의 반열에 세워서 복음 전하게 하셨구나.' 사도 바울이 다소에서 받은 은혜가 엄청났을 것입니다. 이후에 하나님은 바울을 엄청난 선교사로 사용하셨습니다. 우리 자신을 돌아보면서 바울처럼 세상의 명예, 권력, 배경, 그리고 자기의 의를 가지고 예수 믿었던 나를 발견할 수 있어야 합니다.

우리는 하나님 앞에 설 때 아무것도 아닌, 먼지같고 벌레같은 존재임을 알고, 이런 나를 구원하셔서 하나님의 자녀가 되게 하시고 일꾼으로 삼으신 것은 너무나 큰 하나님의 은혜인 줄 깨달아져야 합니다.

31절, "그리하여 온 유대와 갈릴리와 사마리아 교회가 평안하여 든든히 서 가고 주를 경외함과 성령의 위로로 진행하여 수가 더 많아지니라."

우리는 환경이 변화되는 것을 굉장히 중요하게 여깁니다. 그러나 더 중요한 것은 이럴 때일수록 내 믿음이 예수님을 확실히 알아 굳센 믿음을 가지게 되는 것입니다. 어려운 모든 상황들은 다 지나가게 됩니다. 그러면 그 과정들을 통해서 우리가 잘 준비 되어서 담대히 복음 전하게 되는 줄 믿습니다.

초대 교회는 핍박과 환란과 어려움 중에 있었지만 여전히 복음은 더 힘있게 증거되었습니다. 주님이 약속하셨습니다. 마태복음 28장 20절에,

"내가 너희에게 분부한 모든 것을 가르쳐 지키게 하라 볼지어다 내가 세상 끝날까지 너희와 항상 함께 있으리라."

어려운 가운데도 핍박 가운데도 주님은 함께하심을 믿으시기 바랍니다. 이런 어려움 가운데에서도 우리는 두려워하지 않고 담대히 더 믿음의 확신을 가지고 하나님께 기도하고 복음 전하는 소원을 가지고 살아야 되는 것입니다. 사도행전 1장 8절에는 "오직 성령이 너에게 임하시면 너희가 권능을 받고 예루살렘과 온 유대 사마리아 땅끝까지 이르러 내 증인이 되리라" 말씀하셨습니다.

어느 시대든지 핍박 없던 시대는 없었고, 고난 없던 시대도 없었습니다. 복음을 막지 않는 시대도 없었습니다. 어떤 때는 권력으로, 어떤 때는 지식으로, 어떤 때는 문화로, 어떤 때는 가족 관계로 모든 방법을 통해서 사탄은 복음을 막았지만 주님의 말씀대로 복음은 여전히 증거되고 있습니다. 어떤 시대에도 복음은 증거되고 있다는 사실을 믿으시기 바랍니다. 할렐루야!

더 확신 있게 믿음이 굳게 서서 주님 오는 날까지 복음 전하는 데 쓰임 받는 성도와 교회가 되기를 예수님의 이름으로 축복합니다.

30강 | 행 9:32~43

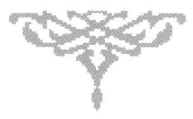

　베드로는 유대인의 사도라지만 유대인에게만 복음 전한 사도는 아닙니다. 그가 예루살렘으로 시작하여 룻다와 욥바에 있었을 뿐만 아니라 사도행전 10장에는 이방인인 고넬료에게 복음을 전하는 모습이 보입니다. 복음 전파는 두부 자르듯이 누구에게는 전하고 누구에게는 안 전하는 것이 아닙니다. 복음은 하나님이 준비하시고 예비된 모든 영혼에게 그 사람이 가난하든 부자든 백인이든 흑인이든 지위가 있든 없든 모든 인류에게 필요한 줄 믿습니다.

　32~35절, "그 때에 베드로가 사방으로 두루 다니다가 룻다에 사는 성도들에게도 내려갔더니 거기서 애니아라 하는 사람을 만나매 그는 중풍병으로 침상 위에 누운 지 여덟 해라 베드로가 이르되 애니아야 예수 그리스도께서 너를 낫게 하시니 일어나 네 자리를 정돈하라 한대 곧 일어나니 룻다와 사론에 사는 사람들이 다 그를 보고 주께로 돌아오니라."

　베드로는 두루 다니며 여러 곳에서 복음을 전했습니다. 룻다라는 지역은 예루살렘에서 욥바로 가는 북쪽 약 5km에 있는 지점입니다. 거기서 만난 애니아는 그 이름이 헬라어로 '칭찬받는 자'라는 뜻입니다. 그러니까 헬라인으로 애니아는 헬라 언어와 문화 속에 있는 유대인으로 볼 수가 있겠습니다. 그는 중풍병으로 8년 동안 누워 있어서 치료도 하고 기도하면서 좋은 의사들도 찾아다녀봤으리라 생각합니다. 너무 오랫 동안 고치지 못해서 절망적인 상태에 있었지만 그 기간 동안 많은 사람들로부터 사랑 받고 칭찬 받는데 중풍병에 걸려서 고생하고 있는 사람이었습니다. 하나님은 베드로를 이곳에 보내서 그에게 복음을 전하게 하신 줄 믿습니다.

베드로가 그 애니아에게 선포합니다. '예수 그리스도께서 널 낫게 하시니 일어나 내 자리를 정돈하라.' 아주 중요한 의미가 있습니다. 이미 룻다 지역은 빌립이 복음을 전하고 지나간 곳으로 그 기록이 로마서 8장 40절에 나옵니다.

> "빌립은 아소도에 나타나 여러 성을 지나 다니며 복음을 전하고 가이사랴에 이르니라."

이미 그 지역에는 빌립을 통해서 복음을 받고 예수 믿는 사람들이 상당수 있었다고 볼 수 있겠습니다. 그때 베드로가 얼마나 성령 충만했던지 예수 그리스도께서 애니아를 치료하신다는 것을 성령 충만을 통해서 알았다는 것입니다. 우리가 예수님을 구주로 영접할 때 성령이 우리 마음속에 들어오지만 성령 충만한 것과 같은 상태가 아닙니다. 베드로같이 성령에 완전하게 충만해지면 그 사람을 구원하실지 치료하실지 알게 되는 것입니다.

사도행전 3장에서 성전 미문에 앉아 있던 앉은뱅이를 고쳐주는 모습을 보면서 베드로가 하나님이 함께 하시는 성령 충만한 사람이라는 것을 볼 수 있습니다. 여러분도 기도할 때 성령의 감화 감동을 받은 경험이나 그 감화 감동들로 응답된 경험도 있으리라 봅니다. 저도 있습니다.

저희 교회가 부산 명장동에서 개척해서 1년간 있을 때였습니다. 오래 전에 김필여 집사님이라고 계셨습니다. 지금 우리 교회 다니는 권사님의 어머니셨는데 이 분이 연세가 많고 천식이 계셨는데 그때 우리 교회에 오셨습니다. 그때 언니랑 그 집사님이, 어머님께서 위독하시니 와서 기도해달라고 요청하셔서 갔더니 3년만 더 살도록 기도해달라고 부탁하셨습니다. 3년이라도 더 사시면 자기들이 좀더 효도하고 싶다는 뜻이었습니다. 그런데 제 감동이 왜 3년? 하나님께서 더 오래 살도록 하신다는 마음이 들어 기도했더니 15년 이상 더 사셨습니다. 그러니까 우리 생각하고는 완전히 다릅니다.

하나님의 감화 감동이 틀림없다면 어떤 기도든 100% 완전하게 성취됩니다. 그래서 우리가 성령님의 감화 감동을 믿고 그것에 인도 받고 해야 되지만, 조심스럽게 하나님의 말씀에 근거해서 인도받아야 될 것입니다. 자신이 감화 감동 받았다고 해서 그것이 하나님의 뜻이라고 믿어 자기 마음대로 결정한다면 자기 감정과 섞일 수가 있습니다. 그래서 자신의 마음을 따라 가는 것이 아니라 항상 하나님의 말씀을 따라 인도받는 것이 옳은 줄 믿습니다.

베드로는 우리 신앙의 수준의 사람이 아닙니다. 정말 완전한 성령 충만의 사람으로 예수님이 하시고자 하는 뜻을 분명히 아는 그런 수준입니다.

고린도전서 2장 10절 말씀을 봅니다.

"오직 하나님이 성령으로 이것을 우리에게 보이셨으니 성령은 모든 것 곧 하나님의 깊은 것이라도 통달하시느니라."

이런 정도로 성령이 충만한 베드로는 애니아를 봤을 때 하나님의 뜻을 알고 보게 된 줄 믿습니다. 그리고 '예수 그리스도께서 너를 낫게 하신다'는 말씀을 하므로 베드로 자신이 치료한 것이 아니라 자신은 도구임을 시사합니다. 애니아를 낫게 한 것은 예수 그리스도인 줄 믿습니다. 어떤 사람들은 기도하고 병이 나으면 자신이 기도해서 나았다고 말하는데 그것은 사기꾼이 하는 겁니다. '기도했더니 주 예수께서 지금 살아계셔서 치료하셨습니다, 예수님은 하나님의 아들 그리스도이십니다.' 하며 예수님을 자랑하고 예수님 높이며 예수님을 전하는 성도가 되시기를 주의 이름으로 축복합니다.

애니아가 예수 이름으로 나았다는 것은 십자가에 죽으시고 부활하시고 지금 살아계셔서 일하시는 분인 줄 믿습니다. 우리는 살아 계신 예수님 믿습니다. 기독교 외의 모든 종교는 죽은 자를 믿습니다. 불교도 무덤에 있는 석가모니를 믿고, 유교도, 이슬람도 죽은 공자와 마호메트를 믿습니다. 그런데 오직 예수님만 부활하셔서 지금도 살아계시는 줄 믿습니다.

우리가 무슨 능력으로 귀신을 쫓아내고 예수 믿게 하고 변화시킵니까? 아닙니다. 우리는 다만 예수님을 전하는 도구이고 예수 이름으로 기도할 뿐이며, 역사는 예수님이 하시고 지금도 살아계셔서 일하심을 믿습니다.

우리 교회는 설교 마치고 아픈 데 손을 얹고 기도하자고 합니다. 왜 그렇게 한다고요? 예수님은 우리 구주이시며 우리 죄를 용서하시고 우리 죄를 속죄하신 분이시며 사탄에서 해방되게 하신 분이십니다. 그뿐만 아니라 우리를 치료하시고 평강을 주시는 분이십니다. 우리가 그렇게 하는 것은 예수님은 치료자 되시고 구원자 되시며 평강을 주시는 분이심을 전하기 위해서입니다.

둘째는 성도들이 예배를 드리는데 믿음이 좋은 사람은 깊은 영적 예배를 드리지만 믿음이 약한 사람은 하나님이 진짜 계실까 안 계실까 하는 생각을 할 수가 있습니다. 그래서 우리가 함께 기도할 때 하나님이 때로는 우리를 치료해 주시고 건강 강건하게 하심을 통해 하나님은 살아계시고 우리 기도를 들으시고 지금도 역사하시는 분이심을 그런 체험을 통해서 더 확실히 믿고 살아계심을 경험하기 위해서 기도하는 것입니다. 이 치료하심을 통해서 예수님을 증거하는 것입니다.

36절, "욥바에 다비다라 하는 여제자가 있으니 그 이름을 번역하면 도르가라 선행과 구제하는 일이 심히 많더니."

욥바는 룻다에서 북서쪽으로 약 17km 예루살렘에서는 61km쯤 떨어진 지역에 있다고 그럽니다. 유대의 중요한 항구인데 요즘에는 야파르라고 합니다. 이 다비다라는 예수님을 잘 믿고 또 확실한 복음 전도자로서 귀하게 쓰임 받는 사람이라서 여제자라는 단어를 붙였다고 믿습니다.

그 이름은 헬라어로 번역하면 도르가라 했는데, 수리아 지역에는 도로가라는 이름이 아주 흔한 이름이었다고 합니다. 도르가는 선행과 구제하는 일이 심이 많았다고 했습니다. 하나님은 많은 사람들 중에 확실한 믿음에 믿음이 있는 여 제자, 또 선행과 구제가 많은 사람을 통해서 복음을 전하게 하시고 하나님이 영광 받으신 줄 믿습니다.

사랑하는 성도 여러분, 성도는 선행의 열매가 많이 있어야 됩니다. 그것이 하나님이 기뻐하시는 일인 줄 믿습니다. 이웃이나 직장, 그리고 교회에서도 성도는 욕 먹고 비판받고 손가락질 받아서는 안 됩니다. 교회를 박해하는 듯한 행동을 하는 사조들을 보면서 참 마음이 아픕니다. '우리 지역에 교회가 있어서 너무 좋다'는 소문을 듣도록 교회와 성도들이 선한 열매가 가득해야 될 줄 믿습니다.

여러분들이 이사 가면 '우리 옆집에 예수 믿는 사람이 와서 너무 좋습니다' 라는 소리를 들어야 합니다. 이렇게 되려면 우리가 선한 열매를 맺어야 됩니다. 섬기고 사랑하고 선한 행동을 통해서 그런 아름다운 열매가 맺어질 때 우리 하나님이 영광을 받으시고 전도의 문이 열릴 줄 믿습니다. 그런 삶 살기를 주의 이름으로 축복합니다.

사도행전 10장 2절 말씀 봅니다. "그가 경건하여 온 지방과 더불어 하나님을 경외하며 백성을 많이 구제하니 하나님이 항상 기도하고."

고넬료라는 사람은 이방인인데 많은 이방인 중에 하나님을 경외하는 것으로 알려진 사람입니다. 베드로를 고넬료에게 보내서 온 일가 친척이 구원받게 하셨는데, 하나님을 경외하고 구제를 많이 하고 선행을 많이 하는 고넬료 집에 내린 복인 줄 믿습니다.

고린도후서 9장 8절 말씀 봅니다. "하나님이 이 모든 은혜를 너희에게 넘치게 하시나니 이는 너희로 모든 일에 항상 모든 것이 넉넉하여 모든 착한 일을 넘치게 하려 함이니라." 하나님께서 우리에게 은혜를 많이 주시고 건강도 지켜 주시고 먹고 살 수 있게 하신 것은 선한 일을 많이 하게 하기 위함입니다. 때로 우리에게 하나님이 풍성한 물질을 주신 것은 자신을 위해 쓰라는 것이 아니라 선한 일을 많이 하라고 하신 것입니다.

에베소서 2장 10절 말씀 봅니다. "우리는 그가 만드신 바라 그리스도 예수 안에서 선한 일을 위하여 지으심을 받은 자니." 하나님이 우리를 만드시고 예수 믿고 거듭나게 하신 것은 선한 일을 하게 하시려는 것입니다. 그러므로 선한 열매가 가득한 것은 너무나 당연한 일인 줄 믿습니다.

온누리교회 성도 여러분, 저와 여러분이 선한 일을 많이 합시다. 앞으로 우리 교회와 모든 성도님들이 선한 일을 많이 해서 양산뿐 아니라 전국에서 정말 선한 일을 많이 하는 교회로 소문이 널리 퍼지게 될 줄 믿습니다.

선한 일을 하는 것이 교회의 존재 목적이 아닙니다. 교회의 목적은 복음을 전하고 영혼을 구원하는 것입니다. 복음 전한다는 교회와 성경대로 믿는다는 교회 중에도 전도는 열심히 하면서 선행은 잘 안 하는 경우가 있습니다. 그리고 소위 자유주의자라는 사람들은 영혼 구원에는 관심이 없습니다.

이 사람들은 교회와 예수님의 목적이 선한 일이다 하며 선한 일을 많이 합니다. 그런데 양쪽 다 틀린 것입니다. 진정한 교회의 목적은 영혼을 구원하는 것입니다. 이 일을 통해서 하나님의 영광을 위해서 선한 일, 구제를 많이 하는 것은 하나님의 뜻임을 믿습니다.

잠언 11장 24절~25절입니다. "흩어 구제하여도 더 부하게 되는 일이 있나니 과도히 아껴도 가난하게 될 뿐이니라." 여러분, 구제하는 일은 하나님을 기쁘게 하는 일이고 또 복음 전도의 문이 되는 일이고 경제적으로 부유하게 되는 약속이 있는 일인 줄 믿으시기 바랍니다.

돈이 없다 해도 없는 가운데서라도 아껴서 우리보다 못한 사람에게 도움이 되게 하는 것이 하나님께 아는 바가 되고 상달되는 줄 믿습니다. 혹시 넉넉한 사람이 구제한다면 다른 사람 모르게 해야 됩니다. 구제 잘못하면 욕먹습니다. 교회에 선한 일도 많이 하고 충성도 많이 하고 일도 많이 하면서 입으로 다 해버리는 사람이 있습니다. 그래서 실컷 하고 욕 먹는 어리석은 사람입니다. 정말로 교회에 충성하고 구제하고 선한 일을 하는 사람, 다른 사람이 모르게 조용히 그 사람에게 덕이 되도록 돕는 사람, 그 사람이 지혜로운 사람이고 하나님께 상급이 되는 것이고 하나님의 경제적 축복의 약속이 있는 줄 믿으시기 바랍니다. 그래서 교회도 많이 도와주는 교회가 훨씬 더 부유해집니다.

여러분, 구제에는 약속이 있습니다. 제 말이 아닙니다. '나는 없어 못한다'는 생각을 버리시기 바랍니다. 항상 나보다 못하고 부족한 사람이 있습니다. 그래서 거기에서 내가 마음을 들여서 진심으로 구제하면 하나님이 풍성하게 하신다는 것을 꼭 기억하시기를 주의 이름으로 축복합니다.

37절, "그 때에 병들어 죽으매 시체를 씻어 다락에 누이니라."

유대인들과 헬라인들은 사람이 죽으면 깨끗하게 씻는 관습이 있다고 합니다. 그리고 예루살렘에서는 하루 만에 장례를 하지만, 바깥에 있는 사람은 좀 기다리게 하고 지체할 때는 3일까지 있어서 다락에 보관한다는 뜻입니다.

38절, "룻다가 욥바에서 가까운지라 제자들이 베드로가 거기 있음을 듣고 두 사람을 보내어 지체 말고 와 달라고 간청하여."

욥바 사람들이 애니아의 이야기도 들었을 것이고 또 대사도 베드로가 욥바에 있다는 말도 들었을 것이고 그래서 두 사람이 간청해서 와서 '다비다는 이런 사람입니다, 그가 우리에게 이런 일을 했습니다, 와서 좀 기도해주세요' 하고 간청했다는 겁니다.

39절, "베드로가 일어나 그들과 함께 가서 이르매 그들이 데리고 다락방에 올라가니 모든 과부가 베드로 곁에 서서 울며 도르가가 그들과 함께 있을 때에 지은 속옷과 겉옷을 다 내보이거늘."

이런 내용을 볼 때, 다비다는 예수님 안 믿는 사람에게도 구제를 많이 하고 옷도 많이 지어주었다는 것을 알 수 있습니다. 베드로가 갔을 때 그들이 다비다가 지어준 옷을 내보여주면서 울었습니다.

40~41절, "베드로가 사람을 다 내보내고 무릎을 꿇고 기도하고 돌이켜 시체를 향하여 이르되 다비다야 일어나라 하니 그가 눈을 떠 베드로를 보고 일어나 앉는지라 베드로가 손을 내밀어 일으키고 성도들과 과부들을 불러 들여 그가 살아난 것을 보이니."

베드로가 사람을 다 내보내고 무릎을 꿇고 기도합니다. 예수님 사역 중에도 사람을 다 내보내고 기도한 경우가 있습니다.

마가복음 5장 38절~42절 봅니다.

"회당장의 집에 함께 가사 떠드는 것과 사람들이 울며 심히 통곡함을 보시고 들어가서 그들에게 이르시되 너희가 어찌하여 떠들며 우느냐 이 아이가 죽은 것이 아니라 잔다 하시니 그들이 비웃더라 예수께서 그들을 다 내보내신 후에 아이의 부모와 또 자기와 함께 한 자들을 데리시고 아이 있는 곳에 들어가사 그 아이의 손을 잡고 이르시되 달리다굼 하시니 번역하면 곧 내가 네게 말하노니 소녀야 일어나라 하심이라 소녀가 곧 일어나서 걸으니 나이가 열두 살이라 사람들이 곧 크게 놀라고 놀라거늘."

회당장의 집에 열두 살 난 딸이 죽었습니다. 예수님께서 가서 보시고 죽은 것이 아니고 잔다고 하셨을 때 사람들이 그 말을 비웃으니까 주님은 그들을 다 내 보내시고는 부모와 예수님을 따라 다니는 사람과 믿음을 가진 사람만 가자고 하십니다. 그래서 예수님이 기도해서 '소녀여 일어나라' 하시고 고쳐주십니다.

다비다가 여제자였기 때문에 사람들에게 예수님을 전했다고 믿습니다. 그런데 베드로가 과부들을 보니 옷 얻어 입는 것에는 관심이 있었지만 복음을 듣는 마음이 없었다고 생각합니다. 그래서 베드로가 그들을 내보내고 무릎을 꿇고 하나님께 간절히 기도했다고 보는 것입니다. 하나님의 성령의 역사를 통해서 '다비다야 하니 눈을 떠고 일어나 앉습니다.

사랑하는 여러분, 우리가 예수 믿고 예수님 전하면서 구제하는 성도들이 되시기를 주의 이름으로 축복합니다. 신앙생활은 예배도 있고, 기도도 있고, 헌금도 있고, 전도도 있고, 구제도 있고, 선행도 있습니다. 그건 신앙의 본질이 아닙니다. 신앙의 본질은 예수님을 나의 구주 나의 하나님으로 모시고 그분은 항상 나와 함께 주님이 주인 되시는 삶인 줄 믿습니다.

계시록 3장 20절에 "내가 문 밖에서 문을 두드리노니 누구든지 내 음성을 듣고 문을 열면 내가 그에게로 들어가 그와 더불어 먹고" 라고 하시는데 그말은 주님과 함께 산다는 말입니다.

우리 신앙의 가장 중요한 본질은 예수님을 나의 주인, 나의 하나님을 알고 그분을 사랑하는 것입니다. 자녀가 명절이 되면 선물을 가져오고 음식 사주고 가면 기쁩니다. 그런데 그 음식이나 선물보다 자녀가 더 사랑스럽습니다. 그런데 부모가 자녀에게는 관심도 없고 사주는 선물만 좋아하면 그 부모는 조금 그런 부모입니다. 우리도 마찬가지입니다.

하나님 앞에서 하나님이 주신 것을 좋아하지 말고, 하나님을 사랑하는 성도가 되시기를 바랍니다. 예수님을 믿고 예수님이 나의 하나님 나의 주가 되시기에 그 예수님을 자랑하면서 예수님을 전하기 위해 선한 행위를 통해 열매를 맺으며, 그 하나님께 경배 드리고 그 하나님과 사귀기 위해서 기도하는 것입니다. 그 하나님의 교회를 세워나가기 위해서 헌금도 하고 복음 전하기 위해서 헌신도 하는 것입니다. 신앙의 본질은 예수님이 나의 하나님, 나의 구주가 됨을 믿는 것입니다.

언제, 어디서든지 우리가 무엇을 할지라도 항상 예수님을 기억하면서 그분을 의지하고 그 예수님께 기도하는 것입니다. 예수님의 이름을 높여드리고 주와 동행하는 것이 신앙의 본질인 줄 믿으시기 바랍니다. 사람들이 구제에 관심이 많고 선행에 관심이 많습니다. 그러나 교회의 목적은 복음을 전해서 영혼을 구원하는데 그 방법이 선행과 구제를 통해서 해야 되는 것인 줄 믿습니다.

우리가 전도만 하고 구제하고 선행하지 않으면 안 되고, 또한 우리가 영혼 구원에는 관심이 없고 선행만 하는 것도 좋은 행동이 아닙니다. 사실 예수 믿지 않은 사람은 구원 받는 데는 관심이 없습니다. 선행의 기준을 봅니다. 그래서 우리도 이 세상에 살면서 지혜롭게 그 사람들에게 선한 열매를 가득하고 구제를 통해서 그리스도를 증거하여 마음문을 열고 복음을 전해서 영혼을 구원하는 것이 옳은 일인 줄 믿습니다.

42절, "온 욥바 사람이 알고 많은 사람이 주를 믿더라."

하나님의 뜻은 선행과 구제가 많은 다비다를 살려서 주의 일을 하게 하는 것도 맞지만 이 사건을 통해서 더 많은 사람들이 구원받고 돌아오게 하심임을 믿습니다. 요즘 한국에는 교회에 대한 인식이 너무 안 좋습니다. 그러나 여러분, 담대하고 두려워하지 말고 절망하지 마세요.

초대 교회에는 예수 믿는 사람을 보면 잡아가고 욕하고 감옥에 보내고 사자굴에 던졌습니다. 로마 황제 네로는 아주 악한 황제였습니다. 자기 스스로 시인이라면서 로마에 불을 지르고 불타는 로마를 보면서 시를 쓴다고 하는데 그때 로마 사람들이 일어나니까 자신이 불 지른 것을 피하기 위해서 기독교인들에게 그 죄를 뒤집어 씌웠습니다. 기독교인들이 사람을 잡아먹고 불 지른다 해서 기독교인들에게 더 핍박이 심했습니다. 그렇지만 초대 기독교인들은 선행을 많이 하고 구제하고 참고 하나님 앞에서 말씀을 지키면서 살았더니 300년이 지나 로마가 복음화 되는 역사가 일어났습니다.

환경이 아무리 어렵다고 할지라도 이럴 때일수록 우리가 더 낮아지고 겸손해서 우리의 직장과 지역과 이웃에게 선한 열매가 가득하고 약한 자들을 많이 구제하고 주의 이름을 높이는 계기가 된다면 한국 교회는 제2의 부흥의 기회가 맞을 줄 확신합니다.

> 43절, "베드로가 욥바에 여러 날 있어 시몬이라 하는 무두장이의 집에서 머무니라."

무두장이라는 말은 옛날에는 피장이라고 했는데 가죽 세공업자입니다. 유대인들은 시체를 만지는 직업을 굉장히 천하게 여겼습니다. 가죽은 죽은 짐승에게서 나오는 것이므로 무두장이라는 직업이 굉장히 천한 직업인데 그 사람 집에 대사도인 베드로가 머물면서 복음을 전하면서 사역을 했다는 것입니다. 베드로는 유대인으로서 상당히 복음적인 마음이 열려 있음을 우리가 보게 됩니다.

예수 믿는 우리는 사람을 평가해서는 안 됩니다. 세상에 나가면 공부를 얼마나 했느냐, 직업이 뭐냐, 배경이 뭐냐는 등이 중요한 이슈입니다. 그리고 그 기준대로 사람을 평가합니다. 교회 안에서는 그렇지 않습니다. 교회 안에서는 그렇게 하면 안 됩니다. 교회 안에서는 배운 사람이든 못 배운 사람이든 돈이 있는 사람이든, 없는 사람이든, 사람들에게 인정받든, 그렇지 않든 모두가 하나님의 중요한 영혼이고 귀중한 영혼입니다. 그래서 우리 교회는 한 영혼 영혼을 소중히 여기는 그런 마음을 가지고 교제하고 함께 예배 드려야 합니다.

교회는 세상과 다릅니다. 세상의 기준이 아닙니다. 우리는 복음 안에서 예수 그리스도의 피로 한 형제 자매 된 줄 믿습니다. 그러므로 어떤 약한 사람이라 할지라도 귀중히 여기고 살펴주고 보호하고 도와주는 교회와 성도 되기를 예수님의 이름으로 축복합니다.

31강 | 행 10:1~23

유대인들은 선민사상이라는 것을 가지고 있습니다. '유대인만 하나님의 백성이다, 유대인만 구원받아야 된다, 이방 사람들은 창기와 같고 죄인과 같고 저 사람들은 당연히 멸망해야 되고 지옥 갈 사람들이고 우리만 구원받아야 된다' 이 생각을 가지고 있었습니다. 이게 맞는 생각입니까? 틀린 생각이에요.

하나님은 아브라함을 택했지만 아브라함만 구원받기 위해서 택한 게 아니십니다. 하나님은 아브라함에게 "너로 말미암아 천하 만민이 복을 받으리라"고 말씀하셨습니다. 유대인을 택한 것은 유대인만 구원하기 위해서가 아니라 구별되게 하셔서 하나님의 백성의 삶이 어떤가 훈련하고 본을 보이고 모든 민족을 구원하기 위함인 줄 믿습니다. 그런데 유대인의 생각이 이것을 벗어나지 않습니다. 그래서 주님은 제자들을 향해서 예루살렘과 온 유대와 사마리아, 그리고 땅끝까지 복음을 증거하고 제자 삼으라고 하십니다.(행 1:8)

이런 의미에서 사도행전 10장은 기독교 신앙의 중요한 의미를 가집니다. 왜냐하면 이방인에게 복음이 증거 되는 사건이 일어나기 때문에 그런 줄 믿습니다. 이런 의미에서 우리 기독교 역사상 사도행전 10장은 굉장히 중요하다 하는 것을 여러분 꼭 기억하시기를 바랍니다.

1~2절, "가이사랴에 고넬료라 하는 사람이 있으니 이달리야 부대라 하는 군대의 백부장이라 그가 경건하여 온 집안과 더불어 하나님을 경외하며 백성을 많이 구제하고 하나님께 항상 기도하더니."

가이사랴는 헤롯 대왕이 로마의 황제 가이사 아우구스토스의 이름을 따서 지은 도시입니다. 저도 가본 적이 있는데, 이 가이사랴에서 욥바까지는 북쪽으로 약 48킬로미터쯤 떨어져 있습니다. 이 도시는 로마가 한창 식민지를 넓힐 때 행정수도였고 경제와 정치의 중심지이기도 하며 총독이 다스렸습니다. 우리도 일제 통치 시대 때 일본 총독이 와 있었습니다. 가이사랴의 총독이 볼 때 유대인 군인들을 세워놓으면 불안하고 의심스럽고 어려워서 가이사랴에 사는 로마 군인들을 주둔시켰습니다. 고넬료는 그 군대의 백부장이었습니다. 이 백부장은 요즘 말하면 한 중대장쯤 되는데 엄격한 선별에 의해서 임명 되었습니다.

로마의 군대는 대단했습니다. 그 로마의 군대의 중심적인 역할을 한 사람이 이 백부장입니다. 백부장 중에 로마인이고, 이방인인데, 이 사람이 하나님을 경외하며 백성을 많이 구제하고 하나님께 항상 기도하던 사람입니다. 온 집안에도 인정 받는 사람으로서 늘 하나님께 예배 드린 사람이었습니다. 우리 중에 하나님께 예배 잘 드리고, 주일 잘 지키고, 헌금 잘하지만, 가족이나 친구들은 인정하지 않거나 직장에서도 예수를 믿는 줄 몰랐다면 그 사람은 신앙에 문제가 좀 있습니다. 고넬료는 그런 사람이 아니었습니다.

고넬료를 좀 더 살펴보면, 오늘 본문 22절에, "그들이 대답하되 백부장 고넬료는 의인이요 하나님을 경외하는 사람이라 유대 온 족속이 칭찬하더니"라고 기록합니다. 유대인들에게 의인이라는 말은 하나님의 말씀을 잘 지키는 사람이라는 뜻입니다. 그러니까 이방인이면서 하나님 말씀을 잘 지키는 사람이었습니다. 유대인들에게도, 불신자에게도 칭찬받는 사람이었습니다.

사랑하는 여러분, 이 세상에서 그리스도인의 돈도 명예나 권력도 때로는 주님을 위해서 필요하지만 가장 중요한 것은 그리스도의 향기가 우리를 통해서 가족에게, 불신자에게, 직장 동료에게 그리고 이웃에게 나타나야 합니다. 고넬료는 그런 선한 영향력이 있었습니다.

여러분이 제사를 지내는 가정에 있다면 어떻게 하실까요? 제사는 귀신에게 하는 것이라고 성경은 말씀합니다. 귀신은 사탄의 부하입니다. 하나님의 자녀가 귀신에게 제사할 수가 없습니다. 그러나 예수 믿는 사람으로써 제사는 못하지만 부모님은 다른 믿지 않은 형제보다 더 잘 섬기시고 형제들도 더 잘 섬기시기를 바랍니다. 더 수고를 많이 하시기 바랍니다. 그러면 예수 안 믿는 형제도 부모도 '그래, 너는 제사는 안 지내지만 네가 제일 잘 한다, 너 하는 거 보니까 우리도 예수 믿어야 되겠다' 이런 말을 듣는다면 하나님께서 영광을 받으실 것입니다.

영원하신 분, 초월하신 전능하신 분이 인간 속에 들어오셨습니다. 그것을 그리스도의 낮아짐이라고 합니다. 이 땅에서 고난 당하시고 피 흘리시고 채찍에 맞으시면서 얼마나 어렵고 힘드셨으면 겟세마네 동산에서 "아버지여, 만일 아버지의 뜻이거든 이 잔을 내게서 옮기시옵소서, 그러나 내 원대로 마시옵고 아버지의 원대로 되기를 원하나이다"(눅 22:42) 하시며 간절히 기도하셨는데 땀이 핏방울같이 되었다고 했습니다.(눅 22:44) 의학적으로 너무 집중하면 모세 혈관이 터져서 땀이 나올 때 피가 되어 나온다고 합니다. 과학적으로 증거가 있습니다.

십자가에 달리셔서는 "엘리 엘리 라마 사박다니 나의 하나님 나의 하나님 어찌하여 나를 버리시나이까"(마 27:46, 막 15:34) 하시며 하나도 남겨두지 않고 생명까지 다 포기하시면서 우리를 구원하신 것입니다.

　본문에 보면 고넬료가 기도하는 시간에 하나님이 주시는 엄청난 환상을 보았습니다. 그 환상을 통해서 이방인에게 복음이 증거 되는 하나님의 약속이 이루어지게 된 줄 믿습니다. 기도하는 시간이 하나님이 일하는 시간입니다. 기도는 하나님께 드리는 제물입니다. 우리가 기도할 때 그냥 정신없이, 의미 없이 하지 않고 우리 기도를 지금 듣고 계시는 그 하나님께 제물을 드리는 마음으로 기도해야 합니다. 우리가 구제할 때 하나님께서 우리의 구제를 받으심을 믿으시기 바랍니다. 찬양드릴 때 우리의 찬양을 받으시고 예배드리고 헌금할 때에 하나님 우리 예물을 받으심을 믿고 믿음으로 예배드리고 믿음으로 예물 드리기를 주의 이름으로 축복합니다.

　우리 성도들이 예수 믿지 않은 사람에게 사랑의 헌금을 하자고 하니 많이 동참했습니다. 어려운 교회를 위해서 헌금하자 했더니 예상 외로 많은 분들이 헌금을 하셨습니다. 그리고 어려운 교회로 모두 보내 드렸습니다. 그런 예물들이 하나님이 받으시는 예물입니다. 유대인들에게 있어 신앙에 아주 중요한 것은 기도와 구제입니다. 고넬료의 그 기도와 구제가 하나님께 받으신 바가 되었습니다. 저와 여러분이 기도하고 구제하는 것을 하나님이 받으심을 믿으시기 바랍니다.

　시편 141편 2절을 봅니다. "나의 기도가 주의 앞에 분양함과 같이 되며 나의 손 드는 것이 저녁 제사 같이 되게 하소서." 기도가 하나님께 분향함 같이 제사 같이 드려진다는 것입니다. 빌립보서 4장 18절 말씀 보면 "내게는 모든 것이 있고 풍부한지라 에바브로디도 편에 너희가 준 것을 받으므로 내가 풍족하니 이는 받으실 만한 향기로운 제물이요." 바울이 빌립보에 갔을 때 루디아를 통해서 빌립보 교회가 세워졌고 늘 교제했습니다.

바울이 예수님을 전하다가 로마 감옥에 갇혀 있었습니다. 이 소문을 빌립보 교회가 듣고 자기들에게 복음 전해준 바울을 위해서 모은 헌금을 믿을 만한 에바브로디도를 통해서 바울에게 전달했습니다. 바울은 그게 너무 고마워서 편지를 쓰게 되었는데, 그 편지가 바로 빌립보서입니다. 그러면서 하나님이 받으시는 향기로운 제물이라고 했습니다.

사랑하는 여러분, 복음을 위해서, 전도자를 위해서 선교를 위해서, 다음 세대를 위해서 일꾼을 키우는 물질은 하나님이 받으시는 예물이 됨을 믿으시기 바랍니다. 우리가 여행 갈 수도 있고 맛있는 거 사 먹을 수도 있고 좋은 옷 입을 수도 있습니다. 카페에 가서 차 한잔 할 수도 있습니다. 그러나 그것은 하나님이 받으시는 제물이 아니고 우리를 즐겁게 하는 물질입니다. 그러나 하나님의 복음과 하나님의 일, 그리고 전도자를 위해서 드려진 예물은 하나님이 받으시는 제물이고 흠향하시는 물질이라고 말씀하고 있습니다.

똑같은 물질이지만 어디에 사용되느냐에 따라 하나님이 받으시는 물질이 있고, 나의 편리를 위해서 쓰는 물질이 있습니다. 고넬료는 경건하고 하나님을 경외할 뿐만 아니라 이웃을 사랑해서 구제하고 하나님을 의지하고 바라보는 일에 전심을 다했습니다. 고넬료의 집에 임한 하나님의 축복은 대사도인 베드로를 통해서 하나님의 말씀을 듣게 된 것인 줄 믿습니다. 고넬료뿐만 아니라 온 일가 친척이 모두 예수 믿고 돌아온 복이 있게 되었습니다.

돈, 명예, 권력이 아니라 말씀을 들을 수 있는 것이 복이며 또 그 말씀을 들을 수 있는 귀가 되고 마음이 되는 그것이 참 복입니다. 사도 요한은 "이 예언의 말씀을 듣는 자와 읽는 자와 그 가운데 지키는 자가 복이 있다"(계 1:3)고 했습니다.

사무엘 시대 제사장이 엘리입니다. 당시에는 "하나님의 말씀이 희귀하더라"(삼상 3:1)고 했습니다. 제사장들은 많은데 하나님의 말씀을 들을 수 있는 곳이 없었습니다. 초대 교회는 핍박 받고 고난 받고 어려웠지만 하나님의 말씀이 흥왕했다고 했습니다.(행 12:24, 19:20) 그 시대가 최고의 복이 있는 시대인 줄 믿습니다.

여러분 하나님의 말씀을 사모하여 듣기를 좋아하고 들을 수 있는 기회가 있을 때, 많이 듣고 은혜 가운데 있기를 주의 이름으로 축원합니다.

3절, "하루는 제 구 시쯤 되어 환상 중에 밝히 보매 하나님의 사자가 들어와 이르되 고넬료야 하니."

아주 경건한 유대인들은 하루에 3시, 6시, 9시, 이렇게 세 번씩 기도합니다. 우리 시간으로 말하면 오전 9시, 낮 12시, 오후 3시가 됩니다. 아니면 두 번 기도하기도 했습니다. 그런데 고넬료는 이방인인데 유대인같이 기도했습니다. 고넬료가 9시쯤에 기도했다고 했는데 오후 3시쯤입니다. 그리고 환상을 보았습니다. 사람들은 그가 헛것을 본 것으로 생각했는데, 그때 하나님께서 말씀하신 대로 사람을 보내서 욥바에 가서 베드로를 모시고 와서 말씀을 들었을 때 성령이 역사하셨습니다. 헛것이 아니었습니다. 분명한 하나님의 환상인 줄 믿으시기 바랍니다. 고넬료에게 주신 은혜였습니다.

4~8절, "고넬료가 주목하여 보고 두려워 이르되 주여 무슨 일이니이까 천사가 이르되 네 기도와 구제가 하나님 앞에 상달되어 기억하신 바가 되었으니 네가 지금 사람들을 욥바에 보내어 베드로라 하는 시몬을 청하라. 그는 무두장이 시몬의 집에 유숙하니 그 집은 해변에 있다 하더라. 마침 말하던 천사가 떠나매 고넬료가 집안 하인 둘과 부하 가운데 경건한 사람 하나를 불러 이 일을 다 이르고 욥바로 보내니라."

고넬료가 종들 중에서 믿을 만하고 경건한 사람 하나를 불러서 이야기를 다 했을 것입니다. 그리고 그를 욥바로 보냅니다. 그 거리가 48킬로미터나 되었습니다. 약 10시간의 거리입니다. 하루 만에 갈 수 있는 거리가 아닙니다.

9절, "이튿날 그들이 길을 가다가 그 성에 가까이 갔을 그 때에 베드로가 기도하려고 지붕에 올라가니 그 시각은 제 육 시더라."

그 종이 베드로에게 가다가 도중에 하루를 잤을 것입니다. 하나님은 베드로가 기도하는 시간에 맞춰서 그 사람을 만나게 하신 줄 믿습니다. 우리의 앉고 일어섬을 아시는 주님 우리의 머리털까지 세신 바 되신 주님이십니다. 우리는 그냥 행하고 있는 것 같지만 하나님은 다 알고 계심을 믿습니다. 베드로가 기도하던 시간은 낮 열두시입니다.

10절, "그가 시장하여 먹고자 하매 사람들이 준비할 때에 황홀한 중에."

베드로가 기도하던 시간이 제 구시 즉 낮 12시였는데 아침을 먹었는지 안 먹는지 모르겠는데 기도를 오래 한 것 같습니다. 그러니까 배가 고파서 무엇인가 먹으려고 해서 사람들이 식사를 준비하는 중에 베드로에게 황홀한 환상이 보였습니다. 이 황홀하다는 것을 이 성경에 좀 자세히 살펴봤는데, 마약을 할 때 느끼는 그런 황홀함이 아니라 하나님께서 베드로의 마음에 깨달음을 주시고 뚜렷한 의식을 가지고 현상을 볼 수 있는 상태였던 것입니다.

11~16절, "하늘이 열리며 한 그릇이 내려오는 것을 보니 큰 보자기 같고 네 귀를 매어 땅에 드리웠더라. 그 안에는 땅에 있는 각종 네 발 가진 짐승과 기는 것과 공

중에 나는 것들이 있더라. 또 소리가 있으되 베드로야 일어나 잡아먹어라 하거늘 베드로가 이르되 주여 그럴 수 없나이다 속되고 깨끗하지 아니한 것을 내가 결코 먹지 아니하였나이다 한 대 또 두 번째 소리가 있으되 하나님께서 깨끗하게 하신 것을 네가 속되다 하지 말라 하더라. 이런 일이 세 번 있은 후 그 그릇이 곧 하늘로 올려져 가니라."

베드로가 황홀한 중에 분명하고 선명한데 위에서부터 보자기 같은 것이 내려왔습니다. 그 보자기 속에는 땅에 있는 각종 네 발 가진 짐승과 기는 것과 공중에 나는 것들이 있었는데 큰 소리로 "잡아 먹으라" 하십니다. 보자기의 네 귀는 동서남북을 말하며 온 세상이란 말입니다. 그리고 부정한 것을 주면서 "먹어라" 하실 때 베드로는 '주여, 그럴 수 없나이다, 속되고 깨끗지 아니한 것을 내가 결코 먹지 아니하였나이다' 합니다. 또 두 번째 소리로 "하나님께서 깨끗하게 하신 것을 네가 속되다 하지 말라" 합니다.

유대인들에게는 먹는 것이 있고 못 먹는 것이 있습니다. 레위기 11장 20절 말씀 봅니다. "날개가 있고 네 발로 기어다니는 곤충은 너희가 혐오할 것이로되" 41절 말씀에 "땅에 기어 다니는 모든 길짐승은 가증한 즉 먹지 못할지니" 나는 것과 기는 것을 같이 하는 것과 비늘 없는 것은 못 먹습니다. 쪽이 안 갈라지는 것도 못 먹습니다. 되새김질 안 하면 못 먹습니다. 뭔가 복잡합니다. 그런데 유대인들은 그것을 절대로 먹지 않습니다.

왜 이렇게 해놓으셨을까요? 구별된 삶을 가르치는 것입니다. 먹지 말라고 하신 분도, 구별하게 하신 분도 하나님이시니 그 하나님께서 깨끗하게 하신 것을 너희가 속되다 하지 말라, 그 하나님께서 깨끗하고 하시는데 너희가 속되다 하느냐는 것입니다. 이렇게 세 번 보여주신 것은 확실하고 분명하게 보여주셨다는 것입니다.

17절, "베드로가 본 바 환상이 무슨 뜻인지 속으로 의아해 하더니 마침 고넬료가 보낸 사람들이 시몬의 집을 찾아 문 밖에 서서."

고넬료가 의아하게 생각하는데 문 두드리는 소리가 났습니다. 그때는 지금과 같은 시계도 없었을 것인데 고넬료가 보낸 사람들이 딱 그 시간에 찾아온 것입니다. 하나님은 복음 전하는 일을 얼마나 중요하게 여기는지 알 대목입니다. 저도 이런 경험이 많습니다. 여러분도 복음을 전하면 아마 이와 같은 경험을 하실 것입니다. 딱 그 시간에 맞춰서 구원받게 하시고 하나님의 뜻을 이루십니다.

18~20절, "불러 묻되 베드로라 하는 시몬이 여기 유숙하느냐 하거늘 베드로가 그 환상에 대하여 생각할 때에 성령께서 그에게 말씀하시되 두 사람이 너를 찾으니 일어나 내려가 의심하지 말고 함께 가라 내가 그들을 보내었느니라 하시니."

베드로는 유대인으로서 예수님께서 모든 족속으로 가라는 명령을 들었고 부활한 예수님이 땅 끝까지 가라고 하신 말씀을 들었지만 아직도 완전히 그 의식이 변화되지 않았습니다. 그런데 성령께서 "의심하지 말고 가라"고 할 때 그 말을 듣고 베드로가 간 줄 믿습니다. 이 사건을 통해서 베드로가 확실히 변화된 것을 우리가 보게 됩니다.

21~22절, "베드로가 내려가 그 사람들을 보고 이르되 내가 곧 너희가 찾는 사람인데 너희가 무슨 일로 왔느냐 그들이 대답하되 백부장 고넬료는 의인이요 하나님을 경외하는 사람이라 유대 온 족속이 칭찬하더니 그가 거룩한 천사의 지시를 받아 당신을 그 집으로 청하여 말을 들으려 하느니라 한 대."

고넬료 밑에 있는 사람들이 고넬료를 봤을 때 그가 의인이요 또 하나님을 경외하는 사람이며, 유대의 온 족속이 칭찬하는 사람이라고 인정할 만한 삶을 산 것으로 봅니다. 항상 구제하고 기도하는 사람인데 기도하는 시간에 하나님이 주의 사자 천사를 보내어 욥바에 있는 베드로를 만나게 하셨습니다. 그리고 그들이 경과를 설명했습니다. 베드로도 하나님께서 보여주시고 지시하신 내용을 설명했을 것입니다.

'예수님은 하나님의 아들이십니다, 나는 3년 동안 그 예수님과 함께 했고 십자가 지시고 부활하신 것을 내가 목격했습니다, 성령 충만 받아서 예수 이름으로 앉은뱅이가 일어나고 하나님이 역사하는 것도 봤습니다, 잘 오셨습니다, 여러분들이 오기 전에 황홀한 환상을 보았습니다, 이제 하나님께서는 이방인들도 복을 받고 구원받아야 될 것을 말씀했다고 믿습니다, 성령께서 의심하지 말고 당신들을 따라가라고 했습니다. 이제 우리가 자고 내일 떠납시다' 라고 말했을 것입니다.

사랑하는 여러분, 하나님 앞에서 하나님을 경외하고 경건하며 기도와 구제에 힘쓴 고넬료에게 주신 은혜가 하나님의 말씀을 듣게 하시고 온 집안이 구원받는 축복을 받은 줄 믿습니다. 하나님은 중심을 보시는 분이십니다. 우리가 똑같이 예배드린다 할지라도 모두 똑같은 은혜를 받지 않습니다. 설교자는 한 사람이지만 우리의 마음의 중심, 신앙의 중심과 신앙 생활의 상태에 따라서 듣는 귀가 열리고 은혜받는 것이 다릅니다. 고넬료처럼 평생 하나님 말씀 들을 때 은혜 받고 응답 받고 복을 받는 성도 되시기를 주의 이름으로 축복합니다.

23절, "베드로가 불러 들여 유숙하게 하니라 이튿날 일어나 그들과 함께 갈새 욥바에서 온 어떤 형제들도 함께 가니라."

그 사람들이 모두 무두장이의 집에 함께 유숙했습니다. 낮 12시쯤 베드로를 만나서 그 집에서 하룻밤을 잤습니다. 잠자기 전까지 거기 온 사람들이 고넬료 이야기를 했을 것입니다. 베드로의 생각이 열려지기 시작했습니다. 유대인뿐만 아니라 이방인도 함께 갈 수 있는 그런 마음이 열려진 겁니다.

사도행전 11장 1절~3절 말씀에 보면, 유대에 있는 사도들과 형제들이 이방인들도 하나님의 말씀을 받았다 함을 듣고는 베드로가 예루살렘에 올라갔을 때 할례자들이 그가 무할례자의 집에 들어가 먹었다고 그를 비난했다고 했습니다. 교회 안에서는 세상의 기준을 따르는 것이 아닙니다. 세상에서의 성공 여부를 기준으로 삼는 것이 아니라 모든 사람이 하나님 앞에서는 천하보다 귀한 소중한 영혼임을 꼭 기억하시기 바랍니다.

한 영혼 영혼을 소중히 여기시고 기도하고 사랑하는 삶을 살아서 주님이 기뻐할 뿐만 아니라 그리스도의 향기가 가정과 직장과 불신자에게까지 증거 되어지고 칭찬받는 축복된 성도가 되시기를 바랍니다.

32강 | 행 10:24~48

고넬료가 복음을 듣기 위해서 스스로 베드로를 초청한 것이 아닙니다. 하나님이 주의 사자를 보내서 그 일을 하게 하셨고, 또 베드로가 고넬료에게 스스로 찾아 전도하러 간 것도 아닙니다. 하나님은 유대인인 베드로가 이방인에게 갈 수 없다는 걸 아시고 황홀한 환상 가운데 보자기를 보이시면서 "내가 거룩하다 한 것을 네가 부정하다 하지 하지 말라" 하면서 고넬료에게 베드로가 가도록 인도하셨습니다. 그로 인해 온 고넬료 집이 구원받고 이방인들에게 복음이 전파되는 것을 우리에게 알려주셨습니다.

전도의 주체는 하나님이십니다. 거기에 쓰임 받는 것이 참으로 영광스럽고 복된 직분인 줄 믿습니다.

지난 주의 말씀, 10장 23절 후반에 보면, "이튿날 일어나 그들과 함께 갈새 욥바에서 온 어떤 형제들도 함께 가니라"고 했는데 사도들이 가는 곳에는 개인적으로 간 경우는 거의 없습니다. 공동체입니다. 말씀 공동체, 기도 공동체, 삶의 공동체, 전도 공동체로 갔습니다. 이것이 셀교회입니다. 그만큼 공동체가 중요하다는 것을 아시고 모든 성도는 셀교회에 함께하시기를 바랍니다.

24절, "이튿날 가이사랴에 들어가니 고넬료가 그의 친척과 가까운 친구들을 모아 기다리더니."

고넬료는 하나님을 경외하는 사람입니다. 늘 구제하고 항상 기도하던 사람입니다. 하나님을 사랑하는 사람은 이웃을 사랑하고 한 영혼을 사랑하는 사람입니다. 하나님은 경외하고 사랑하는데 이웃을 사랑하기 싫다고 한다면 그 사람은 하나님도 경외하지 않는 사람입니다. 하나님을 경외하면 반드시 이웃을 사랑하게 돼 있습니다. 이유는 그것이 하나님의 마음이기 때문입니다.

하나님을 경외하던 고넬료가 대 사도 베드로가 와서 말씀을 전한다는 것을 알고 자신과 가족만 듣는 것이 아니라 일가친척과 가까운 친구들을 불러 모았는데 고넬료를 믿어서 오게 된 줄 믿으시기 바랍니다. 여러분, 사람들에게 신뢰받는 사람이 되시기 바랍니다. 말에 신뢰 받고 행동에, 금전에, 자기 말에 신뢰 받을 수 있는 인격이 되어야 다른 사람에게 복음을 전할 수 있고 믿음을 심어줄 수 있습니다.

25절, "마침 베드로가 들어올 때에 고넬료가 맞아 발 앞에 엎드리어 절하니."

고넬료가 베드로를 향하여 엎드려 절을 했습니다. 베드로 자신이 위대해서가 아니고 하나님의 말씀을 전하는 주의 종이기 때문에 절한 줄 믿으시기 바랍니다. 고넬료는 베드로가 사람으로서 위대해서가 아니라 하나님 말씀을 전하기 위해서 왔기 때문에 그 앞에 절하고 겸손히 복종하는 자세가 된 줄 믿습니다. 저와 여러분도 누구든, 비록 어린아이라 하나님 말씀 전하면 그 앞에 고넬료와 같은 마음으로 하나님의 말씀을 받는 복된 자가 되시기 바랍니다.

26절, "베드로가 일으켜 이르되 일어서라 나도 사람이라 하고."

전도자는 사람들이 자기를 존경하고 사랑하고 때로는 순종할 때 자기에게 한다고 생각하면 착각입니다. 전도자도 구원받은 죄인입니다. 다 연약한 존재일 뿐입니다. 그러므로 복음 전하는 저와 여러분은 누구 앞에서든지 겸손하게 섬기면서 복음 전하시기를 바랍니다. 모든 영광은 하나님께 돌리는 것이지 우리가 그 영광을 가로채서는 안 됩니다. 오직 영광을 받으실 분은 예수 그리스도와 하나님 아버지이십니다.

> 27~29절, "더불어 말하며 들어가 여러 사람이 모인 것을 보고 이르되 유대인으로서 이방인과 교제하며 가까이 하는 것이 위법인 줄은 너희도 알거니와 하나님께서 내게 지시하사 아무도 속되다 하거나 깨끗하지 않다 하지 말라 하시기로 부름을 사양하지 아니하고 왔노라 묻노니 무슨 일로 나를 불렀느냐."

베드로는 유대인입니다. 고넬료는 이방인입니다. 첫 만남입니다. 원래 유대인은 이방인과 만나지도 않습니다. 말도 안 합니다. 음식도 안 먹습니다. 같이 있지도 않습니다. 이게 몇 천 년 동안 내려오던 유대법입니다. 그런데 그 베드로가 고넬료를 만나서 더불어 자연스럽게 소통하고 자연스럽게 이야기한다는 것은 놀라운 일이고 기적입니다. 복음은 모든 사람을 동일한 형제 자매가 되게 합니다.

유대인으로서의 베드로의 고넬료를 향한 태도는 가히 놀랍습니다. 저와 여러분은 예수 믿는 사람, 하나님의 자녀입니다. 하나님의 자녀는 여러분 어떤 습관보다 어떤 가품보다 어떤 관습보다 어떤 나라 법보다 하나님 말씀을 우선 되는 법인 줄 믿는 사람입니다. 그것이 먼저 순종해야 될 일입니다. 수천 년 동안 유대법을 지켜오던 유대인으로서 이방인과 만날 수 없었지만 '하나님께서 말씀하셨기 때문에 내가 사양하지 않고 이방인인 당신에게 왔다'고 말합니다. 이것이 주님의 놀라운 역사입니다. 이제 유대와 이방인의 모든 담이 허물어진 것입니다. 할렐루야.

30~33절, "고넬료가 이르되 내가 나흘 전 이맘때까지 내 집에서 제 구 시 기도를 하는데 갑자기 한 사람이 빛난 옷을 입고 내 앞에 서서 말하되 고넬료야 하나님이 네 기도를 들으시고 네 구제를 기억하셨으니 사람을 욥바에 보내어 베드로라 하는 시몬을 청하라 그가 바닷가 무두장이 시몬의 집에 유숙하느니라 하시기로 내가 곧 당신에게 사람을 보내었는데 오셨으니 잘하였나이다 이제 우리는 주께서 당신에게 명하신 모든 것을 듣고자 하여 다 하나님 앞에 있나이다."

고넬료가 본 것은 천사였습니다. 그런데 천사를 표현할 때 '흰옷 입은 사람'이라고 성경에서 말하고 있는 것을 우리가 봅니다. 이 고넬료가 베드로를 숭배해서 절한 것이 아닙니다. '주께서 당신에게 말씀하신 것을 이제 우리가 듣고자 합니다. 당신은 하나님의 말씀을 전하는 주의 종이기 때문에 우리가 하나님 앞에 있나이다'라고 했습니다.

바울도 데살로니가에 편지하면서 "내가 전한 말을 사람의 말로 듣지 아니하고 하나님 말씀으로 듣는도다"(살전 2:13)라고 했습니다. 우리가 설교를 들을 때, 아무리 어린 사람이라 할지라도 말씀을 전하면 하나님의 말씀으로 듣는, 하나님 앞에 있는 성도가 되기를 주의 이름으로 축복합니다.

저는 부목사님이 설교하셔도 '하나님의 말씀이다' 하는 믿음으로 앉아 듣고 다른 곳에 가서도 그렇게 합니다. 이런 마음으로 들어야 하나님의 은혜를 받고 하나님이 기뻐하시는 줄 믿습니다. 물론 전도자는 말씀을 전할 때 자기 것을 전하면 안 됩니다. 하나님의 말씀을 대언하는 도구가 되어야 될 것입니다.

34~35절, "베드로가 입을 열어 말하되 내가 참으로 하나님은 사람의 외모를 보지 아니하시고 각 나라 중 하나님을 경외하며 의를 행하는 사람은 다 받으시는 줄

깨달았도다."

아마 베드로에게는 이 사건이 굉장한 충격과 변화를 주었을 것입니다. 유대인만 사랑한다고 생각했고, 유대인만 구원이 있다고 생각했는데, 하나님께서는 이방인인 고넬료가 말씀을 듣도록 하나님이 역사하시고 하나님이 은혜를 베푸시고 자신에게 말씀을 전하라 하신 것입니다. 이것을 보면서 베드로는 '아. 하나님은 유대인의 하나님만이 아니시구나, 이방인의 하나님도 되시고, 하나님은 외모로 보지 않고 누구든지 하나님 앞에 중심이 바른 경건한 사람, 사랑받는 사람에게 말씀을 듣게 하시는구나' 라고 깨달았을 것입니다.

우리는 악하고 죄가 많은 사람이지만 그래도 하나님은 우리를 사랑하시고 우리를 불러서 복음을 듣게 하신 줄 믿습니다. 예수 믿고 구원받고 하나님께 경배하는 이 자체가 하나님의 은혜요 사랑이고 하나님의 축복인 줄 믿습니다. 저와 여러분은 가난하게 살아도 최고 복 받은 사람인 줄 알고 삽시다. 당당하게 삽시다. 두려워하지 말고 당당하게 누구 앞에 서든지 '나는 예수 믿고 구원받은 하나님의 자녀고 최고의 세상에 복 받은 사람이다'라고 생각하면서 사십시다.

세상을 향해서도 '당신들이 아무리 가진 것이 많아도 죽을 때 모든 것을 두고 가지만 나는 천국을 보장받고 있다, 이것보다 더 귀한 축복은 없다'라고 외치시기 바랍니다.

하나님은 사람을 외모로 보지 않으신 분이십니다. 신명기 10장 17절 말씀, "너희의 하나님 여호와는 신 가운데 신이시며 주 가운데 주시요 크고 능하시며 두려우신 하나님이시라 사람을 외모로 보지 아니하시며 뇌물을 받지 아니하시고." 로마서 2장 11절 말씀, "이는 하나님께서 외모로 사람을 취하지 아니하심이라."

세상에 나가면 전부 다 외모를 봅니다. 얼굴만 본다 그 말이 아닙니다. 학력, 직업, 집안, 그리고 키를 보는 등 다 외모를 보기 때문에 부담스럽습니다. 키 작은 저 같은 사람은 더 부담스럽고요.

그런데 여러분, 교회는 그렇게 하면 안 됩니다. 교회는 그리스도의 마음으로 보고 그리스도를 배워 나가는 곳이기 때문에 돈이 있든 없든 배웠든 못 배웠든, 배경이 어떠하든지 다 성도입니다. 이 지상에 가장 아름다운 공동체가 교회입니다. 교회는 그것을 따지는 곳이 아니고 예수 믿는다 하면 모두 한 공동체가 되는 곳입니다. 성도가 성도를 귀중히 여기는 공동체가 되기를 주의 이름으로 축복합니다. 한 영혼도 무시하면 안 됩니다. 예수님이 피 흘려서 구원받은 성도를 우리가 무시해서는 안 되는 줄 믿습니다.

36~37절, "만유의 주 되신 예수 그리스도로 말미암아 화평의 복음을 전하사 이스라엘 자손들에게 보내신 말씀 곧 요한이 그 세례를 반포한 후에 갈릴리에서 시작하여 온 유대에 두루 전파된 그것을 너희도 알거니와"

베드로가 고넬료에게 '화평의 복음'이라고 라고 했습니다. 복음은 우리가 죄 용서받는다 할 때는 속죄의 복음이요, 우리가 구원 받는다는 의미에서는 구원의 복음입니다. 우리를 죄에서 의롭게 하는 복음인 줄 믿습니다. 그런데 왜 화평의 복음일까요? 하나님과 우리가 화평 되게 하시고 유대인과 이방인의 화평의 복음입니다. 로마서 5장 10절~11절 말씀,

"곧 우리가 원수 되었을 때에 그의 아들의 죽으심으로 말미암아 하나님과 화목하게 되었은즉 화목하게 된 자로서는 더욱 그의 살아나심으로 말미암아 구원을 받을 것이니라 그뿐 아니라 이제 우리로 화목하게 하신 우리 주 예수 그리스도로 말미암아 하나님 안에서 또한 즐거워하느니라."

저와 여러분은 하나님과 화목 되지 못한 원수 된 자였습니다. 마귀의 자

녀였습니다. 그런데 예수님이 십자가에 죽으심으로 하나님의 공의 앞에 우리의 모든 죄값을 지불함으로 하나님과 우리가 화목 되게 된 줄 믿습니다. 하나님과 우리가 화목 되게 되었을 뿐만 아니라 성도와 성도가 화목하게 되었고 유대인과 이방인이 화목하게 되었습니다.

그러니까 성도끼리 싸우고 다투는 건 아주 놀라운 기적입니다. 그건 있을 수 없는 일입니다. "평안의 매는 줄로 성령이 하나 되게 하신 것을 힘써 지키라"(엡 4:3)는 말씀을 기억하고 행해야 합니다. 우리가 비진리일 때는 하나가 될 수 없습니다. 이단과 하나 될 수 없습니다. 그러나 진리 안에서는 하나 되는 것이 마땅한 줄 믿습니다.

요한복음 1장 33절에 보면 세례 요한이 '내가 세례 베풀 때에 성령이 임하는 사람이 성령으로 세례를 베풀 자인 것을 내게 말씀하셨다, 이 분이 하나님의 아들 그리스도이시다' 이렇게 적었습니다. 그때부터 예수님은 공생애 복음을 전하셨습니다.

> 38절, "하나님이 나사렛 예수에게 성령과 능력을 기름 붓듯 하셨으매 그가 두루 다니시며 선한 일을 행하시고 마귀에게 눌린 모든 사람을 고치셨으니 이는 하나님이 함께 하셨음이라."

이 본문에서 예수님을 어떻게 소개합니까? 나사렛 예수라고 합니다. 사람들이 보기에는 요셉과 마리아의 아들로 나사렛에 살던 그 예수가 하나님의 아들이신데, 하나님께서 그에게 성령을 기름 붓듯하셔서 복음을 전하게 하셨습니다. 그가 가난한 자에게 복음을 전하시고 병든 자를 치료하시고 귀신을 떠나가게 하셨습니다. 예수님이 하나님 아들 그리스도라는 사실인 줄 믿습니다. 예수님을 통해 일을 하게 하셨음을 증거하는 것입니다.

39절, "우리는 유대인의 땅과 예루살렘에서 그가 행하신 모든 일에 증인이라 그를 그들이 나무에 달아 죽였으나."

베드로는 고넬료에게 '나는 그의 증인이다, 그 나사렛 예수와 3년 동안 함께 거하고 함께 먹으면서 그가 행하시는 것을 다 봤으며 십자가에 죽으시고 부활하는 것 역시 보았다'고 말합니다. '증인'이라는 말은 '마르투스'인데 순교를 결심하고 바르게 말하는 사람 그 사람이 증인입니다.

여러분, 기독교는 다른 종교 중 하나가 아닙니다. 역사적 사실을 믿는 것입니다. 지금 예수 믿는 건 사실이고 우리 안에 하나님의 성령이 거하시고 계신 줄 믿으시기 바랍니다. 착각도, 아편도, 망상도 아닙니다. 사실입니다. 할렐루야.

40~41절, "하나님이 사흘 만에 다시 살리사 나타내시되 모든 백성에게 하신 것이 아니요 오직 미리 택하신 증인 곧 죽은 자 가운데서 부활하신 후 그를 모시고 음식을 먹은 우리에게 하신 것이라."

베드로는 계속 말합니다. '예수께서 부활해서 40일 동안 우리와 함께 계시면서 가르치셨다, 나는 그 일의 증인이다.' 확실히 예수님을 하나님의 아들 그리스도로, 주인으로 믿으시기를 바랍니다. 그 예수님을 믿으면 우리는 하나님과 화평된 자요, 죄 용서받은 자며, 하나님의 자녀입니다. 우리는 한 형제 자매인 줄 믿습니다.

42절, "우리에게 명하사 백성에게 전도하되 하나님이 살아 있는 자와 죽은 자의 재판장으로 정하신 자가 곧 이 사람인 것을 증언하게 하셨고."

예수 그리스도는 우리를 구원하는 구주일 뿐만 아니라 심판주가 되심을 믿으시기 바랍니다. 사람은 한 번 죽어요. 그러나 끝이 아니에요. 한 번 죽는 것은 정한 것이요 후에는 심판이 있어요. 하나님의 나라 지옥 심판이 있습니다. 그 심판주가 예수 그리스도이신 줄 믿으시기 바랍니다. 요한복음 5장 22절 말씀 봅니다. "아버지께서 아무도 심판하지 아니하시고 심판을 다 아들에게 맡기셨으니" 아들에게 심판 천지창조를 아들을 통해서 하시고 구원을 아들인 예수님을 통해서 하시고 심판을 아들인 예수 통해서 하시고 기도 응답을 아들인 예수 그리스도를 통해서 하시고 그래서 우리가 그리스도교 예수 믿는 사람 크리스찬이라고 하며 하나님 믿는 사람이 그리스도인인 이유가 거기에 있는 줄 믿으시기 바랍니다. 아멘 심판주도 예수님.

요한계시록 19장 11절 말씀에 "또 내가 하늘이 열린 것을 보니 보라 백마와 그것을 탄 자가 있으니 그 이름은 충신과 진실이라 그가 공의로 심판하며 싸우더라." 만왕의 왕으로서 심판주가 되심을 믿습니다.

43절, "그에 대하여 모든 선지자도 증언하되 그를 믿는 사람들이 다 그의 이름을 힘입어 죄 사함을 받는다 하였느니라."

구약에 있는 모든 선지자가 메시아를 통해서 죄 사함 받고 구원받는다고 예언했다는 것입니다. 그러므로 저와 여러분도 예수 믿음으로 죄 용서함을 받고 의롭게 되었고 하나님의 자녀가 되었습니다.

죄 용서받고 의롭게 되고 하나님의 자녀가 되었다는 증거가 뭐냐면 우리 안에 성령이 임하는 것인 줄 믿습니다. 로마서 10장 11절~13절 봅니다.

"성경에 이르되 누구든지 그를 믿는 자는 부끄러움을 당하지 아니하리라 하니 유대인이나 헬라인이나 차별이 없음이라 한 분이신 주께서 모든 사람의 주가 되사 그를 부르는 모든 사람에게 부요하시도다 누구든지 주의 이름을 부르는 자는 구원을 받으리라"

2천년 동안 누구든지 예수 믿는 사람 구원 못 받은 사람 없습니다. 예수님 안 믿고 구원 받은 사람 없습니다. 오직 예수 이름으로만 구원을 받게 됨을 믿습니다.

44절, "베드로가 이 말을 할 때에 성령이 말씀 듣는 모든 사람에게 내려오시니."

하나님 말씀과 예수님이 증거될 때 성령이 임하는 줄 믿습니다. 그래서 우리가 말씀 들을 때 예수 믿고 구원받은 사람이 생깁니다. 그것을 성령의 역사라고 합니다. 그리고 말씀 들을 때 귀신도 떠나가고 병고침도 일어나고 회개도 일어나며 영적 힘을 얻으며 위로 받기도 하고 인도받기도 합니다. 모든 것이 성령의 역사임을 믿으시기 바랍니다. 예배드릴 때, 말씀 들을 때 성령의 역사가 나타남을 믿으시고 말씀을 들어야 될 줄 믿습니다.

45절, "베드로와 함께 온 할례 받은 신자들이 이방인들에게도 성령 부어 주심으로 말미암아 놀라니."

깜짝 놀랍니다. 이방인들도 '하나님의 성령이 역사하시구나!' 우리 같지 않습니다. 유대인들에겐 있을 수 없는 사건이었습니다.

46~48절, "이는 방언을 말하며 하나님 높임을 들음이러라 이에 베드로가 이르되 이 사람들이 우리와 같이 성령을 받았으니 누가 능히 물로 세례 베풂을 금하리요 하고 명하여 예수 그리스도의 이름으로 세례를 베풀라 하니라 그들이 베드로에게 며칠 더 머물기를 청하니라."

방언을 말하며 주를 찬송하는 일이 있었습니다. 그리고, 그들이 예수 믿고 구원 받았으니 세례를 받은 것입니다. 천주교는 영세 받아야 구원 받는다 하여 세례를 믿든 안 믿든 줍니다. 그건 진리에서 벗어난 일입니다. 구원

받은 사람이 세례 받는 줄 믿으시기 바랍니다. 세례 받는다고 구원받는 게 아니라 예수 믿을 때 성령이 임하고 구원받았으니까 그 표로써 세례를 주는 줄 믿습니다.

그리고, 고넬료와 일가 친척 친구들이 뭐라고 말합니까? 하나님 말씀 듣고 성령이 충만하게 임하고 구원받고 세례 받는 역사가 나타나니까 은혜가 충만해서 말씀을 사모하게 됩니다. '우리에게 말씀을 며칠이라도 더 전해주세요.' 그들의 요청입니다. 은혜를 사모하는 성도 되시기 바랍니다. 예배를 사모하는 성도 되시고 말씀 듣기를 사모하는 성도가 복 있습니다. '오늘 말씀 정말 길다 길어' 하지 말고 말씀 듣기를 꿀송이같이 달기를 사모해야 합니다.

모든 성도들이 말씀의 은혜를 누리는 성도들이 되시기를 예수님의 이름으로 축복합니다.

33강 | 행 11:1~18

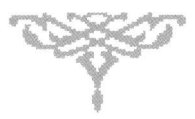

유대 율법주의자들은 행해야 되다, 할례를 받아야 되다 했지만 본문에 나오는 베드로는 유대인입니다. 그에게 하나님이 황홀한 중에 보자기 환상을 보여주면서 고넬료에게 보냈습니다. 고넬료에게 가서 말씀을 전했더니 하나님이 성령이 충만하게 역사하는 것을 봤습니다. 그리고 예루살렘으로 돌아왔는데 어떤 일이 일어났습니까?

1~4절, "유대에 있는 사도들과 형제들이 이방인들도 하나님의 말씀을 받았다 함을 들었더니 베드로가 예루살렘에 올라갔을 때에 할례자들이 비난하여 이르되 네가 무할례자의 집에 들어가 함께 먹었다 하니."

베드로는 하나님의 성령의 역사를 봤습니다. 예루살렘에 돌아왔는데 할례자들이 자신을 비난했습니다. 그들은 예수님을 믿었지만 할례 받은 사람들입니다. 어떻게 이방인의 집에 가서 같이 먹었느냐는 것입니다. '당신이 사도라면서 그럴 수 있느냐?' 이에 베드로가 차근차근 거기에 대해서 설명을 합니다. '하나님이 환상을 주셨고 고넬료에게 가서 말씀을 전했더니 마가 다락방에서 역사하셨던 성령이 그대로 거기도 역사하더라, 그래서 나는 이방인에게도 하나님이 성령을 선물로 주셨다는 것을 깨달았다. 하나님이 그렇게 하신 것을 내가 누구인데 막을 수가 있겠느냐?'는 이 말을 듣고 예루살렘 교회가 '이방인에게도 성령을 주시고 구원의 은혜를 베풀었구나' 라고 생각이 바뀌었습니다.

그런데 나중에 베드로가 안디옥에 가서 이방인과 식사할 때에 예루살렘에 예수님의 친동생인 야고보가 목회하는 데 사람이 왔습니다. 유대인이었습니다. 유대인이 오니까 안 먹는 척 합니다. 그래서 바울에게 책망을 당합니다. 베드로입니다. 베드로가 분명히 하나님의 역사를 보고 이방인에게도 성령 주심을 봤는데도 불구하고 또 그 생각으로 돌아가는 모습을 우리가 보게 됩니다. 이만큼 우리에게는 율법적 요소가 있습니다.

여러분, 예배드리고, 헌금하고, 전도하고, 봉사하는 신앙생활을 우리가 합니다. 그런데 왜 합니까? 예배 안 드리면 하나님이 벌 주시고, 십일조 안 하면 사람 망하게 하실 것 같아서요? 제가 어릴 때 이런 설교 많이 들었습니다. 주일을 지키지 않는 사람, 안식일을 안 지키고 놀러 가다가 어려움을 겪는다는 식의 설교였습니다. 그래서 여러분은 다리 다치지 않기 위해서 예배에 참석합니까? 그런 수준의 신앙이 있습니다.

다른 수준의 사람들은 복을 받기 위해서 하는 사람이 있습니다. 예배드려서 복 받고, 헌금해서 복 받고, 전도해서 복 받고, 새벽 기도해서 복 받는다고 믿어서 자신이 복을 받으려고 열심을 내는 사람입니다. 자기를 위해서 열심히 하는 사람입니다. 말은 예수 믿고 주를 위한 것인데 그 속에 사실은 자기가 주인입니다. 자기를 위해서 하는 것입니다. 이것을 '기복신앙'이라고 그럽니다. 기독교 신앙과는 관계가 없습니다.

또 다른 하나의 신앙은 사랑해서 하는 신앙입니다. 하나님이 우리를 사랑하셔서 영광스러운 보좌를 버리고, 이 땅에 죄인의 모습으로 죄 없으신 예수님께서 오셔서, 대신 십자가에서 죽기까지 하시면서 우리를 구원하셨습니다. 우리 죄를 속하기 위해서 대신 피 흘리시고 하나님의 사랑으로 우리를 구원하신 줄 믿습니다. 왜 여호와의 열심이 우리를 구원하십니까? 사랑하면 열심은 생깁니다.

우리가 하나님의 은혜와 사랑을 알고 나니까 그 하나님이 너무 좋고, 하나님을 너무 사랑해서 예배드리고, 사랑해서 헌금하고, 사랑해서 복음 전하고, 사랑해서 교회를 섬기고, 기쁨으로 하나님 앞에 무엇이든 하는 그것이 예수 믿는 신앙입니다.

여러분의 신앙 생활은 어느 부류에 속합니까? 바울은 갈라디아에 편지하면서 유대적, 율법적 신앙을 말하면서 '저주를 받을지어다' 하면서 아주 진노하고 있습니다.

갈라디아서 1장 6~9절, "그리스도의 은혜로 너희를 부르신 이를 이같이 속히 떠나 다른 복음을 따르는 것을 내가 이상하게 여기노라. 다른 복음은 없나니 다만 어떤 사람들이 너희를 교란하여 그리스도의 복음을 변하게 하려 함이라. 그러나 우리나 혹은 하늘로부터 온 천사라도 우리가 너희에게 전한 복음 외에 다른 복음을 전하면 저주를 받을지어다. 우리가 전에 말하였거니와 내가 지금 다시 말하노니 만일 누구든지 너희가 받은 것 외에 다른 복음을 전하면 저주를 받을지어다."

바울이 전한 복음은 "누구든지 예수 믿으면 구원받는다"는 것입니다. 그런데 다른 복음은 '예수를 믿어도 할례를 받아야 되고, 절기를 지켜야 구원받는다'는 것으로 이것이 바로 다른 복음입니다. 그들을 향해 "저주를 받을지어다"라고 강하게 말할 만큼 경고하고 있습니다.

바울은 서신서 13권을 썼습니다. 히브리서를 넣기도 하고 빼기도 하는데 넣으면 14권이 됩니다. 이 서신서들 전체에서 '저주를 받을지어다'라고 말한 데는 여기 딱 두 번밖에 안 나옵니다. 얼마나 바울이 화가 났으면 다른 복음을 쫓는 사람들이 교회 안에 있다면 '저주를 받을지어다' 라고 말했을까요.

여러분, 만일 오늘 바울이 여러분 중에 있다면 '예수님 믿어도 행해야 구원 얻는다'라고 믿는 사람이 있다면 "저주를 받을지어다"라고 했을 것입니다. 예수 믿고 행해야 된다, 예배 잘 드려야 된다, 뭐 해야 된다 얼마나 좋은 이야기입니까? 그런데 왜 바울은 그렇게 강하게 말합니까? 그것은, '하나님이 우리를 구원하기 위해서 보낸 예수 그리스도의 십자가 보혈은 부족하다, 그러니 여전히 내 할례가 필요하고 노력이 필요하다, 그래야 구원이 완전해진다'는 말과 같습니다. 이 말입니다. 완전한 하나님의 구원을 무시하는 것입니다. 십자가의 보혈의 능력을 무시하는 것입니다. 혹시라도 여러분이 그런 생각 가진다면 예수님을 잘 모르고 계신 것입니다.

바울은 로마서 1장 16절에 "내가 복음을 부끄러워하지 아니하노니 이 복음은 모든 믿는 자에게 구원을 주시는 하나님의 능력이 됨이라 먼저는 유대인에게요 그리고 헬라인에게로다"라고 말씀합니다.

모든 자에게 구원을 주시는 능력이 예수님의 복음 안에 있습니다. 십자가의 보혈은 어떤 사람도 믿기만 하면 말갛게 죄가 씻기고 의롭게 되는 능력의 복음입니다. 예수 그리스도의 복음 하나만 있어도 온 인류가 구원 얻기에 넉넉합니다. 부족하지 않습니다. 저와 여러분이 하나님 자녀가 되고 구원 받고 하나님의 은혜를 받는데 부족하지 않습니다. 완전한 이름을 우리에게 주셨습니다.

그런데 사람들 보기에는 '그래도 덧붙여서 할례도 필요하고 의롭게 사는 것이 필요하지 않느냐'라고 말하고 싶지만 하나님께서 볼 때는 괘씸한 사람입니다. 불신앙하는 사람입니다. 예수님을 무시하는 사람입니다. 그래서 바울이 갈라디아에 편지를 쓰면서 그들을 향해서 그렇게 강하게 말한 것입니다.

하나님께서 우리에게 주신 예수님은 우리가 죄 용서받고 구원받고 하나님의 자녀가 되고 이 땅을 승리하는 데 완전합니다. 하나님의 모든 사랑을 표현하기에 완전합니다. 더 큰 사랑이 없습니다. 우리가 그렇게 믿지 못하는 이유는 악하고 교만하고 불신앙이 있기에 그런 것입니다.

우리가 하나님보다 더 의롭습니까? 우리가 하나님보다 더 능력이 있습니까? 우리가 하나님보다 더 완전합니까? 아주 교만하고 못된 사람입니다. 우리가 어떻게 하나님보다 더 의롭습니까? 더 능력이 있고 완전합니까? 그게 유대주의적 율법적 신앙입니다.

유대인들이 예수 믿고 구원 받고 은혜를 받았다가도 유대적, 율법적 신앙인 이단이 들어오면 거기로 또 넘어갑니다. 그래도 할례 받아야지, 그래도 절기를 지켜야지 라며 또 넘어갑니다. 예수 믿고 구원받고 은혜 받고 성령을 받았다가도 또 넘어갑니다. 왜 그렇습니까? 예수님의 십자가 부활의 능력에 확신이 없고 그 은혜를 잘 몰라서, 하나님의 사랑을 잘 몰라서 그렇습니다. 십자가의 사랑만 있어도 우리에게 충분한 줄 믿으시기 바랍니다.

하나님이 두려워서 예배드리고, 자기를 위해서 예배드리는 것이 아니라 하나님을 사랑해서 예배드리기를 하나님은 원하십니다. 하나님을 사랑해서 성도를 사랑해서 헌금하기를 원합니다. 봉사하고 헌신하기를 원합니다. 사랑으로 사는 사람은 자랑하지 않습니다. 늘 하나님의 은혜로 감사하고 부족을 느낍니다. 그래서 사도 바울은 그렇게 헌신하고 충성하고 고난과 핍박을 많이 당했지만 자랑하지 않고 "나의 나 된 것은 하나님의 은혜입니다, 나는 만삭되어 나지 못한 자 같은 자입니다, 죄인의 괴수입니다, 충성되지 못한 저를 믿고 맡겨주셔서 감사합니다"(고전 15:8, 딤전 1:15)라고 고백했습니다. 이것이 예수 믿는 건강한 신앙입니다. 하나님이 우리에게 주시는 은혜로 사는 삶인 줄 믿으시기 바랍니다.

4~5절, "베드로가 그들에게 이 일을 차례로 설명하여 이르되 내가 욥바 시에서 기도할 때에 황홀한 중에 환상을 보니 큰 보자기 같은 그릇이 네 귀에 매어 하늘로부터 내리어 내 앞에까지 드리워지거늘."

지난주에 우리가 말씀을 나누었기 때문에 이 말씀을 같이 읽음으로 다시 상기해봅니다.

6~14절, "이것을 주목하여 보니 땅에 네 발 가진 것과 들짐승과 기는 것과 공중에 나는 것들이 보이더라 또 들으니 소리 있어 내게 이르되 베드로야 일어나 잡아 먹으라 하거늘 내가 이르되 주님 그럴 수 없나이다 속되거나 깨끗하지 아니한 것은 결코 내 입에 들어간 일이 없나이다 하니 또 하늘로부터 두 번째 소리 있어 내게 이르되 하나님이 깨끗하게 하신 것을 네가 속되다고 하지 말라 하더라 이런 일이 세 번 있은 후에 모든 것이 다시 하늘로 끌려 올라가더라 마침 세 사람이 내가 유숙한 집 앞에 서 있으니 가이사랴에서 내게로 보낸 사람이라 성령이 내게 명하사 아무 의심 말고 함께 가라 하시매 이 여섯 형제도 나와 함께 가서 그 사람의 집에 들어가니 그가 우리에게 말하기를 천사가 내 집에 서서 말하되 네가 사람을 욥바에 보내어 베드로라 하는 시몬을 청하라 그가 너와 네 온 집이 구원 받을 말씀을 네게 이르리라 함을 보았다 하거늘."

베드로가 와서 전한 말씀은 구원 받을 말씀입니다. 세상에는 굉장히 많은 말이 있습니다. 방송국도 많고 학자도 책도 학문도 그리 많지만 오직 구원 받을 말씀은 '예수님이 하나님 아들 그리스도'라는 말씀 밖에 없습니다. 이 세상에서 가장 복되고 중요한 말씀은 '예수님이 하나님 아들 그리스도라는 말씀'인 줄 믿으시기 바랍니다.

가장 아름다운 발은 복음 전하는 발입니다. 이유가 거기에 있습니다. 가장 복된 일은 이 예수님 전하는 일입니다. 가장 복된 시간은 예수님이 하나님 아들 그리스도시라는 말씀을 듣는 시간입니다. 그 이유는 오직 구원받는 말씀은 예수 그리스도의 말씀밖에 없기 때문입니다. 우리 생각에 세상 지식과 학문이 성경 말씀보다 더 멋있어 보이고 더 맞아 보이고 위대해 보인다면 우리는 성경을 잘 모르고 있습니다.

온 우주 가운데 오직 성경만 하나님의 말씀입니다. 성경만 구원의 말씀입니다. 어떤 책과도 어떤 것도 비교할 수 없습니다. 비교하지 마세요. 사람이 쓴 책과 하나님의 말씀을 비교하면 안 됩니다. 비교 거리가 아닙니다. 성경만 하나님의 말씀이며 구원의 말씀이며, 예수 그리스도가 증거되는 것만이 구원의 말씀인 줄 믿으시기 바랍니다. 그 증거로 베드로가 고넬료 집에 가서 말씀을 전했더니 성령이 충만하게 임하셨습니다. 하나님이 함께 하셨다는 뜻입니다. 아멘

15~16절, "내가 말을 시작할 때에 성령이 그들에게 임하시기를 처음 우리에게 하신 것과 같이 하는지라 내가 주의 말씀에 요한은 물로 세례를 베풀었으나 너희는 성령으로 세례를 받으리라 하신 것이 생각났노라."

세례 요한에게 예수님이 세례 받으실 때 성령이 임했습니다. 예수님 옆에 있던 베드로가 예수님으로부터 그 말을 들었는데 그게 기억이 됐다고 생각합니다.

17~18절, "그런즉 하나님이 우리가 주 예수 그리스도를 믿을 때에 주신 것과 같은 선물을 그들에게도 주셨으니 내가 누구이기에 하나님을 능히 막겠느냐 하더라 그들이 이 말을 듣고 잠잠하여 하나님께 영광을 돌려 이르되 그러면 하나님께서 이방인에게도 생명 얻는 회개를 주셨도다 하니라."

하나님의 성령께서 마가의 다락방에 임하셨는데 그 같은 성령이 그들에게 임했다는 말입니다. 방언이 일어나고 불 같고 바람 같이 일어났던 성령의 역사가 고넬료의 집에 임하는 것을 보면서 '하나님이 하시는 일이구나, 내가 누구인데 하나님이 하시는 일을 막을 수 있겠느냐'는 베드로의 고백에 이어 잠잠하여 하나님께 영광을 돌리면서 '하나님께서 이방인에게도 생명얻는 회개를 주셨다'고 한 것입니다. 이 베드로의 간증을 듣고 다같이 하나님께 영광을 돌렸습니다.

여러분, 이 성경의 기록이 기독교에서 굉장히 중요한 사건인 이유가 여기에 있습니다. 예루살렘에 있는 성도들의 생각도 바뀌었습니다. 유대인만 아니고 이제 이방인에게도 하나님이 성령을 선물로 주시고 그들을 구원하게 하시는데 그런데도 흔들리는 사람들이 있었습니다.

사랑하는 성도 여러분, 누가 어떤 말을 한다 할지라도 흔들리지 않는 믿음까지 가시기를 바랍니다. 우리의 행위로 구원을 덧붙일 수 없습니다. 우리의 의로는 하나님의 의를 채울 수가 없습니다.

그러면, 우리가 어떻게 살아야 됩니까? 하나님의 은혜로 구원 받았기 때문에, 그래서 우리가 하나님을 알아가고 예수님 나라가 은혜를 받아가면서 하나님의 사랑이 얼마나 큰지 알아감으로 하나님의 사랑에 포로 되어서 주를 위해서 사는 것입니다. 그래도 우리가 약하고 넘어집니다. 그때마다 가슴을 치면서 통회하면서 '주여, 제가 이렇게 약합니다, 오늘도 저는 예수님의 십자가가 필요합니다, 주님의 능력이 필요합니다'라고 하면서 주님께 가까이 가며 주님을 닮아가는 신앙이 그리스도인의 신앙입니다.

고린도후서 5장 12~15절 말씀을 살펴봅니다.

12절, "우리가 다시 너희에게 자천하는 것이 아니요 오직 우리로 말미암아 자랑할 기회를 너희에게 주어 마음으로 하지 않고 외모로 자랑하는 자들에게 대답하게 하려 하는 것이라."

'외모'라는 말은 내가 예배도 잘 드리고, 헌금도 잘 하고, 봉사도 잘 한다고 자랑하는 사람을 말합니다. 그것이 틀렸다고 말하는 것입니다.

13~14절, "우리가 만일 미쳤어도 하나님을 위한 것이요 정신이 온전하여도 너희를 위한 것이니 그리스도의 사랑이 우리를 강권하시는도다 우리가 생각하건대 한 사람이 모든 사람을 대신하여 죽었은즉 모든 사람이 죽은 것이라."

예수 믿으면 우리도 옛 사람은 다 죽었다는 것입니다.

15절, "그가 모든 사람을 대신하여 죽으심은 살아 있는 자들로 하여금 다시는 그들 자신을 위하여 살지 않고 오직 그들을 대신하여 죽었다가 다시 살아나신 이를 위하여 살게 하려 함이라"

나를 위해서 예배드리고, 내가 복 받기 위해서 하는 그런 기복신앙으로 살지 말고, 그 하나님의 사랑에 포로 되어서 하나님을 사랑하는 마음으로 예배드리고 하나님을 사랑하는 마음으로 전도합니다. 하나님의 피로 값주고 사신 교회를 사랑하는 마음으로 헌금합니다. 하나님 사랑하는 마음으로 순교하고, 하나님을 사랑하는 마음으로 하나님의 영광을 위해서 의를 행하고, 하나님을 사랑하는 마음으로 다른 사람에게 빛이 되는 삶을 삽니다. 그것이 하나님을 기쁘시게 하는 그리스도인의 신앙생활입니다.

제가 청년 시기에 어떤 목사님으로부터 들은 한 예화를 소개합니다. 제가 잊을 수 없는 아주 귀한 예화입니다. 미국의 아주 큰 부잣집에서 흑인 노예를 사왔습니다. 그런데 이 노예가 너무 착하고 성실해서 주인의 마음에 꼭 들었습니다. 그래서 너무 사랑스러워서 불러서, '너는 오늘부터 노예가 아니다, 내 아들로 삼겠다' 하며 그가 보는 앞에서 노예 문서를 찢어서 없애버렸습니다. '너는 지금부터 내 아들이니까 네 먹고 싶은 것 마음대로 먹고, 일도 하지 말고 네 마음대로 누려라' 했습니다. 그는 너무 고마워하면서 눈물을 흘렸습니다. 그 주인이 멀리 여행을 떠나면서 '너는 내 아들이니까 일 안해도 되니까 편히 지내라' 했습니다. 여행을 다녀와서 보니 여전히 일하고 있었습니다. 기특하기도 했지만 화가 나기도 했습니다. '아들이라고 그랬잖아, 일하지 마, 안 해도 돼' 하면서 당부했습니다.

그런데 다음에 여행을 다녀왔는데도 여전히 똑같이 일하고 있는 모습을 보고 그 주인은 이제는 화가 났습니다. '야, 이놈아, 나를 그렇게 못 믿냐? 네 노예 문서를 내가 찢었단 말이야, 너는 내 아들이야, 종이 아니야, 자유야' 했습니다. 아들이 대답합니다. '너무 감사합니다, 아버님' 했는데 다음에도 또 그 모습을 보았습니다. 노발대발 진노를 했습니다. 너무 섭섭하다는 표현까지 했습니다. 그때 그 흑인 아들이 눈물을 뚝뚝 흘리면서 이렇게 말했다고 합니다. '아버지, 내가 일한 것은 노예로 한 것이 아니라 아버지의 아들로서 일을 했습니다.'

이것이 기독교 신앙입니다. 두려워서 하는 것이 아니라 내 목적을 이루기 위해서 하는 것이 아니라 하나님의 사랑 때문에, 하나님의 그 사랑이 너무 감사해서 일하는 것입니다. 그래서 바울은 힘을 다해서 복음 전하고 고난 가운데도 기뻐하고 소망을 바라보면서 "나의 나 된 것은 하나님의 은혜로다"라고 고백했습니다.

우리는 원래 구원 받을 자격이 없는 자들입니다. 하나님과 원수 된 자들인데 어떻게 구원을 받습니까? 하나님의 사랑으로 구원받았습니다. 예수님을 깊이 생각하며 하나님의 사랑을 깊이 묵상하고 은혜 받는 성도가 되시기 바랍니다. 그래서 우리가 구원 받은 것 감사하고, 예배 드릴 수 있음을 감사하고, 일할 수 있다는 것, 헌금할 수 있다는 것, 봉사할 수 있다는 것을 감사합니다.

제가 94년도에 은혜를 받고 95년도쯤이었다고 생각합니다. 저희 성도가 한 육십 명, 칠십 명 될 때쯤이었습니다. 제가 어느 날 율법적으로 신앙생활 해서는 안되겠다는 생각으로 광고했습니다. '여러분, 오늘부터 점심 식사 안 해도 됩니다. 하기 싫은 사람은 아무도 하지 마세요. 은혜 받아서 너무 감사해서 성도를 사랑하는 마음과 기쁨으로 할 사람만 점심 당번을 하세요' 했는데 한 명도 안 나왔습니다. 제 아내가 혼자 국수를 삶기 시작했습니다. 설교를 여러 번 했습니다. 은혜 받은 사람 중에서 사모 혼자 국수 삶는 것이 너무 미안했는지 사람들이 같이 하기 시작했습니다. 그후 오늘까지 오게 된 겁니다.

여러분, 신앙생활을 자신을 위해서 하지 마시기 바랍니다.

"너희는 먼저 그의 나라와 그의 의를 구하라 그리하면 이 모든 것을 너희에게 더하시리라."(마 6:33)

진심으로 하나님의 은혜에 감사해서, 구원에 감사하고 하나님을 사랑해서 하면 모든 것이 하나님께 상달됩니다. 예배도 그런 예배를 드리고 기도도, 봉사도, 헌금도 그렇게 하시면 그것이 하나님께 상달되고 하나님이 받으신 바 되는 신앙이 되는 것입니다. 그리고 그런 사람은 무엇을 해도 다 감사함으로 합니다. 기쁨으로 합니다. 남을 정죄하지 않습니다. 비판하지 않습니다. 남을 위하여 기도하고 사랑하게 됩니다. 그런 성도 되시기를 예수님의 이름으로 축복합니다.

34강 | 행 11:19~30

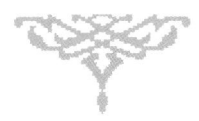

우리 교회의 정체성은 안디옥 교회입니다. 안디옥 교회 같이 확실한 복음과 전도의 사명을 가지고, 땅 끝까지 복음 전하는 소원을 가지고 세워진 교회인 줄 믿으시기 바랍니다. 그래서 온누리교회는 안디옥 교회같은 교회를 지향하는데, 그 안디옥 교회는 기독교 역사상 굉장히 중요한 획을 긋습니다. 교회가 처음에는 예루살렘 교회를 중심으로 시작되었습니다.

예루살렘 교회에는 많은 사도들이 있었습니다. 믿음이 분명했습니다. 전도의 사명도 분명했습니다. 그러나 선민사상에서 아직도 완전히 벗어나지 못한 상태였습니다. 그래서 안디옥 교회가 생기기 전까지는 예루살렘 교회 중심으로 하나님이 큰 역사를 이루셨습니다.

안디옥 교회가 생긴 이후에는 오히려 안디옥 교회를 중심으로 전 세계에 복음이 증거되어지고, 그 열매로 우리도 예수 믿고 돌아온 줄 믿으시기 바랍니다. 이 안디옥 교회는 최초로 선교사를 파송한 교회이며, 바울이 제3차 전도여행을 할 때 유럽과 마게도냐에까지 복음을 전하는 일에 중심이 된 교회가 안디옥 교회입니다. 이 교회를 중심으로 사도행전에 복음의 역사를 기록해 놓은 것을 보면 얼마나 중요한 의미가 있는지를 알게 됩니다.

19~20절, "그 때에 스데반의 일로 일어난 환난으로 말미암아 흩어진 자들이 베니게와 구브로와 안디옥까지 이르러 유대인에게만 말씀을 전하는데 그 중에 구브로와 구레네 몇 사람이 안디옥에 이르러 헬라인에게도 말하여 주 예수를 전파

하니."

그러면 안디옥 교회가 어떻게 해서 설립되었을까요? 본문은 그것에 관해 비교적 자세히 기록하고 있는데, 19절에 보면 "그때에"라고 말합니다. 어떤 때요? 예루살렘 교회가 아직도 이방인에게 복음 전한 일에는 찜찜한 마음이 있었고 괴리가 있었습니다. 이방인에게 복음을 전하는 베드로에게 하나님께서 은혜 주셔서 고넬료 집에 보내서 성령 충만한 역사로 복음을 전하게 하셨습니다. 예루살렘 교회가 그 베드로에게 시비를 겁니다. '너 왜 이방인 집에 갔더냐? 너 이방인 집에서 왜 같이 먹었느냐? 왜 이방인하고 사귀느냐?' 그러니까 베드로가 성령께서 직접 보여주시고 말씀하신 것을 설명합니다.

그 간증을 들은 예루살렘 교회가 '이방인에게도 하나님이 성령을 주시는구나' 하고 은혜를 받았습니다. 은혜는 받았지만 예루살렘 교회의 많은 성도들은 아직도 완전히 자신들의 옛 생각에서 벗어나지 못했습니다. 한편, 스데반의 순교를 시작으로 예루살렘에 대환란이 일어났습니다. 예수 믿는 사람들은 이단의 괴수로 몰려 감옥에 잡혀들어가기 시작했습니다. 그 엄청난 환란을 피해 사람들이 흩어지기 시작했습니다. 베니게와 구브로, 안디옥까지 흩어졌다고 했습니다.

그런데 그 사람들이 어디서 왔다고 했습니까? 바로 예루살렘에서 온 성도들입니다. 예수님의 제자들과 부활을 목격한 많은 사람들, 그리고 마가의 다락방에서 성령의 임재를 경험한 사람들, 성전 미문에 있던 앉은뱅이가 일어난 것과 다른 수많은 기적과 표적을 보고 많은 역사를 경험한 사람들입니다. 이들은 모두 예수님이 전능하신 하나님이시며, 천지를 만드신 영이신 하나님이시라는 것, 성경대로 동정녀에게 나셔서 여자의 후손으로 처녀의 몸에서 이 땅에 태어나신 하나님의 아들이라는 것을 분명하고 사실적으로 믿는 확실한 믿음의 사람들이었습니다.

그런가 하면 그들은 예수님의 말씀에 순종해서 복음 전하는 일에 열정을 가졌습니다. 살아가는 목적이 부자 되는 것도 아니고 성공하는 것이 아닌, 복음 전하는 확실한 사명이 있는 사람들이었습니다. 그 두 가지가 특징입니다. 예수를 믿는 믿음이 확실하고, 전도를 위해서 살아가는 것입니다.

안디옥까지 그 큰 환란을 피해 갔지만 예수님만이 구주이시고 하나님의 아들 그리스도이심을 전하는 것이 하나님의 뜻이고 자신들의 사명임을 알았기 때문에 거기서도 복음을 전했습니다. 그런데 문제는 그들이 복음을 '유대인에게만 전했다'는 것입니다. 그중에 구브로와 구레네 몇 사람은 헬라 문화권에서 살던 믿음의 사람들이었는데 생각이 좀 열려 있어서 헬라인에게도 말하여 주 예수를 전파했습니다.

여러분, 그 '몇 사람'에 들어가시기 바랍니다. 많이 배웠고 부자였지만 관습이나 세상적인 규례에 묶이지 않고, 하나님의 말씀에 묶여서 생각이 열려 있는 사람들, 예수님의 생각을 가지고 살았던 사람들입니다. 나만, 우리 집만, 우리 교회만 복 받으면 된다는 생각은 주님의 생각이 아닙니다. 주님의 생각은 모든 민족에게 만민에게, 땅 끝까지 복음 전하는 것인 줄 믿습니다. '내 자식만 예수님 잘 믿으면 된다' 그런 생각은 복음적인 생각이 아니며 예수 믿는 사람 생각이 아닙니다. 그런 사람에겐 주님이 역사하지 않으십니다. 그렇게 믿음이 대단한 예루살렘 교회 성도들이었습니다. 열정적인 전도자들이었습니다. 유대인에게만 아닌 헬라인에게도 복음을 전한 몇 사람에 꼭 관심을 가지시기 바랍니다.

21절, "주의 손이 그들과 함께 하시매 수많은 사람들이 믿고 주께 돌아오더라."

그때 하나님이 역사하셨습니다. 하나님이 우리 교회와 여러분에게 역사하시기를 원하지 않습니까? 기도 많이 하는 거 필요합니다. 진심이 필요합니다. 열심히 노력하는 거 필요합니다. 그런데 열심은 그리스도가 아닙니다. 진심도 그리스도가 아닙니다. 예수만 그리스도입니다. 그 예수님을 믿는 믿음이라야지 자신을 믿는 믿음이 되어서는 안 됩니다. 주께 기도해야 됩니다. 예수 믿는 성도 되시기 바랍니다.

우리나라가 1990년도부터 '세계화'란 말을 많이 했습니다. 이천년 들어서면서 부터 '글로벌화'에 대한 이야기를 많이 했는데, 이미 2,000년 전에 예수님은 이미 복음의 세계화, 모든 민족, 땅끝까지를 말씀하셨습니다. 우리가 예수님 믿고 예수님을 바로 알기만 하면 우리는 세계화 되는 것입니다.

우리의 생각이 예수님이 원하는 생각으로 변화되고 바뀌어져야 하나님 우리를 붙들고 사용하시는 줄 믿으시기 바랍니다. 은혜를 받고 나면 하나님이 교회에 역사하기 시작하며 주의 손이 함께 하신다는 것을 이해할 수 있습니다. 한 사람 변화시키고, 일하시고, 교회와 함께 하시는 것이 손으로 만지듯이 세밀하게 하나님이 일하십니다.

하나님의 뜻은 복음전하는 것, 선교하는 것입니다. 그 일을 할 때 하나님이 날마다 역사하십니다. 그래서 수많은 사람들이 믿고 주께 돌아왔습니다.

22~23절, "예루살렘 교회가 이 사람들의 소문을 듣고 바나바를 안디옥까지 보내니 그가 이르러 하나님의 은혜를 보고 기뻐하여 모든 사람에게 굳건한 마음으로 주와 함께 머물러 있으라 권하니."

그 소문이 예루살렘까지 갔습니다. 예루살렘에서 믿은 많은 사람들 중에 사도 바로 밑에 신실한 일꾼 중에 한 사람, 구브로 사람 바나바가 있었습니다. 그는 이방인하고도 잘 통하는 사람, 그 생각이 열려 있는 사람, 또 믿음과 성령이 충만했고 인간적으로는 착한 사람이었습니다.

그 바나바를 안디옥까지 보냅니다. 그가 안디옥 교회에 가서 하나님의 은혜를 보고 기뻐하며 모든 사람에게 굳건한 믿음으로 주와 함께 머물러 있으라고 권했습니다. 사실 이미 안디옥 교회는 하나님의 손이 함께 했고 충만한 은혜 가운데 있었습니다. 우리도 예수님을 확실히 믿으며 분명한 전도의 사명 열려 있어서 이런 은혜를 경험하는 성도가 되시기를 바랍니다.

그런데, 이 안디옥 교회는 사도가 세운 교회가 아닙니다. 안디옥 교회는 확실한 믿음과 전도의 사명과 열려 있는 평신도들을 통해 세워졌습니다. 하나님의 은혜를 받아서 응답의 기쁨이 있고, 하나님이 주신 영적 힘을 얻어서 자신감이 있고, 가난하게 살지만 삶의 힘이 있고, 하나님이 주시는 은혜로 감격이 넘쳤습니다.

사랑하는 여러분, 예수 믿는 사람은 돈 없고 가난하고 힘들고 어려워도 성령이 주시는 에너지 때문에 힘이 있어야 합니다. 가정이든 직장이든 어디서든 하나님이 주시는 힘이 있어야 합니다. 힘들고 어려워도 세상 관점으로는 망해도 주님 주시는 은혜 때문에 기쁨이 충만하고 힘이 있고 자신감과 감격이 넘치는 그런 사람이 예수 믿는 사람입니다.

하나님이 세상 임금이나 권세자하고 비슷합니까? 천지를 만드신 분이 우리 안에 계신 하나님이신데 그 하나님의 은혜를 받아서 모든 상황을 초월해서 은혜와 기쁨이 충만하고 힘이 있는 그런 성도되시기 바랍니다.

"굳건한 마음으로 주와 함께 머물러 있으라." 권했다고 했습니다. 당시의 최고 큰 도시가 로마입니다. 그 다음 도시가 알렉산드리아, 세 번째 도시가 안디옥입니다. 당시에 한 50만 명 정도가 살았습니다. 인구가 35만 명인 양산보다 큰 도시입니다. 많은 사람이 믿기는 했지만 비교하면 몇 사람 되지 않습니다. 얼마나 많은 불신자들이 많은지요. 나가기만 하면 불신자들 만나고 핍박을 만나서 흔들릴 만합니다. 온 천지가 불신앙으로 가득합니다.

우리나라는 온 천지에 십자가는 잘 보이지만 믿음의 냄새가 하나도 안 납니다. 성도들이 믿음 생활하기가 어렵습니다. 흔들립니다. 양산도 우상이 너무 많습니다. 불신앙이 가득한 도시입니다. 지금 우리나라에는 동성연애 찬성, 차별금지법 제정 등이 날개를 달기 시작하고, 예배 드리는 것도 정부의 허락을 받아 예배드려야 한다는 법안을 만들자는 목소리도 있습니다. 하나님께 예배드리는 것을 왜 국가의 허락을 받습니까?

신앙의 자유가 분명히 있는데 교회를 세우고 목사가 되는데 왜 정부 허락을 받습니까? 중국에 가보세요. 허락받아 삽니다. 목사 되는 것도 정부가 정합니다. 하나님의 종을 정부가 세워서 되는 겁니까? 예배를 정부가 통제해서 되는 겁니까? 망하는 나라가 그렇게 나갑니다. 믿는 사람 속에 하나님의 성령이 역사하고 하나님의 빛이 임하는 것입니다. 하나님 앞에서 믿음을 굳건히 하고 어떤 상황 가운데서도 흔들리지 않는 성도가 되기를 주의 이름으로 축복합니다.

24절, "바나바는 착한 사람이요 성령과 믿음이 충만한 사람이라 이에 큰 무리가 주께 더하여지더라."

바나바가 안디옥에 가보니까 은혜가 너무 많은데 믿는 사람이 많지 않습니다. 그런 곳에 하나님이 예루살렘 교회를 통해서 바나바를 보냈습니다. 바나바는 인간적으로는 착한 사람이고 신앙적으로는 성령과 믿음이 충만한 사람입니다. 여러분, 사람들이 우리를 볼 때 어떻게 봅니까? '아주 못된 사람이다, 악한 사람이다' 이러면 복음이 안 전해집니다. 교회 안에서 서로를 볼 때 믿을 만하고 착한 사람 되기를 주의 이름으로 축복합니다.

가정이나 직장, 사회에서도 예수 믿는 사람의 특징이 착해야 됩니다. '아주 악한 놈이다' 이러면 전도가 안 됩니다. 하나님 앞에서 선하고 착한 내가 좀 손해보고 욕먹고, 내가 좀 자리를 얻지 못한다 할지라도 그보다 중요한 것은 나를 통해서 하나님이 영광 받으셔야 합니다. 내가 좀 억울하고 손해를 보더라도 하나님이 영광 받으시면 그게 승리하는 것입니다.

'목사님, 어떻게 먹고 살라 말입니까?' 얼마나 먹으려고 그러십니까. 먹을 것 있으면 족한 줄 알아야 합니다. 감사하면서 주께 영광 돌리는 기준으로 살아가면 하나님이 나머지도 책임져주실 줄 믿습니다.

> 25~26절, "바나바가 사울을 찾으러 다소에 가서 만나매 안디옥에 데리고 와서 둘이 교회에 일 년간 모여 있어 큰 무리를 가르쳤고 제자들이 안디옥에서 비로소 그리스도인이라 일컬음을 받게 되었더라."

바나바 같은 이런 좋은 일꾼이 사역을 하니까 더 큰 무리가 돌아오고 더 큰 역사가 일어났습니다. 바나바가 사울을 찾으러 다소에 가서 많은 사람들 중에 사울을 보고 이방의 사도라는 것을 알았고 또 그가 확실한 예수님의 부활의 증인이요 전도의 뜨거운 열정을 가진 사람이라는 것을 알았습니다. 이미 다소에서 몇 년 동안 훈련했기 때문에 그 사울을 부르러 가서 함께 사역을 했습니다.

바나바와 사울이 만나서 안디옥에서 둘이 함께 사역했습니다. 교회가 성장할수록 많은 일꾼이 세워져야 됩니다. 일꾼이 세워지지 않으면 무너지는 것입니다. 그리고, 여기에서 '그리스도인'이라 일컬음을 받았습니다. 그리스도인이란 그리스도의 것, 그리스도의 사람이란 뜻입니다. 여러분, 예수님 믿지 않은 사람들이 우리를 볼 때 '그리스도의 사람'이라 부릅니까? 그리스도의 일꾼, 이 말은 다른 말로 하면 그리스도의 냄새가 나는 사람들이란 뜻입니다. 그러면 복음이 자꾸 증거 됩니다.

우리가 서로 만날 때 '집사님 보니까, 권사님 보니까 그리스도의 냄새가 납니다'는 소리를 들어야지, '교만의 냄새가 납니다, 욕심이 가득한 냄새가 납니다, 돈 냄새, 명예의 냄새가 풍깁니다' 이러면 얼마나 불행한 일이겠습니까? 중직자일수록, 장로님일수록 예수 냄새가 더 나야 됩니다. 그런데 한국 교회는 꼭 그런 것 같지는 않습니다. 우리 교회 장로님들은 참 좋은 분들이라서 기도 많이 해주시고 사랑 많이 해주시고 존경 많이 해주시기 바랍니다.

여러분 직장에 가서 이웃이 어떤 사람이든 내가 조금 이익 보려 하지 말고 예수님을 항상 생각하시기 바랍니다. 내가 이렇게 할 때 예수님이 영광 받으실까, 예수님 냄새가 날까, 아니면 사람들에게 고집 냄새가 날까, 돈 냄새가 날까 똥 냄새, 역겨운 냄새가 날까 이러면 안됩니다.

안디옥교회 성도들에게서는 그리스도의 냄새가 났습니다. 바울은 편지할 때 우리가 예수님의 향기고 예수님의 편지라고 했습니다. 가족들에게도 예수 냄새 나는 성도가 되시기 바랍니다. 교회에서는 잘 하는 것 같은데 집에 가서는 예수 냄새가 나지 않고, 불신자와 비슷하고 불신자의 관점이나 불신자의 생각이나 불신자의 말이 나오면 안 됩니다. 불신자의 냄새를 풍기면서 찬송하고 기도하고 복 달라 하면 하나님이 어떻게 복을 주시겠습니까. 하나님께서 복 주기 원하시는데 받을 준비가 되어 있는 성도가 되시기를 기도합니다.

> 27~28절, "그 때에 선지자들이 예루살렘에서 안디옥에 이르니 그 중에 아가보라 하는 한 사람이 일어나 성령으로 말하되 천하에 큰 흉년이 들리라 하더니 글라우디오 때에 그렇게 되니라."

초대 교회에서 선지자는 사도 바로 밑에 있는 직분이었습니다. 요즘은 선지자 직분이 없습니다. 당시에 '천하'는 어디를 말합니까? 로마가 다스리는 권역입니다. '글라우디오 때'는 로마의 글라우디오 황제가 다스리던 주후 41년부터 54년까지의 때입니다. 그때 4번이나 큰 흉년이 있었다고 그럽니다. 아가보는 이때만 예언한 것이 아니고 바울이 예루살렘에서 결박 당할까지 예언했습니다.

사도행전 21장 10절~11절에 보면, "여러 날 머물러 있더니 아가보라 하는 한 선지자가 유대로부터 내려와 우리에게 와서 바울의 띠를 가져다가 자기 수족을 잡아매고 말하기를 성령이 말씀하시되 예루살렘에서 유대인들이 이같이 이 띠 임자를 결박하여 이방인의 손에 넘겨주리라 하거늘" 이란 말씀이 있습니다.

성령 충만한 사람을 통해 하나님이 주시는 예언은 반드시 이루어짐을 믿으시기 바랍니다. 저는 예언한다는 사람 여러 사람 만나봤습니다. 그 예언이 반드시 100% 그대로 이루어진 사람은 별로 못 봤습니다. 그러면 조심해야 합니다. 하나님이 이랬다 저랬다 하시는 분이 아니니까 성경 말씀을 믿으시기 바랍니다. 예언한다고 따라다니지 말고 성경 말씀 믿으시기 바랍니다.

29~30절, "제자들이 각각 그 힘대로 유대에 사는 형제들에게 부조를 보내기로 작정하고 이를 실행하여 바나바와 사울의 손으로 장로들에게 보내니라."

예루살렘 교회로부터 은혜를 받았고 복음을 들었습니다. 너무 감사합니다. 그래서 예루살렘이 어려우니까 헌금을 해서 예루살렘 교회 보냈다는 것입니다. 로마서 15장 26절 말씀에 보면, "이는 마게도냐와 아가야 사람들이 예루살렘 성도 중 가난한 자들을 위하여 기쁘게 얼마를 연보하였음이라"고 했습니다.

마게도냐의 아가야에 있는 성도들도 헌금을 해서 예루살렘 교회 보냅니다. 고린도전서 16장 1절에도 역시 고린도 교회에게 한 것같이 갈라디아 교회가 연보를 보냈다고 기록합니다. 여러분, 어려운 교회가 있으면 교회가 헌금에서 돕는 것이 하나님의 뜻이고 성경적인 줄 믿으시기 바랍니다. 양산에 있는 어려운 교회를 위해서 우리가 기도하며 헌금했고 우리 교단에 어려운 교회를 위해서도 그렇게 하는 것은 하나님이 기뻐하십니다. 계속 어려움이 오면 우리가 헌금해서 어려운 곳을 계속 돕는 것이 주님이 원하고 기뻐하는 일인 줄 믿으시기 바랍니다. 선교하는 일, 복음 전하는 일 우리가 해야 될 일인 줄 믿습니다.

이 일에 위해 가장 믿을 수 있는 바나바와 사울을 보냈습니다. 하나님 앞에서 돈에 깨끗한 성도 되시기 바랍니다. 헌금은 하나님의 것입니다. 하나님이 기뻐하시는 데 바르게 쓸 수 있는 교회와 성도가 돼야 될 줄 믿습니다. 또 우리에게 주신 물질을 하나님께서 기뻐하는 데 사용하는 성도가 되시길 바랍니다. 얼마나 돈이 많으냐가 중요한 것이 아니라 그 돈을 어디에 쓰느냐가 더 중요한 것입니다. 가장 귀한 데 사용한다면 그것이 하나님이 기뻐하고 하늘의 보화와 같지 않겠습니까?

바울이 빌립보 감옥에 있을 때 빌립보 교회가 헌금해서 에바브로디도라는 믿을 만한 사람을 통해 보냈습니다. 돈을 아무리 맡겨도 믿을 만한 성도 되시기 바랍니다. 헌금을 가지고 하나님의 일을 시킬 때 정확하고 바르게 믿을 만한 성도가 되시기 바랍니다. 그 사람이 복 있는 사람입니다. 어떡하면 좀 떼먹을까 하는 사람은 망할 사람입니다. 하나님의 것을 떼먹은 교회나 성도들이 다 망하는 것을 보았습니다. 하나님의 헌금은 하나님의 것이지 개인 돈이 아닙니다.

정말 우리는 두렵고 떨림으로 하나님이 기뻐하는 데 사용해야 될 일인 줄 믿습니다. 여러분, 꼭 기억하십시오. 온누리교회는 안디옥 교회를 지향하는 교회입니다. 안디옥 교회를 바라보는 교회입니다. 안디옥 교회 같은 정체성을 가진 교회, 예수 믿는 믿음이 확실한 교회, 전도의 사명이 있는 교회, 생각이 온 민족에게 열려 있는 교회입니다. 예수님의 이름으로 축복합니다.

35강 | 행 11:24~26

초대 교회에 아주 중요한 일꾼 한 사람이 있습니다. 바나바라는 사람인데 그는 하나님 앞에 충성스럽고 많은 사람들에게 칭찬을 받을 뿐만 아니고 또 사도들에게 인정을 받아서 안디옥 교회가 세워질 때의 목회자로 최초로 파송을 받은 사람이고 또 안디옥 교회가 하나님의 성령의 인도를 받아서 최초 선교사를 파송할 때 세계 선교사로 파송된 사람이기도 합니다.

사도행전 5장에서 물질 문제로 히브리파 과부와 헬라파 과부가 다투는 것을 봅니다. 교회 안에는 항상 은혜 충만하고 한 마음 한 뜻이 되는 것이 아니라, 때로는 믿음이 약한 사람, 처음 믿는 사람, 생각이 다른 사람 등 다양하게 모입니다. 그런데 초대 교회에서는 물질이 없는 사람도 은혜 받아 '내가 열심히 하면서 주님의 교회를 위해서 내어놓겠다'는 마음을 가지고 있었습니다. 하나님의 은혜로 많은 것을 받았다는 믿음이 있었기 때문에 자연스런 드림이 있었고 핍절함이 없었다고 믿습니다.

그때 그 현장에 있던 사람이 바로 바나바입니다.

4장 36~37절, "구브로에서 난 레위족 사람이 있으니 이름은 요셉이라 사도들이 일컬어 바나바라(번역하면 위로의 아들이라) 하니 그가 밭이 있으매 팔아 그 값을 가지고 사도들의 발 앞에 두니라."

이 바나바는 레위인입니다. 구약 시대 때 레위인은 재산을 팔고 사고 할 수 없었습니다. 그래서 학자들은 아마 부인의 재산이었을 것이라고 생각하기도 합니다. 그리고 이 바나바는 요셉이라는 이름을 가지고 있는데 사도들이 별명을 바나바, 위로의 사람으로 불렀습니다. 그 말은 그 사람 자체를 나타내는 것입니다. 바나바는 사도들에게도 위로가 되었고, 많은 성도들이 그를 만나면 위로가 되고 힘이 나고 은혜가 되었습니다. 이 사람이 바로 바나바입니다. 왜 사도들에게는 힘이 됩니까? 좋은 일꾼으로 사도를 돕고 교회의 본이 되니까 사도들에게도 위로가 되고 힘이 되는 것이죠.

　사랑하는 성도 여러분, 모든 직분자들과 성도들은 바나바 같은 사람, 모든 사람에게 위로자가 되는 사람이 되시기 바랍니다. 그리고, 바나바처럼 다른 사람을 위로하고, 은혜 받게 하고, 신앙도 좋아지게 하고, 예배도 전도도 열심히 하게 하고, 하나님 은혜로 기뻐하며 감사하게 하는 그런 열매가 있는 성도가 되기를 주의 이름으로 축복합니다.

　사람들이 자기의 밭이나 재산을 팔아서 사도들의 발 앞에 둔다면 그 권한을 사도에게 모두 위임한다는 뜻이거든요. 많은 사람이 그랬다고 소개하면서 특별히 바나바를 소개한 것은 그가 더 헌신적으로 교회를 섬기는 자였다는 것으로 생각합니다. 바나바는 이렇게 영적으로든지, 혹은 섬기는 일이든지, 사람을 대하는 관계라든지 이 부분에 상당히 예루살렘 교회의 인정을 받는 믿음직한 일꾼인 줄 믿습니다.

　바나바의 다른 곳에서 나타난 것을 보면, 예루살렘에서 아주 악한 사람이었던 회심하기 전 사울이 스데반이 순교할 때 그리스도인들을 핍박하고 잡아가기도 하고, 대제사장에게서 권한을 받고 다메섹에 있는 예수 믿는 사람 명단을 받아서 그들을 핍박하러 가던 길에서 예수님을 만났습니다. 요즘에는 소문이 빨리빨리 퍼집니다. 전 세계에 하루도 안 되어서 다 퍼져요. 그런데 이때는 소문이 그렇게 퍼지지 않았습니다. 사람들 입을 통해서 퍼져나갔기 때문에 회심 후 3년이 지난 후에 사울이 예루살렘에 있던 사도들을 방문할 때 사도들과 성도들이 의심했습니다. '그 사람 진짜 회개한 거 맞아요? 그렇게 악했던 사람이 예수 믿고 돌아온다는 것이 이해가 안 됩니다, 아무래도 잘못된 소문 아닌가요? 우리 교회에 와서 누가 예수 믿는지 알고 잡아가려는 것 아닌가요?' 그래서 사울을 받아들이기에 부담스럽게 여기고 거부하고 있을 때에 그를 예루살렘 교회에 소개하고 보증한 사람이 바나바입니다.

> 사도행전 9장 26절부터 30절, "사울이 예루살렘에 가서 제자들을 사귀고자 하나 다 두려워하여 그가 제자 됨을 믿지 아니하니 바나바가 데리고 사도들에게 가서 그가 길에서 어떻게 주를 보았는지와 주께서 그에게 말씀하신 일과 다메섹에서 그가 어떻게 예수의 이름으로 담대히 말하였는지를 전하니라. 사울이 제자들과 함께 있어 예루살렘에 출입하며 또 주 예수의 이름으로 담대히 말하고 헬라파 유대인들과 함께 말하며 변론하니 그 사람들이 죽이려고 힘쓰거늘 형제들이 알고 가이사랴로 데리고 내려가서 다소로 보내니라"

이렇게 예루살렘 교회 사도들과 성도들이 의심을 할 때 사울을 보증한 사람이 바나바입니다.

여러분, 누가 어떤 사람을 보증하면 보증한 그 사람이 믿음직해야 그 말을 듣는 겁니다. 그러니까 예루살렘 교회가 바나바의 신앙이나 인격이나 섬기는 것을 확실히 믿기 때문에 바나바가 사울을 소개하였습니다. '이 사람은 예수님을 확실히 만났고 바로 다메섹에서 복음 전하고 아라비아로 가고 또 다메섹에서 복음 전했는데 사람들이 이 사람을 죽이려고 해서 다시 예루살렘으로 오는 중이다, 이 사람 확실하다, 내가 보증한다.'

이 말을 듣고 예루살렘 교회가 사울과 교제하면서 함께 신앙생활을 하게 된 것입니다. 성도들 중에 만일 서로 오해해서 말 안 하고 서로 화가 나 있다고 할 때 믿을 만한 사람이 중간에서 '집사님, 그게 아닙니다. 그 사람 잘 아는데 그럴 사람도 아니고 그 말이 잘못된 것입니다. 그분 너무 좋고 믿음직합니다' 했을 때, '그래요, 집사님 말씀 들어보니까 이해 됩니다' 이렇게 되어야 합니다. 중간에 서서 화해하는데 '당신도 못 믿겠는데 어떻게 그 사람을 믿어?' 이러면 말이 안 됩니다. 바나바는 사람들이 알지 못해서 서로 오해한 사건에 대하여 보증이 된 신실한 일꾼인 줄 믿습니다.

그러면, 이 바나바와 사울은 언제 만났을까요? 성경에는 확실히 나와 있지 않지만, 다메섹에 있다가 3년 후에 예루살렘을 방문하러 가는데 그때 잠깐 베드로와 야고보를 만난 적이 있습니다. 그때 바나도 함께 만났을 것이라고 학자들이 말합니다. 갈라디아서 1장 16절부터 19절 말씀 봅니다.

"그의 아들을 이방에 전하기 위하여" 그의 아들이 누구입니까? 예수 그리스도이십니다.

"그를 내 속에 나타내시기를 기뻐하셨을 때 내가 곧 혈육과 의논하지 아니하고 또 나보다 먼저 사도 된 자들을 만나려고 예루살렘으로 가지 아니하고 아라비아로 갔다가 다시 다메섹으로 돌아갔노라 그 후 삼년 만에 내가 게바를 방문하려고 예루살렘에 올라가서 그와 함께 십오 일을 머무는 동안 주의 형제 야고보 외에 다른 사도들을 보지 못하였노라."

그때 다른 사도는 만나지 못했는데 바나바가 동참했을 것이라고 학자들이 생각하는 것입니다. 이래서 바나바가 중계 역할을 한 것으로 봅니다.

세 번째, 이 바나바는 언제 나타납니까? 안디옥에 평신도 중심으로 교회가 세워져서 헬라인에게도 복음이 증거되며 주의 손이 함께하시고 은혜가 보일 정도로 충만했습니다. 그러자 예루살렘 교회에 그 소문이 들렸습니다. '안디옥에 교회가 생겼는데 사역자가 없단다, 누구를 파송할까?' 하던 중에 안디옥으로 파송된 사람이 바나바입니다. 세계 최초로 예루살렘 교회가 선교사를 파송했을 때 사도들과 성도들이 가장 믿고 신실한 믿음과 사명과 인격과 섬김이 인정받는 사람이 바나바인 줄 믿습니다.

> 24~26절, "바나바는 착한 사람이요 성령과 믿음이 충만한 사람이라 이에 큰 무리가 주께 더하여지더라 바나바가 사울을 찾으러 다소에 가서 만나매 안디옥에 데리고 와서 둘이 교회에 일 년간 모여 있어 큰 무리를 가르쳤고 제자들이 안디옥에서 비로소 그리스도인이라 일컬음을 받게 되었더라."

안디옥 교회가 원래 성령 충만하고 은혜가 충만한 교회인데 예루살렘 교회로부터 바나바가 오니까 더 은혜가 더 넘치고 교회가 더 많이 부흥됐습니다. 바나바는 착한 사람이고 성령과 믿음이 충만한 사람입니다. 사람들이 볼 때 그를 그렇게 인정할 정도였습니다. 하나님은 선하신 분이고 거룩하신 분입니다. 그러므로 하나님의 영을 성령이라, '거룩한 영'이라고 합니다.

바나바는 착한 사람일 뿐만 아니고 성령과 믿음이 충만하다는 것은 모든 사역과 성도를 대할 때 자기 생각과 자기의 마음으로 대하는 것이 아니라, 하나님의 성령에 감화감동 받아서 말씀 따라서 일을 하고 섬기는 자인 줄 믿습니다. 이런 바나바가 안디옥에 가니까 더 큰 역사가 일어났습니다.

우리 교회의 사역자들도 마찬가지입니다. 우리 교회 셀 인도자, 교사들, 사역자들 모두 바나바같은 선한 사역자가 돼야 될 줄 믿습니다. 성령과 믿음이 충만한 삶을 살자. 그러면 우리를 통해서 많은 사람들이 은혜 받고, 힘을 얻고, 또 다른 사람이 전도 되어지고, 하나님이 함께하는 역사가 교회와 셀교회와 각 기관마다 일어나게 되는 역사가 있을 줄 믿습니다.

교회가 더 부흥하니까 혼자서 감당할 수가 없어서 기도하는 중에 다소에 가서 사울이라는 사람을 모셔서 함께 사역해서 더 많은 제자를 훈련하게 된 줄 믿습니다. 교회가 성장할수록 더 하나님 앞에서 착하고 성령과 믿음이 충만한 일꾼이 쓰임 받을 줄 믿습니다. 이러한 일꾼이 많이 세워질수록 많은 사람이 사역하고 그래서 다른 교회도 돕고 전도하고 선교하는 일에 쓰임 받게 될 줄 믿습니다.

네 번째로 바나바는 사도행전 13장에 최초 선교사로 파송된 사람으로 나옵니다. 13장 1절~3절 말씀에 "안디옥교회의 선지자들과 교사들이 있으니 곧 바나바와 니게르라 하는 시므온과 구레네 사람 루기오와 분봉왕 헤롯의 젖동생 마나엔과 및 사울이라"고 기록합니다. 바나바가 제일 먼저 나오고 사울이 제일 뒤에 나오는 것 기억하세요.

> "주를 섬겨 금식할 때에 성령이 이르시되 내가 불러 시키는 일을 위하여 바나바와 사울을 따로 세우라 하시니 이에 금식하며 기도하고 두 사람을 안수하여 보내니라."

최초로 선교사로 파송된 사람이 바나바와 사울입니다. 초대 교회에는 선지자라는 직분이 있었습니다. 안디옥 교회에 이렇게 신실한 충성스러운 다섯 사람을 세웠고, 그중 두 사람을 파송했습니다. 이것은 성령의 역사였습니다. 그 역사를 통해서 세계 복음화의 엄청난 역사가 일어났는데 이것을 바울의 제 1차 전도여행이라고 합니다.

이 1차 전도여행 때 이방인에게 복음을 전했는데 문제가 생겼습니다. 그 문제는, 유대인이 볼 때 그들이 복음을 받아들였는데 할례를 안 받고, 절기도 잘 지키지 않고 여러 가지가 유대인처럼 살지 않고 자기 마음대로 살았습니다. 그래서 이 사실을 예루살렘 교회에 보고를 했습니다. '이 문제를 어떻게 하면 좋겠느냐?' 그래서 소위 예루살렘 공의회가 소집 되고, 바나바와 사울 또 실라와 유다를 보내기로 결정합니다. 그 회의에서 결정된 것이 '이방인에게는 우상의 제물과 피와 목매어 죽인 것과 음행 을 피하게 할 것을 결의하고, 다른 것은 짐지우지 말자'는 것입니다.

우리도 복음 전해서 불신자가 처음 예수 믿을 때, '예수님 믿을 때 영접만 하세요. 주일은 시간이 안 될 수도 있지요' 이렇게 말합니다. 짐을 안 지우죠. 처음 믿는 사람에게 '십일조는 성도의 의무이니까 꼭 해야 합니다' 그렇게 말하지 않고 '그거 안 해도 됩니다' 이렇게 말합니다. 그 사람에게 맞게 말하는 것입니다. 중직자가 되어서 십일조 안 하고 섬기는 것도 잘 안 하는 사람이 있다면 그건 옳지 않습니다. 중직자가 되면 예배 드리는 것과 하나님께 헌금 온전히 드리는 것과 교회 봉사하고 섬기는 일, 또 헌신하는 일은 당연한 것입니다.

처음 믿는 사람에게는 예수님을 영접만 하면 하나님의 자녀가 됨과 갓난 어린아이기 때문에 하나님의 말씀을 부지런히 듣고 기도해야 됨을 말합니다. 이런 말밖에 다른 짐을 지우지 않으면 믿음이 성장해 가면서 담당해야 될 일을 깨닫게 될 줄 믿습니다. 그래서 바나바 같은 사람은 스스로 자기의 밭을 내어놓기도 하고 헌신하고 충성하기도 하지만 이방인이 처음 주님 앞에 왔을 때는 그런 무거운 짐을 지워서는 안된다는 것입니다.

사도행전 15장 22절 말씀 봅니다.

"이에 사도와 장로와 온 교회가 그중에 사람들을 택하여 바울과 바나바와 함께 안디옥으로 보내기를 결정하니 곧 형제 중에 인도자인 바사바라는 유다와 실라더라."

15장 24절~27절에 보면, "들은즉 우리 가운데서 어떤 사람들이 우리의 지시도 없이 나가서 말로 너희를 괴롭게 하고 마음을 혼란하게 한다 하기로 사람을 택하여 우리 주 예수 그리스도의 이름을 위하여 생명을 아끼지 아니하는 자인 우리가 사랑하는 바나바와 바울과 함께 너희에게 보내기를 만장일치로 결정하였노라 그리하여 유다와 실라를 보내니 그들도 이 일을 말로 전하리라"고 기록합니다.

나중에 이 바사바라는 이 유다와 실라가 그 일을 감당하고 또 바나바와 사울은 다시 안디옥에 와서 사역하는 모습을 우리가 보게 되는데, 사도행전 15장 35절 말씀을 봅니다.

> "바울과 바나바는 안디옥에서 유하며 수다한 다른 사람들과 함께 주의 말씀을 가르치며 전파하니라."

바울이 다시 안디옥에 와서 사역하는데 사울의 이름이 달라졌습니다. 바울의 이름이 옛날에는 사울이었습니다. 그 이름이 바뀌었고 순서도 바나바와 사울이라고 늘 나왔습니다. 유대인들은 중요한 이름을 앞에 세우는 경우가 많습니다. 사울이라는 이름은 '내가 큰 자다' 라는 뜻인데, 사울이 예수 믿고 나니까 큰 자가 아니고 '나는 작은 자구나, 모든 사람보다 더 적은 사람이구나, 죄인의 괴수구나, 만삭되어 나지 못한 자 같구나' 그래서 '작은 자'라는 뜻의 바울의 이름이 등장합니다.

그리고 바울의 이름이 바나바보다 앞에 있다는 것을 알게 됩니다. 오래 믿고 중직자가 되고 하는 것보다 계속적으로 은혜 받고 순종하고, 하나님께 쓰임 받지 않으면 나중에 믿은 사람들이 더 충성스럽게 쓰임 받게 될 때도 있다는 것을 우리가 알아야 될 줄 믿습니다. 그러므로 먼저 믿은 우리가 계속적으로 은혜 가운데 있어서 더 귀하고 존귀하게 쓰임받기를 바랍니다.

제가 지금 우리 교회에서 담임목사라는 직분을 가지고 있지만 다음에 우리 부목사님 중에서, 또 평신도 중에서 목회자가 되어 저보다 100배나 더 훌륭하고 귀하게 쓰임 받는 사람도 있을 수 있다는 것을 우리가 믿습니다. 누구든지 은혜 받아서 하나님께 더 존귀하게 쓰임 받을 수 있습니다.

나중에 또 바나바가 언제 나옵니까? 2차 전도여행을 위해서 바나바와 사울이 서로 의논할 때 큰 다툼이 일어납니다. 사도행전 15장 36절~41절 말씀에 보면, "며칠 후에 바울이 바나바더러 말하되 우리가 주의 말씀을 전한 각 성으로 다시 가서 형제들이 어떠한가 방문하자 하고 바나바는 마가라 하는 요한도 데리고 가고자 하나 바울은 밤빌리아에서 자기들을 떠나 함께 일하러 가지 아니한 자를 데리고 가는 것이 옳지 않다 하여 서로 심히 다투어 피차 갈라서니 바나바는 마가를 데리고 배 타고 구브로로 가고 바울은 실라를 택한 후에 형제들에게 주의 은혜에 부탁함을 받고 떠나 수리아와 길리기아로 다니며 교회들을 견고하게 하니라"라고 기록합니다.

바나바와 사울이 1차 전도여행 때 선교사로 파송을 받아 전도하러 갈 때, 성경에는 나오지 않았지만 마가 요한도 동행했다는 것을 우리가 알 수 있습니다. 이 마가 요한은 바나바의 조카입니다. 바나바는 숙부인데 나이가 더 어립니다. 선교여행은 힘들고 피곤하고 지치고 위험한 일입니다. 마가가 따라다녀 보니까 보통 일이 아닌 것을 알고 밤빌리아 쯤 가다가 도저히 못 하겠다고 돌아갔습니다.

바나바가 사울이 여행하고 돌아와서 2차 선교여행을 갈 때 바나바가 그 요한 마가도 다시 데리고 가자 했는데 사울이 동의를 하지 않아서 바나바와 바울이 심히 다툽니다. 그래서 바나바는 요한 마가를 데리고 가고 바울은 실라를 데리고 수리아와 길리기아로 갔습니다. 그런데 그이후 바나바의 사역은 성경에 잘 소개되지 않고 있습니다. 그리고 바울의 사역은 계속적으로 3차, 4차 전도여행이 이어지고 로마까지 잡혀가는 사역들이 계속 되고 있습니다.

그렇다고 바나바가 그때부터 쓰임 받지 못 했다고 볼 수는 없습니다. 그

후에도 바나바는 귀하게 쓰임 받았다는 증거 있는 구절들이 있습니다. 그리고 베드로 역시 하나님께 존귀했었는데 베드로의 사역이 잘 안 나타납니다. 그럼 베드로는 사역을 안 했습니까? 아닙니다. 성경에는 모든 사역자들의 기록이 다 돼 있는 것이 아닙니다. 사도행전을 기록한 사람이 누가고 하나님은 그 누가를 통해서 사도행전 1장 8절의 말씀이 성취되는 것을 기록해 놓은 줄 믿습니다.

성경에 나오지 않는다 할지라도 그들이 사역하고 있음을 알 수 있는데, 우리가 꼭 기억해야 될 것 하나는 바나바의 고향이 구브로라는 것입니다. 그리고 바나바가 동행하자고 고집부렸던 사람이 조카 마가 요한입니다. 아마 이런 인간적이고 혈육적인 문제 때문에 고향에서 선지자가 인정을 못 받듯이 그의 사역이 줄어들지 않았나 하는 생각을 해보게 됩니다.

그러나 바울은 전혀 그런 것이 없습니다. 지역의 문제도 없고 인간관계의 문제도 없고, 하나님의 뜻 가운데 충성스러운 자와 함께 사역하여 아름다운 열매가 많아졌음을 우리가 보게 되는 줄 믿습니다. 우리가 하나님의 일을 할 때 나하고 친하다고, 혈연 관계가 있다고 그런 사람들하고만 일하면 하나님이 기뻐하시지 않습니다.

바나바는 정말 좋은 일꾼인데, 자기 고향인 구브로 쪽으로 가면서 자기 조카를 데리고 가는 모습을 보지만, 바울은 거기에서 완전히 탈피하여 정말 복음과 전도 중심으로 가는 모습을 보게 됩니다. 그렇다고 해서 바나바가 나쁜 사람이다 이렇게 볼 수 없다고 제가 말씀드렸습니다.

고린도전서 9장 6절 말씀에 보면 "어찌 나와 바나바만 일하지 아니할 권리가 없겠느냐"고 말합니다.

그 앞에 보면 사도들에 대한 이야기가 나옵니다. 이 바울과 바나바가 사도의 반열에 있음을 우리가 보게 됩니다. 그만큼 바나바가 많은 사람들에게 인정받고 충성스러운 사람으로, 또 사도라고 일컬어지기도 할 만큼 은혜를 받은 사람이었습니다.

심하게 싸우기는 했지만 바울이 볼 때도 바나바가 충성한 사람이고 그 후에 화해하고 함께 주의 일에 헌신하는 일꾼으로 기록되고 있음을 보게 됩니다. 오늘 이 바나바를 통해서 저와 여러분은 정말 바나바와 같이 하나님 앞에서 착하고 성령과 믿음이 충만하고 많은 사람에게 칭찬을 받고 인정받는 사람이 되기를 기도합니다. 그뿐아니라 많은 사람에게 보증이 될 수 있는, 성도에게나 불신자에게 그런 보증이 되는 바나바 같은 일꾼 되기를 주의 이름으로 축복합니다.

36강 | 행 12:1~19

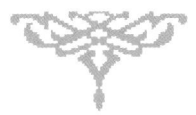

안디옥 교회가 은혜 충만하고, 성령 충만해서 교회가 부흥되어지고 예루살렘 교회에서 바나바를 파송하고 더 큰 부흥이 일어나고 다소에서 사울이라는 사람이 와서 더 큰 부흥이 일어나고 은혜가 충만하고 너무 기쁨이 충만하고 그리고 이제 예루살렘 교회에 기근이 들었다는 것도 알고 헌금을 해서 예루살렘 교회를 돕고자 하는 이런 은혜가 충만할 때에 예루살렘 교회는 큰 핍박이 또 일어났습니다. 지역마다 시대마다 다릅니다. 우리가 같은 시대에 살고 있지만 쿠바라든가 혹은 뭐 인도의 어떤 단순한 부분 중국도 지금 지하교회에서 부흥이 되고 또 무슬림지역에도 복음이 증거되고 있는 반면에 무슬림에서도 핍박이 일어나고 중국에서도 핍박이 일어나고 북한에서도 핍박이 일어나고 이상한 일로 보지 마시기 바랍니다. 복음이 증거되면 마귀는 그것을 방해하기 위해서 핍박도 일어납니다.

1절, "그 때에 헤롯 왕이 손을 들어 교회 중에서 몇 사람을 해하려 하여."

'그때', 안디옥 교회에서는 큰 은혜와 성령 충만을 통해서 복음이 증거되고 기쁨이 충만했는데, 예루살렘 교회에는 큰 핍박이 있던 때였습니다. 그 때에 헤롯 왕이 손을 들어 교회 중에서 몇 사람을 처형하려고 했습니다. 왕쯤 되면 핍박하는 일을 아랫 사람에게 맡길 수 있습니다. 그런데 '손을 들어'고 한 것을 보면, 아랫 사람에게 시키지 않고 헤롯이 직접 손을 대듯이 간섭

해서 핍박하는 일에 적극적으로 하고 있다는 것입니다. 성경에 보면 헤롯이라는 왕이 여러 번 나오잖아요. 예수님 당시에 헤롯이 나오고 여기도 헤롯이 나오는데 같은 사람이 아닙니다. 애굽의 '바로'라는 이름의 왕이 한 사람이 아니었듯이 헤롯 1세, 2세 이런 식입니다.

이때의 헤롯은 예수님 당시 헤롯 대왕의 손자입니다. 마태복음 2장 1절 말씀에, "헤롯 왕 때 예수께서 유대 베들레헴에서 나시매 동방으로부터 박사들이 예루살렘에 이르러 말하되" 한 것처럼 예수님이 탄생할 때의 헤롯은 주전 37년에서 주후 4년까지 치리했습니다. 사도행전의 헤롯은 그 헤롯의 손자인데 아그립바 1세라고 그럽니다.

예루살렘 교회를 핍박하고 야고보를 죽게 한 이 헤롯은 친 유대 정책을 썼습니다. 유대인들에게 잘 보여서 칭송을 받아서 그 왕권을 오래 유지하기 위해서 친 유대, 그러니까 유대인들이 좋아하는 일이면 무슨 일이든 했습니다.

정치인들은 백성이 좋다면 그렇게 가는 것입니다. 그것이 나쁜 일이든 그렇지 않든 정치인들 보면 주로 국민의 뜻이라고 합니다. 우리가 꼭 알아야 됩니다. 예수 믿는 사람은 국민의 뜻이 아니라 하나님의 뜻을 따라서 정치하는 정치인이 돼야 됩니다. 혹시 여러분 주위에 예수 믿는 사람으로서 정치한다 하면 하나님 뜻대로 해야 합니다. 예수님 믿지 않는 정치인들은 '민심이 천심이다'라고 합니다. 그런데 사실 틀린 말입니다. 민심이 천심일 수 있습니다. 그러나 민심이 천심이 아닐 수도 있습니다. 하나님은 사람들에게 역사해서 하나님 뜻을 나타내기도 하지만 악한 시대에는 그 민심이 하나님을 대적하게 되기도 합니다. 그래서 기독교인은 민심을 따라가는 것이 아니라 하나님의 말씀을 믿고 따라가야 합니다.

헤롯은 정치인입니다. 유대인들의 환심을 사서 어쨌든 정권을 유지하려는 마음이 있는 사람이 아그립바 1세입니다. 그래서 자신이 직접 교회 중에서 몇 사람을 처형하려 합니다. 시범적으로 몇 사람을 죽이면 기독교인들이 잠잠해질 것이라 생각한 것입니다. 군대에 처음 가면 몇 사람을 표현하기 좀 그렇지만 반 죽여 놓습니다. '반 죽인다'라는 말은 강단 용어는 아니에요. 군대 용어입니다. 그래 놓으면 전체가 말 잘 듣게 됩니다. 그걸 시범 케이스라고 그럽니다.

> 2~3절, "요한의 형제 야고보를 칼로 죽이니 유대인들이 이 일을 기뻐하는 것을 보고 베드로도 잡으려 할새 때는 무교절 기간이라."

헤롯이 정치하기 위해서 그리스도인들을 감옥에 넣고는 몇 사람만 시범적으로 처형하면 기독교인들이 잠잠해질 것이니까 유대인들이 엄청 좋아하리라 생각했습니다. 그래서 요한의 형제 야고보를 칼로 죽입니다. 이 요한은 예수님의 제자이며 야고보의 형제입니다. 예수님을 끝까지 따라가던 세 제자가 베드로, 요한 야고보입니다. 이 야고보는 예수님의 사도로서 첫 순교자입니다. 예수님의 동생이 아닙니다.

유대인들에게는 칼에 죽는 것은 십자가에 죽는 것 같이 아주 천히 여기는, 멸시하는 죽음입니다. 저는 이 성경을 읽을 때에 내 목에 칼을 갖다대면서 '너 예수님 믿겠냐?' 할 때 눈 뜬 채로 목 베임을 당하는 것이 쉽지 않겠다는 생각이 들었습니다. 기도하는 중에 든 생각이 '눈을 감아야겠다' 하는 것입니다. 눈 감고 기도하는 중에 잘리는 것은 괜찮다는 것입니다. 눈 감고 기도하는 중에 총 맞는 것 괜찮습니다.

제가 여러분에게 가르쳐 드립니다. 혹시 앞으로 그런 일이 있어 목 벤다

하면 일단 눈을 감으세요. 눈 감고 기도하면 목이 날아가는지 안 날아가는지 모르니까요. 믿음을 지켜야지 몇 년 더 살겠다고 목 붙여놓았다가 주님 앞에 가면 예수님께서 뭐라고 하시겠어요?

"누구든지 사람 앞에서 나를 시인하면 나도 하늘에 계신 내 아버지 앞에서 그를 시인할 것이요."(마 10:32)

예수 믿는 것은 목숨 걸고 믿는 것입니다. 예수 믿는 건 취미로 믿는 것도 아니고, 다른 사람이 믿으니까 따라가거나 찬송이 좋아서 믿는 것도 아닙니다. 처음에는 다 그럴 수 있습니다. 그러나 예수님을 구주로 영접해서 하나님의 자녀가 된 사람은 목숨 걸고 예수 믿는 것입니다. 하나님이 우리를 구원하시기 위해서 영광스러운 보좌를 버리고 이 땅에 오셔서 조롱받고 죽기까지 하셨습니다. 그래서 우리를 구원하신 겁니다.

우리 같은 인간의 피가 아니라 죄 없는 거룩한 하나님의 아들의 피 흘림을 통해서 구원받았으니 믿음을 지키기 위해서 우리가 죽음도 각오하는 것이 마땅한 일인 줄 믿습니다.

이 헤롯이 사도 야고보를 처형하고서 유대인들의 반응이 자기에게 기우는 것을 보면서 힘을 얻어 사도 중에 지도자인 베드로를 잡았습니다. '베드로를 잡아서 죽이기만 한다면 내가 더 인기를 얻겠구나, 유대인들이 날 더 지지하겠구나' 하는 생각으로 무교절, 유월절 있기 전 일주일, 누룩 없는 떡을 먹는 절기에 베드로를 잡아서 가두었습니다. 유월절에는 죽이지 못하니까 유월절을 지나서 죽이면 사람들이 많이 모여 있어서 소문이 많이 퍼져 자신이 더 인기를 얻겠다 싶어서 베드로를 처형하려고 한 것입니다.

4절, "잡으매 옥에 가두어 군인 넷씩인 네 패에게 맡겨 지키고 유월절 후에 백성 앞에 끌어 내고자 하더라.”

네 명씩 네 조를 만들어서 24시간 지킨다면 4명씩 6시간씩 보초를 서면 됩니다. 이 말은 베드로의 힘으로는 절대로 탈출할 수 없다는 뜻입니다. 아주 무거운 죄수에게는 손에 쇠고랑을 두 개 더 채웁니다. 그러니 베드로가 인간적인 방법으로는 절대로 탈옥할 수 없을 정도로 완벽하게 갇혔습니다.

5절, “이에 베드로는 옥에 갇혔고 교회는 그를 위하여 간절히 하나님께 기도하더라.”

드디어 베드로를 잡아서 감옥에 가두었고, 교회는 대사도 베드로가 옥에 갇혔으니까 간절히 기도했습니다. 야고보 사도는 며칠 전에 죽었습니다. 이제 며칠 있으면 베드로도 죽을 상황입니다. ‘하나님, 건져주시옵소서, 전능하신 하나님이시여, 구원해 주시옵소서’ 하며 몇날 며칠을 간절히 눈물 흘리며 기도하지 않았겠습니까.

6~9절, “헤롯이 잡아 내려고 하는 그 전날 밤에 베드로가 두 군인 틈에서 두 쇠사슬에 매여 누워 자는데 파수꾼들이 문 밖에서 옥을 지키더니 홀연히 주의 사자가 나타나매 옥중에 광채가 빛나며 또 베드로의 옆구리를 쳐 깨워 이르되 급히 일어나라 하니 쇠사슬이 그 손에서 벗어지더라. 천사가 이르되 띠를 띠고 신을 신으라 하거늘 베드로가 그대로 하니 천사가 또 이르되 겉옷을 입고 따라오라 한대 베드로가 나와서 따라갈새 천사가 하는 것이 생시인 줄 알지 못하고 환상을 보는가 하니라.”

베드로가 처형 되기 하루 전날 밤에 하나님은 사자를 보내셔서 베드로를 그 감옥에서 건지셨습니다. 여러분, 하나님은 우리의 앉고 일어섬을 아시고 머리털까지도 세십니다. 우리가 예수 믿고 핍박받고 어려움 당하고 고난당한다고 두려워하거나 염려하지 마시기 바랍니다. 하나님은 그 가운데서 우리를 아시고 하나님은 함께 하시는 줄 믿으시기 바랍니다.

베드로가 옥에 갇혀서 헤롯이 이 베드로를 죽이려는 전날 밤에 하나님은 주의 사자를 보냈어요. 베드로는 쇠사슬에 매여 있고 문 밖에서 파수꾼들이 옥을 지키고 있었는데 주의 사자가 나타나 옥중에 광채가 빛나면서 베드로의 옆구리를 쳐서 깨웁니다. 이 부분을 원어로 보면 '옆구리를 세게 찼다'는 것입니다. 얼마나 퍼지게 자는지 살살 건드려서는 일어나지도 않으니까 옆구리를 쳐서 깨웁니다. 그때 쇠사슬이 그 손에서 벗어집니다.

여러분, 며칠 전에 야고보가 죽었어 베드로도 며칠 있으면 나도 이제 하루만 더 있으면 나가서 순교 당한다는 거 베드로가 알아요. 이러면 잠이 와요. 안 와요? 베드로는 그런 절명의 위기 속에 하나도 두려없이 편안한 마음으로 살살 깨워도 못 일어날 만큼 깊이 잠들었다는 말은 베드로는 죽음과 삶을 초월한 편안한 마음의 신앙이었다는 것입니다. 물론 피곤도 했겠죠.

저와 여러분은 가난하든 부자든 편안하든 어려움이 있든지 예수님이 주인이면 우리는 어디든지 천국입니다. 감옥에 갇혀 있고 간수들이 지키고 두 손에는 쇠사슬로 묶여 있고 내일이면 잡혀서 순교하는 그 위기 속에서 베드로의 감옥은 베드로의 안방이었습니다. 여러분, 어떤 어려움도 두려워하지 마시기 바랍니다. 어떤 어려움도 염려하지 마시기 바랍니다. 하나님께 기도하는 성도가 되시기를 바랍니다.

베드로가 내일 나가서 죽는데 안방에서 자듯이 옷 다 벗고 겉옷을 벗고 편안하게 자는 것입니다. 이런 믿음의 믿음과 평안이 여러분에게 있기를 주의 이름으로 축복합니다. 어떤 일을 당하더라도 두려워하고 염려하지 마시기 바랍니다.

베드로가 어디서 자는 같다고요? 안방에서 자는 것 같이! 너무나 편안하게 준비도 안 하고 베드로 자신이 탈옥할 생각도 없어 죽으면 죽고 삶을 살고 하나님이 오라 하면 가는 것이고, 살면 주의 복음 전하는 것입니다. 예수 믿는 사람은 죽어도 되고 살아도 됩니다. 죽으면 안 되고 꼭 살아야 되고 이거 아니에요. 죽어도 되고 살아야 됩니다.

우리는 하나님께서 부르시면 빨리 가서 안식하는 거고, 이 땅에 생명이 있는 동안 복음 전하고 하나님 영광 돌리다가 가는 것이고 기쁘고 감사함으로 살다가 가는 것인 줄 믿습니다. 복음에는 삶과 죽음도 다 초월하는 능력이 있는 것입니다. 할렐루야 그게 복음의 능력이에요.

> 10절, "이에 첫째와 둘째 파수를 지나 시내로 통한 쇠문에 이르니 문이 저절로 열리는지라 나와서 한 거리를 지나매 천사가 곧 떠나더라."

베드로 자신도 전혀 감옥에서 나갈 생각이나 계획이 없었는데 아니, 주의 사자가 천사가 와서 발로 차서 깨웁니다. 셋째 철문까지 모든 철문이 저절로 열렸습니다. 하나님은 기계도 간섭하시는 분인 줄 믿습니다. 하나님은 우리의 발걸음까지 기계까지도 다 간섭하시고 전기고 뭐고 다 하나님이 간섭 안 하는 것이 없습니다. 지금 꿈인지 환상을 보는 것인지 모를 상태에서 천사에게 이끌리어 그 감옥을 빠져나가서 한 거리를 지나자 천사가 떠납니다.

어떤 환란과 핍박과 억울함 속에 있다. 할지라도 가슴을 치면서 화병 난다 이런 거 하지 마시고 하나님은 이것까지도 알고 계시는 분이시다, 하고 하나님 앞에 와서 기도하고 승리하고 응답받기를 바랍니다.

11~12절, "이에 베드로가 정신이 들어 이르되 내가 이제야 참으로 주께서 그의 천사를 보내어 나를 헤롯의 손과 유대 백성의 모든 기대에서 벗어나게 하신 줄 알겠노라 하여 깨닫고 마가라 하는 요한의 어머니 마리아의 집에 가니 여러 사람이 거기에 모여 기도하고 있더라."

정신을 차린 베드로가 하나님의 뜻과 인도하심을 깨닫고, 요한의 어머니 마리아의 집으로 향합니다. 이 마가라 하는 요한은 바나바의 조카입니다. 제1차 선교 여행 때 바나바와 사울과 함께 했던 사람입니다. 여기가 소위 예루살렘 교회의 마가 다락방이라는 곳입니다. 거기에서 감옥에 갇힌 베드로를 위해 간절히 기도하고 있었습니다. 그런데 여기에 천사의 인도를 받은 베드로가 문 밖에 서 있습니다.

13~15절, "베드로가 대문을 두드린대 로데라 하는 여자 아이가 영접하러 나왔다가 베드로의 음성인 줄 알고 기뻐하여 문을 미처 열지 못하고 달려 들어가 말하되 베드로가 대문 밖에 섰더라 하니 그들이 말하되 네가 미쳤다 하나 여자 아이는 힘써 말하되 참말이라 하니 그들이 말하되 그러면 그의 천사라 하더라."

베드로가 문을 두드리면서 자신이 돌아왔다고 이야기했을 것입니다. 로데라는 여자 아이가 베드로의 음성을 들었으면 문을 열어줘야 되는데 너무 기쁘고 당황해서 문 여는 것도 잊어버리고 너무 기뻐서 '베드로 사도께서 왔습니다!' 하니까 사람들이 기도하고 있다가 그 말을 믿지 못합니다. '네가 미쳤다' '진짜입니다. 진짜로 내가 그 음성을 들었습니다!'라고 말합니다.

누가 그 상황에서 베드로가 지금 살아서 돌아왔을 것을 믿었겠습니까. 만일 그렇다면 그의 천사가 온 것이라고 했습니다. 지금 꼼짝없이 감옥에 갇혀 있을 베드로가 거기 나타날 줄은 꿈에도 생각 못했을 것입니다. 하나님이 그분의 능력으로 구원하는 건 몰랐던 것입니다.

여러분, 유대인들은 개인 개인의 천사가 있다고 믿습니다. 마태복음 18장 10절에 봅니다. "삼가 이 작은 중에 하나도 없이 여기지 말라 너희에게 말하노니 그들의 천사들이 하늘에서 하늘에 계신 내 아버지의 얼굴을 항상 뵈옵느니라."

히브리서 1장 14절 말씀에 보면 "모든 천사들은 섬기는 영으로서 구원받을 상속자를 위하여 섬기라고 보내심이 아니냐"고 기록합니다. 구약이 아니고 신약입니다. 우리 눈에 보이지 않지만 우리를 지키고 보호하는 천사가 있음을 믿습니다. 하나님은 주의 성령으로 위로하시고, 기도하게 하시고, 주의 천사를 보내서 보호하시고 권능으로 지키십니다. 두려워하지 마십시오. 염려하지 마십시오. 사람의 방법은 할 수 없지만 하나님은 어떤 일도 그분의 방법으로 해결하실 수 있는 분이신 줄 믿습니다.

우리가 볼 때는 해결할 수가 없고 우리가 볼 때는 불가능하지만 하나님은 다 하실 수 있습니다. 그래서 기도만큼 위대한 것이 없습니다. 우리가 기도하면 하나님이 일하시고 역사하십니다. 믿는 사람들에게 최고 위대한 일은 기도하는 일입니다. 예루살렘 교회가 기도하고 하나님이 역사하시는데 막상 예루살렘 교회 성도는 안 믿습니다. 왜, 어떻게 이런 일이 일어날 수 있을까 우리도 그렇게 생각합니다. 우리가 안 믿고 있는데도 하나님은 역사하시고 응답하실 경우가 많이 있습니다. 잘 안 믿어져도 기도하시기 바랍니다. 하나님을 믿고 기도하시기 바랍니다.

16~17절, "베드로가 문 두드리기를 그치지 아니하니 그들이 문을 열어 베드로를 보고 놀라는지라. 베드로가 그들에게 손짓하여 조용하게 하고 주께서 자기를 이끌어 옥에서 나오게 하던 일을 말하고 또 야고보와 형제들에게 이 말을 전하라 하고 떠나 다른 곳으로 가니라."

베드로는 지금 급합니다. 감옥에서 나와서 문을 두드리는데 열지 않으니까 계속 두드립니다. 풀려나온 베드로를 보고 모두 깜짝 놀랍니다. 베드로가 그들에게 손짓하여 조용히 하라고 하면서 주님께서 어떻게 자기를 이끌어 나오게 하셨는지를 보고합니다. 그들이 얼마나 크게 위로를 받았으며 얼마나 큰 힘을 얻었겠어요. 그리고 베드로는 야고보와 형제들에게 이 말을 전하라고 하고는 다른 곳으로 떠납니다. 그래야 베드로도 안전하고 교회도 안전하기 때문인 줄 믿습니다.

18절, "날이 새매 군인들은 베드로가 어떻게 되었는지 알지 못하여 적지 않게 소동하니 헤롯이 그를 찾아도 보지 못하매 파수꾼들을 심문하고 죽이라 명하니라."

헤롯이 베드로를 죽여야 인기가 올라가는데 베드로가 없어진 겁니다. 분노하고 당황한 헤롯이 그를 찾아도 찾지 못하자 애매한 파수꾼들을 심문하고 죽입니다. 당시 유스티아누스 법전이라는 법전에 '죄수를 놓친 파수꾼은 죄수가 받아야 할 형벌을 받아야 한다'라고 기록이 돼 있다 합니다. 사형 선고받은 죄수를 놓치면 자신이 사형을 받아야 되기에 대신 간수가 죽음을 당했습니다.

19절, "헤롯이 유대를 떠나 가이사랴로 내려가서 머무니라."

헤롯 입장에서는 지금 참담한 상황입니다. 베드로라는 이를 죽여서 자신이 유대인들에게 인기를 끌어내야 하는데, 자신의 계획이 다 흐트러졌습니다. 왜 그가 가이샤에 갔을까요? 가이사랴는 로마의 팔레스타인 지역의 행정 수도입니다. 거기에는 헤롯 안디바가 건축한 궁전이 있습니다. 마음도 좀 혼란스럽고 심기가 불편하고 참담하니까 쉬러 간 것이라 봅니다.

오늘 기사를 통해서 우리가 몇 가지 생각할 것이 있습니다.

첫째는, 어떤 일 가운데 가장 급한 것은 어떤 위기 속에서도 원망 불평하지 않고 간절히 기도하는 것인 줄 믿습니다.

둘째는, 하나님은 어떤 위기와 핍박 가운데서도 응답하시고 함께하시는 하나님, 약속대로 우리를 떠나지 않으시는 하나님이심을 믿으시기 바랍니다. 여러분이 억울하고 어려움을 당하고 핍박을 당하고 우리가 인간이 당할 수 있는 어떤 일도 하나님은 아시고 함께하시고 침묵하지 않으심을 믿으시기 바랍니다.

셋째는, 하나님은 야고보는 순교하게 하시고 베드로는 왜 건지셨는지, 야고보도 또 건지시면 더 좋을 텐데 하는 것입니다. 그런데 그것은 우리 생각이고 하나님의 뜻을 우리는 자세히 알 수 없습니다. 그러나 우리가 믿는 것은 하나님의 완전하심과 선하심입니다. 야고보는 순교를 통해서 하나님께 영광을 돌리고 초대교회가 더 깨어서 기도하고 더 죽음에 담대해지기도 하고 베드로는 수제자입니다. 베드로 걸 건지심으로 초대교회 성도에게 큰 위로가 되고 계속적인 복음 전하는 일에 도움이 될 것입니다.

그다음에 우리가 기억해야 될 것은, 기독교인은 안 죽으면 응답이고 죽으면 응답 아니라는 생각을 버리셔야 된다는 것입니다. 기독교인의 삶은 죽고 사는 데 매이는 것이 아니라 믿음을 지키고 복음 전하고 승리하는 것에 달려 있다는 것입니다.

예수님을 믿지 않는 사람들은 죽고 사는 데 중심을 둡니다. 기독교는 그런 게 아닙니다. 죽고 사느냐 아니라 살아도 죽어도 하나님께 영광 돌리고, 복음 전하면 살아도 되고 죽어도 되는 것입니다. 죽으면 하나님 나라고 살면 복음 전하는 것입니다. 할렐루야.

그러기에 야고보는 순교하고 베드로는 옥에서 건짐을 받는 것 중 어느 것이 더 좋으냐가 아닙니다. 하나님은 야고보의 순교를 통해서 영광을 받으셨고, 베드로를 건지심으로 영광을 받으신 줄 믿습니다. 우리 모든 삶에도 환경의 문제가 아니라 어떤 환경 속에서도 기도하고 하나님께 영광을 돌리며 믿음을 지키며 복음을 전하는 삶이 그리스도인의 참된 삶인 줄 믿습니다.

37강 | 행 12:20~25

　이 세상에서 가장 복 있는 사람은 어떤 사람입니까? 많이 배우고, 돈이 있고, 명예 있는 사람이 아닙니다. 성경에는 복된 마음을 가진 사람이 복이 있다고 합니다. 마태복음 5장 3절에 예수님이 "심령이 가난한 자는 복이 있나니"라고 하셨는데, 이 '심령'이란 말은 '카르디아'인데 '마음'입니다. 가난한 마음 가진 사람이 복이 있다는 것입니다.

　우리가 기도할 때 '돈 주세요, 병 낫게 해주세요, 자식 잘 되게 해주세요'라는 기도보다 '하나님 평생도록 겸손한 마음의 사람이 되게 해주옵소서', 이렇게 기도하는 것이 훨씬 더 중요한 기도입니다. 어거스틴은 기독교는 첫째도 겸손, 둘째도 겸손, 셋째도 겸손이라 했습니다.

　교만하면 결코 은혜를 못 받습니다. 마음이 높으면 죄 중에 가장 근본적인 죄인 교만 죄에 빠지기 쉽습니다. 마귀가 지은 죄가 교만죄입니다. 아담과 하와가 선악과를 따먹고 하나님 같이 되고자 하는 교만 죄를 지었는데, 그 교만 죄 때문에 다른 모든 죄가 일어났습니다. 그러니까 교만한 것은 그냥 죄 중의 하나가 아닙니다. 근본 죄입니다. 교만하면 사람들이 모두 부족해 보입니다.

　영적으로 교만한 사람이 있습니다. '나는 특별한 은혜를 받았어, 나는 특별한 믿음을 가지고 있어, 나는 특별해.' 이러면 교만한 것입니다. 모든 사람이 하나님 앞에는 특별합니다. 제가 여러분을 볼 때는 다 특별합니다. 얼굴도 다 특별하고 우주에 한 사람밖에 없습니다. 맞습니다. 그러나, 교만한 사람은 어디 가도 시험에 듭니다. 목사를 봐도 시험 들고, 서로를 볼 때마다 시험에 듭니다. 매사에 시험에 듭니다.

'너는 그렇게 악하고 못돼서 지옥갈 거야, 나는 예수 잘 믿어서 구원받았어'라고 한다면 그것이 교만한 사람이 보는 관점입니다. 보는 것이라고 다 눈이 아니고, 들리는 것이라고 다 귀가 아니라고 그랬습니다. 마음에 따라서 보고 들리는 것이 달라집니다. 겸손한 사람은 성경 읽어도 은혜가 되고, 설교도 은혜가 되고, 목사님을 봐도 은혜가 되고, 장로님 봐도, 그렇고 뭐든지 은혜가 됩니다. 왜냐하면 좋은 것만 자꾸 보이기 때문입니다.

겸손한 사람은 불신자를 봐도 이렇게 생각합니다. '저 사람은 저렇게 나보다 훌륭한데 나는 이렇게 모자라고 죄 많은데 하나님의 은혜로 구원받았구나, 저분도 구원받아야 될 건데' 하는 사람, 죽은 사람이 겸손한 사람입니다. 그래서 "하나님은 교만한 사람을 물리치고 겸손한 자에게 은혜를 주시느니라"(약 4:6; 벧전 5:5) 했습니다.

본문에 헤롯이라는 사람은 하나님께 교만해서 하나님의 영광을 가로채고 야고보를 죽이고, 사람들에게 잘 보이기 위해서 베드로를 감옥에 가두고 그러다가 비참한 심판을 받습니다.

20~23절, "헤롯이 두로와 시돈 사람들을 대단히 노여워하니 그들의 지방이 왕국에서 나는 양식을 먹는 까닭에 한마음으로 그에게 나아와 왕의 침소 맡은 신하 블라스도를 설득하여 화목하기를 청한지라. 헤롯이 날을 택하여 왕복을 입고 단상에 앉아 백성에게 연설하니 백성들이 크게 부르되 이것은 신의 소리요 사람의 소리가 아니라 하거늘 헤롯이 영광을 하나님께 돌리지 아니하므로 주의 사자가 곧 치니 벌레에게 먹혀 죽으니라."

헤롯이 왜 두로와 시돈 사람들을 대단히 노여워했는지 이유는 잘 모릅니다. 이 두로와 시돈의 고대 지역은 베니스이며 현재는 레바논 지역입니다. 골짜기가 많고, 농사를 잘 지을 수 없는 지역이어서 거기서 나오는 곡식으로는 먹고 살기가 힘들어서 유대에 있는 곡식을 갖다 먹었습니다. 가이사랴 유대 전체에 분봉왕으로 와 있던 헤롯이 그 곡식을 줘야 그들은 살 수 있습니다. 그러니까 그들이 헤롯에게 잘 보이려고 침소 맡은 사람, 헤롯이 아주 신뢰할 만한 부하 블라스도를 설득해서 헤롯과 친해보려고 합니다.

헤롯이 날을 택하여 왕복을 입었다는 것은 유명한 역사가 요세푸스라는 사람에 의하면, 그때가 로마의 황제 글라우디오(Claudius)가 영국(브리타니아) 원정에서의 개선을 기념하기 위해 성대히 베푼 로마식 축제의 날과 그 황제의 생일을 축하하기 위해서 헤롯이 가이사랴에서 축제를 벌였다는 것입니다. 그날에 헤롯은 굉장히 아름다운 직물로 짠 의복을 입고 너무 번쩍거려서 하염없이 바라보는 자에게 공포감을 던져 줄 만큼 위엄이 있는 옷을 입고 연설을 했습니다. 아마 헤롯이 달변가였던 것 같습니다. 아마도 황제 이야기부터 시작해서 자기 치적 이야기도 했을 것입니다. 그러니 거기에 아부하는 사람들이 그런 어마어마한 광경을 보면서 '이것은 신의 소리요 사람의 소리가 아니다, 그냥 왕이 아니다' 라고 했을 것입니다.

요세푸스는 이 장면을 이렇게 쓰고 있습니다. '현장에 있던 그의 아첨꾼들은 그가 신이라고 크게 소리를 질렀다' 이게 역사적 사실입니다. 여러분, 예수님 믿는 것은 역사적 사실을 믿는 것임을 믿으시기 바랍니다. 예수님이 이 땅에 오셔서 십자가에 죽으시고 부활하신 것은 역사적 사건입니다.

우리가 예수 그리스도를 구주로 영접한 것은 역사적 사건입니다. 마가 다락방에 성령이 임한 것도 역사적 사건입니다. 성경은 사실(fact)을 기록해 놓은 것입니다. 세상 사람들 말이 사실 같지만 아닙니다. 진짜는 하나님의 말씀이고 그 말씀은 영원한 것입니다.

그 무리가 크게 소리 지릅니다. '우리에게 자비를 베푸소서, 우리가 지금까지는 왕을 사람으로 존경해 왔지만 이후부터는 모든 인생에 뛰어난 분으로 모시겠나이다, 당신은 왕 정도가 아니고 신입니다!' 아첨꾼들의 외침입니다.

우리가 성도끼리 잘한 일에 서로 칭찬하고 위로하는 일은 좋은 일이고 있을 수 있는 일입니다. 그러나 지나친 칭찬을 좋아하거나 아첨하는 것은 옳지 않습니다. 진실된 마음을 가지고 칭찬하고 위로하고, 듣는 사람은 사람이 받을 만큼만 받아야 될 줄 믿으시기 바랍니다.

많은 경우, 우리는 신앙생활 하면서 꼭 자기 이름을 넣습니다. '우리가 주의 이름으로 기도할 때 하나님이 은혜 주시고 응답 주셨습니다' 이렇게 하면 하나님께 영광을 돌리는 일인데 자기 자신의 치적을 드러내면 교만한 것입니다. 우리는 우리 스스로 뭔가를 할 수 있는 것이 별로 없습니다. 하나님이 은혜를 베풀지 않으면 아무것도 할 수 없습니다.

우리가 태어나기를 마음대로 태어났어요, 얼굴이 마음대로 된 적이 있습니까? 피가 마음대로 됐습니까? 부모를 마음대로 정합니까? 우리는 1초 후에 어떻게 될지 모릅니다. 1초 후에 될 일을 알면 우리가 이렇게 살지 않습니다. 교통사고가 왜 납니까?

아마 인류 역사가 1초 후에 될 일만 알아도 엄청 많이 바뀌었을 것입니다. 우리는 그것도 모릅니다. 그런데 내가 결정하고 내가 판단하고 내가 모든 것을 다 할 수 있다고 하면 그것이 교만한 겁니다. 신앙은 하나님이 하나님

됨을 믿는 것이고 인간이 인간 됨을 믿는 것입니다. 인간은 하나님이 아닙니다. 사람은 피조물일 뿐입니다. 죄인일 뿐입니다.

믿지 않은 사람들은 농사 잘 되면 내가 열심히 해서 그런 것이고, 내가 직장 잘 다니고, 내가 노력하며 피땀 흘려서 자식 키웠다고 생각합니다. 어느 정도는 맞습니다. 그러나 하나님이 햇빛과 비를 주시지 않았다면 농사가 됩니까? 건강을 주시지 않았다면 직장을 다닐 수가 있으며 바른 생각을 안 주셨으면 사업을 할 수 있습니까? 정신질환자들이 정신질환자 되고 싶어서 되는 사람은 없습니다. 어느 것 하나 하나님의 은혜가 아니면 아무것도 할 수 없는 존재가 인간입니다. 그래서 모든 영광은 하나님께 돌림이 옳습니다.

근본적으로 우리가 하는 것이 아닙니다. 그런데 헤롯은 자기가 왕이 되니까 번쩍거리는 옷을 입고 말을 잘 하니까 사람들이 신이라고 높이니까 그게 진짜인 줄 압니다. '나는 아닙니다' 이렇게 해야죠. 여러분, 너무 사람들이 칭찬하면 '나는 아닙니다, 모든 것이 하나님의 은혜입니다' 하며 하나님께 영광을 돌리는 성도가 되시기 바랍니다.

여러분, 자녀가 잘 되고, 사업이 잘 되고, 전도가 잘 되고, 응답이 많이 오고, 교회에 봉사 헌신 잘 한다 할지라도 하나님의 은혜로, 주님 주신 은혜와 주님 주신 건강과 주님 주시는 물질로 산다고 고백하며 감사하는 것이 중요합니다. 그렇게 해야 맞는 일이지요. 자신이 헌금하고 자신이 봉사한다구요? 우리는 주님의 은혜로 되는 줄 믿습니다.

그래서 잠언 기자는 잠언 3장 5절~10절에 "너는 마음을 다하여 여호와를 신뢰하고 네 명철을 의지하지 말라"고 하십니다. 우리의 지혜와 명절을 가지고는 세상을 이길 수가 없고 마귀를 이길 수가 없습니다. 죄를 이길 수가 없습니다. 그러기 때문에 하나님을 믿고 의지해야만 이기는 것입니다.

"너는 범사에 그를 인정하라 그리하면 네 길을 지도하시리라 스스로 지혜롭게 여기지 말지어다 여호와를 경외하며 악을 떠날지어다 이것이 네 몸에 양약이 되어 네 골수를 윤택하게 하리라"

이 말씀은 '하나님을 믿고 인정하고 하나님 앞에서 모든 결정권을 주님께 맡기고 인도받으면 내 마음이 평안하고 형통하기 때문에 내 삶의 기쁨이 있고 행복하기 때문에 골수가 윤택하게 되는 것이다, 그러면 얼굴 피부도 좋아지고 미인이 된다'는 것입니다. 피부 좋아지는 약 살 돈 헌금하고 하나님을 경외하면 미인이 됩니다. 헌금하라는 뜻이 아니라 정말로 하나님을 경외하면 행복해집니다.

첫 곡식을 드리라고 할 때, 하나님이 그 곡식 드리라는 뜻이 아니라 '농사한 것 하나님의 은혜로 된 줄 알고 하나님께 감사를 드리라'는 말입니다. 그게 하나님을 인정하고 범사에 그를 경외하는 것이 되는 것입니다. 저는 교회를 위해 기도할 때 첫째 하는 기도가 '하나님, 주님은 우리 교회의 주인이십니다, 왕이십니다, 저는 도구입니다, 주님이 결정하는 대로 순종하겠습니다, 따르겠습니다'입니다.

예수 믿는 사람이 신앙생활 잘 안 되는 이유가 예수님은 영접했는데 모든 판단과 결정은 자기가 하기 때문입니다. 신앙생활이 어려운 것이 아닙니다. 예수님은 "내 멍에는 쉽고 내 짐은 가벼움이라"(마 11:30) 하셨는데 신앙생활이 어렵다 하면 됩니까? 왜 어렵습니까? 일초 후에 어떻게 될지도 모르는 사람이 자신이 그 무거운 짐을 지기 때문입니다.

여러분의 가정 일을 주님께 결정하도록 맡겨드려야 됩니다. 여러분의 사업과 여러분의 자녀와 결정권을 주님께 맡겨드려야 됩니다. '목사님, 어떻게 맡기는 것인지 잘 안 됩니다'라고 하면 워낙 안 맡겨서 그렇습니다. 안

해봐서 그렇습니다. 맡기는 연습을 계속 하면 주님께 맡기는 것이 지금은 실패 같아 보이고, 불행해 보이지만 맡기는 것이 승리하는 길입니다. 그것을 경험해야 우리가 하나님의 말씀을 믿고, 그 말씀을 따라갈 수 있는 순종이 되어집니다. 이것을 안 해보면 불안하고 망할 것 같습니다.

하나님은 여호수아에게 법궤 멘 자들이 먼저 요단강을 들어가게 하라고 하십니다.(수 3:6~8) 홍해는 갈라지는 것 보고 갔으니 그것은 다 따라갈 수 있습니다. 그런데 믿음은 보고 가는 것 아닙니다. 말씀을 믿고 들어갔더니, 발이 발목에 잠기더니 물이 위에서부터 멈추어 쌓이기 시작했습니다.(수 3:15~16) 이것이 믿음입니다.

환경이나 현실이 먼저가 아니고, 하나님의 말씀이 먼저입니다. 이 사실이 우리에게 경험이 되도록 순종하시기 바랍니다. 그러면 쉽고 형통하고 평탄하고 하나님이 함께하심을 경험하게 될 줄 믿습니다. 헤롯이 그렇게 교만하니까 하나님을 대적하고 예수 믿는 사람 핍박하고 죽이는 짓을 합니다.

"그를 치니" 라고 했습니다. '친다'는 단어는 사도행전 12장에 베드로가 옥에 갇혔을 때 '옆구리를 쳤다'는 단어와 같습니다. 그런데 하나님이 친히 살리는 사람이 있고, 친히 죽이는 사람도 있습니다. 하나님한테 맞고 돌아왔다는 사람들이 있었습니다. 그렇게라도 돌아오는 게 낫습니다. 안 돌아오면 망하는 것입니다.

헤롯이 하나님이 치니 벌레에게 먹혀 죽었습니다. 무슨 병인지는 잘 모르지만 마카비 이서라는 외경에 보면, 배에서 벌레가 생기고 그로 인해 악취가 날 정도로 썩어가다가 죽었다고 합니다. 요세푸스의 기록에는 그때 그 헤롯이 부엉이 한 마리를 쳐다보았고 그것이 나쁜 징조임을 안 직후에 심한 복통이 일어나고 5일 동안 고통 가운데 신음하다가 친구를 바라보면서 '너희들이 신이라 부르는 나는 곧 이 생명에서 떠나라는 명령을 받았고 불멸이라 한 나는 죽음으로 달려가게 되었다'고 말한 후에 죽었다고 합니다.

여러분, 우리는 하나님 앞에 죄인이지, 신이 아닙니다. 우리 힘으로 할 수 있는 게 아닙니다. 역사적으로 '나는 신이다' 한 사람들이 있었습니다. 가까이는 일본 천황이 자신을 신이라고 하다가 원자폭탄 맞았습니다. 로마의 시저가 그랬고, 중국의 황제들이 그랬습니다. 천자라고 그럽니다. 일본의 하나님을 귀신 신(神)자로 써서 구분이 잘 안됩니다. 그런데 우리나라 말로 성경을 번역한 사람이 참 잘했습니다. 하나님을 하나님이라고 번역을 했습니다. 우리나라 우리 조상들이 원래 하늘님을 믿고 있었어요. 천지신명이 하늘님인데, 어떤 의미로 하나님입니다.

천주교 성경에는 하느님이라고 번역했습니다. 여러분, 하느님 아닙니다. 우리가 믿는 하나님은 옛날 우리 조상이 믿던 천지신명, 하늘님이 아니라 온 우주에 하나밖에 없는 여호와 하나님, 가장 큰 하나님, 그래서 하나님이라고 번역한 것 너무 잘한 것입니다.

참 마음이 아픈 것은 저 북쪽에 자신을 하나님이라 하는 인간이 있다는 것입니다. 평양의 봉수교회 성도 인터뷰 한 것 보셨습니까? '우리 하나님은 김일성입니다.' 그것을 교회라고 헌금 가져다주고 난리입니다. 제가 중국에서 탈북자들 만나고, 김일성이 정치할 때 거기에 피난한 할머니도 만나보았습니다. 그들을 만나보고 나서 저는 깜짝 놀랐습니다.

전쟁 영화 보면 죽음의 위기 가운데 있으면 사람들의 피부가 잿빛이 됩니다. 저는 우리나라 사람 중에 잿빛 된 얼굴 한 번도 본 적이 없습니다. 그런데 그 탈북자를 만났는데 젊은 부부 얼굴이 잿빛이었습니다. 충격이었습니다. 탈북이 얼마나 두려운지 잡히면 끝이라 하면서도 탈북합니다. 먹고 살려고요. 제가 '예수님 믿냐'고 하니까 믿는다고 했습니다. 남편이 예수님 언제부터 믿었냐고 하니까 아내 때문에 믿었다고 하고, 그 자매한테 예수님 언제부터 믿었냐고 하니까 북한에 있을 때부터 믿었다고 했습니다. 복음을 할머니가 전해줬다고 했습니다. 그 후에 할머니는 잡혀가시고 소식이 끊겼다고 했습니다.

북한에서는 예수 믿는 사람은 잡아가고 정치범 수용소에 보내고 죽이면서 어버이 수령 때문에, 위대한 김정은 때문에 잘 산다고 합니다. 그 독재자들이 하나님 자리에 가 있습니다. 그런데 어떻게 이 나라가 정치인 중에, 목사 중에, 성도 중에 그 사람 좋다고 따라가는 사람이 있습니다. 그러면 하나님의 심판을 그들과 함께 받는다는 것을 아셔야 합니다.

이천오백만 우리 북한 주민들을 위해서 기도하고 그들이 참된 신앙의 자유를 가지고 자유롭게 살 수 있도록 기도해야 됩니다. 그들의 인권을 위해서 우리가 도와야지 그 악한 정권을 도우면 되겠습니까. 그것이 믿는 사람이 할 수 있는 일은 아닙니다.

김일성이가 하나님이라고 세뇌 되어서 어버이 수령 때문에 잘 먹고 잘 산다고 합니다. 여러분이 혹시 이것을 정치 이야기로 들으면 정말 잘못 듣는 것입니다. 목사가 정치 이야기 할 수 있지만 이것은 정치 이야기가 아닙니다. 자기가 신이라는 사람은 무서운 심판을 받을 것입니다.

24절, "하나님의 말씀은 흥왕하여 더하더라."

당시에 그들이 핍박을 받아서 야고보가 죽고 베드로가 감에게 갇히고, 사람들이 흩어지기도 하고 도망다니면서 숨고 두려워하는 지경이었는데 하나님의 말씀은 여전히 더 흥왕했습니다. 헤롯의 죽음을 보면서 믿는 사람들은 '하나님이 심판이다, 하나님은 살아계신다, 저렇게 사도들을 죽이고 감옥에 넣고 핍박하더니, 사람들 앞에서 신이라고 저렇게 좋아하더니, 하나님의 일을 훼방하고 교만해서 하나님과 같이 되고자 하더니 심판을 받았구나' 하며 많은 위로가 되고 힘이 됐을 것입니다.

사랑하는 여러분, 세상이 변하고 환경이 변하고, 어떤 사건이 일어난다 할지라도 하나님의 말씀은 여전히 변하지 않고 증거되는 줄 믿습니다. 아마 김일성이가 예수 믿는 사람 잡아죽이고 교회 불태우고 했으니 기독교는 끝났다고 생각했을 겁니다. 그러나 지금도 예수님 많이 믿고 있습니다. 목숨 걸고 복음 전하고 있습니다. 로마의 네로 황제, 도미시안 황제 때도 예수 믿는 사람은 사자굴에 던져지고 말할 수 없는 핍박을 당했지만 복음은 여전히 증거 되어 갔습니다. 우리도 하나님의 말씀 믿고 흔들리지 않는 믿음으로 복음 전하면서 살아야 될 줄 믿습니다.

세상에서는 기독교에 대해 이렇다 저렇다 하고 까불지만 하나님과 그의 말씀은 변하지 않고 영원합니다. 흔들림이 없습니다. 말씀에 굳게 흔들림 없이 서는 성도의 신앙이 되어야 할 줄 믿습니다.

하나님의 말씀은 흥왕하여 더하여졌습니다. 이때일수록 우리가 믿음을 더 깊이 하면서 우리 주위에 있는 사람들에게 확신을 가지고 전도해야 합니다. 지금은 모르는 사람 전도하려고 하지 마시고 우리를 잘 아는 사람, 우리를 믿고 우리의 말을 믿고 들을 수 있는 사람에게 복음을 전하십시오.

25절, "바나바와 사울이 부조하는 일을 마치고 마가라 하는 요한을 데리고 예루살렘에서 돌아오니라."

안디옥 교회가 바나바와 사울이 예루살렘 교회가 어렵다는 것을 듣고 헌금해서 가기로 돼 있습니다. 세상은 난리가 났지만 하나님이 하시는 것은 변함없이 여전히 행하시는 것을 우리가 보게 됩니다.

사랑하는 성도 여러분, 하나님과 그의 말씀이 변하지 않기 때문에 우리 신앙생활은 흔들림 없이 여전히 해야 됩니다. 세상이 난리가 나서 핍박이 일어나고, 사도들이 죽고 감옥에 들어가는 일이 있어도, 성도들은 여전히 흔들림 없이 예루살렘 교회에 선교헌금을 보내는 것을 봅니다. 우리의 개인적인 문제나 가정의 문제나 사회나 국가적인 문제나 세상에 어떤 문제라 있다 할지라도 주님 오시는 날까지 흔들림이 없이 신앙생활 계속 잘할 수 있는 성도 되기를 예수님의 이름으로 축복합니다.

38강 | 행 13:1~12

예수 믿는 순간에 신분이 달라졌기 때문에 우리에게는 마귀를 이기는 권세가 있는 줄 믿습니다. 이 권세는 복음 전할 때 나타납니다. 여러분이 예수 믿지만 가만히 있으면 권세가 나타나는지, 내게 예수의 권세가 있는지 모릅니다. 전도하면 귀신이 떠나가고 하나님의 역사를 경험하게 됩니다. 권세가 사용되기 때문입니다. 그래서 예수님께서는 제자들을 전도 내보낼 때도 한 번도 전도하고 관계 있을 때는 그냥 보내지 않습니다. 귀신을 쫓아내는 권세를 부여하셨습니다.

예수님을 똑같이 믿는데도 권세가 왜 잘 나타나지 않을까요? 전도를 안 해서 그렇습니다. 기도할 때, 전도할 때 권세가 나타납니다.

"기도 외에 다른 것으로는 이런 종류가 나갈 수 없느니라."(막 9:29)

그래서 우리가 기도하는 것은 예수 이름으로 권세가 나타나는 사건이고, 눈에 안 보이지만 기도할 때 성령이 역사하며 우리와 우리 가정, 그리고 교회와 관계된 곳에 어둠의 권세가 떠나가는 겁니다. 빛이 비치면 어둠이 무너지듯이 말입니다. 그래서 회복되고, 치료되고 열매가 맺힙니다.

눈에 안 보이지만 영적 사실이 그렇습니다. 그래서 기도가 많이 할수록 중요하고 전심으로 할수록 중요합니다. 전도나 선교나 하나님의 일을 할 때 반드시 기도하는 이유가 거기에 있습니다. 성령이 역사하며 하나님의 인도를 받기 위해서입니다. 그래서 기도보다 앞서지 말라 하는 말은 성령보다 앞서지 말라, 말씀보다 앞서지 말라, 하나님보다 앞서지 말라는 뜻입니다. 우리가 예수 이름으로 귀신이 떠나갔다 할 때, 이미 예수의 권세로 사탄의 나라가 무너졌다는 말입니다.

그래서 여러분, 전도가 계속된다는 말은 항상 주님이 그 사람과 함께하고 계신다는 뜻입니다. 우리 안에 계셔서 역사하신다는 뜻입니다. 전도가 지금 잘 안 되고 있다면 예수님을 믿고 있는데 권세가 잘 안 나타나고 있다는 뜻입니다. 여러분에게 복음 전도와 기도를 통해서 더 믿음이 견고해지고 여러분 삶의 현장에 예수의 권세가 나타나기를 주의 이름으로 축복합니다.

> 1절, "안디옥 교회에 선지자들과 교사들이 있으니 곧 바나바와 니게르라 하는 시므온과 구레네 사람 루기오와 분봉 왕 헤롯의 젖동생 마나엔과 및 사울이라."

안디옥 교회에 중요한 5명의 선지자와 교사가 있는데 초대 교회에 있던 선지자입니다. 구약의 선지자가 아니고 이 선지자는 다른 말로는 예언자들이라고도 했습니다. 특별한 성령의 역사로 예언했고, 성경을 해석하고 가르치기도 하고, 교회를 다스리기도 했습니다. 선지자들은 담임목사 격으로 볼 수 있고, 하나님의 말씀 전하는 것과 함께 예언할 수도 있겠지요. 교사는 성경을 가르치기는 했지 교회를 다스리고 예언하는 일을 안 했습니다.

그 사람들 중에 바나바는 우리가 너무 잘 알기 때문에 넘어가겠습니다. 니게르라는 뜻은 '검다'는 뜻인데 아마 아프리카 사람 흑인이 아니었나 싶습니다. 그리고 구레네 사람 루기오가 나오는데 루기오라면 루크라는 말인데 '빛난다'는 뜻이 있습니다. 구레네에서 자유롭게 복음 전하는 전도자일 것입니다. 분봉왕 헤롯의 젖 동생 마나엔이 나오는데 젖 동생은 젖 먹고 같이 놀며 왕공에서 자랐다는 뜻입니다. 아그립바 1세와 같이 왕궁생활을 한, 당시로 보면 굉장히 높고 고귀한 신분을 가진 사람이 안디옥 교회 선지자와 교사로 있었다는 말입니다.

그리고 또 한 사람은 예수님을 핍박하던 사울이 나옵니다. 이런 말씀을 할 때 이 안디옥 교회의 중요한 사역자 중에 흑인도 있고, 착하고 믿음 좋은 바나바도 있고, 또 돌아온 사울도 있고, 평범한 구레네 사람 루기오도 있고, 또 신분이 아주 고귀한 왕족도 있습니다.

사실은 하나님의 복음 전하는 사역자 일꾼은 세상에 어떤 신분하고 아무 관계가 없습니다. 많이 배우든 안 배우든 돈을 많이 벌든 적게 벌든 키가 작든, 대머리든 아무 상관없습니다.

그러나 분명한 것은, 예수님 믿고 하나님 사랑하고 또 하나님 앞에서 열려 있는, 주의 뜻에 마음을 합하는 자를 사용해서 하나님이 일하심을 믿습니다. 우리 교회의 좋은 교역자들, 장로님들을 통해 잘 양육 되어 믿음이 자라는 사람이 많습니다.

저는 우리 중직자들이 다 하나님 앞에서 봉사하고 헌신하시지만, 다른 사람을 섬기고 가르치고 믿음을 성장하는 데 돕는 그런 중직자가 되면 좋겠습니다. 우리 권사님, 집사님들 중에 이런 사역하는 분들이 여러 명 있습니다. 이런 분들이 우리 교역자들을 돕고, 저를 도와서 손길이 미치지 못하는 사람들을 만나서 시간 내고, 물질 들이고, 마음 들여서 기도하면서 정말 그 사람들을 사랑해주고 사역하는 모습 봅니다. 그런 사람들이 숨어 있기 때문에 성도 한 명, 한 명이 믿음에서 은혜 받고 성장하는 줄 믿습니다. 이런 소원을 여러분들이 다 가지기를 주의 이름으로 축복합니다.

2절, "주를 섬겨 금식할 때에 성령이 이르시되 내가 불러 시키는 일을 위하여 바나바와 사울을 따로 세우라 하시니."

'주를 섬겨 금식한다'는 말은 하나님 앞에 주를 예배로 섬깁니다. 예배로 섬기고, 기도로 섬기고, 교회 일로 섬기고, 전도로 섬기는 일을 주를 섬겨 금식한다는 표현으로 한 것입니다.

저도 젊을 때 금식을 많이 했는데 저의 금식하고는 조금 다릅니다. 저는 주를 섬겨 금식한 적이 별로 없고 나를 위해서 늘 금식했습니다. 회개도 안 하고, 돈 달라고, 부흥시켜 달라고, 내 목적 때문에 금식했는데, 이 사람들은 주의 영광과 복음 전파, 주의 일을 위해서 금식한 사람들입니다. 이런 신앙이 되어야 될 줄 믿습니다.

자신을 위한 금식도 필요하지만 하나님 앞에 중요한 기도는 주를 위하여 평생 예배드릴 때마다 은혜 받는 사람 되게 해달라는 기도입니다. 하나님이 기뻐하시겠습니까. 기도할 때마다 그 나라와 그 의를 구하는 것입니다. '하나님, 아무것도 가진 것 없이 이름도 빛도 없이 정말 낮은 자세로 기쁨과 감사함으로 주의 교회에서 맡은 것을 끝까지 감당하게 하옵소서, 만나는 사람들에게 예수 그리스도의 복음을 전하고 구원의 역사가 있는 사람으로 살아가게 하옵소서' 하는 기도입니다. 이것이 주를 위하여 금식하는 기도인 줄 믿습니다.

이런 금식을 하면 유익한 점들이 있습니다. 첫째, 간절한 마음이 생깁니다. 사람이 너무 배가 부르면 기도가 잘 안 됩니다. 금식하면 낮아지고 내 죄도 보이고 교만도 보이고 불충한 것도 보입니다. 둘째, 금식하면 다른 일은 거의 못하니까 집중해서 기도할 수 있습니다. 이런 유익한 점이 있습니다. 여러분, 특별히 기도해야 될 때, 금식기도가 유익합니다. 항상 금식해서 일도 못하고 아무것도 못하고 그렇게 하지 마시고, 시간을 정해서 하나님 앞에 특별히 마음으로 간절히 기도하기 금식도 유익하고 필요한 줄 믿습니다.

그들이 그렇게 기도할 때 성령이 말씀하셨습니다. 이 선지자와 교사가 어떤 경로로 성령의 말씀 혹은 성령의 역사를 인지했는지는 잘 나타나지 않지만 성령이 우리 안에 계셔서 우리가 말씀을 읽고 듣고 기도하는 가운데 성령의 감화 감동이 있음을 믿으시기 바랍니다.

저도 목회하면서 어떤 문제를 해결하기 위해서 기도할 때, 하나님의 성령의 감화 감동을 주셔서 하나님의 인도를 받을 때가 많이 있습니다. 그래서 전도하게 되면 그 시간이 참 복이 있습니다. 성령의 감화 감동이 있을 때는 내 목적과 욕심이 나타나면 안 됩니다. 하나님의 뜻이면 어떤 것도 순종하겠다는 마음으로 인도받을 때 성령의 역사를 지금도 경험하게 되는 줄 믿습니다.

3절, "이에 금식하며 기도하고 두 사람에게 안수하여 보내니라."

사람을 세우는데 왜 기도합니까? 하나님의 성령의 인도를 받기 위해서입니다. 전도자와 선교사는 하나님의 성령의 인도를 받아야만 하나님의 뜻을 이루는 줄 믿습니다. 믿는 분들이 기도하면서 사업하지만 불신자도 사업을 잘 하는 사람이 있습니다. 다른 분야들도 불신자들이 잘하는 것이 많습니다. 그러나 절대로 전도와 선교는 불신자들이 못합니다.

선교와 전도는 지식이 있다고 하는 게 아닙니다. 하나님의 성령의 인도를 받고, 성령이 역사하셔야만 됩니다. 누구든지 예수의 영이 아니면 예수를 그리스도라 시인할 수 없습니다. 그리고 전도자로, 선교사로 쓰임 받는 분들은 우리가 보내는 것이 아닙니다. 하나님이 역사하셔야만 전도가 되어지고 선교의 열매가 있고 교회가 세워집니다.

> 4절, "두 사람이 성령의 보내심을 받아 실루기아에 내려가 거기서 배 타고 구브로에 가서."

실루기아는 안디옥의 외항입니다. 안디옥에서 약 25km 동쪽으로 들어가는 외항에서 배를 타고 구브로 섬에 갑니다. 큰 섬 구브로는 바나바의 고향이기도 하고, 구리가 많이 나는 지역이기도 하고, 특히 유대인들이 많이 살아서 회당이 많은 지역입니다. 또 이 구브로는 바나바와 사울이 선교사로 가기 전부터 이미 복음을 받은 것을 우리가 알 수 있습니다.

사도행전 11장 19절을 봅니다. "그 때에 스데반의 일로 일어난 환난으로 말미암아 흩어진 자들이 베니게와 구브로와 안디옥까지 이르러 유대인에게만 말씀을 전하는데." 예루살렘에서 환란을 통해서 흩어진 자들이 베니게로, 구브로와 안디옥으로 흩어졌는데 유대인에게만 복음을 전했습니다. 그러니까 두 선교사가 파송되기 전에 이미 성령에 의해 구브로에는 복음이 증거 되었습니다. 유대인들은 예수님은 모르지만 성경은 믿어서 메시아가 온다는 것을 믿습니다. 예수님 안 믿고 하나님도 안 믿고 성경은 모르는 사람보다 복음전하기가 훨씬 수월하고 좋습니다. 전도할 때 믿다가 낙심했고 교회 안 다니는 사람이 전도대상자 1번입니다. 생판 모르는 사람보다 그 사람이 훨씬 더 전도하기가 좋은 사람입니다.

> 5절, "살라미에 이르러 하나님의 말씀을 유대인의 여러 회당에서 전할새 요한을 수행원으로 두었더라."

살라미에 도착합니다. 구브로의 살라미는 구브로 섬의 행정 수도입니다.

마가 요한도 데리고 다니면서 행적을 기록하라고 했을 듯 합니다. 요한을 수행하여 유대인들이 모이는 여러 회당에서 복음을 전합니다. 사람들이 많이 모이는 곳인 시장같은 곳으로 가서 복음을 전하는 것도 좋습니다. 귀신 들린 사람도 전도해야 되지만 쉽게 복음을 접하고 믿을 사람에게 먼저 복음을 전해야 됩니다. 모르는 사람들에게 가서 전도해야 되겠지만 더 중요한 것은 우리가 가까이 알고 있는 사람들에게 복음을 전하는 것이 먼저입니다. 그렇게 복음 전하면 열매가 있습니다. 지혜롭게 전도하는 것이 좋습니다.

> 6~10절, "온 섬 가운데로 지나서 바보에 이르러 바예수라 하는 유대인 거짓 선지자인 마술사를 만나니 그가 총독 서기오 바울과 함께 있으니 서기오 바울은 지혜 있는 사람이라 바나바와 사울을 불러 하나님의 말씀을 듣고자 하더라 이 마술사 엘루마는 (이 이름을 번역하면 마술사라) 그들을 대적하여 총독으로 믿지 못하게 힘쓰니 바울이라고 하는 사울이 성령이 충만하여 그를 주목하고 이르되 모든 거짓과 악행이 가득한 자요 마귀의 자식이요 모든 의의 원수여 주의 바른 길을 굽게 하기를 그치지 아니하겠느냐."

온 섬 가운데로 지났다고 했는데, 동서남북으로 다 다니면서 전체 섬 전체에 복음을 전했다는 것입니다. 그러던 중에 바보에 도착했고 유대인 마술사 엘루마를 만납니다. 그가 사람들로 하여금 예수 못 믿게 하며 악행과 거짓말을 한다 해서 복음이 막히고 하나님의 일이 막히는 것이 아닙니다. 하나님의 일은 전혀 방해되지 않습니다. 오히려 마귀가 역사하면 할수록 하나님의 뜻은 더 정확하고 바르게 증거될 줄 믿으시기 바랍니다.

바보는 구바보가 있고 신바보가 있다고 합니다. 이 신바보에는 미녀의 신 비너스를 믿는 사람들이 많았다고 합니다. 그래서 이 도시가 굉장히 음란하고 타락한 도시였습니다. 그 도시에 하나님이 복음을 전하게 하신 줄 믿습니다. 요즘 젊은 사람들이 예쁘고 날씬한 사람 보고 여신이라 부르는데 우리 자녀들, 우리 청년들이나 우리 성도들은 안 그랬으면 좋겠습니다. 우리가 신이라고 믿는 분은 하나님 한 분밖에 없습니다. 그래서 괜히 여자를 너무 높여서 페미니즘에 빠져 여자 숭배하지 마시기 바랍니다. 하나님 앞에서 남자나 여자나 다 동일하게 지음받은 하나님의 형상일 뿐입니다.

바예수라는 사람은 마술하는 사람인데 이 마술은 사람을 속이고 또 거짓으로 치료한다 하기도 하고, 그러니까 사람들을 속여서 굉장히 능력 있는 것 같다고 하니까 얼마나 이 사람이 사람들에게 이름이 높으냐 하면 총독 서기오 바울하고 교제할 만큼 높았어요. 로마의 총독에는 두 종류의 총독이 있다고 그래요 군을 지휘하는 총독이 있고, 이 서기오 바울은 로마에 원로원을 뽑는 선거권이 있는 총독이지요. 막강한 권한이 있는 총독이라고 그래요.

> 7~9절, "그가 총독 서기오 바울과 함께 있으니 서기오 바울은 지혜 있는 사람이라 바나바와 사울을 불러 하나님의 말씀을 듣고자 하더라 이 마술사 엘루마는 (이 이름을 번역하면 마술사라) 그들을 대적하여 총독으로 믿지 못하게 힘쓰니 바울이라고 하는 사울이 성령이 충만하여 그를 주목하고."

서기오 바울이 아주 지혜가 있는데, 이 서기오 바울도 그전에 예루살렘에서 환란을 통해서 돌아온 구브로에 온 사람들이 복음을 전하는 걸 그 사람들에게 예수 잘 한다 이런 소문을 들었겠죠. 직접 복음은 못 들었겠지만 그런 소문을 들었는데, 바울과 바나바가 와서 복음 전하니까 말씀을 옆에서 들어보니까 이거 말씀 들을 만하다고 그분을 일부러 청했어요. 굉장히 높은 지위에 있는 분이에요. 총독이 청해서 그 말씀을 듣고자 하는데, 이 바예수라 마술하는 사람이 혹시 서기오 바울이 예수 믿으면 안 되니까 오만 방해를 다하는 겁니다. 그것이 혼란을 주고 방해합니다.

10절, "이르되 모든 거짓과 악행이 가득한 자요 마귀의 자식이요 모든 의의 원수여 주의 바른 길을 굽게 하기를 그치지 아니하겠느냐."

보세요. 그러니까 총독 각하 저놈들은 예루살렘의 소문 들으니까 이단의 괴수입니다. 지금 가이사가 싫어하는 겁니다. 믿으면 이상한 사람이 됩니다. 이단이 됩니다. 믿으면 안 됩니다. 듣지도 마세요. 여러 가지 감언이설로 또 그럴 듯한 말을 했겠지요. 성령이 충만한 바울이라고 하는 사울이 그 다음부터 나와요

여러분, 복음을 혼미하게 하고 그르치게 하고 혼돈을 주는 것은 마귀 일이라는 걸 아셔야 됩니다. 어제, 어떤 목사님이 제게 무슨 책 하나를 보내줬는데 한국 기독교인 20%가 동성에 괜찮다, 종교 다원주의 괜찮다, 차별금지법도 괜찮다, 이렇게 믿고 있대요 기독교 20% 또 여기에는 얼마나 있는지 모르겠습니다.

목사님, 꼰대같이 맨날 그러지 마세요. 요즘 시대가 어느 시대인데, 이런 사람이 있는지 몰라요. 그런데 성경은 그렇게 복음에 혼란을 주고 막는 사람을 마귀 자식이라고 했습니다.거기에는 목사라는 직분도 가지고 있는 사람도 있고 장로도 있고 권사도 있고 평신도도 있습니다.

처음 믿는 사람은 목사님이 그러니까 목사님을 따라갈 수도 있습니다. 얼마나 무섭습니까? 여러분 공산주의 어떤 목사님은 사회주의는 괜찮다고 그래요 사회주의가 뭔지 모르는 것입니다. 여러분 안 됩니다. 기독교와 적입니다. 동성연애 안 됩니다. 차별금지법 안 됩니다. 종교다원주의 안됩니다.

오직 예수만 우리의 구주가 되십니다. 누가 이 땅에 하나님이 오신 분이

며 동정에게 나신 분이며 누가 죽었다가 다시 부활하여 살아계신 분입니까 예수님밖에 없습니다. 그분을 믿으면 지금도 구원받고 지금도 하나님이 함께하는 자가 되는 줄 믿습니다. 그렇기 때문에 이 시대가 너무 혼란하고 어려워요.

왜 우리가, 여러분이 그렇게 귀하게 헌금한 돈을 아이들 시킨다고 학교에 학교도 하고 선교원도 하고 왜 자꾸 이렇게 하느냐. 교회가 복음 전하고 선교하고 아이들을 하나님의 말씀으로 키우지 않으면 그다음에 할 일이 뭡니까 도대체 교회가 할 일이 뭡니까

교회는 복음 전하고, 선교하고, 우리 아이들을 믿음으로 양육하는 것 외에 더 중요한 게 없습니다. 그것 때문에 예배당도 짓고 그것 때문에 건축도, 그것 때문에 필요한 것이지 건축이 목적이 아닌 것입니다. 교회가 하는 일은 그 일을 해야 되고, 핍박을 받고 어려움이 온다고 할지라도 우리는 주님 올 때까지 일을 계속해 나가야 될 줄 믿습니다.

마귀는 헤롯을 통해서 또 바 예수라는 마술사를 통해서 방해하지만 하나님은 하나님 일에 전혀 흔들림이 방해받지 않습니다. 헤롯을 통해서 그런 일이 나니까 헤롯이 심판을 받고 더 말씀이 흥왕에서 복음이 증거될 뿐만 아니라 바 예수가 심판을 받습니다.

> 11절. "보라 이제 주의 손이 네 위에 있으니 네가 맹인이 되어 얼마 동안 해를 보지 못하리라 하니 즉시 안개와 어둠이 그를 덮어 인도할 사람을 두루 구하는지라."

잠깐 동안 있어요. 다시 눈이 밝아질 거예요. 이것을 의학적 용어라고 그래요 사도행전을 기록한 누가는 의사입니다. 의학적 용어를 했다는 걸 우리

가 이렇게 보게 됩니다.

사랑하는 여러분, 하나님의 일에 쓰임 받기를 바랍니다. 교회는 주님이 세우셨고 주님이 주인 되고 다스립니다. 교회 어떤 일에도 걸림이 되지 말고 덕이 되는 성도가 되시기 바랍니다.

교회에 걸림이 되고, 교회에 방해가 되고, 하나님이 성령이 하시는 거 아닙니다. 우리 교회뿐만 아니고 어떤 교회를 만나더라도 그 교회를 세우는 데 쓰임받기를 바랍니다. 그 교회가 상처를 받고 어려움은 있는데 쓰임 받으면 안 됩니다. 이거는 하나님이 하시는 거 아닙니다. 사탄이 하는 겁니다.

12절, "이에 총독이 그렇게 된 것을 보고 믿으며 주의 가르치심을 놀랍게 여기니라."

이 총독이 그 기사만 보고 표정만 본 것이 아니라 하나님의 말씀으로 배움을 받고 든든히 세워졌다는 게 아주 중요한 일입니다. 우리가 기독교 신앙은 표적과 기사만 보고 따라가는 것이 아닙니다. 하나님의 말씀을 믿고 따라가는 줄 믿으시기 바랍니다. 이 표적은 따라오는 것입니다.

마가복음 16장 19절~20절 말씀 봅니다.

"주 예수께서 말씀을 마치신 후에 하늘로 올려지사 하나님 우편에 앉으시니라 제자들이 나가 두루 전파할 새 주께서 함께 역사하사 그 따르는 표적으로 말씀을 확실히 증언하시니라"

이게 정확한 것입니다. 우리 교회도 표적을 추구하고, 병 낫는 걸 추구하고, 기적을 추구하고, 이런 교회는 아니지만 예수님을 전하고, 말씀을 전하는데, 귀신도 떠나가고 병도 났고 표적도 일어나고 하나님이 역사하시는 증거가 있는 줄 믿습니다. 우리의 신앙은 하나님과 예수님과 그 말씀을 믿고 가고 그 말씀대로 하면은 표적은 따르게 돼 있습니다.

이상하다, 아닙니다. 당연히 전능하신 주님, 승리하신 예수님이 우리와 함께 계신 그 뜻대로 하면 표적은 일어나게 돼 있는 거고 이상한 것도 아니고, 대단한 것도 아니고, 능력이 있는 것도 아닙니다. 예수 이름으로 일어나게 되는 줄 믿습니다. 사랑하는 여러분, 어떤 사탄의 역사와 궤계와 환경과 어떤 시대라 할지라도 하나님은 여전히 땅 끝까지 복음 증거하는 일에 방해 받지 않습니다.

환경 때문에, 사람의 말 때문에, 핍박 때문에 흔들리지 마시고 주님 오시는 날까지 견고하게 믿음에 있어서 승리하기를 주의 이름으로 축복합니다.

39강 | 행 13:13~41

본문은 바울의 첫 번째 설교입니다. 설교의 내용을 보면, 스데반의 설교나 베드로의 설교나 별반 다름없이 구약성경을 가지고 '나사렛에 있던 그분이 우리를 구원할 구주이시고 그분을 믿을 때 죄사함 받고 구원받는다, 믿지 않는 사람은 심판 받는다'는 내용의 말씀입니다. 좀 더 자세하게 13절부터 살펴봅니다.

13절, "바울과 및 동행하는 사람들이 바보에서 배 타고 밤빌리아에 있는 버가에 이르니."

바울과 및 동행하는 사람들이 전도할 때 혼자 하지 않았습니다. 공동체입니다. 그래서 '바울이 전도했다' 이러면 안 됩니다. 바울과 동행하는 바울 공동체가 전도합니다. 우리는 이 공동체를 셀교회라고 부릅니다. 베드로가 고넬료의 집에 가서 복음 전할 때도 베드로 스스로 혼자 간 것이 아니고, 하나님께서 주의 사자를 통해서 가게 하셨습니다. 사도행전 16장에 보면서 바울 공동체가 빌립보에 가서 복음 전할 때도 '바울이 루디아에게 복음을 전했다'라고 하면 맞는 것 같지만 아닙니다. 바울 공동체였습니다.

그래서 우리가 하는 셀교회는 하나님의 말씀 공동체, 기도 응답의 공동체, 삶을 나누는 삶의 공동체, 전도하는 전도 공동체인 줄 믿습니다. 꼭 기억하십시오. 주일만 예배 드리는 것만 중요한 것이 아니고, 주일과 셀교회에 함께 하고 예배뿐만 아니라 삶을 함께 하고, 기도를 함께 하고 전도와 말씀을 공유하는 것이 초대교회 신앙이고, 하나님이 원하는 신앙인 줄 믿습니다. 성전에 모이고 집에 모이는 것이 동일한 중요성을 가지고 있습니다.

사람들이 바보에서 배 타고 밤빌리아에 있는 버가에 이르렀다고 했습니다. 그 소아시아의 지도를 보면 오른쪽에 있는 것이 안디옥입니다. 그래서 배를 타고 구브로 섬에서 북쪽으로 올라가면 밤빌리아라는 소아시아의 지역이 나오는데 거기가 버가입니다. 여기에서 상당히 더 올라가면 안디옥이 있습니다. 그래서 이 안디옥과 구별하기 위해서 그것을 성경에서는 비시디아 안디옥이라고 그럽니다. 거기까지 가서 복음을 전합니다.

13절, "요한은 그들에게서 떠나 예루살렘으로 돌아가고."

요한은 바나바의 조카인 마가 요한입니다. 학자들이 요한이 왜 돌아갔을까 추측합니다. 첫째로는 아마 전도 여행의 스케줄이 바뀌어서 갔을 것이다. 아니면 안디옥 교회의 목회자가 바나바였습니다. 그래서 사도행전 13장에도 그들을 선교사로 파송할 때 '바나바와 사울'이라고 기록합니다.

그런데 본문에는 바울이 먼저 나옵니다. 바울이 선교 사역에서 주도권을 잡아갑니다. 바나바가 하나님이 바울을 통해서 많은 역사와 증거를 하는 것을 보면서 그 주도권을 바울에게 넘겼을 것이라고 저도 그렇게 생각합니다. 이유는 바나바는 예루살렘에 있었을 때도 하나님의 교회와 성도를 위해서 자기의 재산을 팔아서 사도들의 앞에 내놓기도 했습니다. 그리고 안디옥 교회에 파송 받아 가서 사역을 잘해서 교회가 크게 성장할 때 다소에 가서 사울을 청빙해서 함께 사역한 사람도 바나바입니다. 그렇기 때문에 바나바는 누가 주도권을 잡든 상관하지 않는, 그런데는 관심이 없는 사람입니다. 복음에 유익하고 복음이 증거되고 예수 이름이 높아진다면 그것을 우선순위로 믿는 사람이 바나바입니다. 이런 의미에서 사역의 주도권이 바울에게 넘어가니까 철들지 않는 마가가 기분이 나빴다는 겁니다. 거기다 힘도 들고 고향 생각이 나니까 아마 떠나간 것이 아닌가 짐작합니다.

성경에는 기록 된 것이 없으니까 그 정도로 아시기 바랍니다. 중요한 것은 2차 전도여행 때 바울과 바나바가 아주 극심하게 다투는 일이 생겼는데 그 원인이 마가를 데리고 갈 것인가 아닌가 하는 것이었습니다.

14절, "그들은 버가에서 더 나아가 비시디아 안디옥에 이르러 안식일에 회당에 들어가 앉으니라."

이 전도자들이 제일 먼저 찾는 곳이 회당이었습니다. 회당은 하나님을 믿는 사람, 성경을 믿는 사람들이 모여 있기에 복음 전하기에도 훨씬 더 편하고 용이한 곳입니다. 저와 여러분도 전도할 때 모르는 사람에게 가서 전도하면 열매가 잘 없습니다. 나를 알고 친하고 믿어주는 사람, 형제나 일가 친척이나 이웃들을 첫째 대상자로 삼아야 합니다. 아는 사람에게 복음 전하는 것이 열매 맺는 길인 줄 믿습니다.

15절, "율법과 선지자의 글을 읽은 후에 회당장들이 사람을 보내어 물어 이르되 형제들아 만일 백성을 권할 말이 있거든 말하라 하니."

회당에 가면 회당장이 있습니다. 회당장은 회당의 질서를 위해서 권한을 가지고 있습니다. 어떤 사람이 성경을 읽을 것이고 어떤 사람이 설교를 할 것인지를 정해주는 사람이 회당장입니다. 그리고 회당 예배는 기도와 성경 봉독, 그리고 설교의 순으로 되어졌다고 합니다. 그래서 이 회당장이 볼 때 유대인의 랍비인 바울 팀이 공동체로 들어오니까 바울에게 권합니다. '권할 말이 있거든 권하라.' 바울에게는 복음을 전할 정말 좋은 기회를 잡은 것입니다. 그래서 그 말을 듣고 바울이 복음을 전합니다.

> 16절, "바울이 일어나 손짓하며 말하되 이스라엘 사람들과 및 하나님을 경외하는 사람들아 들으라."

회당장의 부탁을 받고 바울이 일어나 손짓했는데 왜 손짓했을까요? '저를 보세요' 하는 의미로 손짓을 했다고 봅니다. 저는 원래 유대인이면서 다소에 살았습니다. 이 이야기도 했을 수 있어요. '주목하세요' 하고 복음을 전하기 시작합니다.

거기 모인 사람들을 향해서 '이스라엘 사람들아' 한 것은 유대인들이 이스라엘에만 살았던 것이 아니고 흩어져서 많이 살았습니다. 흩어진 유대인들, 디아스포라였습니다. 그 흩어진 유대인들이 성전에 가라니까 너무 멀어서 있는 곳마다 회당을 지어서 회당 예배로 모여서 성경도 읽고 신앙생활을 했습니다. 그래서 그 이스라엘 사람들이 비록 소아시아에, 이방에 가 있지만 그렇게 불렀습니다.

또 여기에 보면 '하나님을 경외하는 사람들아'라고 하는데, 이 사람들은 이방인이면서 개종해서 하나님을 믿는 사람들로서 회당에 모여함께 예배드렸습니다. 그들을 향하여 바울은 복음을, 예수님을 전하는데 구약성경 출애굽기로부터 시작하여 그리스도를 전합니다.

> 17~19절, "이 이스라엘 백성의 하나님이 우리 조상들을 택하시고 애굽 땅에서 나그네 된 그 백성을 높여 큰 권능으로 인도하여 내사 광야에서 약 사십 년간 그들의 소행을 참으시고 가나안 땅 일곱 족속을 멸하사 그 땅을 기업으로 주시기까

지 약 사백오십 년간이라.”

스데반은 구약성경을 읽고 복음을 전할 때 아브라함부터 시작했습니다. 구약의 모든 성경을 통해서 예수님을 하나님이 보내신 그리스도라고 전하고 믿으면 구원 얻는다고 전한 것입니다.

이 본문에서 '이스라엘 백성의 하나님'이라고 한 것은 그 복음을 듣는 대상이 이스라엘 사람들과 이방인들로, 예수를 주로 믿고 들어와서 하나님을 믿는 사람들이니까 그 말이, 그분이 바로 '우리 하나님'이라는 뜻으로 외쳤습니다. 저와 여러분도 예수 믿으면 우리 하나님, 바울이 믿는 하나님은 우리를 그분의 백성으로 삼으실 것입니다.

17~22절, "이 이스라엘 백성의 하나님이 우리 조상들을 택하시고 애굽 땅에서 나그네 된 그 백성을 높여 큰 권능으로 인도하여 내사 광야에서 약 사십 년간 그들의 소행을 참으시고 가나안 땅 일곱 족속을 멸하사 그 땅을 기업으로 주시기까지 약 사백오십 년간이라 그 후에 선지자 사무엘 때까지 사사를 주셨더니 그 후에 그들이 왕을 구하거늘 하나님이 베냐민 지파 사람 기스의 아들 사울을 사십 년간 주셨다가 폐하시고 다윗을 왕으로 세우시고 증언하여 이르시되 내가 이새의 아들 다윗을 만나니 내 마음에 맞는 사람이라 내 뜻을 다 이루리라 하시더니."

다윗을 세우실 때까지 하나님은 너무 오래 참으셨습니다.

23절, "하나님이 약속하신 대로 이 사람의 후손에서 이스라엘을 위하여 구주를 세우셨으니 곧 예수라."

그냥 예수님이 이런 분이시다, 이렇게 전하면 될 텐데 그렇게 전하지 않고 출애굽을 이야기하면서 출애굽 이후 사사, 사사 이후 사울 왕에 이어 다윗 왕을 세우셨다는 말을 합니다. 왜 그럴까요? 그리스도께서 이 땅에 오신 것은 어느 날 하늘에서 내려오고 땅에서 불쑥 나온 것이 아니라 철두철미하게 구약에서 예언된 그 역사적 사실대로 이 땅에 오셨다는 것을 말하고자 함입니다. 저와 여러분이 예수 믿는 것은 역사적 사실을 믿는 것입니다. 여러분, 진리는 역사성이 있어야 됩니다.

우리가 오늘 또 예배 드리면서 사도들의 신앙을 고백을 했습니다. 하나님 전능하십니다. 그의 아들은 예수 그리스도입니다. 동정녀에게 나셨습니다. 죄 없지만 십자가에 죽으셔서 부활하셨습니다. 승천하셨습니다. 다시 오실 것입니다. 우리는 성령을 믿습니다. 교회를 믿습니다. 주님이 세우신 교회입니다. 예수님 재림하실 것입니다. 그리고 우리가 지금 예수 믿지만 사도들의 신앙을 그대로 믿는 것이 바른 신앙입니다. 반드시 진리는 역사성을 가지고 있어야 됩니다. 사도들하고 관계없이 내가 특별히 하나님 은혜 받아서 믿는다는 것은 전부 다 가짜입니다.

예수님이 어느 날 나사렛에서 태어나 기적 행하고 공생애를 살았다? 그것이 아닙니다. 아담과 하와가 범죄했을 때 여자의 후손을 보내겠다고 하셨는데 구체적으로 아브라함을 택하셔서 '천하 만민이 복을 받으라' 하셨고 또 모세를 통해서 출애굽하게 하시고 다윗을 통해서 구원자를 약속하셨습니다. 우리가 믿는 예수 그리스도는 우리 시대만 믿는 것이 아니고 오시기 전 수천 년 전부터 오신 후부터 수천 년을 믿어왔습니다.

어떤 분이 기독교가 2천년 역사라고 하는데 아닙니다. 기독교가 6천 년이 되었습니다. 예수님 오시고 2천년입니다. 그럼 기독교가 2천년이면 구약은 안 믿어야 되는 것이니까 기독교의 역사는 6천 년입니다. 우리가 역사성을 가지고 예수님을 믿는 것입니다.

그런데, 22절에는 사울을 폐하신 후 다윗을 왕으로 세우시고 그가 하나님의 마음에 맞는 사람이라고 하셨습니다. 그래서 그를 통해서 당신의 뜻을 다 이루리라 하셨습니다. 우리가 신앙생활을 하다가 하나님의 뜻이 뭔지 잘 모를 때가 있습니다. 구약 시대 때 하나님의 뜻은 이 땅에 예수 그리스도를 보내서 인류를 구원하는 것입니다.

23절을 보십시오. 하나님의 뜻은 예수 그리스도를 보내사 인류를 구원하시는 것입니다. 전혀 혼란스럽지 않습니다. 신약에 와서는 예수님이 이 땅에 오셔서 십자가에 죽으시고 부활하시고 승천하시고 성령을 보내시면서 믿는 자를 통해서 예수 증인을 통해서 땅 끝까지 복음 증거되는 것이 하나님의 뜻입니다. 하나 덧붙이면, 예수 믿는 사람이 어디 가든지 빛과 소금으로써 하나님께 영광 돌리는 것이 하나님의 뜻입니다.

하나님의 사랑과 은혜로 하나님의 아들이 피 흘리기까지 하시고 나를 구원했다는 것을 내가 정말로 알면 내가 할 일은 이제 살아도 죽어도 주의 복음 전하는 것이 내가 살아갈 이유라는 것을 알게 됩니다.

여기에 방향을 맞춰서 가면 하나님이 기뻐하시고 하나님이 함께하시는 은혜를 경험하게 될 줄 믿습니다. 주님께서 오시기 전에 앞서 요한이 먼저 회개의 세례를 이스라엘 모든 백성에게 전파했습니다. 왜 세례 요한을 이야기합니까? 그리스도가 오기 전에 이미 세례 요한이 오기로 예언돼 있고 그리고 말씀대로 예수께서 오신 줄 믿습니다.

말라기 4장 5절 말씀 봅니다. "보라 여호와의 크고 두려운 날이 이르기 전에 내가 선지자 엘리야를 너희에게 보내리니" 예수님 오기 전에 선지자가 먼저 오겠다 그랬고, 마태복음 11장 13~14절에는, "모든 선지자와 율법이 예언한 것은 요한까지니 만일 너희가 즐겨 받을진대 오리라 한 엘리야가 곧 이 사람이니라"라고 한 것처럼 세례 요한이 엘리야의 심령으로 먼저 왔다는 것입니다.

26~27절, "형제들아 아브라함의 후손과 너희 중 하나님을 경외하는 사람들아 이 구원의 말씀을 우리에게 보내셨거늘 예루살렘에 사는 자들과 그들 관리들이 예수와 및 안식일마다 외우는 바 선지자들의 말을 알지 못하므로 예수를 정죄하여 선지자들의 말을 응하게 하였도다."

예수와 및 안식일마다 외우는 구약성경이 예수님을 증거하는 말씀이었습니다. 그래서 예수님의 말씀과 선지자의 글을 읽고 암송하면서 그들은 예수님을 십자가에 못 박았습니다.

요한복음 5장 39절 말씀 보세요.

"너희가 성경에서 영생을 얻는 줄 생각하고 성경을 연구하거니와 이 성령은 내게 대하여 증언하는 것이니라."

사랑하는 성도 여러분, 모든 구약성경은 예수님을 증거하는 목적입니다. 우리의 눈이 성경을 볼 때 예수 그리스도가 충만하게 보여야 됩니다. 신약은 말씀할 것도 없습니다. 우리가 성경을 많이 읽고 지식적으로 많이 아는 것, 많이 암송하는 것 중요하고 필요합니다. 그러나 그 성경을 바리새인과 같이 문자적으로 성경만 알고 암송한다면 잘못하면 예수님을 십자가에 다시 못 박을 수 있다는 것을 아셔야 합니다.

바리새인들은 성경 선생들입니다. 우리 정도가 아니고 성경을 다 외워버립니다. 그런데 그들이 예수님을 십자가에 못 박아 버렸습니다. 이단들이 성경 공부한다고 모이고 열심히 모이고 뛰어다니는데 오히려 예수님을 십자가에 못 박는 일을 하고 복음에 걸림돌이 됩니다. 그 이유는 그들이 성경을 잘 알지 못해서 그렇습니다. 선지자의 말을 알지 못하므로 예수님을 십자가에서 죽였다는 것입니다.

28~31절, "죽일 죄를 하나도 찾지 못하였으나 빌라도에게 죽여 달라 하였으니 성경에 그를 가리켜 기록한 말씀을 다 응하게 한 것이라 후에 나무에서 내려다가 무덤에 두었으나 하나님이 죽은 자 가운데서 그를 살리신지라 갈릴리로부터 예루살렘에 함께 올라간 사람들에게 여러 날 보이셨으니 그들이 이제 백성 앞에서 그의 증인이라."

'여러분들이 성경대로 십자가에 못 박았지만 하나님은 그를 다시 살리셨고, 여러 날 사람들에게 나타나셨는데 너희들도 다 거기에 증인들이다' 라는 것입니다. 예수 믿는 것은 확실한 역사적 사실입니다. 그 예수를 믿으면 구원 받습니다.

32~38절, "우리도 조상들에게 주신 약속을 너희에게 전파하노니 곧 하나님이 예수를 일으키사 우리 자녀들에게 이 약속을 이루게 하셨다 함이라 시편 둘째 편에 기록한 바와 같이 너는 내 아들이라 오늘 너를 낳았다 하셨고 또 하나님께서 죽은 자 가운데서 그를 일으키사 다시 썩음을 당하지 않게 하실 것을 가르쳐 이르시되 내가 다윗의 거룩하고 미쁜 은사를 너희에게 주리라 하셨으며 또 다른 시편에 일렀으되 주의 거룩한 자로 썩음을 당하지 않게 하시리라 하셨느니라 다윗은 당시에 하나님의 뜻을 따라 섬기다가 잠들어 그 조상들과 함께 묻혀 썩음을 당하였으되 하나님께서 살리신 이는 썩음을 당하지 아니하였나니 그러므로 형제들아 너희가 알 것은 이 사람을 힘입어 죄 사함을 너희에게 전하는 이것이며."

'너희들이 믿고 그렇게 존경하던 다윗보다 더 위대한 분이 그리스도시다' 라는 말입니다. 다윗은 이스라엘 역사 가운데 굉장한 중요한 위치에 있습니다. 그런데 그 다윗은 죽어서 썩어버렸지만 그리스도는 죽지 않고 부활하셨고 살아계신다는 것입니다. 다윗과 비교할 수 없을 정도로 위대한 분이 그리스도이시고, 모세와 비교할 수 없을 정도로 위대한 분이 그리스도시라는 것입니다.

39절, "또 모세의 율법으로 너희가 의롭다 하심을 얻지 못하던 모든 일에도 이 사람을 힘입어 믿는 자마다 의롭다 하심을 얻는 이것이라."

모세의 율법을 행해서 의롭게 되는 사람은 아무도 없다, 그런데 우리에겐 믿음으로 의롭게 되는 길이 있다는 것입니다. 여러분, 구약시대 때 율법을 지켜서 의롭게 된 사람이 없습니다. 우리가 우리끼리 착하다고 말하는 것은 '비교적'입니다. 비교적 저 사람보다 좀 착하다는 것입니다. 그런데 하나님이 의로우시라고 하면 그런 것이 아닙니다. 로마에서 의롭다고 하면 법적 의미입니다.

로마서 9장 30~32절 말씀 봅니다.

"그런즉 우리가 무슨 말을 하리요 의를 따르지 아니한 이방인들이 의를 얻었으니 곧 믿음에서 난 의요 의의 법을 따라간 이스라엘은 율법에 이르지 못하였으니 어찌 그러하냐 이는 그들이 믿음을 의지하지 않고 행위를 의지함이라 부딪칠 돌에 부딪쳤느니라."

행위를 의지하다가 의롭게 못되었다는 뜻입니다. 우리 이방인들은 예수님을 구주로 영접해서 의롭게 되었습니다. 이게 법적인 의입니다. 하나님 앞에 딱 섰을 때에 마귀가 우리를 고소합니다. 우리가 죄를 많이 지었습니다. 거짓말도 했고 나쁜 짓도 했습니다. 교만했습니다. 예수 안 믿고 우상을 섬겼습니다. 나쁜 놈입니다. 하나님 볼 때 그렇습니다. 그래서 '그 모든 죄는 지옥에 해당한다' 하면서 심판합니다. 그때 "변호 있습니다." "누구?" 예수님이 말씀하십니다. "제가 변호하겠습니다." "변호하세요." "이 사람의 죄는 지옥감입니다. 그런데 그 모든 죗값을 내가 대신 십자가에서 죽어서 하나님 앞에 드렸습니다. 제 손 보세요. 허리 보세요. 제가 그 증거입니다." 하나님 아버지께서 "그렇구나. 무죄 땅땅땅!" 이렇게 우리는 다 예수 믿고 법적으로 의롭게 되었습니다.

롬 8:1-2절, "그러므로 이제 그리스도 예수 안에 있는 자에게는 결코 정죄함이 없나니 이는 그리스도 예수 안에 있는 생명의 성령의 법이 죄와 사망의 법에서 너를 해방하였음이라."

예수 믿어 하나님께 죄 용서 받고 의롭게 되는 길이 인류에게 열린 것입니다. 예수 그리스도를 믿는 믿음으로입니다. "누구든지 주의 이름을 부르는 자마다 구원을 얻으리라."(행 2:21, 롬 10:13)

행위로서 의롭게 되고 구원 받을 사람은 아무도 없습니다. 속지 마십시오. 오직 믿음으로만 의롭게 되는 줄 믿습니다.

40~41절, "그런즉 너희는 선지자들을 통하여 말씀하신 것이 너희에게 미칠까 삼가라 일렀으되 보라 멸시하는 사람들아 너희는 놀라고 멸망하라 내가 너희 때를 당하여 한 일을 행할 것이니 사람이 너희에게 일러줄지라도 도무지 믿지 못할 일이라 하였느니라 하니라."

이렇게 자세히 바울이 전도하는데도 안 믿습니다. 여러분 중에 예수님을 구주로 영접하지 않고 교회에 와 있는 분이 있으면 회개하고 오늘 예수 믿고 구원받는 은혜가 있기를 바랍니다. 우리가 의롭게 되는 것은 행위나 노력이 아니라 믿음으로 의롭게 되는 것입니다. 예수 믿지 않으면 의롭게 될 수 없기 때문에 전부 다 심판에 처하고 지옥 갈 수밖에 없습니다.

예수 믿는 저와 여러분은 해방되어서 죄와 상관없습니다. 지옥과 상관없습니다. 마귀와 상관없이 하나님의 자녀로서 하나님 나라를 상속받게 됐고 하나님을 아버지라 부르고 하나님께 영광 돌리는 신분이 된 줄 믿습니다. 이런 은혜가 여러분이 있기를 주의 이름으로 축복합니다.

40강 | 행 13:42~52

예수 믿는 사람의 특징은 기쁜 소식을 전하는 것입니다. 이 복음이 증거되어지면, 복음은 생명이고 빛입니다. 빛이 증거 되면 반드시 나타나는 두 가지 현상이 있습니다. 하나는 생명의 역사이고, 또 하나는 핍박의 역사입니다.

저와 여러분이 예수 믿고 살아가는데 이웃이나 직장에서 전도도 안 되고 핍박도 없고 그러면 두 가지입니다. 여러분이 절대로 전도 안 하고 있든지 아니면 그 사람들이 여러분이 예수 믿는지 모르고 있다는 것입니다.

또 하나 생각할 것은, 복음을 열심히 전하는데 생명의 역사도 없고 핍박도 없으면 우리가 복음 전한 복음이 뭔가 잘못돼 있다는 것입니다. 복음을 전하는 게 아니고 다른 걸 전하고 있습니다. 분명히 빛이 비치면 어둠이 물러가게 돼 있는 겁니다. 분명히 생명이 있으면 생명의 씩이 나게 돼 있는 겁니다.

42절, "그들이 나갈새 사람들이 청하되 다음 안식일에도 이 말씀을 하라 하더라."

바울과 바나바가 비시디아 안디옥에서 회당에서 말씀을 전했더니 들은 사람들이 "또 다음 안식일에도 이 말씀을 해달라"고 합니다.(42절) 그들은 그때까지 유대교적인 성경을 배웠습니다. 바리새적인 성경을 알고 성경을 믿었다는 말입니다. 그런데 바울이 설교하는데 보니까 아브라함을 지나 다윗을 통해서 보내겠다고 한 그 메시아가 바로 이 나사렛 예수님입니다.

그들이 그렇게 조상 때부터 수천 년 동안 기다리던 그 그리스도가 오셨다고 깨닫고 나니까, 너무 은혜가 되고 너무 힘이 나고 좋아서 다음 안식일도 그 말씀을 해달라고 합니다. 나는 우리 모든 성도들이 성경을 읽거나 설교를 듣고 은혜를 받고, 다음 주가 기대되고 사모되는 성도가 되고 있으면 좋겠습니다. 우리 성도 중에 상당히 많은 사람이 그런 분들이 계십니다. 그래서 말씀을 사모하고, 예배를 사모하여 안식일에 부지런히 모이는 성도님들이 되시길 축복합니다.

> 43절, "회당의 모임이 끝난 후에 유대인과 유대교에 입교한 경건한 사람들이 많이 바울과 바나바를 따르니 두 사도가 더불어 말하고 항상 하나님의 은혜 가운데 있으라 권하니라."

이 사람들이 은혜 받고 나니까 집에 가지 않습니다. 제가 중국 사역을 많이 해봤는데요, 중국 사람들은 은혜 받고 나면 집에 안 갑니다. 그래서 또 묻고 또 묻고, 또 은혜 받고 은혜 받으면 자꾸 따라옵니다. 하나님의 말씀을 사모하고 연구하기를 좋아하고 알아가기를 좋아합니다.

은혜 받으면 마귀가 역사합니다. 어떤 분은 예수님 영접하고 집에 가면 가만히 있던 단지가 깨져 있습니다. 어떤 사람은 다치고, 어떤 사람은 교통사고가 나기도 합니다. 그래서 '아, 나는 예수 믿으면 안 되는구나' 이렇게 생각합니다. 그게 아닙니다. 안 그런 사람이 대부분이지만 어떤 사람은 예수님을 믿으려면 사탄의 역사가 나타납니다. 우리가 예수님 올 때까지 은혜 가운데 있어야 됩니다.

이 정도 은혜 받으면 이길 수 있다고 생각하지 마십시오. 하나님 앞에서 늘 은혜 가운데서 하나님의 말씀 사모하고, 예배드리기를 좋아하고 기도하고 전도의 소원을 가지고 그렇게 살면 은혜 가운데 있게 됩니다.

　나는 약하지만 공동체 가운데 있으면 하나님이 다른 사람을 통해서 은혜 받게 되고, 모두가 은혜 가운데 있으면 형통하게 됩니다. 사탄의 나라가 무너졌기 때문에 하나님의 역사가 일어나는 줄 믿으시기 바랍니다.

　　44절, "그 다음 안식일에는 온 시민이 거의 다 하나님의 말씀을 듣고자 하여 모이니."

　한 주 뒤에 안식일이 되니 그 시에 있는 사람들이 거의 다 하나님 말씀을 듣기 위해 모여 있습니다. 왜 모여있을까요? 흩어져 있던 유대인과 이방인 중 개종한 사람들이 한 주간 동안 받은 은혜를 나누었습니다. 그들이 만난 예수 그리스도, 구약 이야기들. 다윗의 후손으로 오신 메시아 이야기 등등. 너무 기쁘고 너무 감사한, 그분을 통해 받은 죄 용서함과 구원의 감격이 나누어졌습니다.

　　그런데 여러분, 그런 이야기들을 전한다고 해서 전해지는 것이 아닙니다. 너무 은혜를 많이 받은 나머지 가서 자꾸 예수님 만난 감격을 나누고 싶습니다. 예수 믿는 것이 너무 좋습니다. 그래서 자꾸 전하고 싶습니다. 그런 사람들이 많이 일어나야 전도가 일어나는 것입니다.

　　제가 여러분께 열심히 전도하라는 말이 아닙니다. 예수님을 확실하고 분명하게 믿고, 구원의 은혜와 하나님의 사랑을 알고 그 사랑에 젖어 있으면 너무 기뻐서 자꾸 전도하러 나가게 됩니다. 이 정도로 우리가 은혜 받아야 될 줄 믿습니다. 예배드리면서 은혜 받고 일주일 살다가 조용히 다시 와서 예배드리는 것도 감사한 일이지만 그 정도가지고는 전도되는 것이 아닙니다.

전도가 안 되는 것은 그 정도만 은혜 받아서 그렇습니다. 내게 있는 것이 넘쳐나서 사람들에게 자꾸 나도 모르게 기뻐하며 예수님을 자랑하고 그 기쁨이 사람들에게 자연스럽게 나타나야 전도되는 것입니다.

45절, "유대인들이 그 무리를 보고 시기가 가득하여 바울이 말한 것을 반박하고 비방하거늘."

바울을 비방하는 유대인들에게 시기가 가득했습니다. 사람들이 자기들의 가르침대로 안 배우고 바울에게로 몰려가니까 유대교인들이 큰일 나겠다 싶기도 해서 비방합니다. 그들은 예루살렘에서부터 온 바울에 대한 정보를 다 들었습니다. 그들은 예수에 관해서 목수의 아들이고 갈릴리에서 고기 잡던 사람인데 제자들을 데리고 다니던 사람, 죽었다가 살아났다고 말하는데 사실은 제자들이 훔쳐 가서 거짓말한 것이라고 들었다고 하면서 '너희들 예수 믿으면 다 그리 된다' 라고 말했을 것입니다.

46절, "바울과 바나바가 담대히 말하여 이르되."

그런 비방을 받는 가운데서도 바울과 바나바는 성령이 충만해서 담대히 전합니다. 예수님은 하나님 아들 그리스도입니다, 지금도 살아계십니다, 앉은뱅이를 일으키고 귀신이 떠나가고 믿는 자에게는 구원을 주신다' 고 외쳤을 것입니다.

여러분, 담대하십시오. 우리는 예수 믿는 것을 담대하게 말하고 흔들리지 않는 믿음을 갖기를 주의 이름으로 축복합니다. 요즘은 분위기가 예수 믿는 사람을 자꾸 이상하게 보는 분위기입니다. 예수 믿는 것이야말로 역사적 사실이요 진리요 구원 얻는 길입니다. 이길 외에는 구원의 길이 없습니다. 영광스러운 보좌를 버리고 죽기까지 하시고 우리를 구원하신 그 예수님을 믿는 우리가 고난 받는 것이 당연한 것입니다.

무릇 경건하게 살고자 하는 사람은 핍박을 받게 돼 있습니다. 예수 잘 믿는데 핍박을 하나도 안 받으면 그것이 더 이상한 것입니다. 어둠 가운데 빛이 비취면 핍박이 오게 돼 있습니다. 그게 이상한 일이 아닙니다.

> 46절, "하나님의 말씀을 마땅히 먼저 너희에게 전할 것이로되 너희가 그것을 버리고 영생을 얻기에 합당하지 않은 자로 자처하기로 우리가 이방인에게로 향하노라."

하나님의 놀라운 계획은 유대인들이 복음을 받지 않으니까 복음이 이방인에게로 가서 이방의 모든 민족에게 복음이 증거되는 것입니다. 그것을 보니까 유대인들이 시기가 났습니다. 그리스도는 유대인으로 우리 조상인데 우리만 멸망하면 안 되니 우리도 예수 믿자고 합니다. 아무튼 이스라엘이 돌아오게 하는 것이 하나님의 뜻이라는 겁니다. 바울이 로마서에 기록하고 있습니다. 로마서 10장 19절~21절,

> "그러나 내가 말하노니 이스라엘이 알지 못하였느냐 먼저 모세가 이르되 내가 백성 아닌 자로써 너희를 시기하게 하며 미련한 백성으로써 너희를 노엽게 하리라 하였고."

백성 아닌 자가 이방인입니다. 그 이방인을 백성이라 하겠다는 것입니다. 호세아서 2장 23절,

> "내가 나를 위하여 그를 이 땅에 심고 긍휼히 여김을 받지 못하였던 자를 긍휼히

여기며 내 백성 아니었던 자에게 향하여 이르기를 너는 내 백성이라 하리니 그들은 이르기를 주는 내 하나님이시라 하리라 하시니라."

긍휼을 받지 못한 자를 긍휼히 여긴다는 말은 이방인들도 예수 믿고 구원받게 하실 것이고 그들을 내 백성이라 할 것이라고 합니다.

이방에 복음이 증거되도록 이미 예언돼 있는 줄 믿으시기 바랍니다. 로마서 11장 9절~11절 말씀에, "또 다윗이 이르되 그들의 밥상이 올무와 덫과 거치는 것과 보응이 되게 하시옵고 그들의 눈은 흐려 보지 못하고 그들의 등은 항상 굽게 하옵소서 하였느니라 그러므로 내가 말하노니 그들이 넘어지기까지 실족하였느냐 그럴 수 없느니라 그들이 넘어짐으로 구원이 이방인에게 이르러 이스라엘로 시기나게 함이니라"고 기록합니다. 이방인이 구원을 얻으면 이스라엘이 시기나서 믿게 하겠다는 것입니다. 로마서 11장 25절~27절,

"형제들아 너희가 스스로 지혜 있다 하면서 이 신비를 너희가 모르기를 내가 원하지 아니하노니 이 신비는 이방인의 충만한 수가 들어오기까지 이스라엘의 더러는 우둔하게 된 것이라 그리하여 온 이스라엘이 구원을 받으리라 기록된 바 구원자가 시온에서 오사 야곱에게서 경건하지 않은 것을 돌이키시겠고 내가 그들의 죄를 없이 할 때에 그들에게 이루어질 내 언약이 이것이라 함과 같으니라."

그래서 이스라엘이 시기 나서 예수 믿고 돌아오게 하셔서 모든 사람이 예수 믿고 구원받기를 원하는 것이 하나님의 뜻인 줄 믿으시기 바랍니다.

47절, "주께서 이같이 우리에게 명하시되 내가 너를 이방의 빛으로 삼아 너로 땅 끝까지 구원하게 하리라 하셨느니라 하니."

이사야 49장 6절,

"그가 이르시되 네가 나의 종이 되어 야곱의 지파들을 일으키며 이스라엘 중에 보전된 자를 돌아오게 할 것은 매우 쉬운 일이라 내가 또 너를 이방의 빛으로 삼아 나의 구원을 베풀어서 땅 끝까지 이르게 하리라."

누가복음 2장 29절~32절,
"주재여 이제는 말씀하신 대로 종을 평안히 놓아 주시는도다 내 눈이 주의 구원을 보았사오니 이는 만민 앞에 예비하신 것이요 이방을 비추는 빛이요 주의 백성 이스라엘의 영광이니이다 하니 그의 부모가 그에 대한 말들을 놀랍게 여기더라."

그 예언대로 시므온이 예수님을 만났습니다. 그리고 깊은 하나님 은혜 가운데서 기도를 올리는 것입니다. 이 시므온도 그리스도는 유대인의 구주만 아니라 이방의 빛, 이방을 구원하는 빛이 된다고 말했습니다. 여러분, 복음은 유대인의 복음만이 아니라 모든 인류가 구원 얻는 복음인 줄 믿습니다. 그러므로 온 인류의 구주는 한 분밖에 없습니다. 다른 이름이 없습니다. 하나님은 오직 예수 그리스도의 이름 외에는 다른 이름을 우리에게 주신 일이 없는 줄 믿습니다.(행 4:12)

디모데전서 2장 4절 말씀에 "하나님은 모든 사람이 구원을 받으며 진리를 아는 데 이르기를 원하시느니라" 함으로 열방을 향한 하나님의 마음을 담고 있습니다. 그렇다고 모두가 다 구원받는 것은 아닙니다. 믿는 사람만, 즉 마음을 열어서 예수님을 마음에 받아들여서 믿는 사람만 구원받는 것입니다.

예수님이 십자가에서 돌아가시면서 하늘 문을 여시고 사탄의 머리도 깨뜨려 놓으셨습니다. 우리의 죄도 다 속죄해 놓으셨습니다. 그런데 누구만 효과를 본다고요? 믿는 사람만 구원을 받습니다. 믿지 않으면 절대로 할 수가 없습니다.

48절, "이방인들이 듣고 기뻐하여 하나님의 말씀을 찬송하며."

이방인에게 복음이 증거되어 예수 믿게 되니 이것이 하나님의 뜻이라니까 이방인들이 너무 기쁩니다. 만약 이방인에게 구원이 없었다면 우리도 구원 못 받았습니다. 이방인이 구원받는다는 소식이 기쁜 소식입니다.

48절, "영생을 주시기로 작정된 자는 다 믿더라."

영생을 주시기로 작정되었다는 말이 어떤 사람은 하나님이 영생 주기로 작정하셨고, 어떤 사람은 지옥간다는 뜻이 아닙니다. "모든 사람이 죄를 범하였음에 하나님의 영광에 이르지 못하더니"(롬 3:23) 말씀처럼 모든 사람이 저주 아래에서 죄 가운데 지옥 가도록 죄를 지었습니다. 거기서 하나님이 택정하셨다는 것은 하나님의 은혜입니다. 하나님이 누구를 지옥 보내도록 택정하고 누구를 천국 가도록 택정한 것이 아닙니다.

스스로 구원받고 하나님을 만날 사람은 아무도 없습니다. 그 가운데 하나님이 너무 사랑해서 은혜를 베풀어주셔서 택하시고 부르신 것입니다. 그러면 다 택하지 않으셨냐고 물을 수 있습니다. '하나님은 다 구원받기를 원하시는데 끝까지 나 믿기 싫어, 하나님이 믿기 싫어, 난 예수 믿기 싫어, 나는 마귀가 좋아, 지옥 가도 좋아' 이런 사람에게는 하나님은 그냥 둬 버립니다. 그것이 멸망입니다. 로마서 1장 28절,

"또한 그들이 마음에 하나님 두기를 싫어하매 하나님께서 그들을 그 상실한 마음 대로 내버려두사 합당하지 못한 일을 하게 하셨으니."

하나님이 구원하지 않는 게 아니고 그 사람 마음이 하나님이 싫다, 예수 믿기 싫다는 것입니다. 끝까지 마귀를 따르겠다는 것입니다. 그래서 예수님

이 그를 마귀의 자녀라고 하시는 것입니다. 그런데 하나님이 성령으로 조명해서 말씀을 들을 때 죄를 깨닫고 예수를 믿어 구원을 받는 것입니다.

저도 전도를 많이 해봤는데, 마음이 열려 있는 사람 치고 구원 못 받은 사람 하나도 없습니다. 어떻게 하면 구원 받습니까? 복음도 듣기도 전에 '다 안다, 듣기 싫다, 말하지 마라' 하는 사람은 구원받은 사람은 구원을 못 받습니다. 내가 복음을 듣겠다고 하는 사람은 다 구원 받습니다.

구원받지 못하는 것은 하나님의 책임이 아니라 자기 책임입니다. 구원 받은 것은 우리가 잘 해서가 아니라 하나님의 은혜입니다. 하나님께서 택정하신 작정한 사람들은 마음을 열어서 다 구원받습니다. 그러니까 믿는 사람이 다 구원 받도록 작정돼 있습니다. 그러므로 우리는 하나님 앞에서 복음 전할 때 안 믿는 사람 있으면 너무 절망할 필요 없습니다. 예수님을 전해 보면 그중에 마음에서 믿는 사람이 있다는 것입니다.

목사가 무슨 실력이 있고, 능력이 있어서 믿는 것이 아닙니다. 하나님이 은혜 주시고, 준비해 주시고, 그냥 예수님을 전하는 것밖에 없는데 믿도록 역사하시는 분은 하나님이십니다. 구원이 하나님의 은혜인 줄 믿습니다.

> 48~59절, "이방인들이 듣고 기뻐하여 하나님의 말씀을 찬송하며 영생을 주시기로 작정된 자는 다 믿더라 주의 말씀이 그 지방에 두루 퍼지니라."

작정된 자는 다 믿고, 주의 말씀이 그 지방에 두루 퍼졌다는 말씀은 우리에게 큰 힘이 됩니다. 우리 교회는 전도하는 교회, 선교하는 교회입니다. 그렇지 않으면 교회가 있어야 될 이유가 없습니다. 계속해서 새로운 성도들이 오고 믿는 사람들이 불신자들이 믿고 돌아옵니다.

어떤 환경 때문에 전도를 못한다? 틀린 생각입니다. 어떤 환경이라도 우리는 복음 전하고 선교해야 되는 것입니다. 이것이 하나님의 뜻입니다. 어떤 면에서는 이럴수록 갈급한 사람이 더 많습니다. 그렇기 때문에 그런 사람에게 복음 전하고 찾는 것인 줄 믿습니다.

50절, "이에 유대인들이 경건한 귀부인들과 그 시내 유력자들을 선동하여 바울과 바나바를 박해하게 하여 그 지역에서 쫓아내니."

'여러분, 저 사람이 예수 믿는 이단입니다. 저 이단 믿고 따라가면 여러분도 감옥 갑니다, 여러분이 이단한테 가면 어떻게 되는지 압니까?' 라고 하면서 선동합니다. 자기가 직접 하지 않고 귀부인들이나 권력 있고 돈 있는 사람들을 선동해서 여론을 조성합니다. 전부 다 마귀가 하는 것입니다.

복음에 선명한 은혜가 있기를 바랍니다. 복음도 분명하고 선명하면 이단이 분명히 표가 납니다. 선명하게 표가 납니다. 이단인지 삼단인지 잘 모르겠다면 내가 분명하지 않다는 것입니다.

이단을 만나든, 사이비를 만나든 전혀 흔들림이 아주 선명하게 예수만이 구주임을 믿을 정도로 여러분의 복음이 확실해야 됩니다. 여러분, 어디 갖다 놔도 구분이 되어야 합니다. 그래야 흔들리지 않고 앞으로 이 시대에 분명하고 선명한 증인이 되고 끝까지 믿음을 지켜나갈 수 있습니다. 이런 사람은 어떤 핍박이나 어려움 가운데서도 원망하거나 불평하지 않고 오히려 기뻐하고 성령이 충만한 줄 믿습니다.

51~52절, "두 사람이 그들을 향하여 발의 티끌을 떨어 버리고 이고니온으로 가거늘 제자들은 기쁨과 성령이 충만하니라."

유대인들은 적국이나 이방인에게서 돌아올 때는 그 경계선에서 옷의 먼

지나 발의 먼지를 털어버립니다. '저주는 너희 것이고 여기는 거룩한 땅이고 복음을 받지 않으면 이제 우리는 책임 없다, 저주는 당신 것이다, 나는 책임 없다'는 뜻으로 그렇게 하는 것입니다. 누가복음 9장 5절에 예수님께서 말씀하십니다.

> "누구든지 너희를 영접하지 아니하거든 그 성에서 떠날 때에 너희 발에서 먼지를 떨어 버려 그들에게 증거를 삼으라 하시니."

다시 말하면, 복음을 증거했는데 안 믿으면 그 사람 책임이고, 복음을 증거하지 않으면 우리 책임이라는 것입니다. 사도들은 그렇게 쫓겨나서 복음 전하다가 또 쫓겨나고 핍박 받는데도 너무 기뻤습니다.

> 마태복음 5장 10절~12절, "의를 위하여 박해를 받은 자는 복이 있나니 천국이 그들의 것임이라 나로 말미암아 너희를 욕하고 박해하고 거짓으로 너희를 거슬러 모든 악한 말을 할 때에는 너희에게 복이 있나니 기뻐하고 즐거워하라 하늘에서 너희의 상이 큼이라 너희 전에 있던 선지자들도 이같이 박해하였느니라."

예수 믿는 것도 복이고, 예배하고 기도하고 헌금하고 봉사할 수 있는 것, 복음 전할 수 있는 것 모두 기쁨입니다. 복음 때문에 핍박 받고 의를 위하여 핍박을 받는 것은 기뻐할 일인 줄 믿습니다. 예수 믿는 사람의 특징은 예수님 때문에, 복음 때문에 핍박 받을 때 기뻐하는 것입니다.

어떤 사람에게 일부러 가서 이상한 짓 해서 핍박 받고 그러지 말고, 우리가 잘못해서 사람들에게 욕 먹지 말고 복음 전하다가 핍박 받으시기 바랍니다. 기죽지 마시고 기뻐하고 감사하고 더 힘을 내서 믿음을 지키고 복음 전해야 될 줄 믿습니다.

41강 | 행 14:1~7

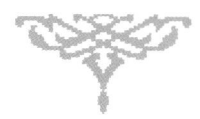

사도 바울이 비시디아 안디옥에서 피해서 이고니온으로 가고, 이고니온에서 루스드라 더베로 가고, 또 피해서 복음을 전할 때가 있었습니다. 전도 여행을 마치고 마지막으로 예루살렘에 갈 때는 붙잡혀서 결박 당하거나 죽을 줄 알고 거기로 갑니다. 복음 때문에 가는 것입니다. 그때는 순교를 결심하고 가는 것이지요.

지금은 우리가 담대히 복음 전할 때인 줄 믿습니다. 조금 어려움 당하고 손해보고 핍박을 받아도 그것 때문에 우리가 다른 지역으로 이사 가고 예수 안 믿을 필요는 없습니다. 계속 복음을 전하면서 담대하게 예수 믿는 것을 자랑스럽게 생각하는 성도가 돼야 될 줄 믿습니다.

1~2절, "이에 이고니온에서 두 사도가 함께 유대인의 회당에 들어가 말하니 유대와 헬라의 허다한 무리가 믿더라 그러나 순종하지 아니하는 유대인들이 이방인들의 마음을 선동하여 형제들에게 악감을 품게 하거늘."

비시디아 안디옥에서 이 이고니온까지는 동남쪽으로 약 140km 정도의 거리라고 합니다. 아마 양산에서 칠곡 정도 가는 거리로, 상당히 먼 거리입니다. 거기까지 이동을 했습니다. 구브로, 비시디아 안디옥에서 회당을 찾아가서 두 사도가 복음을 전하듯이 회당을 찾아갔습니다. 영적으로 갈급한 사람이 많이 있습니다.

우리가 복음을 전할 때 아무나 붙들고 하면 안 됩니다. 너무 거부하면 그 사람이나 그 지역을 떠나서 또 다른 준비된 사람을 찾아야 됩니다. 병원 전도도 아무 병원이나 가는 것보다 갈급한 병원을 찾아야 합니다. 사실 정형외과, 산부인과 이런 데는 갈급하지 않습니다. 조금만 지나가면 낫기 때문에 가장 갈급한 병동이 암 병동입니다. 암 병동에 가면 영접을 많이 합니다. 이유가 무엇입니까? 어디 의지할 데가 없잖아요.

사람이 굉장히 갈급해야 예수 믿습니다. 그래서 우리가 전도의 대상자들이 영적으로 갈급하다든가 혹은 경제 문제나 자녀 문제하면 문제가 있을 때 갈급합니다. 대부분 사람들은 뭔가 잘 되고 있을 때는 예수님 잘 안 믿습니다. 믿는 사람도 있지만 아주 극소수입니다.

영적으로 갈급하여 모여 있는 곳이 회당이거든요. 그래서 이 회당에서 많은 열매를 맺었습니다. 그들이 복음을 전했을 때 유대와 헬라의 허다한 무리가 믿었다고 했습니다. 무슨 말을 했을까요? 우리가 이 말씀을 보면서 무슨 말을 했을까 하는 사람이 있다면 이 사람은 전도 안 하는 사람입니다. 전도하고 복음을 아는 사람은 사도들이 가서 늘 전했던 것이 무엇인지 압니다. 구약성경에서 나사렛 예수님이 하나님 아들 그리스도이시라는 것을 증거하고, 그래서 그 예수님을 누구든지 믿으면 구원받는다, 의롭게 된다고 하면서 복음을 전했습니다.

유대와 헬라의 허다한 무리가 믿었다고 했지만, 순종하지 아니한 유대인들이 이방인들의 마음을 선동했다는 말은 그들은 바울 일행의 말을 거부한 것입니다. 복음을 거부하고 안 믿는 것뿐만 아니라 오히려 적극적으로 믿는 사람까지 핍박하고 선동하는 사람들입니다. 그런 중에 예수 믿는 사람은 어떤 사람들인가요? 하나님께 순종한 사람들입니다.

하나님은 모든 사람이 구원을 받으며 진리를 알기를 원하는데(딤전 2:4) 하나님께서 주시는 그 은혜를 거부하는 것이 불순종입니다. 안 믿는 것은 불순종입니다. 그래서 불신자들은 불순종의 아들들 가운데 역사하는 영을 따르는 사람들입니다.

로마서 1장에 보면, 하나님께서 만드신 모든 만물을 보면 하나님이 계시는 걸 알 수 있다고 했는데 그것을 일반 계시라고 합니다. 그래서 '아무도 내게 복음을 전해주지 않아서 나는 구원 못 받았습니다'라고 핑계할 수 없다고 말하고 있습니다. 전도하다 보면 어떤 사람은 자신이 예수를 믿는다고 말합니다. 그때 물어봅니다. '어떻게 해서 예수 믿습니까?' 대답은, 자기는 예수 믿기 전에 이 모든 천체와 우주가 존재하고 이 세상에 사람이 사는 거 보니 무언가, 누군가가 계신 것을 알겠더라는 것입니다.

그래서 자신이 그분을 알고 싶어서 스스로 말씀을 찾아서 듣고 나니까 그분이 하나님인 줄 알겠더라는 것입니다. 그렇게 예수 믿는 사람이 있습니다. 다 준비된 분들이 계십니다. 어떤 사람은 밥 사주고 뭘 해주고 별 것을 다 해도 안 믿습니다. 그러나 사실은 그 사람 중에도 영원히 안 믿을 사람도 아니고 나중에 또 믿고 돌아올 사람도 있습니다.

그래서 우리가 쉽게 어떤 사람의 구원을 판단하고 어떤 부분에 대해서 결정하지 말아야 합니다. 우리는 최선을 다해서 섬기고 사랑하며 그리스도의 향기를 나타내는 것이 우리가 해야 될 사명인 줄 믿습니다.

빛이 비추이는데도 어둠에 있으면 가정이 갈등도 생기고, 인간관계 가운데도 갈등이 생길 수가 있습니다. 친하던 친구도 자꾸 멀어지게 되기도 합니다. 그런데 그것을 이상하게 보면 안 됩니다. 왜요? 빛과 어둠은 하나가 될 수가 없기 때문입니다. 갈등이고 일어난다 해도 우리가 본질을 알고 기도하면서 그럴수록 우리가 더 섬기고 더 낮아지고 더 하나님의 말씀대로 사랑하고 지내야 합니다. 그래야 가정이 이겨 나가서 복음화 되는 줄 믿습니다.

> 3~4절, "두 사도가 오래 있어 주를 힘입어 담대히 말하니 주께서 그들의 손으로 표적과 기사를 행하게 하여 주사 자기 은혜의 말씀을 증언하시니 그 시내의 무리가 나뉘어 유대인을 따르는 자도 있고 두 사도를 따르는 자도 있는지라."

두 사도가 오래 있어 주를 힘입어 담대히 말했다고 합니다. 그런 선동과 핍박 가운데서도 오래 있었단 말은 견뎠다고 말입니다. 그러다 보니까 선동하고 핍박하던 그 사람들도 약하게 됐을 것이고 믿는 사람도 많이 생기게 되었던 것입니다.

두 사도가 주를 힘입어 담대히 말했다고 합니다. 그러자 주께서 그들의 손으로 표적과 기사를 행하게 했다고 말씀합니다. 그런데 그 표적과 기사를 주께서 그들의 손으로 하게 하셨다고 말씀합니다. 그 말은 주님께서 그 전도자들과 함께 하셨다는 것입니다.

복음을 전하는 주체는 하나님이시고, 성령이신 줄 믿습니다. 우리를 통해서 예수님 믿고 구원받고 돌아와도 그 사람이 능력이 있어서, 말을 잘해서가 아닙니다. 전도는 사람의 지혜나 능력에 있는 것이 아닙니다. 하나님의 능력에 있습니다. 우리가 말 잘 한다고 되는 것이 아닙니다. 그래서 우리를 통해서 구원받는 사람이 생기면 '하나님께서 이 못난 우리를 복음 전하는 데 쓰셔서 너무 감사합니다 하나님' 이렇게 하는 것입니다.

이 세상에 살면서 하나님께 가장 귀하게 쓰임 받는 도구가 전도자입니다. 교회를 위해서 섬기고 봉사하고 그것도 귀한 일입니다. 사회를 위해서, 국가를 위해서 하는 일도 귀한 일입니다. 다 귀한 일이지만 가장 중요한 도구가 되는 것은 전도자가 되는 것입니다. 이유가 무엇일까요? 하나님이 이 땅에 그리스도를 보낸 이유가 우리를 구원하기 위한 것이었고, 예수님도 전도를 위하여 왔다고 그랬습니다.

그러면 사업이나 직장 다 치우고 모두가 전도자가 되면 어떨까요? 그것이 아닙니다. 여러분의 직장이, 여러분 사업장이 전도 현장입니다. 그대로 살면서, 일하면서 마음의 소원을 가지고 기도하고 있으면 하나님이 준비된 사람을 만나게 하실 줄 믿습니다. 준비된 사람을 만나면 어떻게 할까요? 전도가 하나도 안 어렵습니다. 지난주에 말씀드렸듯이 어떤 집사님은 성경 끼고 갔는데 무리가 전도되었다고 하잖아요? 이번 주에 전도된 그 사람이 그 셀에 와서 예수님을 영접했다고 했습니다. 전도가 너무 쉽고 셀의 분위기가 너무 좋았다고 합니다.

어느 가정이든 할머니, 할아버지만 계시면 편하기는 한데 분위기는 별로 안 좋습니다. 손주들이 오면 좀 번잡하고 좀 힘들긴 해도 그 손자 손녀 때문에 분위기가 있고 살아있는 가정이 됩니다. 마찬가지입니다. 새 가족이 오면 때로는 머리 아픈 일, 힘든 일도 생깁니다. 때로는 그냥 가슴 아픈 일도 있을 수 있습니다. 그렇지만 새 가족이 와야 역동적으로 살아있는 셀이 되는 줄 믿습니다.

그러니까 전도라는 것은 어려운 게 아닙니다. 먼저 마음의 소원을 가져야 합니다. 마음의 소원을 가지려면 내가 구원의 은혜와 기쁨을 알아가야 합니다. 그러면 '나 같은 사람도 이런 은혜를 받아 구원받았으니 이것을 내 직장 동료에게 내 사랑하는 사람에게 전해야지' 하는 마음이 생깁니다. 그런 마음으로 기도하면서 복음 전할 준비를 하십시오.

여러분, 어떤 사람이 여러분을 통해 예수님을 영접하면 그 사람이 등록을 하든 안 하든 그것을 문제 삼지 말고, 말씀으로 그 사람을 양육해야 합니다. 그래야 그 사람이 믿음이 생겨서 예배 드리고 싶고, 기도하고 싶고, 하나님께 영광 돌리고 싶어 하게 되는 것입니다. 중요한 것은 생명을 얻는 것입니다. 하나님의 은혜로 하는 것이기 때문에 우리가 그 소원 가지는 성도가 되시기를 바랍니다.

> 3절, "두 사도가 오래 있어 주를 힘입어 담대히 말하니 주께서 그들의 손으로 표적과 기사를 행하게 하여 주사 자기 은혜의 말씀을 증언하시니."

이 말씀에 보니까 하나님이 표적과 기사를 준 목적이 하나님의 은혜의 말씀을 전하는 데 있다고 했습니다. 표적과 기사가 목적이 아니고 말씀 전하는 게 목적입니다. 표적과 기사보다 항상 말씀이 먼저 되어야 합니다. 하나님은 말씀으로 천지를 만드시고 말씀으로 우리를 인도하시고 말씀으로 구원하십니다. 할렐루야. 그러니까 성경 말씀이 먼저임을 믿으시기 바랍니다.

복음은 은혜의 말씀입니다. 은혜라는 건 '카리스'인데 '선물'입니다. 하나님의 복음은 거져 주시는 은혜입니다. 모든 다른 종교는 '정성을 들여라, 노력을 해라, 이래라 저래라, 그래야 조건적으로 구원을 준다'고 가르칩니다. 이건 틀린 것입니다.

모세를 통해서 율법이 왔습니다. 법은 필요한 것이지만 사람을 살리는 것이 아닙니다. 법은 정죄하는 것입니다. 내가 잘 믿고 다른 사람이 못 믿으면 그 사람을 정죄하고 지적하고 비판합니다. 그 사람은 모세의 자녀입니다. 하나님은 법으로 우리를 못 살리기 때문에 은혜를 주셨습니다. 은혜와 진리는 예수 그리스도를 통해서 오신 줄 믿습니다.

로마서 3장 9절~18절 말씀에 이렇게 말씀합니다.

"그러면 어떠하냐 우리는 나으냐 결코 아니라 유대인이나 헬라인이나 다 죄 아래에 있다고 우리가 이미 선언하였느니라. 기록된 바 의인은 없나니 하나도 없으며, 깨닫는 자도 없고 하나님을 찾는 자도 없고, 다 치우쳐 함께 무익하게 되고 선을 행하는 자는 없나니 하나도 없도다. 그들의 목구멍은 열린 무덤이요 그 혀로는 속임을 일삼으며 그 입술에는 독사의 독이 있고, 그 입에는 저주와 악독이 가득하고 그 발은 피 흘리는 데 빠른지라. 파멸과 고생이 그 길에 있어 평강의 길을 알지 못하였고 그들의 눈 앞에 하나님을 두려워함이 없느니라 함과 같으니라."

예수님을 믿지 않을 때 우리도 다 이 죄 가운데 있는데 이런 죄 가운데 있는 우리가 무슨 구원받을 자격이 있겠습니까. 구원받을 수 있는 복받을 자격이 있겠습니까. 하나님의 자녀 될 자격이 있겠습니까. 아무것도 없습니다. 우리의 노력과 열심과 공로로는 하나님의 자녀 되고 복 받고 사랑 받을 자격이 없습니다. 그래서 자격 없는 우리를 하나님이 사랑하신 줄 믿습니다.

로마서 3장 19절~20절 말씀에는 "우리가 알거니와 무릇 율법이 말하는 바는 율법 아래에 있는 자들에게 말하는 것이니 이는 모든 입을 막고 온 세상으로 하나님의 심판 아래에 있게 하려 함이라. 그러므로 율법의 행위로 그의 앞에 의롭다 하심을 얻을 육체가 없나니 율법으로는 죄를 깨달음이니라"고 말씀합니다. 그러니까 율법은 우리를 살리는 것이 아니고 죄를 알게 할 뿐이며 구원할 수는 없다는 것입니다.

로마서 3장 21절에서 24절에 보면 이렇게 결론짓습니다.

"이제는 율법 외에 하나님의 한 의가 나타났으니 율법과 선지자들에게 증거를 받은 것이라. 곧 예수 그리스도를 믿음으로 말미암아 모든 믿는 자에게 미치는 하나님의 의니 차별이 없느니라. 모든 사람이 죄를 범하였으매 하나님의 영광에 이르지 못하더니 그리스도 예수 안에 있는 속량으로 말미암아 하나님의 은혜로 값 없이 의롭다 하심을 얻은 자 되었느니라."

모든 사람이 하나님의 영광에 이를 수 없습니다. 예수 그리스도의 십자가의 보혈을 통해서만 하나님의 은혜 안에 이르게 되었습니다.

그것을 또 로마서 3장 25절, 26절에는, "이 예수를 하나님이 그의 피로써 믿음으로 말미암는 화목제물로 세우셨으니 이는 하나님께서 길이 참으시는 중에 전에 지은 죄를 간과하심으로 자기의 의로우심을 나타내려 하심이니 곧 이 때에 자기의 의로우심을 나타내사 자기도 의로우시며 또한 예수 믿는 자를 의롭다 하려 하심이라"고 말씀합니다.

의로우신 하나님께서 '너희가 죄인이지만 이제 천국 가도 된다' 이러면 하나님이 의롭지 않습니다. 하나님이 불의하시게 되는 겁니다. 그래서 우리를 구원하기 위해서 죄 없는 예수님을 대신 보내셨습니다. 십자가에서 죽게 하심으로 우리 죄를 대신 속하게 하셨습니다. 그것을 '대속'(redemption)이라고 합니다. 그러니까 예수 그리스도의 십자가는 하나님의 공의가 이루시고 우리를 사랑하신 증거입니다. 예수님의 십자가를 통해서 사랑이 이루어진 것인데 사랑과 공의는 항상 만날 수가 없습니다. 공의로 말하면 심판이 있는 것이고 사랑으로 말하면 구원해야 되는데 하나님의 사랑과 공의가 딱 만나는 것을 진리라고 그럽니다.

바로 예수님의 십자가입니다. 그래서 십자가를 통해서만 우리가 구원 받는 줄 믿습니다. 예수님의 십자가가 하나님의 공의와 사랑의 증거라면 부활은 무엇입니까. 부활이 없었다면 예수님은 하나님 아들 그리스도가 아니지요. 그래서 복음은 십자가와 부활입니다. 할렐루야.

"내가 복음을 부끄러워하지 아니하노니 이 복음은 모든 믿는 자에게 구원하시는

하나님의 능력이 됨이라"(롬 1:16)

그래서 복음은 은혜의 복음이라고 했습니다. 에베소서 2장 8절에서 9절 말씀에는 "너희는 그 은혜에 의하여 믿음으로 말미암아 구원을 받았으니 이것은 너희에게서 난 것이 아니요 하나님의 선물이라 행위에서 난 것이 아니니 이는 누구든지 자랑하지 못하게 함이라"고 했습니다. 우리가 하나님의 은혜로만 구원받았기 때문에 이 구원받은 것을 누구한테 자랑하면 안 됩니다. 자랑할 수가 없습니다.

'저 안 믿는 것들!' 이러시면 안 됩니다. 그들 중에서 우리보다 더 큰 은혜로 나중에 하나님이 더 귀하게 쓸 분도 계실 것입니다. 우리 중에 혹시 믿음이 약한 사람을 무시하고 있지는 않는지요. 기도해주고 섬기고 사랑해주고 격려해 주면 나중에 우리보다 더 큰 믿음 좋은 사람이 될 수 있습니다.

먼저 된 자가 나중 되고 나중 된 자가 먼저 될 수 있지 않습니까? 그럼 먼저 된 자는 나중 된 자 안 되려고 열심히 더 신앙에 경주해야 되는 것이고, 나중 된 자는 신앙으로 먼저 되기 위해서 선한 경주를 하는 것입니다. 복음은 은혜의 복음입니다. 그러니까 우리는 율법적인 신앙을 버려야 됩니다. 그것은 구약의 신앙, 즉 모세의 제자입니다. 예수님을 믿는 사람, 예수님의 제자는 은혜의 신앙생활을 해야 될 줄 믿습니다.

우리의 모든 삶 속에서도 법으로만 따지지 마시기 바랍니다. 그것은 수준 낮은 겁니다. 법보다 수준이 높은 것이 은혜입니다. 은혜의 신앙생활하기를 주의 이름으로 축복합니다.

4절, "그 시내의 무리가 나뉘어 유대인을 따르는 자도 있고 두 사도를 따르는 자도 있는지라."

복음이 증거되면 당연히 분별이 되게 돼 있습니다. 빛이 비치면 어둠이 물러가듯 가정에서도 직장에서도 갈등이 생길 수 있습니다. 친구끼리도 있을 수 있습니다. 이상하게 생각하지 마십시오. 빛이 존재하면 어둠도 존재하게 되어 있는 것입니다.

> 5~7절, "이방인과 유대인과 그 관리들이 두 사도를 모욕하며 돌로 치려고 달려드니 그들이 알고 도망하여 루가오니아의 두 성 루스드라와 더베와 그 근방으로 가서 거기서 복음을 전하니라."

이방인과 유대인과 그 관리들이 두 사도를 모욕하며 돌로 치려고 달려들었던 그 이유가 바울 일행이 하나님을 망령 되이 일컬었다는 것입니다. 이스라엘 사람들은 그 제자들이 하나님을 망령 되이 일컬었다 하여 돌로 치려 했을 것입니다. 예수님도 "성전을 헐라 내가 사흘 만에 이 성전을 세우리라" 하신 말씀으로 인해 '신성 모독이다' 하여 예수님을 십자가에 못 박은 것입니다.

돌로 치려할 때 맞고 있어야 됩니까, 다른 데로 가야합니까? 스데반은 그 때 순교를 통해서 하나님께 영광을 돌리고 복음이 확산되는 데 쓰임 받았습니다. 길이 남을 하나님 앞에서 복된 사람이 되었는데 이 사람들은 어떻게 했습니까? 돌로 치려할 때 그들이 알고 도망했다고 기록합니다. 이제 도망하시기 바랍니다.

그들은 루가오니아의 두 성 루스드라와 더베와 그 근방으로 갔습니다. 이고니온에서 남방으로 30km 쯤 가면 루스드라가 있고, 거기서 한 27km 동남쪽으로 가면 더베라는 도시가 있다고 그럽니다. 그래서 그들이 거기서도 또 복음을 전했을 것입니다.

우리가 복음 전파할 때 막힙니다. 막히면 또 다른 곳으로 가라는 하나님의 사인인 줄 아시고 안 되는 사람 붙들고 있지 마시기 바랍니다. 기도하면서 기다렸다가 하나님 앞에서 준비되고 예비된 사람에게 복음을 전하세요. 기다리고 있던 사람에겐 복음이 열릴 수 있습니다. 그래서 우리 편에서 너무 서두르고 내 입장에서 너무 하려 하지 마시고 하나님이 하시는 것을 보고 인도받는 지혜로운 전도자가 되셔야 됩니다.

본문에도 보니까 루스드라, 더베 근방에 가서 거기서 복음을 전했다고 기록합니다. 우리가 좀 부정적으로 생각하면 '루스드라나 더베에 가서 전도하다가 진짜 죽을 뻔했기 때문에 이제 거기에서는 안 해야지' 할 수도 있습니다. 그런데 다른 지역에 가서 계속적으로 복음을 전했습니다. 우리 신앙생활은 환경을 초월하는 것인 줄 믿습니다. 핍박이 오고 환란이 닥치고 어려움이 와도 흔들리지 않는 믿음을 가지고 복음 전하는 것입니다.

언제 이동하라고요? 정말 죽을 것 같으면 이동하는 것입니다. 정말 죽을 것 같으면 이동하고, 사명이 순교라면 거기서 순교하면 하나님께 영광이 되고 복음 증거가 되겠지요. 우리가 때로는 지혜롭게 살 필요가 있습니다. 걸핏하면 친정 가고 어디 가고 이러지 마시고 진짜 죽인다고 하면 그때는 피하십시오.

우리가 복음 전하는 우리나라의 환경은 지금 피할 것도 아니고 담대히 전해도 됩니다. 두려워하지 마시고 담대히 전하고 정말 죽을 것 같은 위기가 있다면 그때 피해서 또 복음 전하고, 하나님이 순교하라 하면 순교하시기 바랍니다. 그런데 제 개인적인 신앙으로 볼 때 저는 순교할 것 같지는 않습니다. 순교는 이 정도 신앙 가지고는 안 됩니다. 제가 우리 성도들 신앙 다 모릅니다만 저하고 뭐 비슷하지 않겠습니까. 이 정도 신앙 가지고는 순교할 신앙이 없습니다. 그리고 우리 나라 상황에서는 복음 전한다고 죽을 염려 없으니까 담대히 복음 전하고 예수 믿고 승리하시기 바랍니다. 주님 올 때까지 복음을 전하며 살기를 소원합니다. 이런 성도 되기를 예수님의 이름으로 축복합니다.

42강 | 행 14:8~28

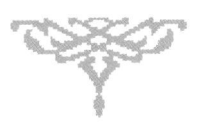

복음은 생명이고 빛입니다. 그래서 복음이 증거 되면 반드시 두 가지 현상이 나타난다고 했습니다. 하나는 생명의 역사고, 다른 하나는 핍박이나 어려움입니다. 살아있는 복음에는 반드시 이 두 가지 현상이 일어나게 돼 있습니다. 예수 믿고 경건하게 살며 복음 전하는데 아무 일이 일어나지 않는 것이 이상합니다. 우리가 예수 믿는데 내 주위에 생명의 역사도 하나도 안 일어나고 핍박도 없다면 우리가 뭔가 잘 못 믿고 있습니다.

바울이 이고니온에서 복음을 전할 때 열매가 일어나고 또 사람들이 돌로 바울을 쳐 죽이려 해서 피난해서 루스드라에 왔습니다. 루스드라에 오니까 거기에도 하나님의 큰 역사와 함께 고난도 있었습니다. 그후 더베에 가서 복음을 전하고 이고니온, 안디옥 교회에 와서 1, 2년 머물면서 다음 전도를 계획한 것이 본문에 기록이 돼 있습니다.

8절, "루스드라에 발을 쓰지 못하는 한 사람이 앉아 있는데 나면서 걷지 못하게 되어 걸어본 적이 없는 자라."

걸어본 적이 없다, 이 말은 절대적 절망 가운데 소망이 없는 사람이라는 것입니다. 절망하고 소망이 없는 사람도 예수님을 만나면 소망이 생기는 줄 믿으시기 바랍니다. 예수님은 인류의 소망입니다. 죄 용서받는 소망이요 구원의 소망, 응답의 소망, 하나님이 함께하는 소망입니다. 예수님 안에는 절망이 없습니다. 하나님은 빛이시고 어둠이 없습니다. 예수 믿는 우리는 어떤 상황 가운데서도 하나님이 함께 하심을 믿으시고 소망 가지시기를 주의 이름으로 축복합니다.

> 9~10절, "바울이 말하는 것을 듣거늘 바울이 주목하여 구원 받을 만한 믿음이 그에게 있는 것을 보고 큰 소리로 이르되 네 발로 바로 일어서라 하니 그 사람이 일어나 걷는지라."

바울이 한 말은 무엇일까요? 바울은 가는 곳마다 예수님을 전했습니다. 하나님의 살아 계심을 전했습니다. 간증도 했을 수 있습니다. "나도 예수 믿지 않았다, 오히려 예수 믿는 사람을 잡아가고 때리고 죽는데 가편 투표했다, 그런데 대제사장에게 다메섹에 있는 사람 중 예수 믿는 사람의 이름 정보를 입수해서 그 사람들을 잡으러 가는 중에 어마어마한 빛을 발견하고 음성을 들었다. '사울아, 사울아, 왜 네가 나를 핍박하느냐'는 음성과 함께 강한 빛에 내가 거꾸러지고 다메섹에서 있는 아나니아에게 가서 기도를 받으면 내 눈에 비늘이 벗어지고 보게 되리라는 말씀대로 내가 다메섹에서 아나니아에게 가서 기도를 받았더니 정말 예수님의 말씀대로 비늘이 벗어지고 복이 되었고 내가 그때부터 전도하게 되었다. 전도하면서 많은 하나님의 역사와 기적과 표적을 봤다. 그 예수님은 하나님의 아들이시고 성경대로 죽으시고 성경대로 부활하셔서 지금 살아계시는데 그분을 영접하면 구원받는다, 죄 용서받는다."

이 말씀을 바울이 가는 곳마다 이렇게 복음을 전했습니다. 그랬더니 한 번도 걷지 못하고 나면서부터 걷지 못한 그 사람이 바울은 성령 충만해서 그가 구원받을 믿음이 있는 줄 알고 그렇게 말했습니다. 얼마나 간절한 마음으로, 진실 되고 겸손한 마음으로 복음을 받아들였는지 복음을 들으면서 이 사람은 하나님이 치료하시고 구원하겠다는 성령의 은혜를 깨닫게 된 줄 믿습니다.

여러분도 마찬가지입니다. 복음을 전하다보면 복음이 튀어나오는 사람이 있습니다. 어떤 사람에게는 복음이 자꾸 빨려들어갑니다. 전하다보면 '이 사람은 구원받겠구나' 하는 마음이 생깁니다. 바울이 말씀 전하다 보니까 이 사람이 성령의 감동으로 구원받고 치료받을 것을 알게 됐다는 것입니다.

때로는 우리가 절망적인 상황이나 정신적이나 육체적으로 장애가 있다든가 어려움이 있을 때에 '하나님, 왜 나만 이렇게 어렵습니까?' 하고 실망할 수 있습니다. 사도행전 3장도, 본문에서도 그 어려움은 하나님께 영광이 되고 복음 전하는 통로가 됨을 믿습니다.

혹시 여러분 중에 그런 어려움이 있으면 더 주님을 바라보고 진실하고 겸손하고 순수한 마음으로 주님을 믿고 나아가면 그 어려움이 하나님께 영광이 될 것입니다. 그 어려움이 많은 사람이 구원받고 복 받는데 쓰임 받는 하나님의 축복의 통로가 됨을 믿으시기 바랍니다.

"바울이 … 큰 소리로 이르되 네 발로 바로 일어서라 하니 그 사람이 일어나 걷는지라" 이 말씀을 통해 볼 때, 예수 이름으로 일어나 걸으라는 말을 듣고 이 나면서부터 걷지 못하는 사람은 말씀을 듣는 중에 하나님의 살아계심과 전능하심과 순종하면 낫게 됨을 믿은 줄 믿습니다. 이 사람의 나이는 정확하게 나와 있지 않습니다. 그러나 상당히 많은 세월 동안 한 번도 걸어본 경험이 없기 때문에 일어나 걸으라 할 때 '설 수나 있을까, 걷게 될까' 생각하며 주저할 수 있습니다. 그런데 이 사람은 은혜를 받고 주의 말씀을 듣고 '예수 이름으로 일어날 수 있고 걷게 되는구나' 하는 믿음을 가지고 순종한 줄 믿습니다.

　순종은 믿을 때 하게 됩니다. 왜 때로 불순종하느냐 하면 그만큼 믿음이 없어서 입니다. 믿으면 순종하게 되어 있습니다. 현실이나 상황을 보지 않고 말씀 믿고 가면 "믿음은 바라는 것들의 실상이요 보지 못한 것들의 증거"(히 11:1) 라는 말씀대로 이루어지고 성취됨을 믿으시기를 바랍니다.

　우리가 어떤 어려움 가운데 있어도 하나님의 말씀 믿고 들어가면 됩니다. 가끔 말씀드리지만, 애굽에서 광야로 갈 때 홍해가 갈라졌습니다. 히브리 민족의 믿음은 홍해가 갈라지는 것을 보고 들어갈 때 생겼습니다. 그들이 광야에서 가나안 땅에 들어갈 때 하나님이 '법궤 멘 자가 먼저 들어가라' 말씀하실 때 요단강은 갈라지지 않았는데 그들은 물로 들어갔습니다. 발이 무릎에 차니까 물이 갈라지기 시작했습니다. 결국 그들은 젖과 꿀이 흐르는 땅을 얻었습니다.

　예수님을 믿고 구원받은 후 늘 보고만 가는 믿음이라면 늘 거기서 헤매는 겁니다. 그러나 현실이나 환경이 아닌 말씀을 믿고 순종해 가는 사람은 기적을 경험하게 될 것이고 하나님의 은혜를 풍성히 누리고 응답 받는 믿음이 될 줄 믿으시기 바랍니다.

　본문에 나오는 나면서부터 걷지 못한 사람은 한 번도 일어서 본 적도, 걸어본 경험도 없는데 말씀을 믿고 순종하여 일어났더니 하나님의 기적의 역사가 일어난 줄 믿습니다.

　　11~12절, "무리가 바울이 한 일을 보고 루가오니아 방언으로 소리 질러 이르되 신들이 사람의 형상으로 우리 가운데 내려오셨다 하여 바나바는 제우스라 하고 바울은 그 중에 말하는 자이므로 헤르메스라 하더라."

사람들이 보고 깜짝 놀랐습니다. 루스드라가 생긴 이래 그런 일을 처음 봤다는 것입니다. 루스드라의 주신은 제우스입니다. 그리스, 로마 신화를 읽어보셨습니까? 이 사람들이 그런 신을 믿는 사람들입니다. 대부분 헬라 문화권이기 때문에 헬라어를 쓰다가 급하니까 자기 방언이 나온 것입니다.

'이게 무슨 일인가? 지금 신들이 사람의 형상으로 우리 가운데 내려오신 것인가, 이건 사람이 할 수 있는 일이 아니다. 이 사람은 제우스이고 헤르메스다!' 이렇게 소리 질렀습니다.

여러분, 바나바는 바울보다 키가 좀 크다고 알려져 있습니다. 얼굴도 좀 잘생기고 위엄도 있다 보니 바나바는 제우스 신이고, 키도 적고 대머리고 별로 볼품도 없는 것을 보니 바울은 헤르메스라 생각한 것입니다.

> 13~14절, "시외 제우스 신당의 제사장이 소와 화환들을 가지고 대문 앞에 와서 무리와 함께 제사하고자 하니 두 사도 바나바와 바울이 듣고 옷을 찢고 무리 가운데 뛰어 들어가서 소리 질러 이르되 여러분이여 어찌하여 이러한 일을 하느냐."

그 소문이 루스드라에 쫙 퍼졌습니다. '신이 사람으로 오셨다. 나면서부터 걷지 못하던 그 사람 알지? 그런데 그가 일어나 걸으라니까 벌떡 일어나 걷더라, 그들은 신이다!' 이 소문이 제사장에게 들린 것입니다. 그 제사장은 화환과 함께 소를 끌고 그들에게 제사하려고 왔습니다. 바나바와 바울이 옷을 찢고 무리 가운데 뛰어 들어가서 소리 지릅니다. 옷을 왜 찢었는지를 아세요? 기분 나빠서 찢은 것이 아닙니다. 성경을 보면, 구약에도 신약에도 통회하고 회개할 때 옷을 찢었고, 너무 두려워하고 무서워할 때나 너무 부끄러울 때도 그랬습니다.

지금, 바울과 바나바가 하나님의 은혜로 복음 전하는데 사람들이 와서 자신들을 신이라고 제사하려고 하니까 하나님 앞에 너무 민망스럽고 두렵고 너무 부끄럽고 통회하며 회개함으로 옷을 찢으며 말합니다. '여러분 여러분, 우리는 신이 아닙니다. 신이 아닙니다!' 그래서 겨우 무리를 말렸습니다.

여러분, 우리는 하나님 일할 때에 열매가 맺히고, 역사도 일어나고, 기적도 일어날 수 있고, 봉사로 하나님께 헌신하고 충성할 수도 있습니다. 그때에 '내가 했습니다' 하지 마시고 '나는 그 일에 쓰임 받았을 뿐입니다, 모든 것이 하나님의 은혜입니다, 나같이 못난 자를 하나님이 사용하셔서 전도하게 해주시니 감사합니다, 주님께 영광입니다, 나같은 죄인이 기도하는데 응답 주시니 감사합니다. 섬길 수 있으니 감사하고, 선교할 수 있으니 감사하고, 헌금할 수 있어서 감사합니다' 라고 말할 수 있는 것이 믿음입니다.

> 15절, "우리도 여러분과 같은 성정을 가진 사람이라 여러분에게 복음을 전하는 것은 이런 헛된 일을 버리고 천지와 바다와 그 가운데 만물을 지으시고 살아 계신 하나님께로 돌아오게 함이라."

바울은 옷을 찢으면서 뭐라고 말합니까? '여러분이 어찌하여 이러한 일을 합니까? 우리도 여러분과 같은 성정을 가진 사람이며 우리도 당신들과 똑같은 연약한 죄인입니다, 우리는 신이 아닙니다.' 여러분, 목회자에게 기도해 달라 하면 목사는 기도해줍니다. 당연히 기도하지요. 그러나, '우리는 기도하면 안 되는데 목사가 기도하면 된다'는 신앙은 갖지 마시기 바랍니다. 성경에는 목사가 기도하면 하나님이 응답하신다는 내용의 구절이 없습니다. 누구든지 믿음으로 기도하면 응답하십니다.

간절한 마음이야 목사보다 본인이 더 간절합니다. 그 사정을 누구보다도 잘 알고 마음이나 형편을 아는 사람은 본인이고 가족입니다. 그러므로 하나님께 더 진실 되고 바른 기도를 할 수 있는 사람은 본인입니다. 목사는 그 기도를 돕는 것입니다. 우리가 하나님 앞에 응답 받을 수 있는 믿음이 되도록 하나님께 준비되어지는 것이 중요한 줄 믿습니다.

우리가 복음을 전할 때 걷지 못한 사람이 낫게 된 것은 그들이 그 헛된 우상에게서 떠나 살아계신 하나님께 돌아왔기 때문입니다. 하나님은 살아계시기 때문에 주 예수 이름으로 이 사람이 일어나 걷게 된 것처럼 지금도 그런 역사가 일어납니다. 하나님은 천지를 창조하신 전능하신 하나님이십니다.

사랑하는 여러분, 우리 안에 계신 하나님은 전능하신 하나님인 줄 믿으시기 바랍니다. 우리 안에 계신 분이 온 세상의 어떤 신보다도 크신 분이십니다. 다윗은 '천만인이 둘러치려 하여도 내가 두려워하지 않겠다'(시 3:6)고 했습니다. 당당하게 담대히 이렇게 외치십시오. '나는 예수 믿고 하나님 믿는 사람입니다, 주님이 나와 함께 계십니다. 하나님이 함께 하실 줄 나는 믿습니다' 하면서 확실한 믿음에 거하는 성도가 되시기를 바랍니다. 만물을 지으시고 살아 계신 하나님께로 돌아와서 그 헛된 것을 버리고 예수 믿고 하나님께로 돌아오기 바랍니다.

> 16~17절, "하나님이 지나간 세대에는 모든 민족으로 자기들의 길들을 가게 방임하셨으나 그러나 자기를 증언하지 아니한 것이 아니니 곧 여러분에게 하늘로부터 비를 내리시며 결실기를 주시는 선한 일을 하사 음식과 기쁨으로 여러분의 마음에 만족하게 하셨느니라 하고."

여러분이 우상숭배를 할 때, 하나님은 그냥 계신 것이 아니고 여러분이 돌아오도록 기다리셨습니다. 선하신 하나님은 그때에도 햇빛과 비를 주시고 우리에게 먹을 것도 주셨습니다. 우리가 때로는 죄를 짓거나 불순종하며 악한 일을 할 때 하나님이 금방 심판하지 않고 망하지 않게 할 때에 '괜찮은가 보다' 이렇게 생각하지 마시고 하나님께서 돌아오기를 기다리고 계심을 믿는 성도가 되시기 바랍니다. 속히 주님께 돌아오는 것이 지혜로운 성도인 줄 믿습니다. 그리고 하나님은 사랑이 많으셔서 우상숭배한 악한 사람도 햇빛과 비를 주시고 먹도록 하셔서 하나님의 은혜와 사랑을 보이십니다.

하나님께서 주신 것을 다 먹고 살면서 하나님을 욕하고 반대하고 핍박하고 끝까지 돌아오지 않으면 반드시 심판이 있습니다. 속히 돌아올수록 하나님의 은혜인 줄 믿습니다.

18절, "이렇게 말하여 겨우 무리를 말려 자기들에게 제사를 못하게 하니라."

이들이 바울과 바나바에게 제사하겠다는 것은 그들을 믿고 신앙하겠다는 것이 아닙니다. 사람을 신으로 알고 제사하려는 것은 잘못된 생각입니다. 잘못된 말을 들으니까 또 잘못되게 되어버리는 것입니다.

19절, "유대인들이 안디옥과 이고니온에서 와서 무리를 충동하니 그들이 돌로 바울을 쳐서 죽은 줄로 알고 시외로 끌어 내치니라."

이 잘못된 심령, 우상숭배하는 심령, 불순종하는 마음을 가진 유대인들이 얼마나 열심을 내었으면 백 몇십킬로나 떨어진 이고니온과 안디옥까지 와서 핍박하고 선동합니까. 마귀가, 이단이 열심이 있습니다. 무당도 열심이 있어요. 옛날에는 절에 다니다가 온 성도가 많았습니다. 절에 다닐 때 열심이 있었습니다. 무당은 그 추운 데 가서 찬물에 목욕하고 기도합니다. 이단들이 얼마나 열심인지 몰라요.

우리가 마을에 전도하러 가면 우리에게 '여호와 증인입니까, 신천지입니까, 구천지입니까' 그럽니다. 우리가 교회에서 나왔다고 하면 '교회도 전도 합니까?' 이럴 정도입니다.

우리도 열심을 좀 내야 안 되겠습니까? 이상한 방법으로 말고요. 그런데 마귀는 열심히 복음을 막습니다. 사람들을 지옥에 끌고가려고 합니다. 그러니까 유대인들이 그 멀리서도 열심을 내서 핍박하러 루스드라에까지 온 것입니다. 그래서 그들이 사람들을 충동하니까 어리석고 미련한 사람들이 또 그 말에 넘어갑니다. 그래서 바울을 향해 '저 사람은 이단의 괴수고 원래 예루살렘에 있던 사람인데 돌아서 저렇게 됐습니다, 당신들도 믿으면 잡혀갑니다' 하며 바울에게 돌을 던지게 합니다.

무리가 충동을 받고 바울을 돌로 쳤는데 바울이 죽은 줄을 알고 시외로 끌어냅니다. 죽은 줄 알 정도면 살인 할 마음, 악한 마음이 있었다는 것입니다. 그들은 바울이 죽은 줄 알고 떠났습니다.

> 20~21절, "제자들이 둘러섰을 때에 바울이 일어나 그 성에 들어갔다가 이튿날 바나바와 함께 더베로 가서 복음을 그 성에서 전하여 많은 사람을 제자로 삼고 루스드라와 이고니온과 안디옥으로 돌아가서."

제자들이 죽어 있는 바울을 둘러서서 기도했을 것입니다. '하나님, 사도 바울을 속히 일으켜 주시옵소서, 치료해 주시옵소서, 살려주시옵소서.' 그런데 보세요. 바울이 일어나 그 성에 들어갔다고 합니다. 완전히 죽은 줄 알았던 바울이 일어나서 이튿날 바나바와 함께 더베로 가서 또 복음을 전합니다.

바울은 이때를 회고하면서 디모데후서 3장 11절에 이렇게 말합니다.

"박해를 받음과 고난과 또한 안디옥과 이고니온과 루스드라에서 당한 일과 어떠한 박해를 받은 것을 네가 과연 보고 알았거니와 주께서 이 모든 것 가운데서 나를 건지셨느니라."

하나님이 건지셨습니다. 하나님의 기적적인 은혜가 아니면 도무지 일어날 수 없을 것이었는데 바울은 또 일어나서 복음을 전합니다.

더베를 지나 다시 루스드라에 가서 하루를 지납니다. 이고니온에서는 돌로 치려고 하니까 루스드라로 도망갔었는데 다시 거기로 갔습니다. 학자들의 말에 의하면, 디모데가 루스드라 출신이라 디모데 집에서 하루를 머물렀을 것이라 합니다. 거기서 디모데에게 말씀을 전하고 양육했을 것이라 봅니다.

이 사도들은 복음 전하는 일에 위험이나 죽음을 두려워하지 않고 한 사람에게 복음을 전하고 그를 일꾼으로 세우는 일에 힘을 다한 줄 믿습니다. 그 후 디모데는 좋은 일꾼이 되어서 좋은 믿음의 유산을 물려받아 소중한 하나님의 일꾼이 되었음을 우리가 보게 됩니다.

우리는 한 사람 전도하는 것에도 생명을 다해야 됩니다. 양육하는 일에도 힘을 다해야 됩니다. 세상 살아가는 것을 위해서도 열심히 살아야 마땅하지만 우리가 정말 최선을 다해야 될 부분은 복음 전하고 그 사람을 제자 삼는 일에 힘을 다하는 것이 옳은 줄 믿습니다.

바울이 살아난 후에 더베로 가서 복음을 전하고 많은 사람을 제자로 삼았습니다. 하나님께서 사도들을 위로하신 줄 믿습니다. 환란과 어려움과 핍박 뒤에는 하나님의 또 다른 위로의 응답과 축복이 있음을 믿으시기 바랍니다.

저도 여러 교회 개척 사역을 하면서 어려움이 참 많았습니다. 고난도 당하고 힘들었지만 그래도 그만둘 수 없어 시간이 지나가면 하나님께서 또 은혜를 주시고 위로함을 주셨습니다. 고난을 당할 때는 '이 후에 하나님의 응답과 축복이 있구나' 하는 생각들을 하면서 지나고 나니 하나님이 그렇게 하셨음을 알았습니다.

여러분, 혹시 여러분이 경제적인 문제나 영적인 문제, 또는 가족의 문제나 건강의 문제 등을 당할 때 그것을 과정(過程)으로 인정하십시오. '이 과정 뒤에 하나님의 놀라운 은혜가 있구나, 하나님의 축복이 있구나, 하나님의 역사가 있구나' 생각하며 하나님을 믿으시고 위로받으시기 바랍니다.

루스드라에서 이렇게 엄청난 위기를 당했는데 더베에 가니까 많은 열매가 있고 제자를 삼는 역사가 일어나게 된 것입니다. 루스드라에서 죽을 뻔했는데 다시 루스드라로 갑니다. 또 이고니온에서 돌에 맞았어도 거기로 돌아가고 또 비시디아 안디옥으로 돌아갑니다. 제가 선교를 많이 해보니까 이것이 꼭 필요합니다. 한 번 전도하고 예수님 영접시켜 놓았지만 그냥 두면 제자가 안 됩니다. 다시 해야 합니다. 지속해야 합니다.

여러분이 매 주일 예배드리는 것으로 믿음은 유지할 수 있습니다. 그러나 그러다 보면 믿음이 약한 사람은 그 믿음도 떨어집니다. 그러다가 이제 2주에 한 번 정도 예배에 참석합니다. 이해가 되시는지 모르겠습니다. 그럼 어떻게 그 사람을 돕습니까? 온라인으로든 카톡이나 전화로든 계속 합니다. 셀교회는 매일 모여서 은혜 나누고 매일 기도하고 매일 전도하고 매일 양육하는 것이 셀교회입니다.

제 사역 경험상 선교지에서 복음 전하고 영접시켜 놓고 1년이나 6개월 만에 다시 돌아봤을 때 그들이 성장해 있고 하나님께 큰 일꾼이 돼 있는 것을 봤습니다. 사울이 그 위험한 지역에 다시 갈 때에는 확실하게 그들의 믿음을 세우기 위해서 그런 줄 믿습니다.

22절, "제자들의 마음을 굳게 하여 이 믿음에 머물러 있으라 권하고 또 우리가 하나님의 나라에 들어가려면 많은 환난을 겪어야 할 것이라 하고."

그 사람들이 예수 믿고 구원받았지만 흔들릴 수 있습니다. 그래서 '마음을 굳게 하고 믿음에 머물러 있으라'고 권합니다. 여러분, 환란당하는 것을 이상하게 생각하지 마십시오. 사도행전 20장 29절에서 30절 말씀에 바울이 이렇게 기록합니다.

"내가 떠난 후에 사나운 이리가 여러분에게 들어와서 그 양떼를 아끼지 아니하며 또한 여러분 중에서도 제자들을 끌어 자기를 따르게 하려고 어그러진 말을 하는 사람들이 일어날 줄을 내가 아노라."

요즘 시대에도 이단들이 많아서 쓸데없는 유혹을 많이 합니다. 또 잘못된 믿음도 있습니다. 건강하지 않은 믿음을 주려고 옆에서 방해하기도 합니다. 그래서 우리가 믿음에 굳게 서야 합니다. 우리 성도들은 이단도 구분하고 건강하게 믿음을 지키는 성도도 있습니다만 많은 성도들이 구분을 못합니다. 구분할 만큼 확실하게 예수님을 알고 믿고 어떤 상황에서도 흔들리지 않는 믿음을 가지는 성도가 되시기 바랍니다.

그리고 예수 믿는 사람에게 환란이 있는 거 이상하게 생각하지 마십시오. 예수 믿으면 당연히 사탄이 자꾸 사람을 통해서 흔듭니다. 그러나 흔들림이 없이 끝까지 믿음을 지켜나가서 승리하는 성도가 되시기를 바랍니다.

23절, "각 교회에서 장로들을 택하여 금식 기도 하며 그들이 믿는 주께 그들을 위탁하고."

믿는 주님께 위탁한다는 것은 무엇을 말합니까? 여러분, 예수 믿는 것은 예수님을 따라가는 겁니다. 예수님 앞서서 가면 안 됩니다. 내가 먼저 예수님보다 더 열심히 있고 내가 더 교회를 사랑하는 것 같이 더 성도를, 자식을 더 사랑하고 내가 예수님보다 더 한 것 같이 하면 그것이 잘못된 신앙입니다. 우리 자식은 내가 사랑하는 것보다 하나님이 더 사랑하십니다. 교회를 주님이 더 사랑하고 영혼을 더 사랑하시는 줄 믿으시기 바랍니다.

제가 목회하면서 너무 아프고 힘든 분을 만날 때 '주님께 맡기자, 이 성도는 주님의 성도다. 교회는 주님의 교회다. 이 문제는 주님만 할 수 있다' 하며 맡기는 연습을 하고 기도하고 맡겼더니 하나님이 역사하셨습니다. 하나님이 하셨습니다. 하나님이 치료하셨습니다. 하나님이 은혜를 주셨습니다. 하나님께 영광 돌립니다. 하나님께 맡기는 성도가 되시기 바랍니다. 내가 다 하려고 하지 말고 하나님께 맡겨드리십시오.

> 24~27절, "비시디아 가운데로 지나서 밤빌리아에 이르러 말씀을 버가에서 전하고 앗달리아로 내려가서 거기서 배 타고 안디옥에 이르니 이 곳은 두 사도가 이룬 그 일을 위하여 전에 하나님의 은혜에 부탁하던 곳이라 그들이 이르러 교회를 모아 하나님이 함께 행하신 모든 일과 이방인들에게 믿음의 문을 여신 것을 보고하고."

바울 일행이 선교하고 돌아와서 교회들에게 선교 보고를 합니다. 당연한 것입니다. 바울이 약 18개월 동안 선교한 거리가 2,240km 정도 된다고 합니다. 당시에 차로 간 것이 아니니까 한 18개월 정도의 시간을 보냈다고 생각합니다. 하나님이 함께 하시고 역사하셔서 어떻게 복음 전하고, 헌금해 주신 것으로 어떻게 사역했는지를 다 보고했습니다.

여러분, 선교는 선교사님이 하는 게 아닙니다. 교회가 선교하는 것입니다. 교회가 기도하고 교회가 헌금하고 선교사를 파송하고 때로는 선교사를 오게 하고 다른 데 파송하기도 합니다. 선교의 주체는 교회입니다. 여러분이 기도하고 헌금하고 여러분이 선교하고 있는 중입니다. 전도도 나 혼자 하는 게 아닙니다. 기도하는 사람, 섬기는 사람이 함께 합니다.

바울은 "나는 심었고 아볼로는 물을 주었으되 자라나게 하시는 하나님이시니라"(고전 3:6)라고 했습니다. 나 혼자 한다 생각하면 안 됩니다. 누군가 그를 위하여 사랑을 베풀고 기도하고, 누군가가 복음을 전해서 그 사람이 돌아온 것입니다. 그리고 그 모든 것을 주님이 하셨습니다. 하나님이 우리를 사용하신 줄 믿습니다.

그래서 우리 교회를 통해서 선교하고 선교사 파송하고 기도하고 그분들의 안전과 생활을 위해서 교회가 후원합니다. 우리 교회가 많이 선교하고 있습니다. 그래서 선교사님들 들어올 때마다 보고하시라고 합니다. 선교사님 위로하고 사용하시라고 또 헌금도 하십니다. 그것이 선교입니다.

28절, "제자들과 함께 오래 있으니라."

안디옥에 돌아와서 있었던 기간이 한 1년 내지 2년쯤 된다고 봅니다. 거기서 뭘 했을까요? 건강도 회복하고 안디옥 교회 성도들도 돌아보고, 다음 선교를 위해서 비전을 가지고 계획하기도 했을 것입니다. 이 성경 본문에 나오는 바울과 바나바의 전도 팀같이 우리가 계속 주님 오시는 날까지 전도하고 선교하는 교회가 되길 기도합니다. 그래서 하나님께 영광 돌리는 교회로 우리 다 함께 쓰임 받기를 주님의 이름으로 축복합니다.

**내리주석설교
사도행전1**

1판 인쇄일, 2024년 6월 20일
1판 발행일, 2024년 6월 25일

지은이_ 허남길
펴낸이_ 한치호
펴낸곳_ 종려가지
등   록_ 제311-2014000013호(2014. 3. 21)
주   소_ 서울특별시 은평구 은평로 14길 9-5
전   화_ 02. 359. 9657
디자인_ 표지 이순옥/ 내지 구본일
제작대행 세줄기획(02.2265.3749)
영업(총판) 일오삼
전화 02. 964. 6993, 팩스 02. 2208. 0153

값 30,000 원

ISBN 979-11-90968-85-0

ⓒ2024, 허남길

잘못 만들어진 책은 구입하신 서점에서 바꾸어 드립니다.
책의 주문 및 영업에 대한 문의는 영업대행으로 해주십시오.